Urban
-Taschenbücher

Alfred K. Treml

Evolutionäre Pädagogik

Eine Einführung

Verlag W. Kohlhammer

Alle Rechte vorbehalten
© 2004 W. Kohlhammer GmbH Stuttgart
Umschlag: Data Images GmbH
Gesamtherstellung:
W. Kohlhammer Druckerei GmbH + Co. Stuttgart
Printed in Germany

ISBN 3-17-017276-X

Inhalt

Einleitung

Im Grunde weiß die Erziehungswissenschaft immer noch recht wenig über ihren genuinen Gegenstandbereich, nämlich über die Erziehung. Vermutlich gibt es nur eine Aussage, die von allen Erziehungswissenschaftlern als uneingeschränkt wahr bezeichnet werden dürfte, nämlich: Es gibt Erziehung. Dass es Erziehung »gibt«, dass sie etwas ist, was in der realen Welt vorkommt – all das dürfte wohl als Behauptung mit allgemeiner Zustimmung zur Kenntnis genommen werden. Aber schon auf die Frage, was Erziehung eigentlich »ist« – oder metasprachlich formuliert: welchen Sachverhalt der Erziehungsbegriff bezeichnet bzw. auf welche Referenz der Begriff verweist –, wird es keine einheitliche Antwort mehr geben. Die Fachdiskussion über den Erziehungsbegriff geht ins Uferlose und soll an dieser Stelle nicht mehr aufgewärmt werden. Dazu kommt erschwerend hinzu, dass selbst dann, wenn es – was unwahrscheinlich genug ist – gelänge, Einigkeit über die Referenz des Begriffes »Erziehung« herzustellen, damit nicht viel gewonnen wäre, denn niemand weiß bis heute so recht, wie sie denn »funktioniert«. Während die (empirische) *Lernforschung* in den letzten Jahrzehnten erhebliche Fortschritte gemacht hat, kann man dies von der *Erziehungsforschung* nicht behaupten. Wir haben deshalb inzwischen eine recht gute und genaue Vorstellung von dem, was wir unter *»Lernen«* verstehen, aber immer noch nur recht ungenaue, vage und meist metaphorisch eingepackte Vorstellungen von dem, was wir mit *»Erziehen«* bezeichnen. Wie Erziehung überhaupt möglich ist und wie wir sie uns im Einzelnen erklären können, bleibt weitgehend im Dunkeln. Obwohl diese Fragen wohl seit Jahrtausenden diskutiert werden, sind viel mehr als metaphorische Antworten nicht – oder sagen wir lieber vorsichtiger: kaum – erkennbar. Bis heute erscheint die pädagogische Sprache überwiegend als ein »Heer verblassender Metaphern« (Jean Paul). Die Frage, wie Erziehung eigentlich funktioniert, wie man sich das Erziehen im Einzelnen konkret vorzustellen und zu erklären habe,

Begriff 'Erziehung' = nicht näher definiert

was eigentlich geschieht, wenn erzogen wird, und wie man es besser
machen kann, wenn es schief geht – diese doch so grundlegenden
und zentralen Fragen bleiben unbeantwortet.

In Anbetracht dieses Problems lassen sich zwei kompensatorische Ausweichstrategien entdecken, die in der einschlägigen pädagogischen Literatur häufig angewendet werden: *Exegese* und *Moralisierung*. Selbstverständlich muss jede Forschung mit der
Erarbeitung des Forschungsstandes beginnen, der in Texten nieder-
gelegt ist. Insofern ist die Beschäftigung mit Texten auch in der
Pädagogik unumgänglich. Problematisch wird es allerdings, wenn
die erziehungswissenschaftliche Arbeit sich ausschließlich textimmanent vollzieht, sich in einem Hin- und Hergeschiebe von Begriffen zu erschöpfen droht und die Forschungsergebnisse empirischer Wissenschaften souverän ignoriert. Die Frage nach der
Referenz des Erziehungsbegriffes würde dabei nur noch exegetisch,
und das heißt: textimmanent, behandelt und die Frage, wie Kinder
erzogen werden, in die Frage überführt: Was hat der Autor damit
gemeint? Die Wissenschaft von der Erziehung, die sich in dieser
Tradition entfaltet, wird damit zunehmend zu einer Wissenschaft
von den Meinungen über Erziehung. Die Frage der Referenz dieser
Kommunikation wird gar nicht mehr (oder nur noch ganz am Rande) gestellt – stattdessen wird ein sich selbst tragendes Sprachspiel
in Gang gesetzt, das an die Stelle von Analyse bloße Hermeneutik
und Exegese setzt. Das, was wir mit »Erziehung« zu bezeichnen
pflegen, droht im Nebel eines sich selbst genügsamen Sprachspiels
konturlos zu verschwinden.

Die andere, zweite Art, mit dem ungelösten pädagogischen
Grundproblem umzugehen, besteht darin, anstatt über Erziehung
wie sie ist, über Erziehung *wie sie sein sollte* zu sprechen. Statt die
Wirklichkeit der Erziehung zu beschreiben und zu erklären, kann
man ein gedankliches Ideal von Erziehung entwerfen und wortreich
zu plausibilisieren versuchen. Eine Pädagogik in dieser Tradition
interessiert sich nicht mehr, oder nur noch am Rande, für das Faktische der Erziehung in seinem historischen und systematischen Zusammenhang in all seinen Facetten und Ausprägungsformen, vielmehr geht es um das Kontrafaktische der Erziehung in seiner
utopischen, die Wirklichkeit überschreitenden Idealität. In den
Mittelpunkt rücken normative Vorstellungen eines besseren Menschen, der in seiner »Mündigkeit« einen deutlichen Kontrast zum
realen, in seinen vielen Bindungen und Verstrickungen gefangenen

Menschen darstellt, so dass er dringend der »Emanzipation« unter energischer Mithilfe der Pädagogik bedarf. In dieser Perspektive erscheint die Geschichte der Pädagogik als eine Aneinanderreihung von – relativ beliebigen – Ideen, Absichten und konzeptionellen Entwürfen, die alle mit dem Anspruch des Besseren daherkommen. Die irgendwo doch noch sich befindende Erziehungswirklichkeit ist dabei immer im Unrecht – ein Ärgernis, das der permanenten Reform bedarf.

Ist also ein Zurück zur Wirklichkeit und zur Nichtbeliebigkeit angesagt? Die Antwort muss leider »nein« lauten. Die Vorstellung, die hier mitschwingt, dass es noch so etwas wie eine (pädagogische) Wirklichkeit gebe, auf die man gründen könne, und damit auch eine darauf aufbauende (wissenschaftliche) Nichtbeliebigkeit, ist vormodern – also nur noch als Erinnerung eines Verlustes legitim. Als ob wir nur einfach das Fenster (zur Welt) aufmachen müssten und schon schwappt die Wirklichkeit herein! Als ob wir nur die Beliebigkeit der pädagogischen Kommunikation kritisieren und trotzig ein Zurück zur Nichtbeliebigkeit proklamieren müssten, und schon haben wir die so lange Vermisste! Nein, das, was wir als »*Wirklichkeit*« bezeichnen, *bezeichnen* wir als Wirklichkeit. Also ist sie immer auch ein konstruktives Produkt eines Beobachters.

Nicht erst die sogenannte Postmoderne, sondern schon das sich selbst bewusst werdende moderne Denken im 17. und 18. Jahrhundert musste in einem schmerzhaften Lernprozess entdecken, dass der Platz der irritablen Sicherheiten in einem Nichtbeliebigen irreversibel verloren gegangen ist und damit auch ein für alle Mal die einfache Wirklichkeit, die naive Realitätsvorstellung, denn auch sie ist, als letzter Ort, wo das Beliebige nichtbeliebig zu sein hat, nicht mehr direkt beobachtbar. Ist damit also alles gleich gültig und damit gleichgültig?

Nein, denn an die Stelle der unmittelbaren, naiven Wirklichkeitsbeobachtung hat sich in der Moderne zunehmend ein Wirklichkeitsverständnis geschoben und etabliert, das den Zugang über eine theoriegeleitete und methodengesteuerte Wissenschaft kontrolliert. »Wirklichkeit« bzw. »Realität« ist von nun an wissenschaftlich erzeugt und konstruiert und insofern eine Wirklichkeit bzw. Realität zweiten Grades. Diese Vorstellung von Realität verzichtet auf letzte ontologische Wahrheiten ersten Grades bzw. führt diese immer nur hypothetisch ein und formuliert Existenzannahmen per se mit der Einschränkung: mit Hilfe von diesen oder jenen (begrifflichen) Unterscheidungen formuliert und durch diese oder jene Methode erzeugt und deshalb von diesen Bedingungen abhängig. Korrigierbar bleiben solche Existenzaussagen durch die Methode der Wirklichkeitskonstruktion, denn diese ist wiederholbar oder wenigstens in Gedanken nachvollziehbar. Es gibt also durchaus einen Mittelweg zwischen völliger Beliebigkeit und absoluter Nichtbeliebigkeit. Absolut nichtbeliebig kann eine Wahrheit nicht mehr sein, weil sie sich der Methode ihrer Konstruktion verdankt und auf diese relativiert ist. Aber auch vollständig beliebig ist sie keinesfalls, denn sie ist von den Unterscheidungen nichtbeliebig abhängig, die der Beobachtung zugrunde liegen. Nur der Anfang steht uns – innerhalb eines gewissen Rahmens – frei, bei dem, was dabei dann herauskommt, sind wir allerdings »unfrei«; in den Worten von Goethes Mephisto: »Das erste steht uns frei, beim zweiten sind wir Knechte«.

Was eine wissenschaftliche Theorie in Anbetracht dessen bestenfalls leisten kann ist also Zweierlei: Sie müsste erstens kompatibel sein mit dem Anwachsen des methodisch erzeugten wissenschaftlichen Wissens, insbesondere des in den letzten einhundert Jahren geradezu explosionsartig angestiegenen empirischen Erfahrungswissens über den Menschen und seine soziale Mit- und natürliche Umwelt. Hier geht es um eine Öffnung der Erfahrung, um eine Ausweitung des Blicks über den Grenzzaun des vertrauten disziplinären Territoriums und seiner hier geltenden »einheimischen Begriffe« hinaus. Deshalb impliziert diese Öffnung gegenüber dem kumulierten (empirischen) Erfahrungswissen per se eine interdisziplinäre Neugier.

Dass Erfahrung damit erweitert wird, ist das eine, dass das Denken dabei noch mitkommt, das andere. Deshalb müsste eine solche Theorie idealerweise die angewachsene Komplexität an Erfahrungswissen wiederum so geordnet zu reduzieren erlauben, dass sie das Denken, ohne es zu behindern, zu systematisieren vermag. Nach dem Verlust aller ontologischen oder inhaltlichen Kriterien, die diese Leistung erbringen sollten, bleibt uns nur noch ein formales, nämlich das sogenannte Extremalprinzip: Die rationale Ordnung des gesammelten Erfahrungswissens sollte mit möglichst wenig Voraussetzungen geordnet und erklärt werden können.

Man kann dieses Prinzip wie bei W. von Ockham theologisch und sprachlogisch, wie bei G. W. Leibniz physikalisch, optisch oder

Extremalprinzip

erkenntnistheoretisch, wie bei I. Kant als eine hilfreiche regulative Idee, eine nützliche Als-ob-Fiktion[1], wie bei H. Spencer als ein Naturgesetz oder, wie das in diesem Buch geschieht, evolutionstheoretisch begründen, es ist letztlich das einzige und letzte uns verbliebende Bewertungskriterium für wissenschaftliche Theorien nach dem Verlust ihrer ontologischen Sicherheit in einem naiven korrespondenztheoretischen Wahrheitsbegriff – »denn die Vernunft will, dass man Vielfältigkeit der Hypothesen oder Prinzipien vermeide, etwa so, wie in der Astronomie immer das einfachste System den Vorrang hat«[2]. Die von Leibniz hier angesprochene »Vernunft« ist, wie ich denke, eine, die höher ist als die menschliche Vernunft, denn sie bringt eine allgemeine evolutionäre Logik zum Ausdruck – nämlich: Es ist vorteilhaft, wenn man das Gleiche (oder gar mehr) mit einem geringeren Aufwand (bzw. kleineren Ressourcenaufwand) erreicht.

Ich sehe, wenn ich mich umblicke, für eine solche Supertheorie, die diesen beiden Kriterien am besten entspricht, weit und breit nur noch einen Kandidaten: die _Evolutionstheorie._ Die Evolutionstheorie ist heute die wohl umfassendste und bedeutendste Theorie, die im Wissenschaftssystem die breiteste Akzeptanz und Anwendung findet. Sie ist, wie es scheint, die einzige und letzte große Theorie, die es nicht nur erlaubt, alles bisher uns bekannte (wissenschaftlich erworbene) Erfahrungswissen miteinander zu verbinden und zu erklären, sondern auch gedanklich auf wenige begriffliche Grundunterscheidungen und Grundannahmen zurückzuführen. Sie verbindet in geradezu idealer Weise die beiden Kriterien: Offenheit für die Mannigfaltigkeit des empirischen Erfahrungsbezugs einerseits _und_ möglichst einfache Ordnung des Denkens durch Zurückführung auf einige wenige Unterscheidungen und Grundoperationen andererseits. Sie ist offen für die immer mehr sich erweiternden und inzwischen von niemandem mehr vollständig überschaubaren komplexen Wissensbestände und ermöglicht es gleichzeitig, diese hohe Komplexität relativ einfach, ja geradezu elegant, zu reduzie-

---

[1] Z. B. in der Formulierung: »Denn das regulative Gesetz der systematischen Einheit will: dass wir die Natur so studieren sollen, als ob allenthalben ins Unendliche systematische und zweckmäßige Einheit bei der größtmöglichen Mannichfaltigkeit angetroffen würde« (Kant: KrV B 727).

[2] G. W. Leibniz: Metaphysische Abhandlung. In: Die Hauptwerke. Hg. von G. Krüger. Stuttgart 1958, S. 31.

Evolutionstheorie

ren und in eine einheitliche Ordnung des Zusammenhangs zu bringen. Sie erfüllt damit paradigmatisch den Anspruch, den wir an eine »gute Theorie« anlegen, nämlich die methodisch kontrollierte Erweiterung *und* Reduktion von Komplexität in einem zu leisten.

Die Evolutionstheorie hat in den letzten hundertvierzig Jahren – und das heißt: seit dem Erscheinen der ersten Auflage von Darwins »Entstehung der Arten« – eine für eine wissenschaftliche Theorie unvergleichliche Resonanz zu verzeichnen. Diese geht gleichermaßen in die Tiefe wie in die Breite. In die *Tiefe* insofern, als sie Grundüberzeugungen ins Wanken brachte, die so tief gelagert waren, dass sie das Selbstverständnis des Menschseins ausmachten, so dass jede Veränderung schmerzhaft sein musste. Das Wesen, das bislang glaubte, von Göttern abzustammen, fand sich plötzlich in die Verwandtschaft von Tieren gerückt und musste sich von Darwin sagen lassen, von »einem behaarten, geschwänzten Vierfüßler« abzustammen[3]. Das war ein tiefgreifender Schock, der bis heute nachwirkt.

Aber auch in die *Breite* geht der Einfluss der Evolutionstheorie. War das Werk Darwins auf den ersten Blick ein biologisches, genauer gesagt, eine zoologische und botanische Abhandlung, hat sich sehr schnell – ja teilweise gleichzeitig (wenn man an den Erfolg von Herbert Spencers »Synthetischer Philosophie« denkt) – das ihm zugrunde liegende evolutionäre Denken auf viele andere wissenschaftliche Disziplinen ausgebreitet. Evolutionäres Denken findet sich inzwischen in Philosophie, Medizin, Psychologie, Ethnologie, Soziologie, Geschichte bis weit hinein in die Naturwissenschaften und die Technik. Inzwischen werden nicht nur Krankheiten (wie beispielsweise die Altersdemenz) evolutionstheoretisch erkärt, sondern auch – um nur ein weiteres beliebiges Beispiel zu geben – die Optimierung von Metalllegierungen mithilfe eines evolutionären Algorithmus erforscht. Subdisziplinen entstehen, die auf evolutionstheoretischer Grundlage arbeiten; es gibt inzwischen – ohne Anspruch auf Vollständigkeit der Aufzählung – eine »Evolutionäre Erkenntnistheorie«, eine »Evolutionäre Ethik«, eine »Evolutionäre Ökonomie«, eine »Evolutionäre Medizin«, eine »Evolutionäre Psychologie« – und, wer dieses Buch in die Hand

---

[3] Ch. Darwin: Die Abstammung des Menschen. Wiesbaden 1966, S. 689.

nimmt, weiß es schon – auch Ansätze einer »Evolutionären Pädagogik«[4].

Dass ich die Pädagogik zuletzt nenne, ist kein Ausdruck von Bescheidenheit, sondern signalisiert die versteckte Chronologie. Die Pädagogik ist – zeitlich gesehen – vermutlich eine der letzten Disziplinen, die sich der Evolutionstheorie öffnet. Das hat nachvollziehbare Gründe, die nicht nur mit der Pädagogik, insbesondere der deutschen Pädagogik und ihrer Geschichte, zu tun haben, sondern auch und vor allem mit Darwins Werk selbst, dessen Rezeptionsgeschichte und seiner Sperrigkeit gegenüber einem pädagogischen Interesse.

Den Hinweis darauf, dass der Einfluss der Evolutionstheorie in die Tiefe und in die Breite gehe, kann man aber auch in einem noch etwas anderen Sinne verstehen. Mit der Evolutionstheorie wird der Bereich der wissenschaftlichen Beobachtung in zeitlicher Hinsicht, gewissermaßen in der Vertikalen, in die Tiefe einer Geschichte ausgedehnt, die sich im Dunkel von uns bislang unbekannt gebliebenen Zeiten verliert und weit hinter die Kulturgeschichte in die Naturgeschichte aller Lebewesen zurückreicht. Dass Kultur eine naturale Grundlage besitzt und diese nach wie vor in ihr wirkt, ist eine Erkenntnis, die dabei ganz nebenbei abfallen wird. Weil das aber eine Erkenntis unseres Geistes ist, gilt auch das Umgekehrte: Natur wird als kulturell erkennbar bestimmt; der Mensch nimmt sich den Mut und das Recht, mit seinem – selbst natural begründeten – Geist seine eigene Natur zu erforschen und zu entschlüsseln.

Mit Hilfe der (Allgemeinen) Evolutionstheorie verliert das alte Schisma von Natur und Kultur bzw. von Natur und Geist seine allgemeine Überzeugungs- und Geltungskraft, denn die Natur wird als Voraussetzung jeglicher geistiger, kultureller Erkenntnisfähigkeit und der Geist als Voraussetzung jeglicher Naturerkenntnis ak-

---

[4] Im deutschen Sprachraum hat M. Liedtke mit seinem Buch »Evolution und Erziehung« (Göttingen 1972) eine erste, wichtige Bresche in diese Richtung geschlagen, allerdings noch als Beitrag zu einer »integrativen Pädagogischen Anthropologie« verstanden. Inzwischen gibt es eine ganze Reihe von einschlägigen Arbeiten, auf die im Text verwiesen werden wird. Bemerkenswert ist, dass das Thema inzwischen seinen Weg auch in die wichtigsten Fachzeitschriften gefunden hat. So hat z. B. die Zeitschrift für Pädagogik eine Ausgabe dem Rahmenthema »Evolutionäre Pädagogik« gewidmet (Heft 5/2002).

zeptiert. Man kann deshalb zu Recht sagen, dass mit der Evolutionstheorie die Natur Geschichte und die Geschichte Natur bekommen hat.

Die Zeiträume, die damit in den Blick kommen, sind unermess-
lich groß und überschreiten bei weitem unsere Vorstellungskraft.
Vor allem für die Pädagogik bedeutet diese große Ausdehnung des
Zeithorizontes, in den Erziehung rückt, eine ungewohnte Herausforderung, lassen doch die meisten geschichtlichen Rückblicke ihr
Thema bestenfalls mit der griechischen Antike beginnen, manche
fangen auch erst mit der Renaissance oder der Reformation an,
einige sogar erst mit der Aufklärung. Das aber ist ein relativ kleiner
Zeitraum, der nur einen winzig kleinen Bruchteil der Kulturgeschichte umfasst und die frühen Hochkulturen (wie z. B. das Alte
Ägypten), aus denen es durchaus schriftliche Quellen gibt, souverän
ignoriert. Dass die vorlaufende Naturgeschichte dabei überhaupt
kein Thema ist, scheint nicht einmal der Erwähnung wert zu sein.

Eine Evolutionäre Pädagogik beobachtet also ihren genuinen
Gegenstandsbereich – nennen wir ihn einfach »Erziehung« – als
Produkt der Evolution und stellt ihn damit in der Vertikalen in einen
viel größeren, zeitlich tieferen Horizont, als das bisher der Fall ist.
Zusätzlich verbreitet sich aber in der Horizontalen, also gewissermaßen in der räumlichen Sinndimension, der Beobachtungshorizont, nämlich insofern, als sie alles, was sie beobachtet,»als«
Evolution beschreibt. Die »Breite« des Blicks besteht hier darin,
dass sie Erziehungsprozesse als evolutive Prozesse, also selbst als
Evolution zu beschreiben und zu erklären vermag, und insofern
alles, »was es gibt«, in Bezug zu seinem (räumlichen und sachlichen) Kontext in einen funktionalen Zusammenhang stellt. Erziehung als Prozess erscheint hier als Evolution – oder anders gesagt:
Erziehung »ist« eine Form der Evolution.

Diese beiden hier angedeuteten Ebenen, die zeitliche (bzw. historische) und die räumliche (bzw. sachliche) bringt alles – und das
heißt wirklich: alles, was gesagt werden kann – in eine zusammenhängende Ordnung des (zeitlichen) Nacheinanders und des (räumlichen) Nebeneinanders. Diese Einteilung ist in der Evolutionsforschung durchaus gängig, und sie lässt sich schon auf Darwin
selbst zurückführen – genauer gesagt: auf dessen beiden Hauptthe-
sen (in »The Origin of Species«), nämlich 1. die gemeinsame Abstammungsgeschichte aller Lebewesen und 2. die natürliche Selektion vererbter Eigenschaften. Dementsprechend kann man zwei

Vorgehensweisen unterscheiden: die Erforschung der *Evolutions-geschichte* und die Erforschung der *Evolutionsmechanismen*[5].

Analog dazu lässt sich auch eine Evolutionäre Pädagogik als eine historische und eine systematische Wissenschaft betreiben – zumindest dann, wenn wir den Begriff des »Historischen« nicht auf die Kulturgeschichte einengen, sondern auch die Naturgeschichte mit berücksichtigen. Als eine solchermaßen verstandene historische Wissenschaft steht die Frage im Mittelpunkt: Wie ist Erziehung (in all ihren Erscheinungsformen) in der Evolution entstanden? Ich werde eine solche historische Erklärung im Kontext der evolutionstheoretischen Perspektive im Folgenden als »*proximate Erklärung*« bezeichnen (vor allem, um die mit dem Begriff des Historischen einhergehende semantische Verengung auf kulturelle Erklärungen zu vermeiden). Proximat ist eine Erklärung, wenn sie die evolutionären Wirkursachen, also jene, die dem Phänomen zeitlich *voraus* gehen, benennt. Dort, wo es dagegen um die Rekonstruktion der Evolutionsmechanismen geht, die etwas durch ihre sachlichen Wirkungen erklärt, werde ich von einer »*ultimaten Erklärung*« sprechen. Ultimat ist eine Erklärung vor allem dann, wenn sie die Funktionen (oder auch »Zweckursachen«) bezeichnet, die ein System – wie das der Erziehung – dadurch erhält und auf Dauer stellt, dass es bestimmte Probleme (z. B. das der Fortsetzung von Systemleistungen) »löst«. Einmal geht es also um die *Entstehungsbedingungen*, die der *Selektion*, das andere Mal um die *Funktionsbedingungen*, die der *Stabilisierung* von Erziehung zugrunde liegen. Wird eine proximate Erkärung vor allem die Zeitdimension heranziehen – weil sie ein Gegebenes auf seine vorhergegangene Geschichte bezieht –, wird eine ultimate Erklärung vor allem die Raumdimension berücksichtigen müssen, denn funktionale Zusammenhänge vollziehen sich im Raum.[6]

Mit dieser Unterscheidung (von »proximat« und »ultimat«) gewinnt das vorliegende Buch seine überschaubare Ordnung, denn das Erziehungsphänomen wird in Kapitel II zunächst in einen proximaten und in Kapitel III dann in einen ultimaten Begründungszusammenhang gestellt und entfaltet. In Kapitel I aber werden

---

[5] Vgl. D. J. Futuyma: Evolutionsbiologie. Basel u. a. 1990, S. 15 f.
[6] Vgl. zu den Begriffen »ultimat« und »proximat« in der ethologischen und soziobiologischen Literatur E. Voland: Grundriss der Soziobiologie, Heidelberg, Berlin 2000², S. 12 f.

vorweg die theoretischen Grundlagen gelegt und selbst als Evolution – genauer gesagt: als Theorieevolution – beschrieben. In
diesem theoretischen Vorspann werden auch die begrifflichen Unterscheidungen eingeführt, die wir in den folgenden Kapiteln benötigen.

Das Buch will eine »*Einführung*« in die »Evolutionäre Pädagogik« geben; zu Recht erwartet der Leser deshalb, dass ihm didaktische Überlegungen zugrunde liegen. Konkret bedeutet das in diesem Falle eine Begrenzung auf ausgewählte Aspekte sowie eine
Darstellungsform, die entlang eines »roten Fadens« argumentiert,
dabei gelegentlich – um bei der Lektüre Ermüdungserscheinungen
vorzubeugen – das Abstraktionsniveau wechselt und auch vor Beispielen nicht zurückscheut. Von einer auch nur annähernden Vollständigkeit der Themengebiete und der verwendeten Fachliteratur
kann deshalb auch keine Rede sein. Die multidisziplinäre Fachliteratur zur Evolutionsforschung (aus Allgemeiner Biologie, Zoologie, Genetik, Hirnforschung, Ethologie, Ethnologie, Soziologie,
Psychologie, Archäologie, aber auch Philosophie usw.) ist in
jüngster Zeit geradezu explosionsartig angewachsen und einfach zu
umfangreich, als dass man sie in einer propädeutischen Abhandlung, wenngleich auch nur in Umrissen, vollständig berücksichtigen
könnte. Dazu kommt, dass es inzwischen auch in der Pädagogik
selbst in zunehmendem Maße Texte zu einer Evolutionären Pädagogik gibt, die man berücksichtigen müsste[7].

Der Begriff der »Einführung«, der als Untertitel dieses Buches
erscheint, bedeutet deshalb – neben dem Bemühen um didaktische
Konstruktionsprinzipien – vor allem: Unvollständigkeit und Selektivität der behandelten Themen. Das soll allerdings keine Ent-
schuldigung der vielen Desiderate sein, die dieses Buch enthält. Auf
das wohl bedenklichste Desiderat will ich lieber gleich hinweisen:
Es fehlt, so gut wie vollständig, eine evolutionstheoretische Dar-

---

[7]   Ich verweise hier vor allem auf A. Scheunpflugs »Evolutionäre Didaktik.
      Unterricht aus system- und evolutionstheoretischer Perspektive« (Wein-
      heim 2001) und meine diversen, mehr oder weniger versteckt erschiene-
      nen Beträge (z. B. A. K. Treml: Entwicklungspolitik und Entwicklungs-
      pädagogik in evolutionstheoretischer Sicht. In: A. Scheunpflug/K. Seitz
      (Hg.): Selbstorganisation und Chaos. Entwicklungspolitik und Entwick-
      lungspädagogik in neuer Sicht. Tübingen 1992, S. 111–134), aber auch auf
      das einschlägige Themenheft der Zeitschrift für Pädagogik 5/2002 mit
      Beiträgen von Voland, Nipkow, Neumann und Treml.

stellung der für die Pädagogik so wichtigen Kulturgeschichte (qua sozio-kultureller Evolution). Das ist ein echtes Manko, ich gebe es zu. Es wird allerdings hoffentlich mit dem Hinweis legitimierbar, dass ich dieses Thema in einem eigenen Band ausführlich abhandeln werde[8].

Sowohl in inhaltlicher als auch in didaktischer Sicht bleiben trotz allem noch eine Reihe erheblicher Mängel, die bei mir nie das Gefühl aufkommen ließen, »fertig« zu sein. Obwohl diese Mängel bestimmt nicht absichtlich produziert wurden, beruhigt mich doch ein wenig das Wissen, dass auch die Evolution nicht immer die perfekten Anpassungen prämiert, sondern unter Umständen die fehlerhaften Abweichungen vorzieht.

Hamburg, im Januar 2004   Alfred K. Treml

---

[8] Allerdings begrenzt auf die Evolution der europäischen Ideengeschichte. Das Buch wird unter dem Titel »Pädagogische Ideengeschichte« 2004/5 erscheinen.

I Theorienevolution

Erziehung, was immer es auch sonst noch sein mag, ist zumindest dies: Veränderung eines vorhergehenden Zustandes. Erziehung verändert Menschen. Das Kind weiß (oder kann) jetzt etwas, was es vorher noch nicht wusste (konnte), z. B. dass man sich vor dem Essen die Hände wäscht, oder dass man sich für Geschenke bedanken muss, der Schüler, dass »Küche« auf Englisch »kitchen« heißt oder man Prozente am besten mit einem Dreisatz ausrechnet usf. Erziehung (und ich verwende den Begriff in einem sehr weiten Sinne, der »Bildung«, »Unterricht«, »Belehrung« u. Ä. einschließt) bringt also etwas Neues hervor, das wir mit einem Allgemeinbegriff gewöhnlich als »Wissen«, »Kenntnisse«, »Fertigkeiten«, »Fähigkeiten« u. Ä. zu bezeichnen pflegen.

Wie kann man sich das Entstehen bzw. das erstmalige Auftreten einer solchen Veränderung (zu einem vorhergehenden Zustand) erklären? Dass durch Erziehung etwas Neues im Menschen entsteht, dass ein Mensch jetzt etwas weiß oder kann, was er vorher noch nicht wusste oder konnte, das kann man beschreiben; aber es ist nahe liegend, dann zu fragen: Wie konnte das geschehen? Wie ist das zu erklären? Die Frage ist nicht einfach zu beantworten, schon alleine deshalb, weil sie über das bloß Sichtbare – des Anfangs- und des Endzustandes – hinausgeht und Aussagen machen muss über deren abstrakte Verbindung.

Eine Evolutionäre Pädagogik – so könnte man jetzt beginnen, auf das eigentliche Thema zuzusteuern – ist zunächst nichts anderes als ein zusammenhängendes Set von Aussagen zu der Frage, wie man sich Erziehung – als Veränderung von Menschen – *auch* erklären kann. Statt »zusammenhängendes Set« könnte man auch »System« sagen, sofern man darunter das versteht, was Kant als »die Einheit mannigfaltiger Erkenntnisse unter einer Idee« bezeichnete. Diese eine »Idee« (Kant nennt sie auch gelegentlich »Prinzip«) ermöglicht es, eine Vielzahl von Erkenntnissen in den Zusammenhang einer einheitlichen Perspektive zu stellen und zu ordnen. Um zu

verstehen, was das Besondere, das Neue oder das Eigentümliche
dieser Idee ist, will ich einen gedanklichen Umweg gehen und
zunächst herausarbeiten, was Evolutionäre Pädagogik *nicht* ist –
oder anders gesagt: Um das neue Denken der Evolutionären Pädagogik zu beschreiben, will ich den Kern des alten Denkens rekonstruieren, und zwar deshalb, weil ich glaube, dass das Neue im
Kontrast zum Alten besser erkennbar und verstehbar wird. Natürlich ist es eine schon recht alte pädagogische Weisheit, die nicht von
mir stammt, dass man beim Sagen des Neuen immer mit dem Alten
und Vertrauten beginnen sollte, wenn man verstanden werden will[1].
Es ist auch eine alte pädagogische Weisheit, wenn man dabei etwas
Kompliziertes vereinfacht. Ich will deshalb das alte und das neue
Denken idealtypisch vereinfachen und auf nur eine Alternative
zurückführen, und das heißt: auf zwei konkurrierende Positionen,
die ich miteinander konstrastieren werde; ich nenne sie: das *schöpfungstheoretische* Denken und das *evolutionstheoretische* Denken.

Wie immer, wenn man vereinfacht, muss man blinzeln und nicht
so genau hinsehen, denn wer genauer hinschaut, wird statt zwei
immer mehr – drei, vier oder viele – Unterscheidungen wahrnehmen können. So ist es auch hier, denn wenngleich man von zwei
konstrastierenden Grundpositionen ausgehen kann, wird man
schnell bemerken, dass es zumindest eine Vielzahl von Zwischen-
positionen gibt, die wir aber aus dem Spiel lassen, um die Sache
nicht zu verkomplizieren.

Kommen wir aber nun wieder zu unserer Ausgangsfrage zurück,
der Frage, wie man die Entstehung von »Menschenveränderungen«
durch Erziehung erklären kann. Dabei abstrahieren wir zunächst
einmal von Erziehung und fragen ganz allgemein: Wie kann man
Veränderungen überhaupt erklären? Die beiden großen und einflussreichen Antworten, die in der europäischen Ideengeschichte
darauf gegeben wurden und werden, haben schon einen Namen:
Schöpfungstheorie und *Evolutionstheorie* sind die beiden großen
Erzählungen, die neugierigen Fragern eine zusammenhängende
Antwort auf ihre Frage anbieten.

Ich gebe zu, dass dabei der Zusammenhang dieser beiden großen
Theorien mit der Pädagogik möglicherweise nicht jedem sofort

---

[1] »Alles Lehren aber geht von schon Bekanntem aus ...« heißt es z. B. bei
    Aristoteles: Nikomachische Ethik. Stuttgart 1969, S. 157.

Schöpfung vs. Evolution

einleuchtet, aber ich bin sicher, dass er im Verlaufe der Ausführungen klarer werden wird. Um diesen Zusammenhang hier wenigstens schon anzudeuten, will ich mit zwei Behauptungen beginnen, die ich aber beide erst im weiteren Verlauf der Ausführungen plausibilisieren und begründen kann. Die erste Behauptung lautet: Die grundlegende Logik des schöpfungstheoretischen Denkens ist – über den dabei gebrauchten Handlungsbegriff – tief in unser traditionelles Selbstverständnis von Erziehung abgesunken und bestimmt unser pädagogisches Denken und Handeln (mehr oder weniger) bis heute. Die zweite Behauptung lautet: Es ist an der Zeit, unser pädagogisches Selbstverständnis auf eine neue Basis zu stellen – auf ein evolutionstheoretisches Fundament.

Wenden wir uns aber nun zuerst der Schöpfungstheorie zu, um dann anschließend auf diesem Hintergrund die Umrisse der Evolutionstheorie zu skizzieren.

1 Die Schöpfungstheorie

Die Schöpfungstheorie ist eine alte und ehrwürdige Theorie, die über viele Generationen hinweg unzähligen Menschen die Frage, warum etwas ist und nicht nicht ist – bzw. wie man die Entstehung von Neuem erklären kann –, zufriedenstellend beantwortet hat. Ich spreche hier von Schöpfungstheorie, obgleich es vielleicht angemessener wäre, von »Schöpfungsmythos« zu sprechen, denn der Anfang der kulturell durchaus unterschiedlichen Erzählungen über die Entstehung der Welt verliert sich im Nebel vergangener und vergessener Zeiten, von denen wir nur über Mythen bruchstückhaftes Wissen besitzen. Von Schöpfungstheorie kann man aber hier durchaus nicht nur aus Gründen der sprachlichen Analogie (zur Evolutionstheorie) sprechen, sondern auch, weil sie ebenso als Erzählung eines Mythos die Funktion einer zusammenhängenden Erklärung erfüllt. Natürlich gibt es, wie wir noch sehen werden, auch erhebliche Unterschiede; allerdings überwiegen die Gemeinsamkeiten.

Die Schöpfungstheorie gibt eine Antwort auf unsere Ausgangsfrage, die die Bedingung der Möglichkeit jeder Veränderung plausibel erklärt. Sie macht das dadurch, dass sie den Geltungsbereich auf alles ausdehnt, was sich überhaupt verändern kann – also Antwort auf die Frage gibt, warum es überhaupt etwas gibt (das sich verändern kann). Kurz gesagt erklärt sie die Entstehung der ersten Veränderung, nämlich die der Welt als (ein geordnetes) Ganzes. Ich will die eigentümliche Logik des schöpfungstheoretischen Denkens an den beiden für unseren Kulturraum wichtigsten Schöpfungsmythen veranschaulichen: dem alttestamentlichen Schöpfungsmythos, wie er im Alten Testament – genauer in Genesis 1, dem 1. Buch Mose – gleich in den ersten Versen (1–5) formuliert wird, und – zumindest mit einem flüchtigen Blick – dem Schöpfungsmythos des »Demiurgen«, wie er im (vorchristlichen) griechischen Denken zu Hause ist und u. a. von Platon überliefert wurde. Damit haben wir die beiden für die europäische Ideengeschichte wohl einflussreichsten Kulturkreise im Blick, den griechischen und den jüdisch-christlichen Kulturkreis.

Im Alten Testament lesen wir gleich zu Beginn folgende Verse:

> *»Am Anfang schuf Gott Himmel und Erde.*
> *Und die Erde war wüst und leer, und es war finster auf der Tiefe;*
> *und der Geist Gottes schwebte auf dem Wasser.*
> *Und Gott sprach: Es werde Licht! und es ward Licht.*
> *Und Gott sah, dass das Licht gut war. Da schied Gott das Licht*
> *von der Finsternis,*
> *und nannte das Licht Tag, und die Finsternis Nacht. Da ward aus*
> *Abend und Morgen der erste Tag.«*

Am Anfang war also eine Einheit, Gott genannt, die eine erste Unterscheidung hervorbringt, nämlich Gott und Nicht-Gott, die sofort wiederum als Differenz von Himmel und Erde eingeführt wird. Die eine Seite dieser Unterscheidung, Gott, wird als Einheit gedacht, die sich gleich bleibt, während die andere Seite der Unterscheidung sich immer weiter differenziert. Ein Unterschied, nämlich Gott und Nichts, macht also einen Unterschied, aus dem immer mehr Unterschiede werden. Es deutet sich hier schon die Vorstellung einer Schöpfung aus dem »Nichts« an (vgl. Röm 4, 17) – eine »creatio ex nihilo«, denn Gott ist unhintergehbar von Anfang an da – und sonst »nichts«; er ist also nicht Objekt, sondern singuläres Subjekt der Schöpfung und steht deshalb außerhalb von ihr (»transzendent«). Das kommt semantisch schon dadurch zum Ausdruck, dass die priesterschriftliche Tradition für das Wort »schaffen/schuf« (»bara«), durch das hier Gottes Schöpfungsakt beschrieben wird, exklusiv zur Bezeichnung des göttlichen Handelns gebraucht wird[2]. Nur wenn man so denkt, kann man verdecken, dass auch Gott als die eine Seite der Unterscheidung nur differenztheoretisch reformuliert werden kann und die Unterscheidung von Gott – Nichtgott nicht erst hervorbringt, sondern schon »ist«.

Auf der Basis dieser verdeckten Paradoxie (einer Differenz, die als erste Einheit erscheint) kann nun die Schöpfung beginnen, und sie beginnt damit, dass Gott sich mit der anderen Seite dieser Unterscheidung beschäftigt, nämlich mit dem »Nicht-Gott«, dem »Nichts«, und sie in die Unterscheidung von »Himmel und Erde« überführt. Diese erste Form der Differenzierung einer Seite der Unterscheidung wird nun mehrfach wiederholt, denn sofort geht es weiter auf der einen Seite der Differenz, auf der Erde. Hier sieht es offenbar nicht gut aus, denn sie wird als »wüst und leer« und »finster« beschrieben; aber die Rettung naht in Form eines göttlichen Geistes, der darüber schwebt. Jetzt aber »spricht« Gott, und in der wüsten, leeren Finsternis wird es schlagartig hell. Wieder entsteht eine Differenz (aus der Differenz), dieses Mal wird die Methode des Schöpfers präzise beschrieben; es ist ein Sprechakt, der die Unterscheidung von dunkel und hell, von Finsternis und Licht, in die Welt bringt. »Am Anfang war das Wort, und das Wort war bei Gott, und Gott war das Wort«, heißt es dann bei Joh. 1, 1. Beachten wir, dass eben nicht – wie Goethe (im Faust 1) meinte – »die Tat« am Anfang steht, sondern das Wort – genauer gesagt: eine Sprachhandlung (die, wenn man so will, auch als »Tat« zu bezeichnen ist). Es ist das Wort, das alles Weitere hervorbringt. Gott ist also Rationalist, denn das Wort ist Ausdruck der göttlichen Ratio, die *vor* der Welt da ist. Aber der erste Schöpfungsakt (des ersten Tages) ist noch nicht zu Ende, denn dem Sprechakt des Hervorbringens folgt der Sprechakt der Benennung. Gott nannte das Licht »Tag« und die Finsternis »Nacht«. Der erste Akt (Tag) der Schöpfung beginnt also mit einem Sprechakt, der eine Differenz macht, und sie endet mit einem Sprechakt, der den beiden Seiten der Unterscheidung einen Namen gibt. Erst dadurch werden sie einzeln, nicht nur als Differenz, erkennbar und benennbar gemacht.

---

[2] Vgl. U. Baumann/A. K. Treml: Schöpfung oder Evolution? Ethische Konsequenzen eines Paradigmenwechsels. In: R. Preul/Chr. Th. Scheilke/ Fr. Schweitzer/A. K. Treml (Hg.): Bildung – Glaube – Aufklärung. Zur Wiedergewinnung des Bildungsbegriffs in Pädagogik und Theologie. Gütersloh 1989, S. 141–155.

Und so geht die Schöpfung in sechs Akten weiter. Damit wird schon deutlich: Schöpfung ist wohl ein einmaliger Akt des Hervorbringens von Unterschieden, aber er bedarf der Zeit (sechs Tage). Die Form ist immer die Gleiche; es ist ein Prozess der Differenzbildung, also der Differenzierung, der in jedem Schritt zweifach abgesichert wird: dem sprachlichen Hervorbringungsakt einer Unterscheidung folgt die sprachliche Benennung der beiden Seiten dieser Unterscheidung. So entstehen Himmel und Erde, Land und Meer, Sterne, Sonne und Mond, die diversen Pflanzen, Tiere und schließlich der Mensch. Eine heimliche Ordnung der zunehmenden Differenzierung und der Höherwertigkeit wird spätestens im Kontext deutlich, in dem dieser Mythos entwickelt wird, denn Gott schuf erst den Menschen »nach seinem Bilde« – und damit als Herrscher und Bewahrer der übrigen Schöpfung (Gen. 1, 26 f.). Das, was den Menschen als Abbild des Schöpfergottes auszeichnet und ihn aus allen anderen Geschöpfen hervorhebt, ist in der Geschichte unterschiedlich definiert worden. Gleich bleibend wird aber seine Überlegenheit betont und häufig mit den Prädikaten »allwissend, allmächtig, allgütig« charakterisiert. Mit der Erschaffung des Menschen, der knapp unterhalb des Schöpfergottes angesiedelt Gott selbst spiegelt, ist die Arbeit der Schöpfung vollendet. Was jetzt noch fehlt, ist die Bewertungs- und die Erholungsphase.

Schon am Ende des vierten Tages sah Gott, dass sein Werk »gut war«, und am Ende des fünften Tages lobt er sein Werk noch einmal ausdrücklich. Jetzt kommt also eine Art Evaluation dazu. Das setzt voraus, dass das Werk Gottes kontingent ist, also auch anders hätte ausfallen können. Aber das Ergebnis fällt zur vollen Zufriedenheit aus. Aus der Tiefe der Finsternis wird es nicht nur »hell«, sondern auch »gut«. Schließlich bringt er eine deutliche asymmetrische Bewertung in die Reihe seiner Geschöpfe hinein, indem er den Menschen zur »Herrschaft« über die Welt ernennt. Am Ende des letzten Schöpfungstages erhöht er sein Selbstlob, als er schließlich nach getaner Arbeit das Ganze seiner Schöpfung noch einmal betrachtet und zu dem Urteil gelangt, dass es »sehr gut« (»tob meod«, Gen 1, 31) ausgefallen sei – »Natürlich, wenn ein Gott sich erst sechs Tage plagt, und selbst am Ende Bravo sagt, Da muss es was Gescheites werden« spottet Mephisto in Goethes »Faust«.

Dann aber, am siebten Tag, ruhte er nach getaner Arbeit aus. Offenbar war die Schöpfung auch für Gott eine mühsame Arbeit; sie macht wohl aus dem Nichts Etwas, aber sie ist nicht nichts, sondern

Mühe und Arbeit. Schöpfung ist kontingente und harte Arbeit und deshalb bedarf sie am Ende des Sabbats. Schöpfung mündet so gesehen nach getaner Arbeit in eine Phase des Ausruhens. Ein schlichter und raffinierter Schöpfungsmythos mit hoher Plausibilität tritt uns hier entgegen. Seine Erklärungskraft reichte über dreitausend Jahre – zumindest diesbezüglich kann die Evolutionstheorie, die es noch nicht einmal 140 Jahre gibt, nicht mithalten. Diese hohe Plausiblität erreicht die Schöpfungstheorie vor allem durch ihre Nähe zu den alltäglichen Handlungserfahrungen, die wir Menschen machen. Ich vermute deshalb, dass der Schöpfungstheorie die Handlungstheorie zugrunde liegt (und nicht umgekehrt), so dass sie uns deshalb so plausibel erscheint, weil wir damit letztlich nicht Bekanntes auf Unbekanntes, sondern Unbekanntes auf Bekanntes zurückführen. Wir ordnen unsere Umwelt ausgehend von uns selbst nach unseren eigenen Erfahrungen und Bedürfnissen und transportieren diese Logik in entferntere Räume und Zeiten. Nur weil die Welt analog unseres eigenen Handlungskalküls geschaffen ist, können wir sie auch erkennen. Weil Handlungen ein Subjekt voraussetzen, müssen wir auch bei der Schöpfung ein Subjekt unterstellen – und wir nennen es »Gott«.

Betrachten wir – wenigstens noch im Vorübergehen – eine weitere, einflussreiche schöpfungstheoretische Variante. Der althebräische Schöpfungsmythos wurde in unserem Kulturkreis überlagert bzw. vermischt mit jüngeren, aus der Antike stammenden Vorstellungen der Welterzeugung durch einen Demiurgen. Diese mythische Erzählung der Griechen ist in weiten Teilen ganz analog aufgebaut wie die altjüdische Schöpfungsvorstellung – mit einem interessanten Unterschied gleich zu Beginn[3]:

1. Der Demiurg schafft sich seine Welt nicht aus dem Nichts – wie der alttestamentliche Gott –, sondern lässt die neue Ordnung aus einer alten Unordnung entstehen. Hier gibt es also keine »creatio ex nihilo«, sondern eine »creatio ex chaos« – wobei »chaos« hier die Bedeutung einer gestaltlosen Urmasse hat, aus der das Weltall entstand. Der Schöpferdemiurg steht nicht, wie der jüdische

---

[3] Vgl. zum Schöpfungsmythos des »Demiurgen« bei Platon den Überblick bei J. Disse: Kleine Geschichte der abendländischen Metaphysik. Darmstadt 2001, S. 52 ff. Begriffsgeschichtlich: J. Ritter (Hg.): Historisches Wörterbuch der Philosophie. Basel/Stuttgart 1972, Bd. 2: D–F, Sp. 49 (»Demiurg«).

Schöpfergott, der Welt als absoluter Souverän von außen gegenüber, sondern ist selbst ein Teil der Welt, die er aus der Unordnung, dem Chaos, dem Tohuwabohu, in eine differenzierte Ordnung überführt – eine Vorstellung, die wir in vielen anderen
Schöpfungsmythen ebenfalls vorfinden[4].

2. Der Demiurg ist Geist bzw. Vernunft (»nous«). Das ist analog
   zum jüdischen Schöpfungsmythos. Hier wird gleich zu Beginn
   der Schöpfungserzählung eine qualitative Differenz von »Welt«
   und »Geist« gebraucht, die sich dann durch Wiederholung der
   Differenz auf der einen Seite der Unterscheidung (»Welt«) wiederholt. So kommt der Geist in die Welt.

In vielen Mythen der Völker lässt sich diese Schöpfungslogik nachweisen. Ihnen gemeinsam ist die Vorstellung, dass zu Beginn nicht
Nichts, sondern vielmehr ein ungeordnetes Dunkel, ein schlammi-
ges und undurchsichtiges Durcheinander herrschte, das erst durch
den Schöpfungsakt eines mit Zauberkraft ausgestatteten und der
Sprache mächtigen Urwesens in Ordnung überführt wurde[5].

3. Schließlich ist auch in der antiken Vorstellung von Schöpfung
   der Schöpfer, sprich: Demiurg, »gut«, denn der »freut sich« über
   seine Schöpfung. Auch das ist ganz analog zum jüdisch-christlichen Gott, der seine Schöpfung als »tob meod« (sehr gut) bewertet.

Was aber hat dies nun alles mit Erziehung zu tun? Der Sprung von
dieser Schöpfungsvorstellung zur Pädagogik ist gar nicht so weit,
wie er auf den ersten Blick erscheinen mag. Ich vermute, dass wir
nicht nur in unserem naiven – also vorwissenschaftlichen –
Selbstverständnis praktischer Pädagogik, sondern auch in allen
handlungstheoretisch fundierten Konzepten einer theoretischen
Pädagogik seit Alters her und bis heute im Kern die Logik dieser
Schöpfungsvorstellungen benutzen.

> Archetypen ?

---

[4] Vgl. dazu die immer noch aktuelle Untersuchung von C. Fr. von Weizsä-
     cker: Die Tragweite der Wissenschaft. Bd. 1: Schöpfung und Weltan-
     schauung. Die Geschichte zweier Begriffe. Stuttgart 1976(5) sowie Treml
     1992, S. 88–102.
[5] Vgl. K. E. Müller: Wortzauber. Eine Ethnologie der Eloquenz. Frankfurt
     a.M. 2001, S. 7 ff.

Ich will ein einfaches Beispiel aus der Schule geben, um die heimliche schöpfungstheoretische Logik alltäglicher Wirklichkeitskonstruktionen zu veranschaulichen:

Ein Lehrer[6] kommt in seine Klasse und nimmt dabei schon implizit eine Reihe von Differenzen wie selbstverständlich als Voraussetzung seiner Tätigkeit in Anspruch, etwa jene von Schule und Nicht-Schule, sprich: Leben, vor allem aber diejenige von Schüler und Lehrer, also von Menschen, die lernen, und Menschen, die lehren sollen. Es ist ebenso klar, dass der Lehrer zu lehren und der Schüler zu lernen hat, dass also hinsichtlich des Wissens und des Handelns eine eindeutige Asymmetrie zu den Eingangsvoraussetzungen für jeden Unterricht gehört. Im Licht der Imperfektibilität der Schüler ist der Lehrer »perfekt«, weil er das schon weiß, was der Schüler erst wissen soll. Der Lehrer weiß mehr als der Schüler und er hat zu lehren; der Schüler weiß weniger und hat zu lernen. Deshalb ist es zumindest zu Beginn der Unterrichtsstunde hinsichtlich des Unterrichtsstoffes bzw. -zieles in den Köpfen der Schüler noch »wüst und leer«, denn wenn sie das schon wüssten oder könnten, was gelehrt werden soll, wäre der Unterricht überflüssig. Aber in der »Tiefe« des Schulraumes schwebt schon »der Geist« des Lehrers über die Schüler und verspricht Besserung, denn er weiß immer schon das, was die Schüler erst wissen sollen; er kann deshalb keine echten Fragen mehr stellen. Lehrer, so ein bekanntes Bonmot, wissen wohl nicht alles, aber alles besser. Deshalb ist die berühmte »Lehrerfrage« paradox, denn der Fragende weiß immer schon die Antwort. »Geist« ist hier ein Ausdruck für die geordnete antizipierte Vorstellung dieses Lehrzieles, die als Zweck die Handlungen des Lehrers steuert[7].

Dann spricht der Lehrer, denn »Am Anfang war das Wort, und das Wort war bei Gott und Gott war das Wort« (Joh. 1, 1); jetzt steht am Beginn des Unterrichts das Wort, und das Wort ist beim Lehrer und der Lehrer ist das Wort. Er erklärt und erläutert seinen Schülern zum Beispiel im Mathematikunterricht, wie man einen Dreisatz bildet, oder im Musikunterricht, wie eine Fuge aufgebaut ist, und siehe da –

Lehrer = Gott

---

[6] Generische Maskulina (und Feminina) werden im gesamten Text als geschlechtsunspezifische Allgemeinbegriffe verwendet.

[7] Insofern sie eines Maßes und einer Ordnung bedarf, darf man mit Thomas von Aquin sagen: »Omnis ordinato est rationis« – »Die Ordnung ist das Siegel des Geistes«.

die Schüler (sagen wir lieber vorsichtiger: einige der Schüler), die das zuvor nicht wussten, haben es dann kapiert! ... und es wurde Licht! Man hat sich das als »creatio ex nihilo« vorgestellt, als fruchtbarer Moment im Bildungsprozess, der wie ein Blitz den Geist des Schülers erhellt; wo vorher nichts war, ist nun die Erkenntnis. Aha, so geht das also! Weiter verbreitet dürfte allerdings die Vorstellung sein, dass aus einem kruden, undeutlichen Vorwissen sukzessiv ein differenziertes Wissen entsteht (das ist die Demiurgen-Variante). Der Schüler kennt schon die Zahlen und ihre Eigenschaften, er kann sie prädikativ der Aufgabenstellung zuordnen, es fehlt nur noch die Verbindung in Form des Dreisatzes.

Der Lehrer hat also nun den Dreisatz oder die Fuge gelehrt, und er überprüft anschließend durch Rückfragen oder in Form einer Klassenarbeit, ob dies auch der Schüler gelernt hat – m.a.W. ob ihm »ein Licht« aufgegangen ist. Nach dem Hervorbringungsakt einer neuen Differenz benotet er das Eintreten der erwarteten Leistung, die er als Ergebnis seiner pädagogischen Lehre interpretiert, wenn sie seinen Erwartungen voll entspricht, als »sehr gut« – Note: 1! Andere Schüler haben es nicht ganz so gut kapiert oder auch überhaupt nicht; Ergebnis: »mangelhaft« – Note: 5! Damit aber scheidet der Lehrer in seiner Benotung »das Licht von der Finsternis« und nennt die einen »gute Schüler« und die anderen »schlechte Schüler«. Und da war auch schon der erste Tag (in der Woche, im Schuljahr) vorbei.

Die folgenden Tage ähneln sich in der Form. Der Lehrer lehrt sprechenderweise, realisiert dadurch seine zunächst nur im Geiste antizipierte Vorstellung (qua Absicht) und ermöglicht – so seine heimliche Unterstellung – dadurch Lernprozesse bei seinen Schülern, die er anschließend bewertet (benotet). Beide Schritte, die Produktion von Wissensbeständen und die Bewertung – entlang des Codes von gut und schlecht bzw. besser – schlechter – folgen unvermeidlich einander. So kommt es, dass im Verlaufe der Schulwoche, des Schuljahres das Wissen und Können seiner Schüler durch den Unterricht, den der Lehrer steuert und durch Worte vorwärts treibt, zunehmend umfangreicher und differenzierter wird. Das heißt aber nichts anderes, als dass das Unterscheidungsvermögen der Schüler zunimmt.

Gelegentlich finden sich in der pädagogischen Ideengeschichte noch weiter reichende Analogien zum Schöpfungsmythos, etwa dort, wo Erziehung bzw. Unterricht als »Menschwerdung des Menschen« interpretiert und bewertet wird, die als Stufengang einer

Entwicklung gesehen wird, die von der Zähmung (des »Tierischen«
im Menschen) über die Kultivierung und Zivilisierung bis hin zur
Moralisierung geht (so bei Kant in seiner Vorlesung über Pädagogik[8]). Auch in der Realgeschichte lassen sich Parallelen zum alt-
hebräischen Schöpfungsmythos nicht übersehen, etwa dort, wo über
viele Jahrhunderte in der Schule sechs Tage gelernt werden musste
und man dann erst einen Tag (den Sonntag oder den Sabbath)
ausruhen durfte. Wie auch immer im Detail es nun aussehen mag,
am Ende der Schulzeit kann der Lehrer, sofern er als Pädagoge
erfolgreich war, zu Recht sagen, dass er den Zuwachs an Kenntnis-
sen und Fertigkeiten seiner Schüler »nach seinem Bilde« geschaffen
hat (»Bildung«). Es ist die von ihm (in Anlehnung an die Lehrplan-
vorgaben) antizipierte Vorstellung dessen, was am Ende des geglückten Unterrichts herauskommen soll, was den Schüler als
verbessert bzw. veredelt erscheinen lässt. Erst jetzt ist der Schulab-
gänger als vollwertiger Bürger berechtigt, an der gesellschaftlichen
»Herrschaft« teilzunehmen.

Selbst die unterschiedliche Akzentuierung der allerersten Differenz zwischen Lehrer und Schüler als »Schöpfer« und »Geschöpf«
lässt sich in den unterschiedlichen Methoden des Unterrichtens
wiederfinden. Im »autoritativen Erziehungsstil« stilisiert sich der
Lehrer als absoluter Souverän im Kontrast zu seinen Schülern, im
»demokratisch-partizipativen Erziehungsstil« versteht er sich als
Mitspieler eines anfänglich wirren Spiels mit der Absicht, ein wenig
mehr Ordnung hineinzubringen – eine Ordnung, die natürlich vorgegeben ist und einen »korrupten« in einen »perfekten« Zustand zu
überführen hilft.

Es gibt jedoch eine Stelle innerhalb der Schöpfungstheorie, die
bei ihrer Übertragung in die Pädagogik ungeklärt bleibt und sich seit
Jahrtausenden hartnäckig gegen ihre Säkularisierung sträubt. Das
wird häufig übersehen, obwohl es sich nicht um eine periphere,
sondern im Gegenteil um eine zentrale Stelle für das pädagogische
Selbstverständnis schlechthin handelt. Es ist gleich zu Beginn des
Schöpfungsaktes, als Gott »spricht«: »Es werde Licht!« – und es
Licht wurde. Übertragen auf unser pädagogisches Beispiel würde
das bedeuten, dass auch der Lehrer allein durch sein Wort die innere
geistige Welt des Schülers »erschafft«. Man kann dem alt-

---

[8] I. Kant: Über Pädagogik. In: Schriften zur Anthropologie, Geschichtsphi-
losophie, Politik und Pädagogik. Darmstadt 1964, S. 695–761.

hebräischen Schöpfungsbericht noch glauben, dass Gott durch
Worte eine Welt schafft, denn Gott hat – per definitionem – magi-
sche und übernatürliche Kräfte. Auch in Märchen vermag der Zauberer die Grenzen der normalen Welt durch Worte (»Simsalabim!«)
zu überschreiten bzw. ihre Gesetze zu brechen. Wie aber muss man
sich das bei der Erziehung (bzw. im Unterricht) vorstellen? Bei
einigem Nachdenken muss es doch merkwürdig anmuten, dass allein vom Klang der Worte – die ja i.A. überhaupt nichts mit dem
Inhalt der Worte zu tun haben – der Educandus lernen soll. Der
Lehrer ist hier weder Gott noch Zauberer. Was aber dann? Wie ist
man innerhalb einer durch die Schöpfungstheorie geprägten pädagogischen Tradition mit diesem theorietechnischen Problem um-
gegangen?

Es gibt eine Antwort, die man auf diese Frage Jahrtausende lang
gegeben hat. Bis tief hinein in die Neuzeit hat man dabei auf eine
säkularisierende Übersetzung verzichtet und hat es stattdessen mit
der mythischen und/oder sakralen Antwort belassen, welche heißt:
Erziehen bzw. Lehren liegt allein in Gottes Hand! Nur Gott kann
wirklich erziehen![9] Nicht der Lehrer lehrt letztlich, sondern Gott!
Diese Antwort lässt sich in einer Tradition nachweisen, die einen
Zeitraum umspannt, der bei den alten Mythen der Völker beginnt,
sich im neuen Testament nachweisen lässt und sich über Augustinus, Thomas von Aquin bis hin zu Leibniz und Comenius fortsetzen
sollte.[10] Diese ideengeschichtliche Traditionslinie kann hier nicht
im Einzelnen verfolgt werden, so interessant sie auch sein mag. Es
muss hier genügen, daran zu erinnern – und damit auch und vor
allem an das dahinter stehende ungelöste Theorieproblem. Denn die
Chiffre »Gott« kann man in diesem Zusammenhang interpretieren
als Ausdruck unseres Unwissens über den Zusammenhang von
Lehren und Lernen – und damit über Erziehung schlechthin. Es ist
bemerkenswert, dass Pädagogik bis in die beginnende Aufklärung
der heraufdämmernden Moderne hinein an dieser entscheidenden

---

[9] »Überall auf der Welt berichten die Mythen, dass Götter und Menschen
anfangs wie nahe Verwandte, die sie ja auch waren, zusammenlebten. Sie
unterhielten sich, besaßen also eine gemeinsame Sprache. Die Götter
unterrichteten ihre Geschöpfe, unterwiesen sie in allem, was sie an
Kenntnis und Fertigkeiten zum Dasein bedurften« (Müller 2001, a.a.O.,
S. 9).

[10] Vgl. z. B. Augustinus und Thomas von Aquines gleichnamige Schriften
»De magistro«.

Stelle immer noch die uralte »theo-logische« Antwort gibt und damit zugibt, dass sie nicht weiß, wie Erziehung (Lehre, Unterricht) eigentlich funktioniert.

Die Schöpfungstheorie bricht nicht eines schönen Tages in sich zusammen, um der Evolutionstheorie Platz zu machen. Ein solch imposantes und bewährtes Erklärungssystem kann nicht einfach implodieren, weil es unser Denken und unsere Sprache nicht nur manifest, sondern auch latent durchtränkt hat, so dass wir auf seine entlastende Funktion nur schwer verzichten können. Ideengeschichtlich gesehen entsteht aber auch die Evolutionstheorie nicht plötzlich und unvorbereitet – quasi als eine »creatio ex nihilo« –, sondern wird dadurch vorbereitet, dass die alte »theo-logische« Denkweise in eine »anthropo-logische« Denkweise überführt wird. Ohne diese intermediäre Neuakzentuierung des alten Denkens lässt sich die Entstehung des neuen evolutionstheoretischen Denkens schwerlich plausibilisieren. Es ist – aus Raumgründen – hier leider nicht möglich, auf diese Zwischenschritte der Ideenevolution einzugehen, die auf dem Weg zur Evolutionstheorie gegangen worden sind und diese entscheidend vorbereitet haben[11]. Wir müssen uns auf den Kontrast beschränken – der durch Kontrastverschärfung noch betont wird – und wenden uns deshalb sofort der (biologischen) Evolutionstheorie zu.

2 Biologische Evolutionstheorie

Charles Darwin hat die Evolutionstheorie nicht erfunden so wie man eine neue Arznei erfindet, aber er hat sie so wesentlich geprägt, dass wir den Beginn dieser Theorieentwicklung mit seinem Namen bezeichnen. Das ist sicher ein Stück weit eine Art Kontrastverschärfung, die auf Kosten anderer vorzüglicher Forscher und Denker geht, die man zu Unrecht vergessen hat oder kaum noch der Erwähnung wert findet. Es ehrt Darwin, dass er die wichtigsten Namen, die bei der Entstehung und Entwicklung seiner Theorie – er

---

[11] Vor allem Kant und Goethe könnte man hier beispielhaft nennen, weil ihr Einfluss gerade auch auf die Pädagogik erheblich ist. Vgl. dazu A. K. Treml: Kant und Goethe – »missing links« zwischen Schöpfungstheorie und Evolutionstheorie? Mnskr. Hamburg 2004.

spricht immer von »meiner Theorie« – Pate gestanden haben, gleich
zu Beginn seines Buches selbst nennt: Empedokles, Aristoteles,
Lamarck, Geoffroy Saint-Hilaire, Wells, Buffon, Erasmus, Goethe,
Spencer, Wallace u. a.m. Dazu kommen eine Reihe von Namen, die
Darwin im weiteren Verlaufe seiner Abhandlung dort nennt, wo es
um die empirische Untermauerung seiner Theorie durch Beispiele
geht. Eine Vielzahl von Wissenschaftlern, vor allem des 19. Jahrhunderts, haben mit ihren Studien Darwin, neben seinen eigenen
Studien vor allem während der dreijährigen Seereise mit der »Bea-
gle«, die vielen Daten aus den Lebensgewohnheiten von Tieren und
Pflanzen geliefert, die seine Theorie veranschaulichen und plausibilisieren.

Dass Darwin aus allen diesen Namen herausragt, hat einen guten
Grund, den man übrigens auch evolutionstheoretisch begründen
kann. Es ist die Ökonomie der Zeit und des Denkens, die – frei nach
dem Matthäus-Prinzip – dem gibt, der eh schon viel hat, und dem
nimmt, der wenig hat[1]. Darwin hatte mit seiner Veröffentlichung
einen kleinen zeitlichen Vorsprung vor seinem Landsmann A. R.
Wallace, der am gleichen Thema arbeitete, und dieser kurze zeitliche Vorsprung reichte aus, um den »Darwinismus« zu begründen.
Es ist wahrscheinlich nicht gerecht, aber ökonomisch, auch hierbei
Komplexität durch die Selektion des Nützlichen zu reduzieren. Es
ist eben einfacher, Darwin als Gründungsvater der Evolutionstheorie zu nobilitieren, als all die vielen anderen Denker und Forscher,
die nicht viel weniger dazu getan haben, damit aus den zunächst
recht kühnen Bruchstücken ein stattlicher Bau werden konnte,
ständig mitzunennen.

Darwins Buch über die »Entstehung der Arten« erschien am
24. November 1859 und war von Anfang an ein durchschlagender
Erfolg[2]. Schon am ersten Tag des Erscheinens war die erste (kleine)
Auflage ausverkauft, die zweite in wenigen Wochen. Seine Resonanz bei den Lesern war groß und kaum mit einem anderen Buch des
19. Jahrhunderts vergleichbar. Aber nie hat es sich in eine Aufzäh-

---

[1] »Denn wer hat, dem wird gegeben, dass er die Fülle habe; wer aber nicht
     hat, von dem wird auch genommen, was er hat« (Matth. 13, 12).
[2] Ch. Darwin: On the Origin of Species by Means of Natural Selection – so
     der englische Originaltitel. Ich zitiere im Folgenden (durch einfache Sei-
     tenangabe im Text) nach der deutschen Übersetzung von C. W. Neumann:
     Die Entstehung der Arten durch natürliche Zuchtwahl. Stuttgart 1963.

lung pädagogischer Grundlagenbücher verirrt. Darwins Werk ist kein pädagogisches Werk, das sieht man auf den ersten Blick, und man muss deshalb sorgfältig seine pädagogische Relevanz herausarbeiten. Dazu kommen eine Reihe von unglücklichen Umständen, die teils in der Sprache Darwins selbst, teils aber auch in der deutschen Übersetzung begründet liegen. So heißt etwa sein Werk in der englischen Originalfassung »On the Origin of Species by Means of Natural Selection«. In der deutschen Übersetzung aber lesen wir bis heute: »Die Entstehung der Arten durch natürliche Zuchtwahl«. Der von Darwin gebrauchte Begriff der »natürlichen Selection« wird durchweg mit »natürlicher Zuchtwahl« übersetzt und damit in einen didaktischen Kontext gestellt, der von Darwin wohl intendiert war, aber gleichwohl nur eine metaphorische Analogie mit der Züchtung von Tieren herstellt. Der Begriff der »natural selektion« hebt dagegen die Analogie schon auf ihr intendiertes Allgemeines. »Natürliche Zuchtwahl« dagegen ist in mehrfacher Hinsicht ein problematischer Begriff. Im strengen Sinne stellt er eine contradictio in adjecto, also einen Selbstwiderspruch, dar, denn »Zuchtwahl« im Sinne der Züchtung von Tieren ist eine planvolle Auswahl von Tieren für die Fortpflanzung zum Zwecke der Vererbung von als positiv bewerteten Eigenschaften; das Prädikat »natürlich« aber nimmt auf eine Natur Bezug, die keinerlei Absicht kennt.

Darwin ist sich der möglichen Missverständnisse durchaus bewusst gewesen und thematisiert sie zu Beginn des vierten Kapitels. Dass »Zuchtwahl« bewusstes Wählen bedeutet, wird ausdrücklich verneint: »In solchem buchstäblichen Sinne ist die Bezeichnung ›natürliche Zuchtwahl‹ allerdings falsch« (S. 122). Das sei alles nur bildlich gemeint, eine Metapher wie so viele andere auch, die nicht weniger verhängnisvoll missverstanden wurden. Zum Beispiel »Kampf ums Dasein« oder »Wettkampf« bzw. »Wettbewerb« oder »Überleben des Tüchtigsten«. All das sind bedenkliche Metaphern. Man kann sie zur sog. »Inopia-Metaphorik« zählen – bildliche Ausdrücke geboren aus Ausdrucknot[3]. Sie sind am Anfang einer neuen Sichtweise völlig normal, ja geradezu unvermeidlich, weil hier noch die neuen Begriffe dafür fehlen und man deshalb ge-

---

[3] Vgl. zum Begriff der Inopia-Metapher Fr. Kainz: Über die Sprachverführung des Denkens. Berlin 1972, S. 115 ff. Kainz spricht hier sogar von einer »Metapher aus Hilflosigkeit angesichts des Neuen« (S. 115).

zwungen ist, auf alte zurückzugreifen, die bildhaft bestimmte Aspekte hervorheben.

Dass Darwin zunächst das Bild der Züchtung von domestizierten Tieren heranzieht, um erst dann in einem zweiten gedanklichen Schritt davon wieder zu abstrahieren und sich auf die »natürliche Zuchtwahl« zu beziehen, ist auf dem Hintergrund eines im 19. Jahrhundert noch durchweg landwirtschaftlich geprägten Europas nachvollziehbar. Der Hinweis auf die Züchtung von Rindern, Pferden, Schafen, Tauben und Hunden war damals durchaus noch allgemein verständlich. Heute ist dieses Bild und die daraus abgeleitete Analogie zur Evolutionstheorie eher hinderlich.

Dabei wäre es durchaus auch möglich gewesen, mit einem anderen Bild zu beginnen, mit einer allgemein bekannten Vorstellung, die nicht aus dem bäuerlichen, sondern aus dem religiösen Leben kommt – einer Vorstellung, die weniger eine Affinität zur Naturgeschichte, sondern zur Geistesgeschichte aufweist. Seit Augustinus in seinen späten Schriften (etwa ab 397) die Vorstellung propagierte, Gottes Gnade würde in einem für den Menschen völlig unbegreiflichen Akt der Auswahl einige wenige in den Himmel, die überwiegende Mehrzahl aber in die Hölle schicken – und zwar völlig unabhängig ihrer moralischen oder religiösen Verdienste –, war diese Art von Selektionstheorie im lateinischen Westen des ehemaligen Römischen Reiches allgemein verbreitet. Bei dem Versuch Augustinus', diese merkwürdige Wahl Gottes als gerecht zu legitimieren, verfiel er auf die Theorie der Erbsünde; diese behauptet, dass Adams Sünde über den Weg der geschlechtlichen Fortpflanzung bis heute für jeden einzelnen Menschen zur Schuld wird. In dieser – wie ich meine: für die weitere Entwicklung der europäische Geschichte unheilvoll gewordenen – Metaphysik des Augustinus haben wir mehr oder weniger alle Einzelteile der darwinschen Selektionstheorie, wenngleich auch im Kleide einer religiösen Metaphysik daherkommend, schon in nuce vor uns: die Varianz mehrerer Möglichkeiten (»Verschiedenheiten und individuelle Unterschiede« heißt es bei Darwin), die zweiwertige Auswahl mit einem eindeutigen Überhang der negativen Selektion und die geschlechtliche Fortpflanzung (»Gesetz der Vererbung«).

Analog zur Züchtung domestizierter Tier- und Pflanzenarten gibt es auch in dieser metaphysischen Theorie ein Agens, ein Subjekt, das die Selektion vornimmt: Gott. In der darwinschen Theorie der natürlichen Selektion gibt es kein solches personales Agens, weder wählt (wie bei der Zuchtwahl) ein Mensch, noch (wie bei der Schöpfungstheorie) ein Gott aus. Hier endet die Tragfähigkeit der Analogie, und Darwin muss sich hier von der Schöpfungstheorie absetzen, die überaus zäh in den Köpfen von uns Menschen nistet. Im Grunde sind beide Hilfskonstruktionen, sowohl das von Darwin benützte Bild der Züchtung von Rassen durch den Menschen, als auch die von Augustinus propagierte Vorstellung eines Gottes, der eine rücksichtslose Gnadenwahl vornimmt, an dieser Stelle prekär und falsch. Aber sie kommen unserer Neigung entgegen, Unbekanntes auf Bekanntes, Fremdes auf Vertrautes zurückzuführen. Überaus zäh haftet die Vorstellung in unseren Köpfen, dass Veränderungen Folge bewusster Wahlakte von denkenden Subjekten sind – nicht zuletzt in der Pädagogik. Das spiegelt schließlich unsere alltäglichen Erfahrungen im Nahbereich unseres Handelns wider, in denen wir nur alle unsere Handlungen auf eigene (gedachte) Absichten zurückführen.

Darwin hat erhebliche Mühe aufgewendet, diesen Nahbereichsblick zu überwinden und er tut dies, indem er den alltäglichen Blick sowohl unter- als auch überschreitet. Er unterschreitet ihn dort, wo er an die Stelle des gewohnten Alltagswissens und überkommener Meinungen den scharfen Blick der Detailbeobachtung setzt. Bei seinen Forschungsreisen sammelt er eine Fülle von empirischen Beobachtungsdaten, die dem alltäglichen Blick verborgen bleiben, weil er zu oberflächlich ist. Andererseits entgeht er der Gefahr der unfruchtbaren »Fliegenbeinzählerei« dadurch, dass er einen sehr abstrakten Blickpunkt wählt, der gerade nicht empirischer, sondern theoretischer Art ist. Er wählt nämlich die Position eines fiktiven Beobachters, der aus weiter Ferne viele tausende, ja viele Millionen Jahre der Entwicklung überblicken kann, denn nur so kommt sein Thema – die Entstehung und Veränderung der Arten und Gattungen – überhaupt in den Blick. Das ist eine auf den ersten Blick geradezu aberwitzig kühne Konstruktion, die theorietechnisch an die Funktion des traditionellen Gottesbegriffes erinnert. Nur Gott – oder ein Mensch, der fiktiv seine Stelle einnimmt – kann aus einer solchen Warte aus beobachten. So kommt es vielleicht nicht zufällig, dass gerade diejenige Theorie, die Gott als überflüssige Hypothese erweisen sollte, theorietechnisch genau dessen Stelle – wenngleich auch in säkularisierter Weise – einnimmt und nur dadurch fähig wird, selbst – als eine Art »deus secundus« – eine neue Welt(sicht) zu schaffen.

Allerdings gibt es einen bedeutenden Unterschied, der diese
Analogie nicht verdecken sollte: Im Unterschied zu Gott, der ein
unbeobachtbarer Beobachter ist, kann und wird jedoch Darwin, wie
jeder Wissenschaftler, als Beobachter selbst beobachtet – und ist
damit korrigierbar. Insofern ist der moderne Wissenschaftler, trotz
mancher anderslautender Kritik, gerade kein Gott, sondern ein
fehlbarer Mensch, der mit fehlbaren und damit auch immer verbes-
serbaren Theorien arbeitet. Fallibilismus, also die Position des Ein-
geständnisses jederzeitiger Fehlbarkeit der eigenen Position, wird
zum unvermeidbaren Kennzeichen moderner Wissenschaft.

Die Liebe zum genauen Blick im Detail, das ameisenfleißige
Sammeln von empirischen Daten auf der einen Seite, und die kühne
theoretische Überschreitung von allem, was man beobachten kann,
in Richtung hochabstrakter Prämissen – diese beiden so unterschiedlichen Vorgehensweisen sind spätestens seit Galileo Galilei
das Kennzeichen einer guten, d. h. theoretisch leistungsfähigen und
empirisch begründeten, Wissenschaft[4]. Die zu Beginn dieses Buches aufgeführten Kriterien der Offenheit für empirische Daten
einerseits und die gemeinsame Rückführung auf möglichst einfache
Prämissen im Sinne des Extremalprinzips andererseits sind nur
Anwendungsfelder dieses allgemeinen dupliden Prinzips. Nur gemeinsam können sie ihre wissenschaftliche Fruchtbarkeit entfalten,
denn nur dadurch kann sowohl eine fruchtlose empirische »Fliegenbeinzählerei« als auch die nicht weniger fruchtlose wilde theoretische Spekulation vermieden werden.

Darwin verwirklicht den empirischen Blick durch eine Vielzahl
von Beispielen aus der Tier- und Pflanzenwelt. Diese Beispiele
haben übrigens keine direkt begründende Funktion, weil man allgemeine Aussagen einer Theorie nicht durch singuläre Existenz-
sätze verifizieren – aber durchaus falsifizieren – kann. Das Gleiche
gilt deshalb auch für die Beispiele, die in diesem Buch die evolutionäre Sichtweise veranschaulichen und plausibilisieren sollen.
Die von Darwin materialreich eingestreuten Beispiele brauchen uns
hier nur am Rande zu interessieren, denn dies hier ist keine biologische Abhandlung. Den theoretischen Blick verwirklicht er durch
eingestreute überblickshafte und zusammenfassende Sätze allge-

---

[4] Vgl. dazu J. Mittelstraß: Neuzeit und Aufklärung. Studien zur Entstehung
der neuzeitlichen Wissenschaft und Philosophie. Berlin, New York 1970.

meiner Art. Diese Sätze interessieren hier, weil sie das Allgemeine seiner Theorie zum Ausdruck bringen, eine Theorie, die Darwin übrigens selbst nicht als Evolutionstheorie bezeichnet hat – er spricht von »meiner Theorie«, von »Theorie der natürlichen Zuchtwahl« oder von »Nützlichkeitstheorie«. Ich will die m.E. wichtigsten Aussagen dieser Theorie zusammenfassen und gleichzeitig so allgemein formulieren, dass sie später ohne größere Schwierigkeiten auf eine evolutionäre Begründung der Pädagogik angewendet werden können.

(1) Alle Gattungen von Lebewesen haben das Bestreben, sich in geometrischen Zuwachsraten zu vermehren, wenn ihnen keine äußeren Hindernisse entgegen stehen.

Bisher wurde noch keine Ausnahme gefunden. Auch die Menschheit vermehrt sich bislang – global gesehen – ungebremst. Was der einzelne Mensch unter Umständen durchaus vermag, nämlich auf Nachwuchs zu verzichten oder seine Nachkommenschaft zu begrenzen, das vermag – trotz beachtlicher Anstrengungen – die Menschheit bisher nicht. Allerdings zeigt schon ein flüchtiger Blick auf die Populationsbiologie, dass die verschiedenen Arten von Lebewesen sich nirgendwo unbegrenzt vermehren können. Offenbar gibt es natürliche Grenzen für jedes Wachstum, die vor allem in der Umwelt der Individuen zu suchen sind. Im Endlichen kann es deshalb kein unendliches Wachstum geben. Diese Grenzen sind durch die Begrenztheit aller natürlichen Ressourcen gegeben, derer ein Lebewesen bedarf und um deren Zugang immer eine Reihe von Mitbewerbern konkurrieren. Folglich ergibt sich daraus die zweite These:

(2) Weil die natürlichen Ressourcen begrenzt sind, gibt es zwischen denjenigen Lebewesen, die zur gleichen Zeit um die gleichen Ressourcen konkurrieren, »einen harten Kampf ums Dasein«, einen »scharfen Wettbewerb« um die besseren Bedingungen des weiteren Überlebens.

Das sind, wie Darwin selbst hervorhebt, metaphorische, also bildliche Ausdrücke, mit denen man eine einfache Erkenntnis ausdrückt – in seinen Worten: »Da viel mehr Einzelwesen jeder Art geboren werden, als leben können, und da infolgedessen der Kampf ums Dasein dauernd besteht, so muss jedes Wesen, das irgendwie vorteilhaft von den anderen abweicht, unter denselben komplizierten und oft sehr wechselnden Lebensbedingungen bessere Aussicht für das Fortbestehen haben . . .« (S. 27 f.).

Das dahinter stehende Grundprinzip ist im Grunde einfach und kann auf den Widerspruch zwischen unbegrenztem Vermehrungsverhalten und begrenzten Umweltressourcen zurückgeführt werden. Knappheit der Ressourcen auf der einen Seite und (potenziell) unbegrenztes Populationswachstum auf der anderen Seite ergeben zwangsläufig eine starke Wettbewerbssituation um die Verteilung der knappen Güter. Knappheit der Güter erzeugt Wettbewerb um sie. Wie wir noch sehen werden, gilt dies nicht nur auf der Ebene der biologischen Evolution, sondern uneingeschränkt, also auch auf anderen Ebenen der Evolution.

(3) Lebewesen vererben ihre (angeborenen) Eigenschaften, wobei auf lange Sicht und in der großen Zahl gesehen leichte Modifikationen entstehen.

Darwin bekennt seine große Unwissenheit über die eigentlichen Ursachen von Veränderungen, vermutet jedoch drei Ursachen für die Entstehung von Modifikationen: Zufall, Gewohnheit und Gebrauch (bzw. Nichtgebrauch). Darwin war hier also streckenweise (auch) Lamarckist – der französische Naturforscher Lamarck vertrat schon viele Jahre vor Darwin den Gedanken der Vererbung individuell erworbener Eigenschaften. Nur mit dem Zufall sollte er uneingeschränkt richtig liegen, aber das wurde erst mit der modernen Molekulargenetik bewiesen.

(4) Diejenigen Lebewesen, die für sie nützliche Modifikationen aufweisen, haben eine größere Wahrscheinlichkeit zu überleben und diese an ihre Nachkommen weiter zu vererben. Dagegen ist die Wahrscheinlichkeit groß, dass jene Lebewesen (früher oder später) aussterben, die sich der neuen Situation nicht anpassen können.

Darwin beschreibt diesen Vorgang mit folgenden Worten: »In diesem Wettkampf wird jede Veränderung, wie gering sie auch sei und aus welchen Ursachen sie auch entstanden sein mag, wenn sie nur irgendwie dem Individuum vorteilhaft ist, auch zur Erhaltung dieses Individuums beitragen und sich gewöhnlich auch auf die Nachkommen vererben . . .« (S. 99).

Es ist hierbei wichtig zu wissen, dass die zufällig erworbenen Merkmale ihre Nützlichkeit in der Evolution immer noch in einem Prozess von Versuch und Erfolg oder Irrtum erweisen müssen und deshalb alle neu entstehenden Unterschiede riskante Entwürfe in eine ungewisse Zukunft hinein sind. Selektionen sind deshalb meist negativ; nur sehr selten wird eine neue Mutante positiv selektiert und stabilisiert.

(5) Alle Lebewesen sind so in langen Zeiträumen entstanden und können deshalb auf eine gemeinsame Abstammung (»Deszendenz«) zurückgeführt werden. Diese Entwicklung ist noch nicht abgeschlossen, nur ist unser Blickwinkel zu klein und der von uns überschaubare Zeitraum zu kurz, um dies direkt beobachten zu können.

Man kann die homologe Erklärung von Eigenschaften als eine Form des angewandten Extremalprinzips verstehen, insofern als hier eine heute bestehende Vielfalt von Differenzen auf eine früher einmal vorhandene »Einfalt« zurückgeführt wird und der dazwischen liegende Prozess als Differenzierung begriffen wird, der als Folge des Anpassungsdrucks Lebewesen dazu bringt, ständig Nischen suchend, sich an veränderte Umwelten anzupassen.

Es ist dieser weite Blick, der die Kühnheit des darwinschen Denkens ausmacht und zum großen Teil seine überraschende Originalität und Fruchtbarkeit erklärt. Die Überschreitung des Normalen, das Verlassen des vertrauten Blickwinkels ist immer schon eine hervorstechende Eigenschaft großer Geister gewesen.

Neben dem o.g. Kernbestand an allgemeinen Prämissen hat Darwin noch eine Reihe weiterer wichtiger Thesen bzw. Hypothesen zu allgemeinen evolutionären Entwicklungsprozessen formuliert. Weil sie für eine Evolutionäre Pädagogik wichtig sind – ich werde deshalb an späterer Stelle wieder auf sie zurückkommen –, seien sie schon an dieser Stelle genannt:

(6) Der Kampf ums Dasein tobt am heftigsten zwischen den unmittelbaren Konkurrenten um knappe Güter.

Denn schließlich entscheidet sich hier immer ganz konkret, wer der »Fitteste« ist. Folglich ist »der Beste« bzw. »der Fitteste« immer nur gut bzw. fit bezüglich seiner unmittelbaren Konkurrenten in einem bestimmten räumlichen und zeitlichen Vergleichskontext; es gibt kein »Bestes« oder »Fittestes« an sich. Es ist auch nicht so, dass immer der Stärkste, Schönste, Kräftigste oder Egoistischste der »Fitteste« ist, sondern derjenige, der in einer spezifischen Situation einen kleinen, aber entscheidenden, weil nützlichen Vorzug vor anderen hat. Das kann auch darin bestehen, im richtigen Augenblick *nichts* zu tun oder aber etwas *mit* den anderen zu tun, also mit ihnen zu kooperieren. Unter Umständen können dabei, wie wir noch sehen werden, die durchschnittlichen Eigenschaften den überdurchschnittlichen überlegen sein.

(7)   Unter Bedingungen geographischer Isolation (z. B. auf In-
seln) können sich neue Varianten – weil sie eine kleinere bzw.
geringere Konkurrenzsituation vorfinden – besser entwickeln und
erhalten.

Es gibt unter Bedingungen geographischer Isolation weniger
Wettbewerb, weil es weniger Konkurrenz gibt; die Evolution ist also
langsamer, und es gibt mehr endemische Arten (die es nirgendwo
sonst gibt), die Veränderungen gehen langsamer vor sich. Die Arten
sterben aber schneller aus, wenn die geographischen Begrenzungen
fallen. Umgekehrt gilt: Arten in großen und zusammenhängenden
Räumen ohne scharfe Grenzen verändern sich schneller und differenzieren sich aus, weil sie untereinander mehr Wettbewerb haben;
sie sind überlebensrobuster und können meist universell (nicht en-
demisch) existieren, sie sind zahlreicher, haben mehr Varianz und
sterben langsamer aus.

(8)   Je mannigfaltiger eine Art ist, desto besser sind ihre An-
passungschancen bei sich verändernden Umweltbedingungen.

Warum? Weil sie damit mehr Differenzen der (planlosen) Evo-
lution als Negationspotenzial anbieten kann. Dort wo, wie in der
Evolution, die Zukunft nicht vorhersehbar ist, erhöht Varianz die
Anpassungsmöglichkeit an veränderte Umwelten.

(9)   Das Fortpflanzungssystem bei Tieren und Pflanzen wird
nachhaltig gestört, wenn sie ihren natürlichen Bedingungen ent-
rückt sind, an die sie evolutionär angepasst sind.

Das ist einfach zu verstehen, denn Anpassung bedarf – das sagt
der Name schon – einer bestimmten Umwelt, an die ein System sich
anpasst bzw. angepasst hat. Durch den großen Zeitaufwand evolutiver Anpassungsprozesse können die Formen der Lebewesen immer nur als Anpassung an eine Umwelt von gestern (bzw. ein Milieu
von gestern) interpretiert werden. Wenn sich in der Zwischenzeit
die Umweltbedingungen erheblich verändert haben, sind unter
Umständen die Anpassungsmuster nicht mehr funktional und bedürfen schneller »Nachkorrekturen«. Wie wir noch sehen werden,
kann man die Entstehung lernfähiger Individuen, aber auch die
Entwicklung einer kumulativen Kulturgeschichte als Versuche interpretieren, genau dieses Problem, wenn schon nicht zu lösen, so
doch zumindest zu entschärfen.

(10) »Man is no exception!« – Der Mensch ist keine Ausnahme.
Auch er ist eingewoben in das »geheime Band des natürlichen Sy-
stems« aller Lebewesen, das letztlich auf eine gemeinsame Abstam-

mung hinausläuft. Allen lebenden Wesen, einschließlich des Menschen, ist deshalb noch »sehr vieles gemeinsam in ihrer chemischen Zusammensetzung, ihrem Zellenbau, ihren Wachstumsgesetzen und ihrer Empfindlichkeit gegen schädliche Einflüsse« (S. 671).

Nur vorsichtig deutet Darwin in einem kleinen Abschnitt am Ende seines Buches an, was uns hier eigentlich interessieren wird: »In einer fernen Zukunft sehe ich ein weites Feld für noch bedeutsamere Forschungen« (S. 676). Was er damit meint, wird durch den folgenden Satz unmissverständlich verdeutlicht, nämlich »dass jedes geistige Vermögen und jede Fähigkeit« gleichermaßen entstanden und mit Hilfe seiner Theorie beschreibbar und erklärbar ist. Dann folgt jener Satz, der so bescheiden und gleichzeitig doch so ungeheuerlich ist, dass ihn der Übersetzer der ersten deutschen Ausgabe einfach unterschlagen hat: »Licht wird auch fallen auf den Menschen und seine Geschichte« (ebd.).

In seinem 1874 erschienenen Werk über »Die Abstammung des Menschen« wird mit dieser Erhellung begonnen[5]. Darwin wird hier deutlicher und betont, »dass der Mensch und die höheren Thiere, besonders die Primaten, einige wenige Instincte gemeinsam haben. Alle haben dieselben Sinneseindrücke und Empfindungen, ähnliche Leidenschaften, Affecte und Erregungen, selbst die complexern, wie Eifersucht, Verdacht, Ehrgeiz, Dankbarkeit und Großherzigkeit; sie üben Betrug und rächen sich; sie sind empfindlich für das Lächerliche und haben selbst einen Sinn für Humor. Sie fühlen Verwunderung und Neugierde, sie besitzen dieselben Kräfte der Nachahmung, Aufmerksamkeit, Überlegung, Wahl, Gedächtnis, Einbildung, Ideenassociation, Verstand, wenn auch in sehr verschiedenen Graden« (S. 87). Zwischen Menschen und den höheren Säugetieren gibt es deshalb keinen qualitativen, sondern nur einen quantitativen Unterschied, denn es bestehe »kein fundamentaler Unterschied in Bezug auf ihre geistigen Fähigkeiten« (S. 72). Dass diese Schlussfolgerung vielen seiner Zeitgenossen zu weit ging, war ihm bewusst, und er glaubte auch zu wissen, warum: »Es ist nur unser natürliches Vorurtheil und jene Anmaßung, die unsere Vorfahren erklären ließ, dass sie von Halbgöttern abstammten, welche uns gegen diese Schlussfolgerung einnehmen« (S. 28).

---

[5] Darwin 1966, a.a.O. Ich zitiere im Folgenden wieder im Text durch Angabe der Seitenzahl.

Es steigerte noch die Empörung im viktorianisch-prüden Eng-
land, dass Darwin in diesem zweiten Buch neben der »natürlichen
Selektion« eine in seinem ersten Buch wohl schon angedeutete
weitere Form der Selektion ausführlich behandelt und seine Bedeutung herausarbeitete: die sexuelle Selektion[6]. Ich werde auf
diese verschiedenen Formen der Selektion an späterer Stelle noch
näher eingehen, so dass ich es hier mit der bloßen Erwähnung
belassen kann.

Diese bisher dargestellten zehn Punkte sind m.E. die wichtigsten
theoretischen Annahmen des darwinistischen Programms. Alle
Punkte sind zwischenzeitlich empirisch gut bestätigt worden. Sie
lassen sich, weil das in der Fachliteratur auch immer wieder versucht worden ist, auf einige wenige allgemeine Aussagen reduzieren. Reduktionistisch formuliert sind es letztlich zwei unverzichtbare Prämissen – ich spreche hierbei vom »*Prinzip der Variabilität*«
und vom »*Prinzip der Selektion*« – Variation und Selektion sind die
beiden wichtigsten und unverzichtbaren Säulen der darwinistischen
Weltsicht.

Das Prinzip der Variabilität besagt, dass es Evolution nur geben
kann, wenn es mehr Differenzen gibt als dauerhaft erhalten werden
können, wenn also ein Überschuss an Möglichkeiten die Planlosig-
keit des Evolutionsverlaufs kompensiert. Die Grenze zwischen
anorganischem und organischem Bereich verläuft genau dort, wo
die Differenzen langfristig abnehmen oder aber sich ständig erneu-
ern. Nach dem zweiten Hauptsatz der Thermodynamik ist die Abnahme der Differenzen für den anorganischen Bereich dieser Welt
ein unumstößliches Schicksal. Dort allerdings, wo die Differenzen –
und damit die Variabilität – immer wieder »nachwachsen« und sich
erhalten, ja sogar vergrößern, sprechen wir von »Leben« bzw. vom
»organischen Bereich« dieser Welt. Hier wird die Ordnung entgegen dem allgemeinen Entropiesog immer wieder aufgebaut (wenn-

---

[6] Darwin spricht von »geschlechtlicher Zuchtwahl« – so die deutsche
Übersetzung – schon in seiner »Abstammung des Menschen« (hier
S. 131 ff.); die »Abstammung des Menschen« behandelt schwerpunktmä-
ßig und differenziert diese Form der Selektion; das wird nur deshalb gerne
übersehen, weil das Buch zum überwiegenden Teil empirische Daten aus
der Zoologie und der Botanik ausbreitet.

Variation & Selektion

gleich auch auf Kosten der gleichzeitigen Zunahme weiterer Unordnung an anderer Stelle)[7].

Die Auswahl aus der Varianz der Unterschiede erfolgt nach
Maßgabe der *Nützlichkeit* bezüglich der weiteren Überlebensbedingungen. Die Anpassung an veränderte Umweltbedingungen
erfolgt durch »natürliche Selektion« oder durch »sexuelle Selektion«, die auf erbliche Eigenschaften wirkt[8]. Das ist das Prinzip der
Selektion. Nur durch Variation und Selektion vermag die Evolution
das zentrale Problem der Erhaltung von Differenzen bei wechselnden Umweltbedingungen lösen.

Was ist es eigentlich, was viele Menschen an der Theorie Darwins
so empörend finden? Eine erster Hinweis auf die Antwort finden
wir schon in dem berühmt gewordenen Ausruf der Frau des Bi-
schofs von Worcester nach der Lektüre von Darwins bahn-
brechendem Werk: »Descended from the apes! My dear, let us hope
it is not true, but if it is, let us pray that it will not become generally
known!« (»Von Affen abstammen! Mein Gott, hoffen wir, dass das
nicht wahr ist; und wenn doch, so lasst uns dafür beten, dass es nicht
allgemein bekannt wird!«). Wenn man die Gründe etwas ordnet und
sortiert, kommt man immer wieder auf folgende beiden Punkte:

1. Darwin stellt den Menschen historisch und systematisch in
den Zusammenhang aller Lebewesen und relativiert damit seine
herausgehobene Bedeutung. Weil Darwin damit die Gemeinsamkeiten des Menschen mit den Tieren im Blick hat, verliert die
Sonderstellung des Menschen ihre Selbstverständlichkeit. Der
Mensch selbst ist, wie alle Lebewesen auch, ein Produkt der Evolution und damit in seiner Entwicklung noch nicht vollendet. Er
stammt nicht von Göttern, sondern von Tieren ab. Er ist aus Sicht der
Evolutionstheorie damit auch kein »deus secundus« (»zweiter

---

[7] Vgl. dazu E. Schrödinger: Was ist Leben? Die lebende Zelle mit den
Augen des Physikers betrachtet. Bern 1946. In dieser klassisch gewordenen kleinen Schrift gelingt es Schrödinger in genialer Weise, die Grundsätze der später so genannen »synthetischen Evolutionstheorie« (in der die
Genetik eingebaut ist) vorauszudenken, indem er allgemeine Muster der
physikalischen und biologischen Evolution herausarbeitet. Er weist die
hohe Unwahrscheinlichkeit entropieferner Ordnung des Lebendigen nach
und macht plausibel, unter welchen Umständen und zu welchem Preis sie
wahrscheinlich wird, nämlich dann, wenn sie Ordnung aus der Umwelt
»trinkt« – also an anderer Stelle die Unordnung vergrößert.

[8] Ich werde im 11. Teil (Kap. II) diese verschiedenen Selektionsarten näher
betrachten und genauer erläutern.

Gott« bzw. »Vizegott«) mehr, wie das etwa Comenius im 17. Jahrhundert noch proklamierte, sondern bestenfalls ein »animal secundus« (zweites Tier) bzw. einfach auch nur ein Tier (wenngleich auch ein ganz besonderes)[9]. Für das traditionelle Selbstverständnis des Menschen, der gewohnt war, sich einer göttlichen Herkunft zu rühmen, muss dies einer schrecklichen Degradierung gleichkommen. Man hat uns gewissermaßen die göttliche Herkunft geraubt (bzw. als Illusion entlarvt) und uns hineingerückt in eine ausschließlich tierliche Verwandtschaft. Das ist die erste fürchterliche Kränkung des Menschen.

Für eine Pädagogik, die sich dessen bewusst ist, könnte dies bedeuten, dass sie Abschied nehmen muss von einer langen geistesgeschichtlichen Tradition, in der sie sich primär von der Theologie abgeleitet hat. Pädagogik hat über viele Jahrhunderte, wenn nicht gar Jahrtausende, ihre zentralen Unterscheidungen, ihr Menschen- und Weltbild, von der Theologie vorgeben lassen und sich daran abgearbeitet. Noch heute kann man die Meinung vertreten finden, dass die Pädagogik selbst in der Moderne im Grunde genommen nichts anderes als eine Art säkularisierte Theologie sei[10]. Immer noch wird in vielen geisteswissenschaftlichen Fächern, nicht zuletzt auch in der Pädagogik, diese Tradition gepflegt, so dass man geneigt ist, Richard Dawkins Verallgemeinerung zuzustimmen, wenn er schreibt: »Die Philosophie und die als Geisteswissenschaften bezeichneten Fächer werden immer noch so gelehrt, als habe Darwin niemals gelebt«[11]. Aber er fährt optimistisch mit dem Satz fort: »Dies wird sich ohne Zweifel mit der Zeit ändern« (dito).

In der Tat deuten viele Anzeichen darauf hin, dass inzwischen die Biologie zu einer interdisziplinären Leitwissenschaft reüssieren konnte – mit Ausstrahlungen bis hinein in die Diaspora der Pädagogik. Zumindest kommen derzeit viele wichtige Impulse aus ihrer Forschung. Ich werde in diesem Buch allerdings nicht für eine »Biopädagogik« plädieren – also für eine Pädagogik, die ihre Grundunterscheidungen aus dieser neuen Leitwissenschaft ent-

---

[9] Nebenbei bemerkt, war auch Darwin Evolutionist, also Anhänger der damals weit verbreiteten Vorstellung, dass Evolution auch Fortschritt bedeutet und Arten und Völker unterschiedlich weit entwickelt sind (vgl. Darwin 2001, a.a.O., S. 686 ff., insb. S. 701).

[10] Vgl. z.b. J. Oelkers: Ist säkulare Pädagogik möglich? In: Der evangelische Erzieher 42, S. 23–31.

[11] R. Dawkins: Das egoistische Gen. Reinbek bei Hamburg 2001(3), S. 24.

moderne Pädagogik= säkularisierte Theologie ?

nimmt oder sich ihr gar unterordnet. Ich werde stattdessen für die Überzeugung werben, dass es in Zukunft nicht die Biologie, sondern die *Allgemeine Evolutionstheorie* sein wird, die die entscheidenden neuen Münzen prägt, mit der in den Wissenschaften »bezahlt« werden wird.

2. Darwins Theorie nobilitiert den Zufall und die Latenz von Strukturen und Prozessen, denn sie bedarf zur Erklärung ihrer Entstehung nicht mehr der Konstruktion eines subjektiven Bewusstseins, das zur absichtlichen Planung und Antizipation von Umweltveränderungen fähig ist. Absicht und Plan sind keine Kennzeichen der organischen Evolution; es gibt kein Ziel der Evolution. Alles ist eine raffinierte Mischung aus Zufall und Notwendigkeit. Diese Erkenntnis ist für viele Menschen irritierend, ja geradezu blasphemisch. In den Worten von Charles Peirce: »Dieser Theorie zufolge, die darlegt, dass die ganze Spanne von der niedersten bis zur höchsten Form von einer Folge rein zufälliger Variationen durchlaufen worden ist, wird der ganze Gewinn, den jemand erzielt hat, an den Pechvögeln gemessen, deren unglückliches Los sie in ihr Verderben gezogen hat. Eine solche Vorstellung macht uns schaudern. Sie mag zwar wahr sein, aber es läuft dem instinktiven Glauben, den wir haben, doch sehr zuwider, wonach der Kampf der Individuen um Ziele, die das Selbst übersteigen, die Hauptursache des Heranwachsens von guten und hehren Errungenschaften ist«[12].

Diese Aufwertung des Zufalls impliziert nicht nur eine explizite Ablehnung der Schöpfungstheorie, sondern impliziert auch eine Abwertung des bewussten, planenden Denkens eines Subjekts. Die traditionelle Vorstellung, wonach der Mensch »Herr seiner Handlungen durch freie Entscheidung« (Thomas von Aquin) sei, wird als Illusion entlarvt. Das ist die zweite fürchterliche Kränkung des Menschen.

Diese Relativierung des bewussten Denkens und Planens ist sicher ein großes Hindernis auf dem Weg zur konzeptionellen Entwicklung einer Evolutionären Pädagogik, weil pädagogisches Handeln (wie jedes Handeln schlechthin) traditionellerweise über die bewusste und planungsfähige Vernunft des Menschen bestimmt wird und deshalb Erziehung meistens als intentionale Erziehung verstanden wird. Evolutionäre Pädagogik rückt die latenten Strukturen und Prozesse, in denen und durch die Erziehung sich ereignet, verstärkt

---

[12] Ch. S. Peirce: Naturordnung und Zeichenprozess. Schriften über Semiotik und Naturphilosophie. Hg. v. H. Pape. Frankfurt a.M. 1991, S. 13.

in das Blickfeld ihrer Beobachtungen und relativiert den bislang
angenommenen starken Einfluss intentionaler, bewusster und plan-
mäßiger Einflussnahmen eines Subjektes auf seine soziale Umwelt.

Beides – der lange Abschied von den theologischen Wurzeln des
pädagogischen Denkens und der Verlust der traditionell starken
Verankerung des pädagogischen Handelns in der freien und ver-
nünftigen Entscheidung eines Erziehers – sind irritierende Konsequenzen eines evolutionären Denkens in der Pädagogik. Was dabei
Verlust und was Gewinn ist, und ob der Gewinn den Verlust auf-
wiegt – all das muss sich erst noch zeigen.

Natürlich ist die Entwicklung der Evolutionstheorie nach Darwin
weitergegangen und hat zu einer selbst für den Fachmann nicht mehr
vollständig überblickbaren Entwicklung geführt; man spricht inzwischen von einer »Evolution der Evolutionstheorie«[13]. Viele Fragen,
die Darwin noch offen gelassen hat, sind inzwischen beantwortet,
dagegen noch viel mehr neue entstanden. Im Rahmen der Synthetischen Evolutionstheorie, die das dominierende Paradigma heute
darstellt, wurde insbesondere ein von Darwin noch offen gelassenes
Desiderat aufgefüllt: Die Frage nach der Entstehung und der Einheit
der Varianz konnte durch den Einbau der modernen Genetik weitgehend beantwortet werden (wobei die Probleme, wie wir noch sehen
werden, damit keinesfalls weniger geworden sind). Makroevolutive
Prozesse, etwa die Entstehung der Arten, können heute durch mi-
kroevolutive Schritte auf der Ebene des Genotyps erklärt werden. Die
natürliche Selektion spielt dabei schon auf dieser mikroevolutiven
Ebene eine wichtige Rolle[14]. Die bedeutende Rolle des Zufalls, den
Darwin nur vermutet hat, konnte dabei bestätigt werden. Die Anlei-
hen, die Darwin noch von Lamarck genommen hat, werden – wenngleich auch nur auf der Ebene der organischen Evolution – von den
meisten Forschern als überholt betrachtet. Wir werden allerdings
noch sehen, dass auf der Ebene der sozio-kulturellen und der individuellen Evolution Lamarck durchaus noch aktuell ist.

Bisher bewegten wir uns gedanklich immer noch auf der Ebene
einer biologischen Evolutionstheorie. Wollte man jetzt direkt in die
Pädagogik hineinspringen, würde das eine Reihe von Irritationen

---

[13] Vgl. W. Wieser (Hg.): Die Evolution der Evolutionstheorie. Von Darwin
      zur DNA. Darmstadt 1994.
[14] Vgl. dazu M. Weber: Die Architektur der Synthese. Entstehung und
      Philosophie der modernen Evolutionstheorie. Berlin, New York 1998.

und Missverständnissen provozieren, die im Grunde genommen vermeidbar – und deshalb überflüssig – sind. Probleme ergeben sich vor allem dann, wenn man Erkenntnisse, die in der Biologie, in der Zoologie und in der Botanik gewonnen wurden, unvermittelt auf die Pädagogik überträgt. Zwei Gefahrenstellen lauern hier, die eine wird gewöhnlich mit »naturalistischem Fehlschluss« bezeichnet, die andere will ich »vage Analogie« nennen.

Erste Zwischenbemerkung: der sog. »naturalistische Fehlschluss«

Zunächst zum naturalistischen Fehlschluss. Jeder Versuch, naturwissenschaftliche Erkenntnisse für die Pädagogik fruchtbar zu machen – und Biologie ist eine Naturwissenschaft –, läuft Gefahr, mit dem Etikett des »naturalistischen Fehlschlusses« versehen und ad acta gelegt zu werden. Im weiteren Sinne versteht man darunter jeden Versuch, aus Erkenntnissen der Natur durch Übertragung Erkenntnis für die Kultur zu gewinnen. Warum aber sollte das ein »Fehlschluss« sein? Um diese Frage beantworten zu können, ist es zweckmäßig, die Bedeutung des »naturalistischen Fehlschlusses« im engeren Sinne zu rekonstruieren. Im engeren Sinne versteht man darunter die logische Ableitung von normativen (Sollens-)Sätzen aus deskriptiven (Ist-)Sätzen. Die empirisch arbeitenden Wissenschaften produzieren beschreibende (deskriptive) Ist-Sätze über die Natur – zum Beispiel: »Der Mensch ist proximat verwandt mit den höheren Primaten«. Nicht immer müssen solche beschreibenden Aussagen in »Ist-Form« erscheinen; man kann z. B. den gleichen Satz auch so formulieren: »Der Mensch und die höheren Primaten haben phylogenetisch gemeinsame Vorfahren«. Aber letzten Endes können alle deskriptiven Sätze in eine Form überführt werden, in denen das Prädikat »ist« – bzw. der damit erhobenen Geltungsanspruch: »Es ist so ...« oder »es ist wahr, dass ...« – erscheint. Aussagenlogisch kann man die Form so darstellen: xP oder x∈P.

In den Kultur-, Sozial- oder Geisteswissenschaften kommen allerdings nicht nur deskriptive, sondern auch viele normative Aussagen und Werturteile vor. In normativen Aussagen erscheint meistens das Wort »sollen«, in Werturteilen das Wort »gut« oder »schlecht« (im praktischen, aber nicht instrumentellen Sinne). Hier geht es also nicht darum, das Bestehen (oder Nichtbestehen) eines Sachverhaltes zu beschreiben, sondern dessen Herstellung (oder

Vermeidung) zu fordern oder zu bewerten. Auch Werturteile, also
Urteile, die die Vorziehungswürdigkeit einer Handlung oder ihre
Unterlassung zum Ausdruck bringen, können in diese Soll-Form
überführt werden, denn wir meinen, wenn wir etwas als »gut« bewerten, dass wir (im Zweifelsfalle) dies tun sollen (und das Gegenteil unterlassen sollen). In der Pädagogik finden wir eine Vielzahl
solcher normativen Soll-Sätze vor – denken wir nur einmal an die
vielen Lern- und Erziehungsziele, aber auch an die vielen Werturteile einer »kritischen« Pädagogik. In der praktischen Erziehung
sind »Soll-Sätze« unvermeidlich: »Lass das sein!«, »Nimm den
Ellenbogen vom Tisch!«, »Ruhe dahinten in der letzten Bank!«
»Wasch dir die Hände!« – all das sind versteckte Soll-Sätze, also
Sätze, die in eine Soll-Formulierung übersetzt werden können.
Aussagenlogisch kann man dies so symbolisieren: xP!

Als »naturalistischen Fehlschluss« im engeren Sinne würde man
nun alle Versuche bezeichnen, die aus Ist-Sätzen Soll-Sätze ableiten. Es sind also komplexe Sätze der Art: $xP \rightarrow xP!$. Das ist, wenn
man den Begriff der Ableitung im logischen Sinne verwendet, also
als logische Deduktion, in der Tat inkorrekt, denn Deduktionen sind
»nichtkreativ«, d. h. sie »melken« aus den Prämissen nichts Neues
heraus, sondern formulieren sie in der Conclusio nur um. Wir können uns das an der wohl wichtigsten syllogistischen Form einer
Deduktion, dem (schon in der aristotelischen Logik zentralen)
»modus ponens ponendo« veranschaulichen:

große Prämisse:	Wenn A (ist), dann (ist) auch B.
kleine Prämisse:	A ist gegeben.
Conclusio:	Folglich ist auch B (gegeben)

Man kann diese Form nun beliebig mit Inhalt füllen. Etwa in der Art:
»Immer wenn es Montag ist, ist der Lehrer schlecht gelaunt. Es ist
Montag. Folglich ist der Lehrer schlecht gelaunt«. Dieser Syllogis-
mus ist aussagenlogisch in allen möglichen Welten wahr – auch
wenn er im konkreten Falle falsch ist (der Lehrer ist z. B. aus-
nahmsweise einmal gut gelaunt). Er ist deshalb wahr, weil die Conclusio nur das umformuliert, was in den Prämissen schon enthalten
ist, so dass man eigentlich sagen müsste: Unter der Voraussetzung,
dass die Prämissen wahr sind, ist auch die Conlusio wahr. So viel zur
logischen Deduktion.

Ein »naturalistischer Fehlschluss« liegt aussagenlogisch dann
vor, wenn aus rein deskriptiven Prämissen eine normative Con-

clusio gezogen würde. Also zum Beispiel: »Der Mensch ist mit dem Affen verwandt, Fritz Müller ist ein Mensch. Folglich soll (!) er wie ein Affe leben!«. Es wird an diesem abstrusen Beispiel unmittelbar klar, warum dieser Schluss logisch falsch ist. Er ist logisch falsch, weil die Conclusio »kreativ« ist, also semantisch einen größeren Umfang als die beiden Prämissen enthält. Dieses »Mehr« ist die normative »Sollen-Forderung« (also das, was ich mit »!« symbolisiert habe). Anders formuliert: Jede logische Ableitung normativer Sätze aus rein deskriptiven Sätzen ist deshalb vitiös, weil sie mehr deduziert, als in den Prämissen enthalten ist.

All das ist trivial, und man lernt das gewöhnlich schon im ersten Semester in der logischen Propädeutik. Nichttrivial ist jedoch, wie man mit dieser trivialen Erkenntnis in den Sozial- und Geisteswissenschaften umgeht. Das Schlagwort vom »naturalistischen Fehlschluss« wird hier häufig im wörtlichen Sinne gebraucht – als ein »Wort«, mit dem man gegnerische Positionen »schlagen« kann. Als gegnerische Positionen erscheinen dann alle Versuche, naturwissenschaftliche Erkenntnisse in geistes- oder sozialwissenschaftlichen Bezügen fruchtbar zu machen. Eine Evolutionäre Pädagogik, die die darwinistische Evolutionstheorie für die Pädagogik fruchtbar zu machen versucht, wäre z. B. ein solcher Gegner, dem man das (vor)schnell unterstellt[15]. Allerdings läuft diese Kritik in dem Zusammenhang ins Leere, und zwar aus zwei Gründen:

Erstens: Die logische Deduktion einer normativen Conclusio kann dann logisch wahr sein, wenn sie in ihren Prämissen ebenfalls mindestens eine normative Aussage enthält.

Das kann man sich am besten mit ein paar Beispielen klar machen. Wenn die Mutter sagt: »Es regnet. Nimm den Regenschirm mit!« dann scheint sie im strengen Sinne das Sakrileg eines »naturalistischen Fehlschlusses« zu begehen, denn sie schließt aus einer deskriptiven Prämisse (»Es regnet«) auf einen normativen Handlungsimperativ (»Nimm den Regenschirm mit!«). Warum ist das trotzdem korrekt? Weil die zweite – die große – Prämisse gewisser-

---

[15] Vgl. zu dieser aufgeregten Diskussion C. Dietrich u. C. Sanides-Kohlrausch: Erziehung und Evolution. Kritische Anmerkungen zur Verwendung bio-evolutionstheoretischer Ansätze in der Erziehungswissenschaft. In: Bildung und Erziehung 47 (1994), 4, S. 397–410; sowie meine Replik: A. K. Treml: »Biologismus« – Ein neuer Positivismusstreit in der deutschen Erziehungswissenschaft? In: Erziehungswissenschaft 7 (1996), 14, S. 85–98.

maßen »verschluckt« wurde – sie ist so trivial, dass die Mutter sie
gar nicht mehr erwähnt – und diese ist normativer Art und lautet:
»Wenn es regnet, sollst du den Regenschirm mitnehmen!« Ein
anderes Beispiel mit dem gleichen Strickmuster: Der Lehrer kommt
in der fünften Stunde in die Schulklasse, stellt fest, dass im Schulraum schlechte Luft ist und fordert einen Schüler auf, zum Lüften
ein Fenster zu öffnen. Auch hier hätten wir im strengen Sinne einen
naturalistischen Fehlschluss vorliegen, denn aus der Tatsache, dass
schlechte Luft ist, kann man *logisch* nicht den Imperativ ableiten:
»Öffnet das Fenster!« Allerdings wird auch hier eine heimliche
(große) Prämisse implizit mitgedacht: »Wenn im Klassenzimmer
verbrauchte, schlechte Luft ist, soll man lüften!«

Deutlich wird hier, dass wir im Alltag, auch im pädagogischen
Alltag, ständig deduzieren, ohne dabei immer alle implizit gebrauchten Prämissen zu erwähnen. Es würde unsere Alltagssprache
viel zu umständlich und zu zeitintensiv gestalten, wollten wir bei
allen unseren Syllogismen alle Prämissen vollständig erwähnen.
Weil diese aber von den Interaktionsteilnehmern normalerweise als
selbstverständlich geteilt werden, braucht es dies auch gar nicht. In
wissenschaftlicher Literatur kann man allerdings – weil der sinnge-
bende Handlungskontext der Interaktion nicht gegeben ist – nicht
unbedingt und nicht immer davon ausgehen, dass die eigenen heimlichen normativen Prämissen von allen geteilt werden. Deshalb ist es
angebracht, entweder die eigenen normativen Prämissen von Fall zu
Fall offen zu legen, oder aber sich normativer Schlüsse zu enthalten.

Wenn eine (Evolutionäre) Pädagogik normative Schlüsse zieht,
ist die Forderung an sie berechtigt, die dabei benützten (heimlichen)
normativen Prämissen offenzulegen. Ob man sie (die Norm oder das
Werturteil) teilt, ist eine andere Frage, aber die Deduktion wird
damit korrekt. Wer beispielsweise feststellt, dass in der gesamten
Evolution der Lebewesen ein exponentielles Wachstum dauerhaft
nicht möglich ist und daraus die (normative) Forderung ableitet,
dass wir Menschen Vorsorge tragen sollen, unsere exponentiellen
Wachstumskurven (etwa beim Populationswachstum und beim
Ausstoß von Umweltgiften) rechtzeitig in den Griff zu bekommen,
der sollte korrekterweise die dabei heimlich mitgeschleifte Prämisse offenlegen und etwa sagen: »Ich finde, dass die Menschheit
weiter existieren soll!«

Noch einfacher ist es, sich dem Verdikt des »naturalistischen
Fehlschlusses« zu entziehen, wenn man möglichst gar keine nor-

mativen Urteile aufstellt bzw. sich jeglicher Werturteile enthält.
Eine Evolutionäre Pädagogik, wie ich sie verstehe, hat genug damit
zu tun, die Erziehung in den Kontext der Evolution zu stellen und
dann zu schauen, was dabei herauskommt oder Erziehung durch die
Brille der Evolution zu betrachten und die dabei entdeckten Zusammenhänge zu *beschreiben* und zu *erklären*. Es bedarf hier m.E.
nicht auch noch normativer Verbesserungsvorschläge für die prak-
tische Pädagogik, von denen wir keinen Mangel haben, sondern an
deren Überfluss wir eher leiden, und die meist fruchtlos versanden
werden oder, wenn sie es wider Erwarten nicht tun, nur einen zufälligen Einfluss auf den weiteren Verlauf haben, von dem wir erst,
wenn es zu spät ist, wissen werden, ob die Hoffnungen auf Besserung erfüllt wurden oder aber getrogen haben[16].

Zweite Zwischenbemerkung: »vages Analogisieren«

Kommen wir nun aber zu unserer zweiten Problemstelle, die ich
»vage Analogisierung« nenne und auf deren Gefährlichkeit viele
Sozial- und Geisteswissenschaftler immer wieder hinweisen, häufig wohl aus dem Motiv heraus, sich die nähere Beschäftigung mit
einer ungeliebten Theorie ersparen zu können[17]. Erinnern wir uns
zunächst noch einmal des Problems: Wie kommen wir von der
biologischen Evolutionstheorie Darwins zur Pädagogik? Was wäre
dabei das Brückenprinzip? Was wäre der übergeordnete Ver-
gleichsgesichtspunkt, das »tertium comperationis«?

---

[16] Diese beiden Wege, die explizite Formulierung der eigenen normativen
Prämissen und die weitgehende Enthaltung normativer und wertender
Schlüsse schlägt schon Max Weber als Königsweg für die wissenschaft-
liche Erforschung sozialer Verhältnisse vor (ohne zu bestreiten, dass
durch die vorgängige Selektion von Interessen und Wahrnehmungen am
Beginn – nicht unbedingt auch am Ende – der wissenschaftlichen Arbeit
Werte eine bedeutende Rolle spielen). Vgl. dazu die beiden klassisch
gewordenen Abhandlungen von M. Weber: Die »Objektivität« sozial-
wissenschaftlicher und sozialpolitischer Erkenntnis. In: Gesammelte
Aufsätze zur Wissenschaftslehre. Tübingen 1968(3), S. 146–214, und:
Der Sinn der »Wertfreiheit« der soziologischen und ökonomischen Wissenschaften. Ebd. S. 489–540.

[17] Viele Sozialwissenschaftler glauben, »die evolutionstheoretischen Kon-
zepte als biologische Metaphorik oder als unerlaubte Analogie mit der
Welt der Organismen ablehnen« zu können (N. Luhmann: Die Kunst der
Gesellschaft. Frankfurt a.M. 1995, S. 345).

Man wird hier gern dazu verführt, diese Frage gar nicht explizit zu beantworten, sondern stattdessen mehr oder weniger auf eine vage Analogie oder Metaphorik zurückzugreifen. Man könnte beispielsweise sagen: Es ist in der Pädagogik »so ähnlich wie« in der Evolution; oder: Man tut in der Erziehung so, »als ob« es um Evolution ginge; oder: Auch in der Erziehung kommt so etwas Ähnliches wie »Variation und Selektion« vor. Eine solche Analogisierung und Metaphorisierung ist, wie schon gesagt, nicht per se etwas Verwerfliches, sondern am Beginn einer neuen Sichtweise fast unvermeidlich. Wenn man etwas Neues sagen will, stehen häufig nur die alten Wörter zur Verfügung und man muss sie deshalb benutzen – allerdings mit der Einschränkung des »so-ähnlich-wie«. Wird dabei gedanklich noch auf ein vertrautes Bild zurückgegriffen, haben wir es mit einer metaphorischen Redeweise zu tun. Auch sie ist am Beginn einer neuen Erzählung kaum vermeidbar und i.A. unschädlich, wenn sie kontrolliert eingeführt wird. Solche »wilden Analogien« sind unter Umständen vor allem heuristisch von Nutzen.

Ähnliches gilt sicher auch für Aussagen, die mit »als-ob« formuliert werden. Auch »Als-ob-Formulierungen« sind, zumal sie ihre implizite Analogisierung explizit machen, nicht von vornherein abzulehnen. Seit Hans Vaihinger in seiner »Philosophie des Als ob« die Universalität und Leistungsfähigkeit von Als-ob-Annahmen detailliert herausgearbeitet und begründet hat, muss man sich vor vorschnellen Abwertungen dieser weit verbreiteten Theorietechnik hüten[18]. Durch Analogisierung wird das Unbekannte durch das Bekannte erklärt und in den Bereich des sprachlich Vertrauten gerückt. Unbegriffene Komplexität wird so reduziert und in begreifbare überführt. Auch das ist eine Form, in der das evolutionär stabile Extremalprinzip zum Ausdruck kommen kann.

Man kann durchaus in der Pädagogik mit Metaphern und mit Als-ob-Annahmen arbeiten, die allzu beliebte Verurteilung und Abwertung einer metaphorischen Redeweise ist oft wohl Folge eines wenig durchdachten sprachlichen Bahnungseffekts. Ich vermute, dass es bis zu einem gewissen Grade sogar unvermeidbar ist zu analogisieren und zu metaphorisieren. Allerdings ist es sicherlich wünschenswert, in der wissenschaftlichen Sprache ein »vages Analogisieren« (bzw. »vages Metaphorisieren«) zu überwinden. Unter

---

[18] Vgl. dazu H. Vaihinger: Die Philosophie des Als ob. Aalen. 1983 (2) (Neudruck der 9./10. Auflage Leipzig 1927).

»vagem Analogisieren« verstehe ich den Gebrauch von Analogien ohne Angabe des Vergleichsgesichtspunkts und ohne die Grenze zwischen dem anzugeben, was nun gleich und was ungleich ist. Wenn man beispielsweise sagt: »Der Erzieher ist irgendwie ähnlich einem Gärtner ...«, dann ist das so lange eine vage Analogie und eine vage Metaphorik, als nicht gesagt wird, inwiefern der Erzieher und der Gärtner gleich und inwiefern sie ungleich sind. Wollte man eine vage Analogie in eine wissenschaftliche Analogie überführen, müsste man die Differenz von »gleich/ungleich« bzw. »ähnlich/ nicht ähnlich« explizit einführen und sie möglichst im weiteren Verlauf der Argumentation methodisch kontrollieren. Weil man dies jeweils am besonderen Fall und damit immer wieder vollbringen müsste, wäre das ein sehr zeit- und arbeitsaufwendiges Vorgehen, das den Vorteil der analogisierenden und metaphorisierenden Redeweise dadurch wieder verspielte.

Ich schlage deshalb im Folgenden einen anderen Weg ein. Dieser Weg geht nicht über die Brücke der »Übertragung« (von biologischen Erkenntnissen in pädagogische Kontexte), nicht über Analogisierung; auch Metaphorik wird nur aus didaktischen Gründen gebraucht (denn hier ist sie unersetzbar). Es geht hier überhaupt nicht um Übertragung, und deshalb auch nicht um Metaphorik und Als-ob. Es geht nicht um den je konkreten Fall, der erst mühsam von den je konkreten biologischen Kontexten durch eine Übertragungsleistung erschlossen werden muss. Es geht vielmehr darum, die zunächst in der Biologie gewonnenen Erkenntnisse einer (biologischen) Evolution von ihren biologischen Spezifika zu befreien, die allgemeinen formalen Strukturen von Evolutionsprozessen herauszuarbeiten und damit auf die Ebene einer Allgemeinen Evolutionstheorie zu gelangen. Ich nenne diese Vorgehensweise deshalb »Abstraktion«, weil sie aus einem Weglassen von Unterschieden und der Reduktion bzw. Extraktion von Merkmalen besteht.

Diese methodische Vorgehensweise ist im Grunde selbst schon eine uralte evolutionäre Strategie der Erkenntnisgewinnung von Lebewesen. Schon früh haben einfache Lebewesen ihre sinnliche Wahrnehmung der Umwelt hoch selektiv behandelt und dabei eine Merkmalsextraktion vorgenommen. Bestimmte Form-, Farb-, Geruchs- oder Geschmacksmerkmale wurden aus der Fülle der Eindrücke sensorisch herausgefiltert und dabei das Beobachtete induktiv verallgemeinert und bei anderen, ähnlichen Situationen wieder – durch Analogisierung nach Ähnlichkeit – aktualisiert[19]. Weil dieser Vorgang ein Gedächtnis als Speicher des einmal Erkannten voraussetzt, entstand so im Verlaufe der Evolution ein erheblicher Selektionsdruck in Richtung der Ausbildung eines leistungsfähigeren Gedächtnisses. Beim Menschen wurden schließlich die im Gedächtnis gespeicherten Merkmalsverbindungen zur Grundlage der Begriffsbildung (Primärbegriffe) und damit seiner Sprachkompetenz.

Das hatte übrigens einen wichtigen erkenntnistheoretischen Nebeneffekt: Weil Begriffe aus Merkmalsextraktionen entstehen, können sie nicht unmittelbar »die Realität« abbilden. Eine schlichte abbildtheoretische Erkenntnistheorie ist mit der Evolutionstheorie nicht kompatibel, denn Evolution prämiert allein »vererbbare« Überlebensvorteile – und nicht die möglichst detailgetreue Anpassung an eine bestimmte Umwelt. Das heißt hier: Die in Begriffe gegossenen Merkmalsextraktionen werden nach Kriterien vorgenommen, die der Erkennende aus seiner Sprach- und Lebenswelt mitbringt und die sich in dieser als überlebensdienlich bewährt haben. Allerdings ist diese Bewährung nur ein anderer Begriff für Anpassung, denn bewährt kann sich nur das haben, was in irgendeiner Weise eine Anpassungsleistung an die Umwelt widerspiegelt.

Solche Abstraktionsleistungen können als Theorie kontrolliert eingeführt und dann benützt werden. Das ist bei der Evolutionstheorie schon relativ früh – schon zu Darwins Lebzeiten – etwa von Herbert Spencer versucht worden[20]. Ich will in diesem Zusammenhang vor allem an einen, weil zu Unrecht weitgehend vergessenen, französischen Soziologen erinnern, Gabriel de Tarde, der in seinem Hauptwerk ein allgemeines Muster der Evolution auf allen Evolutionsebenen herausgearbeitet hat – ein Muster, das vor allem Pädagogen hellhörig hätte machen müssen, nämlich »Nachahmung«[21]. Die physikalische Welt kennt die Wiederholung als Schwingung, die organische Welt als Vererbung und die soziale (bzw. kulturelle) als Nachahmung (qua Lernen).

De Tardes Werk kann als Beispiel dafür gelesen werden, dass man nur mutig genug abstrahieren muss und man wird in der Evolution

---

[19] Vgl. dazu die interessante Studie von Fr. Klix: Erwachendes Denken. Geistige Leistungen aus evolutionspsychologischer Sicht. Heidelberg u. a. 1993, S. 209 f., 212 ff.

[20] H. Spencer: System der Philosophie. Bd. 1: Grundsätze einer synthetischen Auffassung der Dinge. Stuttgart 1901

[21] G. de Tarde: Die Gesetze der Nachahmung. Frankfurt a.M. 2003.

→Nachahmung ⊃ de Tarde →Evolution
⌐ starke Abstraktion ⊃ weitere Muster "J"

auf den verschiedensten Ebenen die gleichen Muster entdecken. Ich
werde im Folgenden versuchen, eine solche Abstraktion vorzuneh-
men, d. h. aus der darwinschen Evolutionstheorie jene Merkmale zu
extrahieren, die *allgemein* sind. Allgemeine Evolutionstheorie ist
gekennzeichnet durch ein Weglassen biologischer, aber auch so-
ziologischer, psychologischer, pädagogischer u. a. Spezifika.[22] Um
die Gefahr mindestens zu verkleinern (wenn vielleicht auch nicht zu
bannen), auch dabei immer wieder auf vage Analogien und Metaphern zurückzufallen, bedarf es streckenweise einer neuen Sprache,
einer Sprache, die mit Begriffen arbeitet, die noch nicht gefüllt sind
mit Bildern und Analogien, die wir aus anderen Zusammenhängen
mitbringen. Eine solche Sprache muss unweigerlich unspezifisch,
hochabstrakt, ja überabstrakt sein, denn es geht ja gerade um die
Extraktion der formalen, immer wiederkehrenden, sinnlich nicht
wahrnehmbaren, aber in allem sinnlich Wahrnehmbaren enthaltenen, allgemeinen Strukturen und Prozesse. Glücklicherweis müssen
wir eine solche Sprache nicht erst erfinden, denn es gibt sie schon. In
elaboriertester Weise liegt eine solche Sprache mit der Allgemeinen
Systemtheorie vor, wie sie insb. von Niklas Luhmann in den letzten
Jahrzehnten vor seinem Tode in seinem umfangreichen Werk differenziert entwickelt worden ist[23].

---

[22] Im angloamerikanischen Sprachraum wird vom »universellen Darwinismus« gesprochen, wenn darwinistische Prinzipien auf allen Emergenzebenen der Evolution angewendet werden (vgl. S. Blackmore: Evolution
und Meme: Das menschliche Gehirn als selektiver Imitationsapparat. In:
A. Becker et al. (Hg.): Gene, Meme und Gehirn. Frankfurt a. M. 2003,
S. 49–89.

[23] Wenngleich erst in Ansätzen. Niklas Luhmann, der wenige, aber entscheidende und weiterführende Vorarbeiten dazu geliefert hat, meint dazu
– mit Bescheidenheit kokettierend: »Eine solche Theorie steht jedoch
noch aus, obwohl Anregungen genug vorliegen« (N. Luhmann: Die Wissenschaft der Gesellschaft. Frankfurt a.M. 1990, S. 551). Ich verwende
den Begriff der »Allgemeinen Systemtheorie« als Überbegriff für die
luhmannsche Theorietektonik, die aus drei deutlich unterscheidbaren
Teilen besteht, in der Sachdimension die »Systemtheorie« (i.e.S.), in der
Zeitdimension die »Evolutionstheorie« und in der Sozialdimension die
»Kommunikationstheorie«. Den besten Überblick verschafft nach wie
vor die Lektüre seiner (immer noch unveröffentlichten und nur in Manu-
skriptform zirkulierenden) Gesellschaftstheorie von 1974. Als Einstieg
eignet sich der Beitrag »Systemtheorie, Evolutionstheorie und Kommunikationstheorie« in: Soziologische Aufklärung 2. Aufsätze zur Theorie
der Gesellschaft. Opladen 1975, S. 193 ff.

3 Allgemeine Systemtheorie (recherchieren)

Die systemtheoretische Semantik ist inzwischen so umfangreich und differenziert entwickelt, dass selbst eine Einführung in ihre wichtigste Begriffsstruktur ein eigenes größeres Werk bedeuten würde. Es wäre vermessen, dies in diesem Rahmen auch nur versuchen zu wollen. Dazu kommt, dass eine solche Einführung in das systemtheoretische Vokabular eine recht trockene Angelegenheit wäre, denn man müsste sich dabei unweigerlich auf ein formales Kalkül einlassen und, was seine inhaltliche Ausfüllung betrifft, auf später vertrösten. Ich werde mich deshalb im Folgenden radikal beschränken und mich – weitgehend – auf die propädeutische Erläuterung einer einzigen systemtheoretischen Grundoperation konzentrieren – nämlich auf die Unterscheidung von »System« und »Umwelt«. Diese beiden Begriffe sind für die Systemtheorie (sensu Luhmann) von grundlegender Bedeutung. Ihre Darstellung in diesem Zusammenhang folgt allerdings weniger der Bedeutung, die sie für die Systemtheorie besitzt – auch das wäre noch ein zu aufwendiges Vorhaben, das uns überfordern würde. Stattdessen will ich die Relevanz dieser Unterscheidung am Beispiel ihrer erkenntnistheoretischen Implikationen herausarbeiten. Ich erhoffe mir davon die Vermeidung eines weiteren, in der Pädagogik beliebten, Missverständnisses über den erkenntnistheoretischen Stellenwert evolutionstheoretischer Aussagen. Weitere wichtige begriffliche Unterscheidungen – z. B. jene von Code – Programm, Raum – Zeit, Differenzierung, Inklusion und Emergenz – werden dann von Fall zu Fall eingeführt und durch ihren Gebrauch erläutert.

Der Systembegriff

Es liegt nahe, mit dem Begriff des »Systems« zu beginnen, denn dieser gibt der Systemtheorie seinen Namen. Dass der Begriff vom griechischen »systema« kommt und ursprünglich etwas »Zusammengestelltes« bedeutet, kann wohl als bekannt vorausgesetzt werden[1].

---

[1] Vgl. zur Begriffsgeschichte des Systembegriffs die etwas ältere Untersuchung von O. Ritschl: System und systematische Methode in der Geschichte des wissenschaftlichen Sprachgebrauchs und der philosophischen Methodologie. Bern 1906, sowie die neuere Publikation von A. Nuzzo: System. Bielefeld 2003.

Aber das Entscheidende kommt in dieser etymologischen Erinnerung zu kurz, etwas das man am besten zunächst mit einem Beispiel
veranschaulicht: Auch ein Haufen Sperrmüll vor der Haustüre ist
etwas »Zusammengestelltes«, aber kein System; dagegen kann man
eine Schulklasse (oder eine Sinfonie oder ein Auto) durchaus als ein
System bezeichnen. All das ist *auch* etwas »Zusammengestelltes« –
aber nicht nur. Die Schulklasse ist mehr als die Summe ihrer Schüler, die Sinfonie mehr als die Summe ihrer einzelnen Notenwerte
und das Auto mehr als die Summe seiner einzelnen Bestandteile.
Das wird man spätestens dann erfahren, wenn man z. B. in einer
Schulklasse hospitiert, eine Sinfonie bei einer Aufführung hört oder
ein Auto fährt. Dieses »Mehr«, das ein System ausmacht, wird
meistens mit dem Satz zum Ausdruck gebracht: Ein System ist mehr
als die Summe seiner Teile. Dieses Mehr ist die Systemleistung, die
in der Beziehung zwischen den Einzelteilen, und nicht in ihrer
bloßen Summierung, begründet ist. Diese Systemleistung bestimmt
letztlich den entscheidenden Unterschied zwischen Innen und Au
ßen, zwischen System und dem, was nicht zum System gehört, also
dessen Umwelt, so dass man in der modernen (soziologischen)
Systemtheorie schließlich lapidar sagen kann: Ein System *ist* der
Unterschied von System und Umwelt. Umwelt bedeutet hier nicht
»natürliche Umwelt«, ist also kein Ausdruck für »Natur«, sondern
bedeutet einfach die andere Seite des Systembegriffes. Nur als
System-Umwelt-Differenz kann man den Systembegriff einführen,
ohne ihn schon mit irgendwelchen mitgebrachten Bedeutungsinhalten zu füllen.

Für eine Allgemeine Evolutionstheorie ist dieser abstrakte Systembegriff unverzichtbar, denn ohne ihn könnten wir die zentralen
Evolutionsmechanismen, die auf allen Ebenen des Evolutionsgeschehens wirksam sind, nicht reformulieren. Dass Evolution
nicht mit einer Einheit beginnt – wird sie nun Gott, Schöpfer, Agens
oder Demiurg genannt, wie auch immer –, sondern mit einer Differenz, ist deshalb notwendig, um überhaupt die beiden Grundmechanismen der Evolution, Variation und Selektion, in Gang zu
bringen. Um das zu erklären, muss ich ein wenig ausholen und den
Systembegriff genauer betrachten.

Ein System ist – aus Sicht eines fernen (systemtheoretischen)
Beobachters – die Einheit der Differenz von System und Umwelt.
Das ist die wohl abstrakteste Definition des Systembegriffs, der
Begriff umfasst dementsprechend alles, was von etwas anderem

System ≠ Umwelt

unterschieden werden kann, seien es Schlüsselblumen, Waldzekken, Bakterien, Kathedralen, Bibliotheken, Bücher über Erziehung, Schulklassen, Kinder oder Lehrer. Weil ein System für seine Umwelt selbst wiederum als Umwelt vorkommt und insofern Umwelt ist, und umgekehrt in der Umwelt von Systemen selbst wiederum Systeme vorkommen, ist die System-Umwelt-Differenz eine für jegliche Erkenntnis unhintergehbare Voraussetzung. Erst durch sie können wir von »etwas« bzw. von »Dingen« im Sinne eines wohl abgrenzbaren Nebeneinanders einer Differenz sprechen, und nur dadurch kann es überhaupt Veränderungen, Variationen und Selektionen daraus geben.

Betrachtet man nun Systeme nicht in ihrem Verhältnis zur äußeren Umwelt, sondern aus Sicht der Umwelt – also gewissermaßen bezüglich ihrer inneren Umwelt, dann kann man sagen: Sie bestehen aus Strukturen[2]. Strukturbildung ist die Beschränkung der Möglichkeiten, Elemente zu kombinieren; man kann auch sagen: Strukturen sind Muster von Aus- und Einschließungen, von möglichen und unmöglichen Relationen. Sie bestimmen damit eine doppelte Differenz, jene zu ihrer äußeren und jene zu ihrer inneren Umwelt. Systeme haben also streng genommen zwei Umwelten: eine äußere und eine innere. Zur äußeren Umwelt gehört all das, was nicht zum System gehört, zur inneren Umwelt alle ihre Elemente und ihre internen Relationen.

Aus der Erkenntnis, dass die (äußere) Umwelt per definitionem alles dasjenige ist, was durch das System ausgegrenzt wird, hat zwei wichtige Konsequenzen. Erstens, der Umweltbegriff ist systemrelativ; d. h. alles was Umwelt ist, ist Umwelt für ein System. So nimmt z. B. jedes Lebewesen seine Umwelt selektiv wahr, nach Maßgabe seiner – durch seine sensorische Eigenstruktur begrenzten – möglichen Umweltsensibilität. Wenn wir daran erinnern wollen, dass es jenseits der Systemumwelt noch etwas gibt, das alle Systeme enthält, dann sprechen wir von »Welt« oder »Welthorizont«. Die Umwelt ist nicht die Welt, weil sie systemrelativ ist. Die Welt kann von Systemen nur als Umwelt erfahren bzw. erkannt werden. Zweitens, die Umwelt ist immer komplexer als das System, denn in ihr kommt ja eine Vielzahl von Systemen vor, Systeme, deren Grenzen im Welthorizont verschwimmen (und insofern kontingent sind).

---

[2] Eine knappe und einfache Zusammenfassung findet sich bei N. Luhmann: Funktion der Religion. Frankfurt a.M. 1977, S. 13 ff.

Welt = Umwelt für Individuen, da die Welt nur systemrelativ wahrgenommen werden kann.

Jede Beziehung von System und Umwelt ist also asymmetrisch, oder anders formuliert: zwischen System und Umwelt gibt es ein Komplexitätsgefälle.

Durch diese unhintergehbare System-Umwelt-Unterscheidung bekommt jedes Ereignis einen doppelten Stellenwert. Alles, was es gibt, kann entweder dem System oder der Umwelt zugerechnet werden bzw. kommt entweder im System selbst oder in seiner Umwelt vor. Wir werden sehen, dass diese zunächst sehr abstrakte Erkenntnis von der Unhintergehbarkeit, ja der unvermeidlichen Zwangsläufigkeit, einer Grundentscheidung (nämlich jener, ob ein Ereignis dem System oder seiner Umwelt zugerechnet wird), ganz entscheidende Folgen in vielen Bereichen hat. Ich will dies im Folgenden beispielhaft an den erkenntnistheoretischen Folgen verdeutlichen, die dieser eigentümliche Zwang, entweder mit dem System oder mit der Umwelt zu beginnen, impliziert.

Seit Jahrtausenden streiten sich die Philosophen, ob Erkenntnis nun letztlich auf das Erkannte oder aber auf den Erkennenden zurückgeführt und begründet werden kann. Die Bezeichnungen für diese damit angedeuteten erkenntnistheoretischen Grundpositionen sind verschieden: *Rationalismus* versus *Naturalismus*, *Idealismus* versus *Realismus*, *Konstruktivismus* versus *Empirismus*, *Solipsismus* versus *Objektivismus* usw. Wir brauchen uns hier nicht um die Details, auch nicht um die begrifflichen Distinktionen, zu kümmern (das können wir in jeder philosophischen Erkenntnistheorie nachlesen[3]), sondern wollen das, worauf es ankommt, an der diesen Unterscheidungen zugrundeliegenden idealypischen Differenz von Geist und Natur veranschaulichen.

Der uralte Streit: Naturalismus oder Rationalismus?

Nicht nur in der Philosophie, insb. in der Erkenntnistheorie, auch in den Geistes- und Sozialwissenschaften, nicht zuletzt auch in der Pädagogik, tobt immer wieder der alte Streit, ob Erkenntnis nun letztlich ein Produkt des (erkennenden) Geistes oder aber der (erkannten) Natur ist. Hat nun etwa Kant Recht, wenn er (in seiner

---

[3] Vgl. z. B. die einführenden Überblicksdarstellungen bei O. Fr. Bollnow: Philosophie der Erkenntnis. Stuttgart 1970 sowie H. Schnädelbach: Erkenntnistheorie zur Einführung. Hamburg 2002.

System-Umwelt = asymetrisch / Komplexitätsgefälle

Kritik der reinen Vernunft[4]) die Meinung vertritt, dass die Bedingung der Möglichkeit jeglicher Erfahrungserkenntnis (Erkenntnis a posteriori) im intelligiblen Subjekt des (allgemeinen) menschlichen Geistes begründet liege und dieser deshalb a priori, also vor aller Erfahrung, vorgegeben ist, oder hat nun ganz im Gegensatz dazu z. B. Konrad Lorenz Recht, wenn er (in ausdrücklicher Absetzung von Kant) behauptet, dass gerade auch diese Apriori-Bedingungen der menschlichen Erkenntnis selbst das Produkt einer natürlichen evolutionären Anpassung und damit a posteriori seien[5]? Der Streit geht bis heute und scheint unentscheidbar – es sei denn, man würde sich mit der bloßen dezisionistischen Entscheidung für oder gegen eine der Positionen zufrieden geben wollen. Warum ist er unentscheidbar?

Die Antwort lautet: Weil jeder entweder von der einen oder aber von der anderen Position aus argumentiert und dabei gleichzeitig Allaussagen macht, die auch die gegnerische Position mit einschließen. Der Rationalist sagt z. B.: Alles was es gibt, gibt es nur dadurch, dass ein Ich – sprich: mein Geist – es erkennt, also auch die Natur. Folglich gibt es nicht »die« Natur, sondern immer nur verschiedene Begriffe bzw. Vorstellungen von dem, was wir als Natur bezeichnen. »Natur« ist hier eine Art Epiphänomen des Geistes. Mit Descartes heißt deshalb die alles umfassende Maxime des Rationalisten: »Cogito ergo sum!« – »Ich denke, also bin ich!« – das Sein folgt hier dem Denken nach, denn es ist ein Gedankeninhalt. Der Naturalist sagt aber: Alles, was es gibt, gibt es nur als Produkt der Natur; alles ist Ergebnis der natürlichen Evolution, also auch der menschliche

---

4   In der Vorrede zur zweiten Ausgabe kann man eine Kurzfassung dieser sog. »Kopernikanischen Wende« in der Erkenntnistheorie lesen: »Bisher nahm man an, alle unsere Erkenntniß müsse sich nach den Gegenständen richten; aber alle Versuche über sie a priori etwas durch Begriffe auszumachen, wodurch unsere Erkenntniß erweitert würde, gingen unter dieser Voraussetzung zu nichte. Man versuche es daher einmal, ob wir nicht in den Aufgaben der Metaphysik damit besser fortkommen, dass wir annehmen, die Gegenstände müssen sich nach unserer Erkenntniß richten, welches so schon besser mit der verlangten Möglichkeit einer Erkenntniß derselben a priori zusammenstimmt, die über Gegenstände, ehe sie uns gegeben werden, etwas festsetzen soll« (B 16).

5   Eine Zusammenfassung dieses zunächst in einem Aufsatz publizierten Grundgedankens findet sich in: K. Lorenz: Die Rückseite des Spiegels. Versuch einer Naturgeschichte menschlichen Erkennens. München, Zürich 1973.

Ich denke, also bin ich
vs.-
Nur weil ich bin, kann ich denken

Geist und sein Denken. Folglich lautet seine theoretische Maxime genau umgekehrt: »Sum ergo cogito!« – »Nur weil ich bin, kann ich denken!« Geist ist hier ein Epiphänomen der Natur. Beide Positionen argumentieren damit jeweils hinter dem Rücken der gegnerischen Position und sind deshalb von dieser nicht widerlegbar. Diese Nichtwiderlegbarkeit einer Position durch die andere hat zur Folge, dass der Streit zwischen ihnen bis heute nicht zum Erliegen gekommen ist, sondern auf Dauer gestellt wurde. Wer hat nun eigentlich Recht?

Auf dem Hintergrund der systemtheoretischen System-Umwelt-Unterscheidung kann die Antwort nur lauten: Das hängt davon ab, mit welcher Seite der Grundunterscheidung man beginnt! Was ist am Anfang System und was Umwelt? Beginnt man mit dem (erkennenden) System, dann wird man unweigerlich Rationalist; beginnt man aber bei der (erkannten) Umwelt, ist man Naturalist. Oder anders gesagt: Der Konstruktivist beginnt beim System (und endet dort auch häufig wieder), der Empirist bei der Umwelt. Die erste Entscheidung der Zurechnung zum System oder zur Umwelt steht uns frei, bei allen folgenden Denkschritten sind wir aber daran gebunden, denn wir können nur das sehen, was wir durch diese Unterscheidung sehen können. Wenn also der Rationalist die Natur beobachtet, dann ist sie für ihn das Produkt eines dem System zuschreibbaren Erkenntnisaktes; Natur ist also immer ein Naturbegriff, ein Bild, das sich ein denkendes System von der Natur macht. Wenn umgekehrt der Naturalist den menschlichen Geist betrachtet, dann ordnet er seine Erkenntnisse der Umwelt zu, also der Natur; Geist wird zum beobachteten Produkt zerebraler Aktivitäten, die – im Prinzip, nicht im Detail – ausschließlich natürlich, als Produkt der Natur, erklärt werden können. Beide Positionen setzen (in ihrem Streit) die jeweils andere voraus.

Lässt sich aus Sicht einer Allgemeinen Evolutionstheorie eine Präferenz für diese Grundentscheidung (pro System oder pro Umwelt) ableiten? In der einschlägigen Literatur findet man meistens eine Präferenz für den empirischen bzw. realistischen Ausgangspunkt in der Umwelt. Das dürfte vermutlich mit der Entstehungsgeschichte der Evolutionstheorie zusammenhängen; diese ist ja in erster Linie im Kontext biologischer Forschungen entstanden und deshalb lag es nahe, ihre Ergebnisse, selbst dort, wo sie rein theoretischer oder spekulativer Natur sind, realistisch zu interpretieren, was eben heißt: als wahr deshalb anzunehmen, weil sie einen außerhalb der menschlichen Vorstellung angesiedelten objektiven Zustand der Umwelt beschreiben.[6] Aber der Ankerwurf in die »Umwelt« ist m.E. nicht besser begründbar als die alternative Verankerung im »System«[7].

Welche allgemeine Funktion kann diese merkwürdige und nie zur Ruhe kommende Gegensätzlichkeit unserer Erkenntnis haben? Warum gibt es immer mindestens, in diesem Falle genau zwei (und nur zwei) solche Optionen, das Denken zu denken bzw. das Erkennen zu erkennen, zwei Möglichkeiten, die sich unversöhnlich gegenüber stehen? Es gibt sie, weil nur so Evolution in Gang kommen und in Bewegung gehalten werden kann. Der binäre zweiwertige Code dupliziert die Möglichkeit der weiteren Evolution und macht sie deshalb wahrscheinlicher; die Bifurkation des Denkens zwingt dazu, entweder den einen Weg (System) oder den anderen Weg (Umwelt) zu gehen, ohne den anderen ein für alle Mal eliminiert zu haben. Dadurch wird die Varianz nicht vernichtet, sondern multipliziert und in Differenzierung übersetzt.

Beide sich gegenseitig ausschließenden Denkweisen sind gerade in ihrer Komplementarität nützlich, weil nur dadurch einseitige Erstarrungen und ein fruchtloses Totlaufen in tautologischen Wiederholungen vermieden werden kann. Keine der beiden Sichtweisen ist der anderen a priori überlegen, und deshalb sind gegenseitige Abwertungen wenig hilfreich. Wir müssen es der Evolution – und damit der Entwicklung a posteriori – selbst überlassen herauszufinden, welche Ergebnisse im Augenblick wichtig und anschlussfähig an die weitere Entwicklung sind. Vor allem dort, wo sich Verkrustungen bilden, wo Selbstverständlichkeiten als solche gar nicht mehr als kontingent durchschaut und kritisiert werden können, wo politische oder wissenschaftliche Korrektheit oder einfach Gedankenlosigkeit und Gewohnheit die Entscheidung für oder gegen Rationalismus und Naturalismus steuern, ist es angebracht,

---

[6] Obwohl Darwin seine erste Skizze der evolutionären Entstehung der Arten in Gestalt eines Entwicklungsbaums in seinem Notizbuch überschrieb mit »I think« (!).

[7] Das gilt auch dort, wo – wie bei Georg Simmel – auf die »Nützlichkeit« des Erkennens Bezug genommen wird, denn auch diese Kategorie kann nur entweder rationalistisch oder empiristisch gebraucht werden; vgl. G. Simmel: Über eine Beziehung der Selektionslehre zur Erkenntnistheorie. In: Archiv für systematische Philosophie. Berlin, Simion Band 1, 1895, S. 35–45.

beide (konträren) Positionen zuzulassen und gegebenenfalls hintereinander zu schalten – um dann zu sehen, was dabei herauskommt. Wohlgemerkt, es gibt hier keine dritte Position und ich will auch eine solche nicht suggerieren: Tertium non datur! Entweder beginnt man als Rationalist oder als Naturalist, eine dritte Möglichkeit gibt es logisch nicht. Allerdings kann man durch Temporalisierung in der Zeitdimension beide Positionen hintereinander erproben. Ich werde deshalb in diesem Buch – analog zur historischen Verlaufsgeschichte der Evolutionstheorie – im Kapitel II mit der naturalistischen Sichtweise beginnen, dann aber immer wieder von der einen Seite zur anderen springen – also von der Evolution zu ihren begrifflichen und geistigen Erkenntnisbedingungen (und dann wieder zurück). Allgemeine Systemtheorie gewinnt damit die Möglichkeit, disjunktive Möglichkeiten durch Verzeitlichung ihrer eingebauten Paradoxien fruchtbar – und damit ihr eigene Ideenevolution wahrscheinlich zu machen[8].

4 Allgemeine Evolutionstheorie

Die Allgemeine Evolutionstheorie – so sagte ich schon – abstrahiert von den biologischen Spezifika der darwinschen Evolutionstheorie und reformuliert sich in der Sprache der Allgemeinen Systemtheorie. Noch ist diese Allgemeine Evolutionstheorie in ihren Konturen kaum erkennbar. Es ist deshalb an dieser Stelle zweckmäßig, eine weitere Theorie wenigstens umrisshaft kennen zu lernen, weil sie die wohl härteste Konkurrentin der Allgemeinen Evolutionstheorie ist: die *Soziobiologie*. Im gegenseitigen Kontrast lassen sich die Umrisse beider Ansätze besser erkennen.

Ich will mit einer Frage beginnen, die gerade in jüngster Zeit für erheblichen Zündstoff gesorgt hat. Meine hier vertretene Position zu diesem Problem, dem sog. »units-of-selection-Problem«, wird dabei durch Kontrastierung zu anderen Positionen deutlich gemacht. Es handelt sich um die Frage: Was sind eigentlich die Selektions-

---

8 Weitere Grundbegriffe, insb. »Code« und »Programm«, »Raum« und »Zeit«, »Differenzierung« und »Inklusion«, »Emergenz« und »re-entry« werde ich nicht (metasprachlich) erwähnen, sondern nur (objektsprachlich) gebrauchen – und hoffen, dass sie aus dem Zusammenhang der Argumentation verständlich werden.

einheiten der Evolution? An was setzt Selektion in der Evolution an?

Es ist klar, dass diese Frage wichtig ist, denn sie berührt den Stellenwert der beiden zentralen Evolutionsmechanismen: Variation und Selektion. Wenn wir nicht genau wissen, was variieren und damit auch selektiert werden kann, bleibt alles Reden von Variation und Selektion blind und vage oder inhaltlich leer – eine bloße façon de parler. In Anbetracht der Wichtigkeit dieser Frage ist es erstaunlich, dass die Antworten auf die Frage nach der Einheit der Vererbung bislang sehr verschieden ausgefallen sind. Vielleicht ist das der Grund, dass nach einer Phase heftiger Diskussionen gegenwärtig die Antwort darauf ziemlich unisono ausfällt und inzwischen fast den Charakter einer politisch korrekten Meinung angenommen hat (denn unterschiedliche Antworten auf wichtige Fragen beunruhigen, während eine Antwort wieder in behagliche Ruhe überführen kann). Diese Antwort lautet etwa wie folgt[1]:

»Lange Zeit hinweg glaubte man in Anlehnung an Darwin, dass die ›Art‹ das zentrale Selektionselement sei, denn es ging in seinem Hauptwerk um die ›Entstehung der Arten‹. Arterhaltung schien deshalb der zentrale Antriebsmotor der Evolution zu sein, für den auch die Individuen nur untergeordnete Vehikel sind. Es dauerte nicht lange, bis man die Bezugseinheit auf ein Teilelement der Art verkleinerte, z. B. auf die ›Rasse‹ oder die ›Gruppe‹. Aber auch diese Einschränkung, die an Stelle der Art die Gruppe setzte (= Gruppenselektionismus), ist falsch. Ebenso falsch ist schließlich die nochmalige Einschränkung auf das Individuum, die ein kurzes Zwischenspiel blieb, denn in den siebziger Jahren wurde dann schließlich – in der Soziobiologie – die richtige Antwort auf die Ausgangsfrage gefunden, und diese lautet: Die eigentliche Selektionseinheit der Evolution sind die Gene. Art, Gruppe, Individuum – das alles sind nur die äußeren und vergänglichen Hüllen für die ›potenziell unsterblichen‹ Gene – deren Transportvehikel, gewissermaßen ihre ›Sklaven‹. Sowohl der lange dominierende Grup-

[1] Vgl. z. B. W. Wickler: Zur Evolution von Erkenntnis. Fortschritte in der Evolutionären Erkenntnistheorie. In: W. Wickler/L. Salwiczek (Hg.): Wie wir die Welt erkennen. Erkenntnisweisen im interdisziplinären Diskurs. Freiburg, München 2001, S. 73–118. Eine knappe Zusammenfassung der wichtigsten Punkte, die sich auf die wichtigsten »Missverständnisse« beziehen, findet sich bei R. Dawkins: Twelve Misunderstandings of Kind Selection. In: Zeitschrift für Tierpsychologie 1979, S. 184–200.

penselektionismus, als auch der Individualselektionismus wurden als falsch durchschaut; an deren Stelle tritt nun der als wahr erkannte Genselektionismus.«

Soweit die derzeit am häufigsten gegebene Antwort auf unsere Ausgangsfrage. Diese Argumentation verrät dort, wo sie wie hier die heterogenen Antworten der Wissenschaftler in den letzten einhundertfünfzig Jahren als einen irreversiblen Erkenntnisfortschritt definiert (an deren Spitze man natürlich selbst marschiert), ein Stück weit jenen heimlichen Evolutionismus, den man gerade überwunden glaubte, denn sie kommt mit den Anspruch eines Erkenntnisfortschritts daher, gegen den kein Vernünftiger mehr sein kann. Gruppenselektionismus und Individualselektionismus sind aus dieser Sicht nur verlassene Stufen der Erkenntnis, über die das wissenschaftliche Denken geschritten ist, um schließlich auf die Stufe der einzigen richtigen Einsicht und wahren Erkenntnis zu gelangen, welche da lautet: Die Evolution ist genzentriert, die Selektionseinheit der Evolution ist das Gen. Ist die Entwicklung des wissenschaftlichen Denkens, was die Beantwortung unserer Ausgangsfrage betrifft, also an ihr Ende gekommen?

Ich bin der Überzeugung, dass diese Sichtweise in dieser pauschalen Form falsch ist und korrigiert bzw. ergänzt werden muss. Schon der (implizite) Evolutionismus kann, wenngleich er schon von den Stammvätern der Evolutionstheorie in Anspruch genommen wurde (z. B. Darwin, Spencer), evolutionstheoretisch nicht begründet werden, denn auch jede Erkenntnis, vor allem jene, die gegenwärtig am meisten verbreitet ist und geradezu den Charakter der politisch korrekten Meinung annimmt, ist natürlich (!) weiterhin der Evolution unterworfen und kann deshalb schon morgen überholt sein[2]. Das entscheidende Selektionskriterium ist in sachlicher Hinsicht das »Überleben« durch die Transkription der Systeminformation und in zeitlicher Hinsicht die »Anschlussfähigkeit« an zukünftige Systembildung und nicht die Höherentwicklung, nicht der Fortschritt an sich. Evolution erhält Systemstrukturen auch gelegentlich durch Deevolution, also durch Entdifferenzierung, durch das Verlieren von schon erreichten

---

[2] Das ist der für die wissenschaftliche Skepsis charakteristische Fallibilismusverdacht (vgl. dazu H. Albert: Traktat über kritische Vernunft. Tübingen 1968[2]).

Komplexitätsstufen[3]. Dass im Bereich des Organischen ein auffäl-
liger Trend zu kontinuierlichen Komplexitätssteigerung unübersehbar ist, dürfte eine Nebenfolge des Wettbewerbs um optimale
Überlebensbedingungen aller organischen Systeme sein. Wenn alle
ökologischen Nischen schon besetzt sind, bleibt alleine der Weg der
Komplexitätssteigerung offen, denn dort gibt es unter Umständen
noch keine (oder weniger) Konkurrenz.

Falsch ist meines Erachtens auch die in diesem Zusammenhang
häufig benutzte Begründung durch den Hinweis auf das, »was Darwin wirklich gemeint hatte«. Darwin hat sicher mit der »Entstehung
der Arten« auch »Veränderung«, »Wandel« und »Vernichtung« erklärt – eine Kapitelüberschrift heißt sogar »Über das Aussterben«
und hier können wir deutlich lesen, dass »das Aussterben aller
Formen aufs engste mit der Entstehung neuer, verbesserter verknüpft« (ist)[4]. Aber er hat an vielen Stellen seiner Bücher die
Gruppenselektion und die Individualselektion gleichermaßen als
wahrscheinlich angenommen; etwa dort, wo er vom »Wettbewerb
zwischen einzelnen Arten oder Individuen« spricht[5], aber auch dort,
wo vom »Kampf«, ja sogar vom »Krieg« die Rede ist – »zwischen
Insekt und Insekt, zwischen Insektenarten, Schnecken und anderem
Getier auf der einen Seite und den Vögeln und Raubtieren auf den
anderen« bzw. »zwischen Varietäten« insb. derselben Art (S. 115)
und den »Wettbewerb zwischen einzelnen Arten oder Individuen«
(S. 119). An einer Stelle weist er sogar darauf hin, »dass die Zuchtwahl sowohl bei der Familie wie beim Individuum hervortritt«
(S. 375), an einer anderen spricht er davon, dass Abänderungen
allmählich durch die natürliche Zuchtwahl angehäuft worden sind,
»weil dadurch die Gemeinschaft, der sie angehören, indirekt einen
Vorteil über andere Gemeinschaften derselben Art« gewann
(S. 403 f.).

---

[3] Das wohl prominenteste Beispiel, das in diesem Zusammenhang aufge-
     führt wird, ist »Saculina casini«, ein Krebs-Parasit, der, nachdem er sich an
     sein Wirtstier angeschlossen hat, alle seine hochentwickelten Organe,
     einschließlich seines zentralen Nervensystems, abstößt, so dass er
     schließlich nur noch aus Verdauungsapparat und Geschlechtsorgan be-
     steht (vgl. K. Lorenz: Das Wirkungsgefüge der Natur und das Schicksal
     des Menschen. München 1978, S. 32).
[4] Ch. Darwin 1963, a.a.O., S. 473.
[5] Ch. Darwin 1963, a.a.O., S. 119.

Die hermeneutische Frage, <u>was Darwin eigentlich gemeint hat,</u> ist jedoch völlig sekundär hinsichtlich der Frage, was tatsächlich richtig ist. Obwohl das Argument »ad verecundiam« – also die Begründung eines Arguments durch Inanspruchnahme der Achtung bzw. Verehrung einer berühmten Persönlichkeit (»ad hominem«) – sehr beliebt und weit verbreitet sein dürfte, ist es logisch nicht korrekt (was allerdings nicht ausschließt, psychologisch erfolgreich zu sein!). Wir sollten dieser Frage deshalb nicht weiter nachgehen, stattdessen ihre weitere Behandlung den Philologen und Darwinforschern überlassen und uns lieber wieder der eigentlich wichtigen (Ausgangs-)Frage zuwenden: <u>Was kann Selektionseinheit in der Evolution sein?</u>

Jede Antwort darauf macht eine Existenzaussage, die in eine sprachliche Form gebracht werden kann, die mit »Es gibt . . .« beginnt. Der vollständige Satz könnte dann etwa so lauten: <u>»Es gibt in der Evolution nur eine Selektionseinheit und das sind die Gene«.</u> Der Soziobiologe Dawkins formulierte es in seinem Buch »Das egoistische Gen« so: »Es gibt in Wirklichkeit nur eine Einheit, deren Standpunkt in der Evolution wichtig ist, und diese Einheit ist das egoistische Gen«[6]. Nun sind allerdings alle Existenzaussagen unzweifelhaft *Aussagen* und deshalb abhängig von räumlichen und zeitlichen Begrenzungen, die den Geltungsanspruch limitieren. Ich will dafür ein paar einfache Beispiele geben: Die Aussage »Es gibt Sternschnuppen« kann je nachdem wahr oder falsch sein, ob ich sie in einem bestimmten zeitlichen und räumlichen Kontext mache oder nicht. Ich stehe etwa abends auf dem Balkon und sage »Es gibt Sternschnuppen«, dann meine ich jetzt (abends um 20.45 Uhr) und hier (von meinem Balkon aus gesehen). Oder ein weiteres Beispiel: Der Satz »Es gibt Schüler, die einen IQ von über 155 haben«, kann wahr oder falsch sein, je nachdem, wie weit sein räumlicher und

---

[6] R. Dawkins 2001, a.a.O. Dawkins widerspricht sich selbst (und kokettiert damit), wenn er an späterer Stelle seines Buches, nämlich dort, wo es um die neue Replikationseinheit der »Meme« geht, das Gegenteil behauptet, nämlich »Ich behaupte, dass wir uns, um die Evolution des modernen Menschen verstehen zu können, zunächst davon freimachen müssen, das Gen als die einzige Grundlage unserer Vorstellung von Evolution anzusehen« (S. 307). Widersprüche behindern nicht die Evolution von Ideen, sondern beflügeln sie (vgl. zu dieser These A. K. Treml: Klassiker. Die Evolution einflussreicher Semantik. Band 1: Theorie. St. Augustin 1997, S. 88 ff.).

zeitlicher Geltungsbereich geht. Meine ich damit nur die Schüler meiner Klasse, dürfte er falsch sein; meine ich alle Schüler in der Stadt, kann er falsch oder richtig sein; meine ich alle Schüler in Deutschland (möglicherweise zeitlich uneingeschränkt), dann wird er vermutlich wahr sein.

Diese Beispiele verdeutlichen, dass auch eine Antwort auf unsere Ausgangsfrage von räumlichen und zeitlichen Begrenzungen abhängig ist. Diese zeitlichen und räumlichen Constraints werden im Alltag durch den konkreten Kontext meistens unmissverständlich mitgeliefert; in wissenschaftlichen Zusammenhängen fehlt dieser konkrete Handlungskontext, deshalb ist es nicht nur hilfreich und nützlich, sondern manchmal geradezu notwendig, sie explizit zu machen bzw. ausdrücklich mitzuformulieren. Es ehrt Autoren, die das tun und viele, auch Soziobiologen, sind sich diesen Einschränkungen durchaus bewusst. So spricht Dawkins gleich zu Beginn seines Textes »von einem neuartigen Blickwinkel«, den er in seinem Buch einnehmen will, von einer anderen »Art der Betrachtung« (S. 12), und fährt fort: »Ich wollte ein Buch schreiben, in dem die Evolution mit den Augen des Gens gesehen wurde« (S. 14 f.). Aus dieser fiktiven Sicht des Gens kann die Antwort auf unsere Ausgangsfrage natürlich nur heißen: das Gen, zumal der Begriff im Verlaufe seiner Ausführungen so definiert wird, dass gar keine andere Antwort mehr möglich ist: »Ein Gen ist definiert als jedes beliebige Stück Chromosomenmaterial, welches potentiell so viele Generationen überdauert, dass es als eine Einheit der natürlichen Auslese dienen kann« (S. 63). Diese Definition kommt einer Tautologie sehr nahe, denn auf die Frage, was Einheit der natürlichen Auslese ist, wird die Antwort gegeben: das, was als Einheit der natürlichen Auslese dienen kann, und dieses Ding wird schließlich als »Gen« bezeichnet.

Immerhin hat Dawkins deutlich gemacht, dass diese Antwort von seiner Sichtweise und seiner Definition abhängig ist. Die Sichtweise ist begrenzt durch einen bestimmten zeitlichen und räumlichen Beobachtungshorizont und die Definition ist natürlich, wie jede Definition, interessengesteuert. Das Letztere ist legitim, denn Definitionen sind streng genommen nicht wahrheitsdefinit, sondern mehr oder weniger fruchtbare oder unfruchtbare Instrumente des wissenschaftlichen Arbeitens. Dass der soziobiologische Ansatz der Genzentriertheit wissenschaftlich fruchtbar ist, kann niemand ernsthaft bestreiten, denn er hat eine überaus rege Forschung in

Gen - Einheit der natürlichen Auslese

Gang gesetzt. Allerdings darf man die Beschränkungen nicht vergessen, die durch den Blickwinkel und die mitgebrachten zeitlichen und räumlichen Limitierungen bedingt sind. Sie sind es, die ein pauschales Urteil der Art »Die Evolution ist genzentriert« falsch machen. Warum?

Zunächst einmal ist hier mit Evolution immer nur die »biologische Evolution« gemeint. Das ist schon eine wesentliche Einengung der Beobachtungsperspektive, die wahrscheinlich für Biologen, aber auch nur für diese, selbstverständlich sein mag, für eine nicht-biologische (z. B. pädagogische) Theoriebildung aber nicht, denn sie abstrahiert vom Systemaufbau der Evolution in verschiedenen Emergenzebenen. Dazu kommen mehr oder weniger implizit gemachte räumliche und zeitliche Beschränkungen, die den Beobachtungsfokus erheblich einengen. Dass diese gleichzeitig unvermeidbar wie folgenreich sind, will ich an einem einfachen Beispiel veranschaulichen:

Wenn der Lehrer in seiner Klasse eine didaktische Frage stellt und zwölf Hände gehen schnippend hoch, dann ist durch den Handlungskontext ganz eindeutig klar, woraus der Variationspool besteht, aus dem der Lehrer auswählen, also seine Selektion treffen muss, nämlich z. B. nicht aus der Menge der verschiedenen Pausenbrote in den Schultaschen, sondern der seiner Schüler, die ihre Hand strecken.

Für die Beantwortung der Frage, was die Einheit für Selektionsprozesse sein mag, sind also zwei Vorentscheidungen von großer Bedeutung: Zum einen die Entscheidung über den durch eine (implizite oder explizite) Definition eingeführten Geltungsbereich des Begriffes »Evolution« – also eine Aussage über die evolutionären Emergenzebenen, die in den Blick kommen sollen; sie gibt Antwort auf die Frage: Was *soll* beobachtet werden? Zum anderen bedarf es einer Entscheidung über die zeitlichen und räumlichen Grenzen dieses Beobachtungshorizontes bzw. einer Anwort auf die Frage: »*Wo* und *wie lange* soll beobachtet werden? Es ist bei meinen Beispielen klar, dass es hier nicht um »biologische Evolution« geht – ich behaupte aber: durchaus um »Evolution«. Um Evolution geht es im Rahmen der hier vertretenen Allgemeinen Evolutionstheorie immer dann, wenn ein Variationspool von Differenzen Selektionsofferte für darauf folgende Selektionen sein kann. Diese abstrakte Definition umreißt einen Bereich, der so unspezifisch ist, dass er – sofern keine Einschränkungen vorgenommen werden (wie etwa:

»Vererbung«) – auch den Inhalt meines Kühlschrankes und den Inhalt meiner Schulklasse umfassen würde.

Dass diese Constraints auch für die Soziobiologie gelten, wird deutlich, wenn man deren – teils implizit, teils explizit gemachten – definitorische Prämissen und ihre zeitlich und räumlich begrenzte Perspektive rekonstruiert. Obwohl der Evolutionsbegriff häufig und ganz ungeschützt durch kein präzisierendes Prädikat eingeschränkt oder relativiert wird, macht der Zusammenhang der entwickelten Gedankengänge schnell klar, dass im Allgemeinen von »biologischer Evolution« die Rede ist, also eine ganz bestimmte Systemebene im Fokus der Beobachtung steht. Schon das ist eine Einschränkung, die in der Allgemeinen Evolutionstheorie nicht von vorneherein akzeptiert werden kann, denn damit ist nur eine (wohl sehr wichtige, aber auch anders mögliche) Emergenzebene der Evolution angesprochen. Eine zweite wichtige Einschränkung nehmen die Soziobiologen dort vor, wo sie die biologische Evolution aus einer ganz engen, kleinen Perspektive beobachten, ja gewissermaßen der kleinstmöglichen, nämlich der Gene. Soziobiologen werben für die Überzeugung, »dass man die Evolution am besten anhand der Selektion betrachtet, die auf der allerniedrigsten Stufe auftritt«[7].

Hier wird wieder die große Bedeutung einer Limitierung der Sichtweise deutlich. Sie ist nicht nur legitim, sondern unvermeidbar. Ich nehme in diesem Kapitel eine andere Perspektive in Anspruch; eine Perspektive, die auf den ersten Blick in gewissem Sinn der soziobiologischen, reduktionistischen Sicht geradezu entgegengesetzt ist, nämlich die weitest mögliche. Nicht aus Sicht des unsichtbaren winzigen kleinen Gens (wer hat schon mal ein Gen gesehen?) wird die Evolution betrachtet, sondern aus der Sicht eines fiktiven fernen Beobachters, der den weitest möglichen Abstand zu seinem Beobachtungsbereich einnimmt und deshalb alles, was evoluieren kann, in den Blick nehmen kann – auch Erziehung.

Damit wird in der Zeitdimension eine kontinuierliche Evolutionsentwicklung und in der Raumdimension ein alle Emergenzebenen verbindende allgemeine Evolution angenommen: von den ersten Atomen über die ersten Bakterien bis hin zum Nobelpreisträger. Oder etwas drastischer formuliert: Ich gehe davon aus, dass die Prozesse auf molekularer Ebene, die Populationsentwicklung

---

[7] R. Dawkins 2001, a.a.O., S. 38.

alles =
Evolution

von Kaninchen, das Immunsystem der Säugetiere, das Wechselspiel
von Märkten, die Produktion und Reproduktion wissenschaftlicher
Theorien und die Erziehung der Menschen, um nur einige Beispiele
zu nennen, als Evolution beschrieben und erklärt werden können.
Veränderungen auf allen diesen (emergenten) Systemebenen beruhen auf gemeinsamen evolutionären Mechanismen und deshalb
können wir versuchen, das »Muster, das alles verbindet« (Bateson)
zu rekonstruieren und zu beschreiben.

Beide dabei eingenommenen Perspektiven sind zunächst einmal
– bis zu ihrer empirischen Überprüfung – fiktiver Natur; man tut so,
»als ob« (man die Welt aus der Sicht eines Gens beobachten könnte), oder man tut so, »als ob« man in jene ferne Beobachtungsposi-
tion rücken könnte, aus der die Welt (als die Summe alles dessen,
was als Evolution der Fall sein kann) beobachtet werden könnte.
Beides sind theoretische Annahmen, die im strengen Sinne nicht
wahr oder falsch sind, sondern an ihren Ergebnissen gemessen mehr
oder weniger fruchtbar oder unfruchtbar sein können. Ob das der
Fall ist, müssen wir selbst der Evolution, hier der wissenschaftlichen
Ideenevolution, überlassen, denn nur diese kann kommunikative
Resonanz auf Dauer stellen. Auch hier gilt die systemtheoretische
Maxime: Mache eine Unterscheidung und beginne mit ihr zu ar-
beiten – und du wirst dann schon sehen, was dabei herauskommt!
Wir müssen es dann der Evolution überlassen, ob sie sich bewährt.

Nichts anderes machen auch die Soziobiologen, und wenn man
ihre Texte genau liest, wird man entdecken, dass sie – oft im Gegensatz zu ihren begeisterten Epigonen – sich dessen zumindest
gelegentlich durchaus bewusst sind. Zumindest gibt es neben vielen
anderen Formulierungen, die im Überschwang der Entdeckerfreude
hinreißend falsch, weil teleologisch, sind, auch solche, die darauf
hindeuten. Wenn z. B. Dawkins schreibt: »Ich werde zeigen, dass
die fundamentale Einheit für die Selektion und damit für das Ei-
geninteresse nicht die Art, nicht die Gruppe und – streng genommen
– nicht einmal das Individuum ist. Es ist das Gen, die Erbeinheit«
(S. 38), dann wird bei genauerem Hinsehen deutlich, dass die als
eine Art Deduktion angefügte Existenzbehauptung (»Es ist das Gen
. . .«) mit einem subjektiven Bekenntnis und einem Versprechen
beginnt: »Ich bekenne, dass ich es bin, der die folgenden Behauptungen aufstellt« und »Ich verspreche, euch zu zeigen . . .« . Dawkins ist hier offenbar Rationalist – ein Rationalist, der die Behauptung aufstellt: Alle Aussagen über die Umwelt werden von einem

System gemacht; alle Beobachtungen sind Beobachtungen eines Beobachters; folglich kann man daraus schließen: Wenn du die Constraints der Beobachtung erkennen willst, beobachte den Beobachter! Dawkins hat deutlich gemacht, dass das Ergebnis seiner Untersuchungen in einer Sichtweise gründet, die einen Perspektivenwechsel vornimmt, aber keine neue Theorie erfindet (vgl. S. 12). Analog könnte man vielleicht sagen: Die hier skizzierte Allgemeine Evolutionstheorie ist nur eine andere Art und Weise der Beobachtung von Dingen, die wir eigentlich schon kennen.

Dass auch die Soziobiologie nur eine Perspektive unter vielen möglichen anderen Perspektiven einnimmt, wird deutlich, wenn wir die impliziten und expliziten Constraints weiter rekonstruieren. Die Verengung auf die biologische Evolution, die Soziobiologen wie selbstverständlich vornehmen, ist keinesfalls selbstverständlich und zwar in zweierlei Richtung: zum einen durch Höheraggregieren des Evolutionsbegriffs, so dass die biologische Evolution nur als ein Sonderfall allgemeiner Evolutionsgesetze erscheint – das ist der Ansatz der Allgemeinen Evolutionstheorie, wie er in diesem Kapitel entwickelt wird. Zum anderen kann man aber auch andere Emergenzebenen, neben der biologischen, in den Blick bekommen und als Evolution beschreiben, zum Beispiel die sozio-kulturelle Evolution oder die Evolution eines Individuums in seiner Ontogenese. Das will ich in den folgenden Kapiteln versuchen und auf die Pädagogik anwenden.

Entscheidend ist, wie groß oder klein die zeitlichen und räumlichen Horizonte der Beobachtung geschnitten werden. Auch die Soziobiologen benutzen neben einem bestimmten, auf die organische Ebene beschränkten Begriff der (biologischen) Evolution zeitliche und räumliche Constraints. Die räumliche Begrenzung auf die kleinste biologische Einheit, die Gene, wurde schon erwähnt. Es ist scheinbar die kleinste »biologische« Einheit – so klein, dass man sie (mit bloßem Auge) unmöglich sehen kann. Aber darunter gibt es noch viele andere kleinere Einheiten, etwa auf der Ebene der Elementarteilchen, der Atome und der Moleküle. Diese bekäme man in den Blick, wenn man einen größeren zeitlichen Ausschnitt der Evolution betrachten würde. Er müsste größer sein als das älteste Gen, also älter als etwa 4,2 Milliarden Jahre. Auch wenn man die Zukunft auf ein paar Billionen Jahre ausdehnt, wird man auf andere Selektionseinheiten stoßen. Dann kommen wir in den Bereich der physikalisch-chemischen Evolution und hier macht es wirklich keinen Sinn mehr zu sagen, dass die »Gene« das einzige wirklich wichtige Element der Evolution sind, denn es gab sie noch nicht oder es wird sie schon nicht mehr geben.

Soziobiologen betrachten Gene, und diese haben eine Lebensdauer zwischen einer Generation und maximal 4,2 Milliarden Jahren. Ob sie weitere Milliarden Jahre existieren, ist fraglich und deshalb müßig zu spekulieren. Gene deshalb als »potenziell unsterblich« zu bezeichnen, ist ein Euphemismus, wenn nicht gar schlicht falsch, und das nicht nur deshalb, weil die allermeisten Gene aussterben oder schon ausgestorben sind, sondern weil auch das Gen – und zwar schon auf der Ebene der miteinander konkurrierenden Allele – der Evolution unterworfen ist und damit der Gefahr, irgendwann einmal wegselektiert zu werden (spätestens in 14 Milliarden Jahren, wenn unser Sonnensystem kollabiert). Soziobiologen interessieren sich aber vor allem für einen Zeitraum, in dem sich der Erhalt genetischer Informationen und ihr Einfluss auf das tierliche und menschliche Verhalten nachweisen lässt. Bei zweigeschlechtlichen Lebewesen, wie bei uns Menschen, ist das ein relativ kurzer Zeitraum. Durch die Mischung der elterlichen Gene haben Kinder nur mit einer Wahrscheinlichkeit von 1/2 die Gene ihrer Mutter oder ihres Vaters, Enkel 1/4 und Urenkel 1/8 (usw.). Auf Grund dieser Verdünnung des genetischen Materials ist schon bei etwa 12 Generationen die Wahrscheinlichkeit, dass ein genetisches Merkmal konstant geblieben ist und auf ein Individuum zurückrechenbar ist, praktisch bei Null (genauer gesagt: 0,0001). Von unseren Vorfahren, die während des 30-jährigen Krieges gelebt haben, ist also statistisch gesehen praktisch kein Genmerkmal mehr in uns – ganz zu schweigen von früher lebenden Menschen. Die auf Williams zurückgehende Behauptung, die man hin und wieder lesen kann, dass von Sokrates trotz Vermischung seines Phänotyps und seines Genotyps immer noch Kopien seiner Gene unter uns seien, ist deshalb – zumindest bezogen auf das eine Prozent, in dem sich menschliche Individuen voneinander unterscheiden, schlicht falsch.

Sicher bleiben Gene erhalten – vermutlich sind es die einfachsten, die ältesten und bei Lebewesen am weitesten verbreitet. Diese sind aber kaum der Variation unterworfen, auch nicht durch sexuelle Vermischung, weil sie die Strukturen bestimmen, die arttypisch – und deshalb »kurzfristig« nicht veränderlich – sind. Mutationen sind bei solchen basalen und über Jahrmillionen bewährten Anpassungsmustern in der Regel letal. Alleine die lange Dauer als Kriterium für die Bestimmung der Einheit der Evolution zu nehmen, ist aber nicht überzeugend, denn dann könnte man auch sagen, dass Elementarteilchen (die es seit über 14 Milliarden Jahren schon gibt) der eigentliche Träger der Evolution und alles, was es gibt, nur der temporäre »Transporteur« dieser Elemente sind. Aus rationalistischer Sicht krankt diese Sichtweise der Soziobiologie daran, dass sie ignoriert, dass jede Erkenntnis eines erkennenden Systems seine Umwelt immer nur selektiv wahrnimmt und dabei unweigerlich die in die Erkenntnis eingehenden und sie konstituierenden Limitierungen mitbringt bzw. konstruiert.

Aus einer etwas anderen Sicht lässt sich dieses Problem am Beispiel der Soziobiologie noch einmal veranschaulichen, nämlich am Beispiel des zentralen Begriffs des »Gens«. Was ist eigentlich ein Gen? Gesehen hat es, von wenigen Spezialisten abgesehen, eigentlich niemand. Allein diese Entfernung zur sinnlichen Erkenntnis mag vielleicht schon Anlass für die blühendsten Vorstellungen sein. Aber selbst wenn wir uns direkt an die Genforscher halten und die einschlägigen Texte lesen, erhalten wir auf diese einfache Frage, je länger unser Studium andauert, umso verwirrendere Antworten.

Man könnte diese Unsicherheit über den empirischen Status eines Genes in zwei Problemen reformulieren: Das erste Problem besteht in der ontologischen Identifizierung eines Genes, also der Frage, wo beginnt ein Gen und wo endet es, woraus besteht es und was macht es? Selbst wenn wir die verschiedenen Bezeichnungen, die es dafür in den letzten hundert Jahren gab (angefangen von »Gemulae«, über »Elemente«, »Koppelungsgruppen« über »Cistrons« und »Operons« bis hin schließlich zu »Genen«) als bloße sprachliche Unsicherheit interpretieren, wird die Frage, was diese Begriffe eigentlich als Einheit bezeichnet, von den Fachleuten sehr uneinheitlich beantwortet.

Jedem Gen, so liest man, entspricht ein Abschnitt des DNA-Moleküls; aber wo beginnt es und wo hört es auf? Nur ein winziger Teil des Genoms – die Zahlen schwanken zwischen 1,3 % und 3 % – sind Gene, die Informationen für den Proteinaufbau enthalten. Weder weiß man genau, wo ein Gen beginnt, noch wo es endet; weder weiß man, was ein einzelnes Gen bewirkt, noch was mit dem Rest ist, mit dem Teil der DNA, die Genetiker »junk« – also »Müll« – nennen.

Das menschliche Genom besteht etwa aus 3 Milliarden DNS-Bausteinen (das Genom des Huhns besitzt über 4 Milliarden!), besitzt aber nur etwa 30.000 Gene, die einem Abschnitt des DNA-Moleküls entsprechen, allerdings abgelagert in über 100 Billionen Zellen und das sogar in doppelter Ausführung (eine Kopie stammt von der Mutter, eine vom Vater). 30.000 Gene, das ist nicht viel mehr, als der Fadenwurm besitzt, ist eine viel zu geringe Zahl, um den Proteinaufbau des Menschen auf seinen vielen Emergenzebenen monokausal zu steuern bzw. erklären zu können. Es gibt (bei vielzelligen Lebewesen wie dem Menschen) immer viel weniger Gene als Eigenschaften, so dass man annehmen muss, das ein Gen mehrere Funktionen im Verbund mit anderen Bedingungen erfüllt. Dagegen ist 100 Billionen eine unvorstellbar große Zahl, deren Funktion man bisher genauso wenig durchschaut. Sind sie Spielmaterial für Kopierfehler, »Bastelstube der Evolution«? Oder sind sie im Gegenteil eine vielfache Absicherung gegen Kopierfehler? Oder was sonst?

Kurzum, man weiß empirisch bisher noch wenig über den Zusammenhang von ontologischer – materieller – Qualität der Gene und ihrer Systemfunktion (beim Proteinaufbau). Was man bisher kennt, sind gewisse statistische Verknüpfungen eines identifizierten Genes oder einer Genverbindung mit bestimmten komplexen Eigenschaften. Welchen Einfluss Gene auf das Verhalten des Menschen haben, ist bislang weitgehend ungeklärt. Oft stellt sich heraus, dass der postulierte Zusammenhang von Gen(en) und Verhalten nur für eine bestimmte, meist kleine Gruppe von Menschen gilt. Und wenn das so ist, bedeutet das wahrscheinlich, dass die Unterschiede auf unterschiedliche kulturelle Umstände und eine unterschiedliche Erziehung zurückgeführt werden müssen.

Was ist zwischen Genen und Verhalten? Gene können als Systeme der Vererbung nur aktiv werden in und für eine ganz spezifische Umwelt. Sie sind eine der Emergenzebenen der biologischen Evolution neben vielen anderen und vermutlich selbst in Systemebenen geschichtet, so dass man annehmen muss, dass viele Gene nur dann aktiv werden können, wenn andere Gene, aber auch Proteine in ihrer Umwelt vorkommen. Manche Genforscher meinen sogar, dass es eigentlich die Proteine und nicht die Gene sind, die die eigentlichen Bau- und Wirkstoffe der Zellen darstellen und die am Ende die komplexen Eigenschaften prägen, die den konkreten Menschen ausmachen. Sind Gene möglicherweise nur die Marionetten der

Enzyme (die sie an- und ausschalten können)? Oder sind es gar die
Ribonukleinsäuren, die Dreh- und Angelpunkte des Erbvorganges
sind, weil jedes Protein in der Zelle nicht nur von einer Boten-
ribonukleinsäure abgelesen, sondern auch von einer Ribonukleinsäure gebildet wird? Je nachdem, von welcher Warte bzw. Perspektive aus man die Sache betrachtet, wird man zu einem
unterschiedlichen Urteil kommen. Je nachdem, was man als System
betrachtet, muss man die spezifische Systemumwelt berücksichtigen, um den weiteren Prozess in den Blick zu bekommen. Wenn
man das weiß, verbietet es sich allerdings, den Prozess der biologischen Reproduktion des Menschen alleine auf die Gene zu fokus-
sieren.

Es ist immer eine konstruktive Leistung des Beobachters, in
einem so komplexen Funktionszusammenhang eine Ebene als kausal bestimmend herauszugreifen. Es ist immer auch ein Stück weit
eine Zuschreibung und nicht eine schlichte ontologische Tatsache,
denn ontologische Tatsachen sind nichts anderes als im Augenblick
akzeptierte Existenzaussagen, die schon nächste Woche überholt
sein können. Die Gene als die zentrale Selektionseinheit der (biologischen) Evolution herauszugreifen, kann deshalb zu problematischen Schlussfolgerungen führen, etwa zu der Behauptung, dass
die Gene den Menschen vollständig bestimmen und als bloßen
Träger durch die Generationen hindurch instrumentalisieren[8]. Für
Erziehung wäre in diesem Denkmodell kein Platz mehr; sie wäre
eine vergebliche, ja völlig überflüssige Liebesmüh, denn alles ist
schon determiniert. Die Gene suchen sich ihre (biologische und
soziale) Umwelt selbst. Auch hier wird deutlich, zu welchen unsin-
nigen Schlussfolgerungen es führt, wenn wir die Wurzeln mit der
ganzen Pflanze oder das Ei mit der Henne verwechseln oder gar
identifizieren, wenn wir also die Tatsache verschiedener evolutionärer Emergenzebenen übersehen oder gar leugnen.

Auch in soziobiologischer Sichtweise kommt man nicht umhin,
mindestens eine weitere emergente Systemebene zu akzeptieren.
Schließlich ist das Gen nie alleine, sondern bedarf zumindest immer
des menschlichen Individuums als »Hülle« bzw. als »Vehikel« oder
»Transportmittel«. Evolution kann nicht direkt an den Genen an-

---

[8] So etwa A. Heschl: Das intelligente Genom. Berlin, Heidelberg 1998 – mit
tautologischen Schlussfolgerungen; tautologisch deshalb, weil sie analy-
tisch aus Definitionen (etwa des Begriffs der »Evolution«) folgen.

setzen, sondern muss immer den »Umweg« über das Indidivuum nehmen; Evolution setzt so gesehen immer zunächst am Individuum an. Neben dieser Individualselektion – durch die die Genselektion hindurch muss – gibt es noch eine Reihe weiterer Selektionsebenen (wie z. B. die Gruppe), auf die wir an späterer Stelle (bei der Behandlung des Altruismusphänomens) noch näher eingehen werden.

Aus soziobiologischer Sicht sind das alles Epiphänomene der Genselektion. Individuen, Verwandte, Freunde und Gruppen, die irgendetwas gemeinsam mit mir haben – all das sind nur »Sklaven« der Gene. Selbst die Gruppenebene ließe sich unter Umständen soziobiologisch erklären: Da man genetische Verwandtschaft nicht direkt erkennen kann, ist die Wahrscheinlichkeit, dass sich Spuren eigener Gene in jener Gruppe von Menschen finden lassen, die etwas mit mir gemeinsam haben (z. B. die Sprache und die Hautfarbe), statistisch gesehen höher als bei anderen. Allerdings ist das schon eine etwas weit hergeholte Erklärung; mit Nonnen eines Frauenklosters und mit den bunt aus aller Herren Länder zusammengekauften Fußballspielern einer Bundesligamannschaft – um nur zwei Beispiele zu geben – sind wir aller Wahrscheinlichkeit auch nicht im entferntesten verwandt, und trotzdem sind wir unter Umständen bereit, ihnen gegenüber uns altruistisch zu verhalten und erhebliche Opfer (finanzieller und/oder zeitlicher Art) zu erbringen. Es muss deshalb noch weitere Selektionseinheiten geben.

Auf diese Erkenntnis kommt man früher oder später selbst dann, wenn man konsequent soziobiologisch denkt. Denn schließlich wird auch kein Soziobiologe behaupten können, dass Gene ohne Umwelt existieren oder gar wirken können. Natürlich existieren die verschiedenen Emergenzebenen der Evolution nicht vollständig getrennt voneinander, sondern sind miteinander eng verwoben und können nur dadurch ihre evolutionäre Nützlichkeit entfalten. Das »egoistische Gen« zum Beispiel erhält sich ja durch die »geschlechtliche Zuchtwahl« – sprich: die sexuelle Selektion[9] – hindurch und das bedeutet: im Rahmen einer intergenerativen Genverwandtschaft von vielen Individuen. Zu Recht spricht man deshalb heute von der »kin-selektion«, der Verwandtschaftsselektion, in der der »Egoismus« der Gene auf Dauer gestellt ist und, was forschungsstrategisch sehr wichtig ist, wissenschaftlich beobachtet

---

[9] Dazu später mehr, vgl. Kap. 11.

und beschrieben werden kann[10]. Mit der Verwandtenunterstützung
und dem darin zum Ausdruck kommenden Prinzip des Ver-
wandtenaltruismus fällt aber die scharfe Trennung zwischen Genselektion und Gruppenselektion, denn Verwandte sind Gruppen.
Der Streit zwischen Genselektionisten und Gruppenselektionisten
ist aus dieser Sicht müßig. Wenn Genselektion nur in der Bevorzu-
gung des eigenen Individuums (Individualselektion), der eigenen
Verwandtschaft (Gruppenselektion) und möglicherweise sogar der
eigenen nichtverwandten, aber vertrauten Gruppe (reziproker Altruismus) zum Ausdruck kommen kann, wird unvermeidlich die
reduktionistische Genzentriertheit der Soziobiologie problematisch
und sollte, wie das hier versucht wird, in ein differenziertes Modell
einer Allgemeinen Evolutionstheorie überführt werden, die stattdessen von vielen Emergenzebenen der Systembildung ausgeht –
und damit auch von vielen Selektionseinheiten.

Hinzu kommt, dass eine reduktionistische Soziobiologie eine
Reihe von empirischen Phänomenen nicht oder nur unzureichend
erklären kann, z. B. Zölibat, Homosexualität, freiwillige Kinderlo-
sigkeit[11], Abtreibung, Suizid, Kindstötung durch die Eltern, Adop-
tion, religiös motivierte Selbstmordattentäter und professionelle
Erziehung nichtverwandter Kinder, Tierschutz usf. Eine Erklärung
aus der Perspektive einer Allgemeinen Evolutionstheorie fällt dagegen nicht schwer, denn man kann alle diese Phänomene mit dem
Generalverdacht eines unlösbaren Konfliktes zwischen zwei (oder
mehreren) Ebenen der Selektionseinheiten von Evolution belegen
und empirisch zu erklären versuchen.

Ich werde mich im Folgenden vor allem zwei weiteren dieser
evolutionären Emergenzebenen zuwenden, nämlich dem *Individuum* und der *Kultur*, und beide in der Zeitdimension als Evolution
interpretieren. Ich werde das Individuum dort, wo es als evolutionäre Selektionseinheit erscheint, als »Phän« bezeichnen – in Anlehnung an den Begriff des Phänotyps, der allerdings meistens als
körperliche Ausprägung genetischer Vorgaben verstanden wird.
Wohl wird auf der Ebene der genetischen Selektion die Bandbreite

---

[10] Vgl. die Zusammenfassung bei Voland 2000, a.a.O.
[11] Der prozentuale Anteil der Frauen, die kinderlos bleiben, stieg von ca.
      8 % im Jahr 1940 kontinuierlich bis auf 35 % (2002). Vgl. S. Blackmore:
      Die Macht der Meme oder Die Evolution von Kultur und Geist. Heidel-
      berg, Berlin 2000, S. 225 ff.

möglicher phänotypischer Merkmale festgelegt. Deren konkrete Ausprägung, und zwar in körperlicher und geistiger Hinsicht, ereignet sich allerdings als ein eigenständiger Anpassungsprozess an seine in der Ontogenese erfahrene Umwelt. Man kann deshalb das Phän auch definieren als die Einheit der Differenz von körperlichen und geistigen Eigenschaften eines individuellen Menschen in Abhängigkeit von seiner aktiven Umweltanpassung. »Eigenständig« ist diese Selektionseinheit deshalb, weil sie Selektionen erlaubt, die nicht auf genetische Selektionen zurückgeführt werden können, ja zu deren objektiven »Interessen« konträr liegen. Ich werde im Folgenden auf Gene zurückrechenbare Selektionen als »*sexuelle Selektion*« und auf Phäne zurückrechenbare Selektionen als »*natürliche Selektion*« bezeichnen. Bei der natürlichen Selektion geht es um die Optimierung von Überlebensvorteilen des Phäns, bei der sexuellen Selektion um die Fortpflanzungsvorteile des Gens.

Diese zweite evolutionäre Selektionsebene der Phäne ist in der Pädagogik – unter vielerlei Bezeichnungen – traditionell und spiegelt eine allgemeine Erfahrung der Pädagogen wider: Sie haben es unmittelbar nicht mit Genen, sondern mit Phänen, also mit konkreten Menschen, zu tun (also z. B. mit Kindern, Jugendlichen, aber auch Erwachsenen). Allerdings erscheinen sie, wie in dieser Formulierung, häufig im Plural, also als Gruppen (etwa als Schulklassen). Wir werden deshalb einen erweiterten Begriff der Phäne – den sog. »externalisierten Phänotyp« – berücksichtigen müssen.

Eine dritte, für Pädagogik wichtige Selektionsebene bezeichne ich als »*kulturelle Selektion*«. Ihre Selektionseinheit ist das »*Mem*«. Aber wir sind damit dem weiteren Gedankengang schon weit vorausgeeilt, denn immer noch sind wir primär auf der Ebene der organischen Evolution. Ich werde deshalb die genauere Erläuterung dieser dritten Selektionsebene ebenso zurückstellen und an dieser Stelle nur umrisshaft die wichtigsten drei Selektionsebenen (bzw. -einheiten) kennzeichnen, die im weiteren Verlauf der Argumentation in diesem Buch eine Rolle spielen werden:
– die Ebene der biologischen Evolution:
  Selektionseinheit: Gene
  Selektionszeitraum: Phylogenese (Stammesgeschichte)
  Selektionsform: sexuelle Selektion
– die Ebene der individuellen Evolution:
  Selektionseinheit: Phäne

Selektionszeitraum: Ontogenese (Lebenslauf)
Selektionsform: natürliche Selektion
– die Ebene der sozio-kulturellen Evolution:
Selektionseinheit: Meme
Selektionszeitraum: Soziogenese (Kulturgeschichte)
Selektionsform: kulturelle Evolution

Alle drei Ebenen arbeiten – so meine Vermutung – nach strukturell
analogen Regeln. Auf allen drei Emergenzebenen von Systembildung ereignet sich Evolution (das ist die realistische Variante)
bzw. alle drei Emergenzebenen von Systembildung kann man als
Evolution interpretieren (das ist die rationalistische Variante). Ich
bin überzeugt, dass auf allen Ebenen das gleiche Muster entdeckt
werden kann, das Muster der Evolution. Auf allen drei Ebenen
ereignen sich Selektionsprozesse aufgrund eines harten Kon-
kurrenzkampfes um das, was man ganz allgemein als »Überleben« bezeichnen kann. In der Phylogenese kämpfen die Gene mit
ihren Allelen ums Dasein, auf der Ebene der Ontogenese konkurrieren Individuen (und Gruppen) um bessere (Über-)Lebenschan-
cen, und in der (Kultur-)Geschichte schließlich kämpfen – wie wir
noch genauer sehen werden – die Meme einen gnadenlosen Kampf
um Aufmerksamkeit, um Resonanz und damit um ihr »Weiterleben«.

Das ist auch der Grund, warum wir uns mit den Genen beschäftigt
haben, warum der Umweg über die Soziobiologie sinnvoll ist, denn
ich hoffe, dass wir hier schon einen Teil dieser Muster erkennen
können – auch und gerade, weil wir einen großen gedanklichen
Umweg gemacht haben. Nur durch ihn können wir das Vertraute in
einen größeren Zusammenhang stellen und es neu entdecken und
einordnen. Erkenntnistheoretisch ist gerade unser Verhältnis zum
Nahen und Vertrauten »stumpf und dumpf«, wie es Heidegger einmal ausdrückte. Der Umweg über die Ferne und das Unvertraute
kann deshalb hilfreich sein, wenn es darum geht, das Selbstverständliche nichtselbstverständlich und das Nichtselbstverständliche
selbstverständlich zu machen.

Die Beschränkung auf drei Selektionsebenen ist dem Extremalprinzip geschuldet und muss gelegentlich, und das im wörtlichen
Sinne, »erweitert« (lat. »extendo«) werden. Schon auf der Ebene der
Gene ist es üblich, von »Extended Phenotype« zu sprechen, wenn
man z. B. die Spinnweben als Teil des genetischen Programms der

Spinne meint[12]. Ich würde hier lieber von einer erweiterten – bzw. exernalisierten *genotypischen* Leistung sprechen, weil die Spinnweben das Produkt eines ausschließlich genetisch gesteuerten Verhaltensprogrammes sind. Unter den Begriff des »erweiterten Phänotypus« subsumiere ich stattdessen – wie schon erwähnt – Gruppen bzw. soziale Systeme (»Dene«), denn sie bedürfen der Phäne, ohne aus ihnen (als Elemente) zu bestehen (denn sie bestehen aus Kommunikation). Und schließlich werden wir – an späterer Stelle – noch den Begriff der »erweiterten« bzw. der »externalisierten Meme« kennen lernen, unter den alle kulturellen Artefakte fallen. Allen diesen »Erweiterungen« gemeinsam ist eine Nach-außen-Verlagerung von Systemleistungen: Spinnen verlagern ihre Fähigkeit, Spinnennetze zu bauen, in Form von realen Spinnennetzen nach außen; tierliche oder menschliche Individuen verlagern ihre Fähigkeit, sozialen Kontakt herzustellen und zu erhalten, in Form sozialer Systeme; und Meme befinden sich, wie wir noch sehen werden, nicht nur in den Köpfen der Menschen (als Wissen, Ideen, Meinungen usw.), sondern auch außerhalb (etwa in Form von Büchern, Kathedralen, Bauwerken usw.).

---

[12] R. Dawkins 2001, a.a.O., S. 372 f.

II Erziehung in der Evolution

5 Die Evolution des Lebens

Erziehung ist, was immer es auch sonst ist, auf jeden Fall eine Form der Einflussnahme auf Lernen. Das unterscheidet die Erziehungskunst z. B. von der Heilkunst, die gleichfalls Menschen »verändern« bzw. »verbessern« will. Lernen aber ist eine Form der Anpassungsoptimierung von lebenden Systemen. Ich will mich deshalb zunächst der Evolution des Lebens zuwenden, beschränke mich dabei allerdings auf jene Bereiche, die den Selektionsvorteil von Lernen und Erziehung erhellen.

Leben ist eine unwahrscheinliche Form der Systembildung. Unwahrscheinlich, weil es dem 2. Hauptsatz der Thermodynamik – nachdem (in einem geschlossenen System) die Entwicklung in Richtung Entropie (als der Auflösung aller Differenzen) strebt – deutlich widerspricht. Leben ist eine komplexe Form der Ordnung – fern dem absoluten Nullpunkt, an dem alle Differenzierungen der Entropie zur Ruhe kommen. Ordnung aufzubauen und zu erhalten bedarf aber Ressourcen, und das heißt: Um Ordnung aufzubauen, »frisst« Leben an anderer Stelle Ordnung. Das ist das zentrale Unterscheidungskriterium: Die unbelebte Welt ist – gemäß dem 2. Hauptsatz der Thermodynamik – im Verlaufe der Zeit durch eine unvermeidbare Zunahme an Unordnung (Entropie), Leben aber durch eine Zunahme an Ordnung (Negentropie) gekennzeichnet[1].

Das ist allerdings noch eine sehr allgemeine Bestimmung von Leben und man merkt, dass sie von einem Physiker (genauer gesagt: von einem Quantenphysiker) stammt, denn sie bedarf, um verstanden zu werden, als ihrem Gegenbegriff, des Anorganischen. Lässt sich Leben auch biologisch bestimmen? Obwohl jedes Kind weiß,

---

[1] So die geradezu klassisch gewordene Formulierung von E. Schrödinger (1947, a.a.O.).

was Leben ist, fällt es schwer, den Begriff wissenschaftlich zu definieren. Selbst Biologen, die doch Experten für Leben sind, haben hier ihre Mühe, und manch einer hat es aufgegeben, nach einer alle gleichermaßen zufriedenstellenden allgemeinen Begriffsbestimmung zu suchen. Eine einfache evolutionstheoretische Definition wäre diese: Leben ist eine Systemform (auf Eiweißbasis), die sich dadurch erhält, dass sie ihre Elemente sterben lässt. Vereinfacht gesagt: Leben ist das, was sterben kann. Etwas präziser ausgedrückt kann man auch sagen: Leben ist eine Systemleistung, bei der das System seine Elemente austauscht und die Systemleistung erhält. Es gibt also etwas, das bleibt (die Systemleistung), und etwas, das vergeht (die Elemente) – eine andere Formulierung für die Tatsache, dass Lebewesen geboren werden, eine kurze Zeit lang leben, und dann wieder sterben müssen. Erhalten und Vergehen sind die beiden Grundprinzipien der Evolution, und sie dürfen nicht als sich gegenseitig ausschließende Gegensätze interpretiert werden, denn nur durch das Vergehen kann sich etwas erhalten. Vergehen ist nicht der Gegensatz zum Erhalten, sondern seine Voraussetzung – oder in den Worten von Goethe (über die Natur): ». . . der Tod ist ihr Kunstgriff viel Leben zu haben«[2]. Eine Erhaltung ihrer Systemleistung – also dessen, was Goethe »Leben« nennt – kann es für die Natur nur dadurch geben, dass sie ihre Elemente, also ihre Individuen, aber auch ihre Gattungen (ja alle ihre Taxonomien), vergehen lässt. Erhalten und Vergehen ist eine andere Formulierung für Wiederholung und Erneuerung und die Logik des Lebens, das damit sein Bezugsproblem zu lösen versucht – nämlich seine spezifische Systemfunktion in einer unruhigen und ständig veränderlichen Umwelt erhalten.

Systemtheoretisch gesehen kann man Lebewesen als eine Systemform verstehen, die sich durch eine *hohe Komplexität*, durch *Selbstorganisation* und durch eine *spezifische Anpassungsform* an die Umwelt von anderen Systemformen deutlich unterscheidet. Hohe Komplexität bedeutet hier, dass eine ungewöhnlich hohe Binnendifferenzierung gegeben ist, die es dem System erlaubt, viele (Ordnungs-)Zustände einzunehmen – Ordnungszustände, die, wenn man sie in ihrer neuen Gesamtfunktion betrachtet, auch als »emer-

---

[2] Aus dem Fragment »Die Natur«. Goethes Werke. Hamburger Ausgabe in 14 Bänden. Hg. von E. Trunz, Bd. 13, S. 45–47, hier S. 46.

gent« (bzw. »Emergenz«) bezeichnet werden[3]. Man kann, wie das
Rupert Riedl getan hat, versuchen, diese Komplexität zu ordnen und
das Muster herauszuarbeiten. Nach Riedl ist es vor allem gekennzeichnet durch *Wiederholung* (der Einzelbausteine), *Hierarchisierung* (Schichtung), *Wechselwirkung* (Interdependenz) und *Tradierung* (also Vererbung)[4]. Gelegentlich wird versucht, alle diese
Unterscheidungskriterien in einen einzigen Begriff zu überführen
und ihn als entscheidende differentia specifica hervorzuheben.
Dann fällt meistens der Begriff der »*Selbstorganisation*«. Selbstorganisation ist ein anderer Begriff für die operative Geschlossenheit
der lebenden Systeme bei gleichzeitig energetischer Offenheit. Ein
Lebewesen macht sich durch Selbstorganisation nicht von seiner
Umwelt unabhängig – es bleibt darauf angewiesen, dass es, um
seinen hohen Ordnungsaufbau zu erhalten, niedrigere Ordnungsformen in Form von Energie verbraucht, aber es macht sich von
einer bestimmten Umwelt unabhängig – und zwar von jeder, die
nicht operativ selbst erzeugt werden kann.

Die drei Arten der Anpassung

Selbstorganisation ist eine leistungsfähige Form der *Anpassung*
lebender Systeme an ihre Umwelt. Sie macht das System – in
Grenzen – von seiner Umwelt dadurch unabhängig, dass es ihm
mehrere Möglichkeiten gibt, sich an sie anzupassen. Diese paradoxe
Formulierung wird verständlicher, wenn wir uns zunächst etwas
systematischer den verschiedenen Möglichkeiten der Anpassung
(eines Systems an seine Umwelt) zuwenden. »*Anpassung*« ist ein
schon innerhalb der Evolutionsforschung schwierig zu definieren-
der Begriff; in der Pädagogik kommt hinzu, dass er sehr missverständlich ist, denn er ist in der pädagogischen Semantik schon ein
bekannter Begriff mit schlechtem Ruf. Diese Konnotationen gilt es
zunächst einmal abzuschütteln.
  Anpassung beschreibt als Überbegriff zunächst nur die Veränderung einer System-Umwelt-Beziehung, zu der ein System dadurch

---

[3] In den Worten von Deleuze: »Je komplexer ein System ist, desto mehr
    spezifische Implikationswerte erscheinen darin« (G. Deleuze: Differenz
    und Wiederholung. München 1992, S. 321).
[4] R. Riedl: Die Ordnung des Lebendigen. Systembedingungen der Evoluti-
    on. München, Zürich 1990.

gezwungen wird, dass sich seine Umwelt verändert. Durch Anpassung erhält ein Lebewesen seine Systemfunktion bei veränderten Umweltbedingungen – das ist die systemtheoretische Formulierung (in der Raumdimension); man kann das Gleiche auch evolutionstheoretisch (also in der Zeitdimension) formulieren und dann von »Anschlussfähigkeit« sprechen: Durch Anpassung erhält ein Lebewesen seine Anschlussfähigkeit an neue Situationen. Leben ist in Anbetracht des allgemeinen Entropiesogs eine unwahrscheinliche Form der Differenzierung; damit sie wahrscheinlich bleibt, bedarf es eines hohen Aufwandes. Die Summe dieses Aufwandes nennen wir »Anpassung«. Grundsätzlich gibt es drei Arten, wie sich eine so verstandene Anpassung lebender Systeme ereignen kann:

1. Das System passt sich an seine Umwelt an, d. h. es verändert sich selbst, so dass es in seiner veränderten Umwelt weiterleben kann.

2. Das System passt die Umwelt an sich an, d. h. es verändert seine Umwelt in der Weise, dass es in dieser selbst veränderten Umwelt weiterleben kann.

3. Das System macht sich unabhängig von den veränderten Umweltbedingungen, indem es seine Abhängigkeiten und Unabhängigkeiten intern selbst bestimmt.

Ich werde im Folgenden den Begriff der »*Anpassung*« als Überbegriff verwenden und schlage für die erste Form den Begriff der »*Adaption*« vor, für die zweite Form den Begriff »*Adaptation*»; die dritte Form bezeichne ich – in (lockerer) Anlehnung an einen Vorschlag von Dewey – als »*Adjustierung*». Das sind Definitionsvorschläge, die natürlich nur für dieses Buch den Sprachgebrauch festlegen und präzisieren wollen[5].

---

[5] Der Schweizer Entwicklungspsychologe Jean Piaget hat die erste Form der Anpassung im Auge, wenn er – bezogen auf die ontogenetische Entwicklung (der Intelligenz) – von »Akkomodation« und die zweite Form, wenn er von »Assimilation« spricht (vgl. J. Piaget: Theorien und Methoden der modernen Erziehung. Frankfurt 1974, S. 127 ff.). Der amerikanische Philosoph und Pädagoge John Dewey unterscheidet die ersten beiden Formen ganz analog und nennt sie »Accomodation« und »Adaptation« und spricht von einer dritten Form der Anpassung, die er »Adjustment« nennt (sie fehlt bei Piaget). Sie kommt allerdings – mit ihrer »fundamentalen Umorientierung im Bereich der religiösen und moralischen Haltung des Willens« (sinngemäß) – nur sehr ungenau und metaphorisch der Bedeutung nahe, die wir als »Selbstorganisation« bezeichnet haben (vgl. J. Dewey: A Common Faith. In: The Later Works, 1925–1953, Vol. 9, 1933–34, Southern Illinois University Press 1986, S. 1–39).

Wenn man den Begriff der Anpassung so umfassend definiert, wie in diesem Zusammenhang, kann man ohne Einschränkung sagen: Erziehung ist eine Form von Anpassung. In der Pädagogik versteht man unter »Anpassung« allerdings meistens nur die erstgenannte Form, also das, was ich als »Adaption« bezeichne, und dementsprechend fallen die Werturteile – negativ oder positiv – aus. Das Kind soll sich, so wird etwa gesagt, an die Erwartungen der Eltern, der Schüler und an die der Lehrer »anpassen«. Je nach Sichtweise, wird das als gut oder schlecht bewertet. Eine alte Traditionslinie hält eine solche Anpassungsleistung für unverzichtbar, eine andere – jüngere – kritisiert sie (hier ist »Anpassung« geradezu ein Schimpfwort) und fordert, im Gegenteil, zur Selbsttätigkeit, zur Emanzipation, zum Widerstand und zur Kritik auf. Dieser alte Streit wird vielleicht dann entschärft, wenn man erkennt, dass diese Art der Anpassung, also die Adaption, wichtig und unvermeidbar, jedoch nur eine unter mehreren Anpassungsformen ist und es nicht schaden kann, wenn man mehrere Optionen zur Verfügung hat. Dass ein lebendes System sich an seine Umwelt anzupassen vermag, ist – als eine der vorhandenen Optionen – eine für sein Überleben nützliche, ja unvermeidliche Möglichkeit. Sie ist zumindest dann nützlich, wenn die beiden anderen Möglichkeiten nicht ergriffen werden können.

In der Evolutionsbiologie werden nicht nur Merkmale von Organismen, sondern praktisch alle Ausprägungsformen von lebenden Systemen auf allen Emergenzebenen mit Hilfe von Adaptionsprozessen erklärt[6]. Adaption ist also hier das zentrale Erklärungsprinzip. Dabei werden beide Sinndimensionen in Anspruch genommen: *zeitlich* durch die Genealogie, also die Abstammungsgeschichte – das wäre eine proximate Erklärung; und *räumlich* durch die Funktion, also die bestandserhaltende Problemlösung – das wäre eine ultimate Erklärung. Weil auf Grund der langen Vorlaufzeiten von stabilisierten Strukturen jede Funktion eine Anpassung an das »Milieu von gestern« prämiert, ist der Unterschied, wie mir scheint, nur ein quantitativer. Allerdings sind nicht alle Merkmale adaptiv, aber auch nicht schädlich. Was die Adaption betrifft, arbeitet die Evolution nicht mit einer zweiwertigen, sondern mit einer dreiwertigen Logik: adaptiv, nicht-adaptiv, neutral. Die neutralen Merkmale sind möglicherweise nur solche, deren Adaptionswert von einem

---

[6] Vgl. D. J. Futuyma 1990, a.a.O., S. 284 ff.

Beobachter den beiden anderen Werten nicht zugeordnet werden kann (so dass nicht ausgeschlossen ist, dass sie eine heimliche oder unbekannte Funktion erfüllen). Das wäre vergleichbar mit der Zuordnung fremder Objekte durch Soldaten entlang des Codes: »Freund/Feind/noch nicht identifiziert«. Es ist nicht ausgeschlossen, dass dieser dritte Wert des »noch nicht identifiziert« – also der funktionellen Redundanz – bei der Evolution von Systemeigenschaften zumindest die wichtige Funktion der (scheinbar nutzlosen) »Spielwiese« für die Entwicklung neuer Formen erfüllt: Unter herabgesetztem Risiko des Scheiterns werden aktiv neue Möglichkeiten der Präadaption durchgespielt, deren Nützlichkeit sich, wenn überhaupt, erst in Zukunft erweist.

Man kann, wie das Konrad Lorenz gemacht hat, die Adaption in der organischen Evolution als einen Erkenntnis gewinnenden Vorgang bezeichnen, denn in der Gestalt eines Lebewesens, die als Folge der evolutiven Adaption entstanden ist, kann man eine Abbildung seiner Umwelt erkennen, für die es angepasst ist[7]. Solche »Passungen« sind deutlich z. B. bei den Schwanzflossen der Fische, den Hufen der Steppentiere und den Federn der Vögel zu erkennen, denn die Schwanzflossen der Fische sind eine Art Abbild des Wassers und seiner Eigenschaften, in der sich die Fische bewegen; die Hufe »bilden« in gewisser Weise den harten Steppenboden »ab«, auf dem sie laufen müssen, und die Vogelfeder ist nur zweckdienlich, wenn es um das Fliegen in der Luft geht. Solche Adaptionen gibt es nicht nur in der organischen Evolution. Auch bei Menschen können ihre spezifischen Fähigkeiten – sagen wir es vorsichtiger – etwas darüber aussagen, wo (in welcher Umwelt) sie diese gelernt haben. Denken wir z. B. an den Wolfsjungen, der 1799 in den südfranzösischen Wäldern aufgegriffen wurde, der ein extrem scharfes Gehör speziell für das Geräusch des Knackens von Nüssen entwickelt hat, aber auf einen Pistolenschuss nicht reagierte[8].

Die Beispiele machen deutlich, wie wichtig und unverzichtbar Adaption ist, und das nicht nur als ein Vorgang der organischen, sondern auch der kulturellen und der individuellen Evolution. Nur

---

[7] Vgl. K. Lorenz: Das Wirkungsgefüge der Natur und das Schicksal des Menschen. München 1978, insb. S. 46 f.

[8] Vgl. den nach wie vor aufschlussreichen Bericht von J. Itard: Gutachten und Bericht über Victor von Aveyron. In: L. Malson, J. Itard, O. Mannoni: Die wilden Kinder. Frankfurt a.M. 1972, S. 105–220.

in einem sehr begrenzten Maße kann man sich der Adaption an die Umwelt verweigern. Die Voraussetzung dafür ist, dass man Alternativen hat. Eine Alternative ist, die Umwelt nach Maßgabe der eigenen Fähigkeiten selbst zu verändern. Ein Lebewesen kann unter Umständen eine überlebensbedrohliche Differenz zu seiner Umwelt auch dadurch bewältigen – und das wäre die zweite Form der Anpassung, die *Adaptation* –, dass es diese seine Umwelt verändert. Diese Option impliziert die Möglichkeit einer aktiven, konstruktiven Einflussnahme auf die Umwelt, also einer Art Technologie der Umweltveränderung. Lebewesen müssen hier die »Macht« haben, das zu »machen«, was die Umwelt so verändert, dass sie die Systemleistungen erhalten, ohne sie zu verändern. Die Veränderung der Umwelt enthebt das System von der Aufgabe, sich selbst verändern zu müssen. Es muss nicht lernen, es kann Lernen verweigern. Das impliziert gleichfalls ein aktives Umweltverhältnis. Beide bisher erwähnten Formen der Anpassung verlangen eine aktive Auseinandersetzung, eine aktive Leistung des Systems. Die erste Form der ① Anpassung, die Adaption, verlangt eine aktive Veränderung des Systems, also eine Selbstveränderung – wie wir noch sehen werden: durch Lernen. Diese zweite Form der Anpassung, die Adaptation ② verlangt eine aktive Veränderung der Umwelt; sie stellt die Umwelt erst her, in der das System ohne Adaption weiterleben kann.

Schließlich müssen wir noch eine weitere, dritte Form der Anpassung in Betracht ziehen, jene, die ich *Adjustierung* genannt habe. ③ Auch sie bedeutet eine erhöhte Aktivität des Systems[9]. Ja, sie ist vielleicht die aktivste Form der Anpassung schlechthin. Aber dieses Mal versucht das System, das Bezugsproblem einer bedrohlichen System-Umwelt-Differenz dadurch zu lösen, dass es sich von dieser Zumutung abkoppelt. Es macht sich (ein Stück weit) unabhängig von dieser Differenz, so dass es ihre Bedrohung gar nicht als be-

---

[9] Noch 2002 ging ich von zwei Formen der Anpassung aus (vgl. A. K. Treml: Evolutionäre Pädagogik. Umrisse eines Paradigmenwechsels. In: ZfPäd 5/2002, S. 652–669). Inzwischen bin ich überzeugt, dass wir diese dritte Form der Anpassung als eine eigenständige Kategorie behandeln müssen. Anlass war eine Frage Luhmanns, die er als Nebenbemerkung machte: »Die Alternative von Anpassung oder Nichtanpassung wird damit überholt durch die Frage, ob es nicht . . . Strukturen geben könnte, die auf einer Stufe höherer Abstraktion mehr Anpassung und mehr Erhaltung zugleich leisten« (N. Luhmann: Religiöse Dogmatik und gesellschaftliche Evolution. In: K.-W. Dahm/N. Luhmann/D. Stoodt: Religion – System und Sozialisation. Darmstadt, Neuwied 1972, S. 15–132, hier S. 94).

drohlich wahrzunehmen gezwungen ist. Dieses Unabhängigmachen von der äußeren Umwelt ist immer nur bis zu einem bestimmten Grade möglich (denn kein System kann sich vollständig von den
Naturgesetzen verabschieden) und muss erkauft werden mit dem
Abhängigwerden von einer (komplexeren) inneren Umwelt, denn
ein System kann nur durch den Aufbau und Erhalt eine höhere Form
der (Eigen)Komplexität erreichen, also durch innere und/oder äußere Differenzierung[10]. Durch eine komplexere Systembildung
wird eine zunehmende Unabhängigkeit von der äußeren Umwelt
um den Preis einer vergrößerten Abhängigkeit von der inneren
Umwelt erreicht. Wird durch die uns schon bekannte Figur des Re-
entrys die System-Umwelt-Differenz auf der Seite des Systems
vervielfältigt, erhalten wir eine höhere Binnendifferenzierung. Hier
geht es um die »Kohärenz« (Rupert Riedl) der internen Funktions-
zusammenhänge eines Systems, die »operativ geschlossen operieren« (Niklas Luhmann). Wird die System-Umwelt-Differenz auf
Seiten der Umwelt vervielfacht, erhalten wir eine höhere äußere
Komplexität. Hier geht es um »Korrespondenz« der Systemdaten
mit bestimmten Eigenschaften der Umwelt. Gewöhnlich subsumieren wir Menschen diese Form der äußeren Komplexitätssteigerung unter den Begriff der »Kultur«. Kultur ist hier die selbst gemachte Umwelt, die uns von der Natur so weit unabhängig macht,
dass wir bis zu einem bestimmten Grade nur noch auf selbst gemachte Signale reagieren. Das System, so könnte man auch sagen,
baut damit entweder eine innere Umwelt oder eine äußere Umwelt
selbst auf und reagiert nur noch auf deren Signale – und das heißt:
auf selbst gemachte Signale. Wie ein Puffer wirkt diese zweite
Umwelt gegenüber der ersten Umwelt, und so kann es sich von der
ersten (bis zu einem bestimmten Grade) unabhängig machen.
    Die einfachste Form dieser dritten Anpassungsform lebender
Systeme ist die in der Evolution der Lebewesen schon früh entstandene Erhöhung von Sensibilitätsschwellen – eine erste Form von
Lernen. Das lebende System macht sich vom wiederholt auftreten-
den Reiz (und damit von seiner Umwelt) dadurch ein Stück weit

---

[10] Rupert Riedl unterscheidet hier bezogen auf die Anpassung biologischer
Systeme »innere und äußere Binnensysteme« (vgl. R. Riedl: Wahrheit
und Wahrscheinlichkeit. Biologische Grundlagen des Für-Wahr-Neh-
mens. Hamburg 1992, 32 ff.) und betont deren »Selbstreferentialität« als
eigenständige Form der Anpassung (die Riedl »Adaptierung« nennt).

unabhängig, dass es die Reizschwelle erhöht. Das spart Ressourcen und ist deshalb ökonomisch. Dieses einfache Beispiel zeigt ein allgemeines Phänomen: Anpassung durch Unabhängigmachen beginnt in der Zeitdimension mit dem Vermögen des Verzögerns und in der Raumdimension mit dem Vermögen des Abstandnehmens; Autonomie fängt an, wenn ein Lebewesen nicht mehr sofort auf einen Reiz reagieren muss, sondern die Schwelle der Reizwahrnehmung höher setzt und seine Reaktionen verzögert. Reizschutz ist eine wichtige Grundbedingung für den Erhalt komplexer Systeme, also aller lebenden Systeme, und er beginnt mit der Fähigkeit des Zögerns, des »Nicht-sofort-handeln-Müssens«, des Seinlassens[11].

Anpassung ist Bedingung der Möglichkeit für die Erhaltung der Selbstorganisation des Systems, also von ganz entscheidender Bedeutung. In der Evolution der Lebewesen ist Anpassung ein Dauerproblem und immer nur temporär zu lösen. Die meisten Lebewesen haben dieses Grundproblem auf Dauer nicht lösen können und sind bekanntlich ausgestorben. Das sind – so schätzen Paläontologen – immerhin fast 99 % aller Lebewesen, die bisher auf diesem Planeten existiert haben. Was sich seit über 4 Milliarden Jahren erhalten konnte, ist das komplexe System des Lebendigen selbst. Der Preis, den die Evolution dafür in Form des Sterbens aller Individuen, des Verlustes fast aller Arten und des harten Zwanges, die Systembildung durch Anpassung permanent modifizieren zu müssen, bis heute bezahlen musste, ist hoch.

Leben heißt *Sterben* – und *Lernen*. Sterben ist ein anderes Wort für die Modifizierung der äußeren Systemform, Lernen ein anderes Wort für die Modifizierung der inneren Systemform. Wenn ein Lebewesen stirbt, verändert sich seine Systemform in *katabolischer* Richtung (also in Richtung Entropie), das heißt, es fällt auf eine niedrigere Systemform zurück. Wenn es lernt, verändert es seine Systemform in *anabolischer* Richtung (also in Richtung Negentropie), das heißt, es erhöht seine Modifikationsmöglichkeiten. Es ist dieser ständige Wechsel, der Ab- und Aufbau von Ordnung, der

---

[11] Philosophisch, aber auch lebenspraktisch – und beide Male für die Pädagogik bedeutsam – wurde (insb. in der Tugend der »Apathie«) schon von der Stoa diese Weltdistanz erprobt und kultiviert, vom Christentum dann in die Transzendenz verlagert und in der Aufklärung dann säkularisiert (vgl. M. Landmann: De homine. Der Mensch im Spiegel seines Gedankens. Freiburg, München 1962, insb. S. 95 ff.).

Erhaltung und der Vernichtung von Differenzen, der die Evolution der Lebewesen kennzeichnet. Das Risiko, bei diesem Spiel zu verlieren, ist groß. Wem die Anpassung nicht gelingt, darf nicht mehr weiter mitspielen. Wem sie aber glückt, der erhält eine Belohnung: Es winkt der Preis des Weiter-Mitspielen-Dürfens.

Teleonomie statt Teleologie

Kommen wir nun aber zu einer für den weiteren Verlauf der Argumentation ganz wichtigen Frage: Wer oder was steuert die Anpassungsprozesse, denen jedes lebende System in seiner unruhigen Umwelt ständig ausgesetzt ist? Oder allgemeiner gefragt: Wer oder was bestimmt, ob ein System sein Verhalten modifiziert oder nicht? Diese Frage bekommt ihr Gewicht vor allem dann, wenn man sich einen Augenblick die Struktur des Lebendigen als das vor Augen führt, was Darwin »Kampf ums Dasein« nannte, als eine ständig gefährdete und immer nur temporär gesicherte Strukturbildung und -erhaltung lebender Systeme. Wer oder was ordnet diesen Prozess der Strukturbildung und Strukturerhaltung? Und nach welchen Kriterien?

Um diese Frage zu beantworten, müssen wir uns wieder an Darwin erinnern und an die Logik seiner Selektionstheorie. Schon auf den ersten Seiten seines Werkes über die Entstehung der Arten erinnert er an historische Vorläufer seiner Theorie, unter anderem an Empedokles. Dieser hatte – wie übrigens andere Sophisten auch[12] – schon vor Jahrtausenden, und lange vor Aristoteles (der ihn einmal zitiert), im Grunde die evolutionstheoretische Erklärung vorweggenommen, als er die Vermutung äußerte, dass die natürlichen Dinge auch einfach zufällig entstanden sein könnten und deshalb erhalten wurden, weil sie nützlich sind. Die Kauzähne sind also nicht deshalb entstanden, damit man besser kauen kann, sondern man kann mit den zufällig entstandenen Kauzähnen besser kauen

---

[12] Man muss hier vor allem an Anaximander erinnern, der als einer der Ersten davon ausging, dass der Mensch aus einem andersartigen Lebewesen entstanden sein müsse – er vermutete im Innern von großen Fischen (!). Zweieinhalb Jahrtausende vor Darwin finden sich hier zur Zeit der Vorsokratik deutliche Spuren eines deszendenztheoretischen bzw. evolutionstheoretischen Denkens. Durch den Platonismus und das Christentum wurde es für lange Zeit wieder unterbrochen (vgl. dazu Landmann 1962, a.a.O., S. 16 f.).

und deshalb sind sie geblieben. Man kann hier beliebig viele weitere Beispiele anführen, zum Beispiel: Die Greifhände des Menschen mit seinen zehn Fingern sind nicht deshalb entstanden, damit wir damit Klavier spielen können, sondern weil sie sich evolutionär als eine nützliche Extremität im Umgang mit der unmittelbaren (Um)Welt erwiesen haben und Lebewesen, die Hände hatten, anderen dadurch einen Selektionsvorteil voraushatten. Dass man damit auch gut Klavier spielen kann, ist eine Nebenfolge davon, aber nicht das Ziel der evolutionären Stabilisierung.

Es hat sich seit einigen Jahren – in Anlehnung an einen Vorschlag von Pittendright (1958)[13] – eingebürgert, diese alternative Sichtweise, die von der Erhaltung (Vererbung) zufällig entstandener und sich als nützlich erwiesener Modifikationen ausgeht, im Unterschied zur Teleologie als »Teleonomie« zu bezeichnen und dementsprechend zwischen »zweckvoll« bzw. »absichtsvoll« (im teleologischen Sinne) einerseits und »zweckhaft« bzw. »zweckdienlich« (im teleonomen Sinne) andererseits zu unterscheiden. Das Charakteristische dieser Erklärungsweise lässt sich wie folgt zusammenfassen:

1. Modifikationen entstehen zufällig (und nicht zielbezogen). »Zufällig« bedeutet hier keinesfalls »ursachenlos«, sondern unabhängig von ihrer tatsächlichen späteren Nützlichkeit. Die Variation modifiziert einen Bereich, ohne dass dabei der zeitlich nachfolgende Selektionswert schon bekannt ist. Weil hier, wie überall in der Evolution, Variation und Selektion voneinander unabhängig sind, sprechen wir von Zufall, wenn sie denn einmal zusammenfallen.

2. Weil die Koinzidenz des Auftretens einer Modifikation mit ihrer (späteren) Selektion zufällig ist und viel Zeit in Anspruch nimmt, sind negative Selektionen viel wahrscheinlicher als positive. Das hat zur Folge, dass es immer mehr negative Selektionen gibt als positive.

3. Alle Modifikationen – auch die erfolgreichen – lassen sich kausal erklären, das heißt, dass die Verursachung zeitlich dem Ereignis als Folge vorhergeht – und nicht, wie bei einer teleologischen Erklärung, in der Zukunft angesiedelt wird. Es ist nicht die Zukunft, die als Ziel auf die Vergangenheit wirkt, sondern es ist

---

[13] Vgl. E. Mayr: Eine neue Philosophie der Biologie. München 1991, S. 61.

immer das zeitlich Vorhergehende, das ein zeitlich Folgendes bestimmt.

4. Nützliche, aber auch u. U. bzw. nicht schädliche Modifikationen werden erhalten. Das setzt einen Mechanismus der Übertragung bzw. der Vererbung voraus. Er ist in der biologischen Evolution durch die Vererbung der genetischen Informationen (durch die individuellen Träger hindurch) gekennzeichnet.

5. Aus Sicht eines fernen Beobachters gibt es so etwas wie einen »Wettbewerb« der Modifikationen um ihren Selektionswert. Die Varianzen »konkurrieren« um ihre Nützlichkeit. »Wettbewerb« bzw. »Wettkampf«, »Konkurrenz«, »Kampf« und ähnliche Begriffe, die in diesem Zusammenhang – schon bei Darwin – erscheinen, sind Metaphern, die bildlich zum Ausdruck bringen, dass Unterschiede (Modifikationen) durch die evolutionäre Selektion eine unterschiedliche (statistische) Wahrscheinlichkeit auf Erhaltung und Weitergabe (Vererbung) haben.

6. Mit der Entstehung der Raum- und Zeitrepräsentationskompetenz (RZRK) des Menschen vermag dieser Modifikationen absichtlich, also zielbezogen, herzustellen. Ja, er vermag sogar die erste Hürde der Evolution, die Selektion, unter Umständen absichtlich bewältigen. Aber die Stabilisierung auf Dauer wird auch in der Kulturgeschichte und in der Ontogenese als ein autonomer Prozess interpretiert werden müssen.

Die teleonome Erklärung bedarf normalerweise keines Zieles und damit auch keines Agens oder heimlichen Wirkprinzips mehr, um die Zweckmäßigkeit der evolutionären Systembildungsprozesse zu begründen. Das offenkundig zweckmäßige Verhalten von Pflanzen und Tieren kann durch eine Art negative Rückkoppelung ausschließlich kausal erklärt werden und bedarf keinerlei darüber hinaus gehender Annahmen – über heimliche oder übernatürliche Verursachungen und Zielkräfte – mehr. Sie enttarnt die teleologische Sichtweise als naiven Anthropozentrismus und macht den Verdacht plausibel, dass wir Menschen dabei eine extrem seltene, nur im engen Nahbereich unserer alltäglichen Handlungen nachweisbare, Ausnahme auf den gesamten Bereich der belebten Natur ausdehnen und zur Regel machen. Aber in Wirklichkeit ist es umgekehrt: Teleonomie ist die Regel, Teleologie die seltene Ausnahme. Eine evolutionäre Pädagogik wird deshalb konsequent eine teleonome Sichtweise erproben und teleologische Erklärungen auf jene wenigen Bereiche begrenzen müssen, wo sie empirisch nachweisbar sind.

Um die teleonome Logik evolutiver Prozesse besser zu verstehen, ist es hilfreich, sich die Bedeutung ihrer beiden wichtigsten Randbedingungen (aus naturalistischer Sicht) vor Augen zu führen: Raum und Zeit. Raum und Zeit sind nämlich nicht nur die unhintergehbaren Bedingungen evolutionärer Prozesse, sondern auch Wirkprinzipien der Evolution selbst.

Anpassung durch Raum und Zeit

Betrachten wir zunächst den *Raum*.

Hier müssen wir uns an die schon erwähnte evolutionäre Bedeutung räumlicher Begrenzung erinnern. Durch räumliche Verengung wird die Konkurrenz verkleinert und damit die Wahrscheinlichkeit vergrößert, das eigene »Produkt« zu »verkaufen«. Bei der Einführung neuer »Produkte«, das weiß jeder Unternehmer, ist ein Gebietsschutz gegenüber unliebsamer Konkurrenz überaus nützlich – also das, was in der Zoologie als »*geographische Isolation*« bezeichnet wird. In biologischer Hinsicht begrenzt eine geographische Isolation den Genaustausch von Populationen durch äußere (oder innere) räumliche Schranken, so dass normalerweise die interne Differenzierung der Arten geringer, die äußere Differenzierung (etwa im Vergleich zu benachbarten Festländern) aber erheblich größer ist – ein Phänomen, das bekanntlich schon Darwin bei seiner Beagle-Forschungsreise aufgefallen war. Viele biologische Isolate auf Inseln sind deshalb »ephemer«, das heißt, es gibt sie ausschließlich an diesem Ort. Inseln sind so gesehen evolutionäre Experimentierfelder unter herabgesetzten Konkurrenzbedingungen. Unter Festlandbedingungen, und das heißt unter verstärkten Konkurrenzbedingungen, laufen diese ephemeren Arten entweder Gefahr, schnell auszusterben, denn sie haben sich nur im Schutz der geographischen Isolation entwickelt und sich unter den harten Konkurrenzbedingungen an Land noch nicht bewährt, oder aber sie verlieren ihre harten Unterschiede durch Anpassung und Vermischung mit den großen Populationen.

Im Übrigen gibt es nicht nur äußere Isolation – durch geographische Begrenzungen (wie z. B. Meer, Wüste, Berge) –, sondern auch innere Begrenzungen des Raumes für genetische Variation; alle Arten sind, weil sie alleine durch die Begrenzung ihres potenziellen Genflusses bestimmbar sind, solche inneren »geographischen Isolate«. Und es gibt, wie wir noch sehen werden, auch künstlich erzeugte geographische Isolate, die, um die analogen Funktionen zu erreichen, durch Planung entstehen und erhalten werden (wie z. B. Schulen). Ich werde auf diese für die Pädagogik wichtige Form der räumlichen Begrenzungen an späterer Stelle noch ausführlicher eingehen.

Kommen wir nun aber zum zweiten wichtigen Evolutionsfaktor, der Zeit. Auch die Zeit ist als ein evolutionärer Wirkmechanismus von ganz besonderer Bedeutung. Das hängt im Wesentlichen damit zusammen, dass sich die Evolution – anstelle der Planung – des Zufalls bedient und Zufall viel Zeit, ja, unvorstellbar viel Zeit braucht, um fruchtbar zu werden. Der Zufall ist dasjenige, was von außen – von der Umwelt – dem System »zu-fällt«; das System hat also keinen (direkten) Einfluss darauf, es kann vielmehr nur warten, bis der Fall »zufällig« eintritt. Die Entstehung kleiner Varianten (auf der Genebene sprechen wir von Mutationen) bedarf großer Zeiträume, in denen auf der Basis von Wiederholungen Unterscheidungen entstehen, und zwar sowohl als zufällige Kopierfehler auf Seiten des Systems, wie auch bei der evolutionären Selektion der für weitere Evolution anschlussfähigen Varianten unter spezifischen Umweltbedingungen. Umgekehrt können aber auch kleinste Veränderungen in sehr langen Zeiträumen einen großen Einfluss haben.

Die Evolution ist ein riesiges Experimentierfeld für Systembildungen nicht nur »in«, sondern auch »durch« Raum und Zeit. Immer geht es darum, im »Kampf des Daseins« einen (Überlebens-) Vorteil zu erhaschen; oft muss dieser Vorteil aber mit einem Nachteil erkauft werden, und es geht darum herauszufinden, was überwiegt. Wenn Lebewesen in sehr langen Zeiträumen erprobte Anpassungsstrukturen tradieren, dann hat dies den Vorteil, sich an eine Umwelt anzupassen, die sich in diesen langen Zeiträumen nicht oder kaum verändert. Der Nachteil allerdings liegt auf der Hand: An kurzfristige Umweltveränderungen kann das System sich nicht anpassen – es sei denn, es entwickelt Anpassungsmechanismen dafür. Die Evolution des Lebens hat Systeme entwickelt, die in abgestufter Weise auf dieses Anpassungsproblem zu reagieren in der Lage sind. Ja, man kann geradezu sagen: Die Systemebenen des Lebendigen lassen sich entlang dieser unterschiedlichen Anpassungsfähigkeit an unterschiedliche Zeiten und Räume unterscheiden.

Anpassungserfolge an sehr lange Zeiträume und große Räume müssen tief und stabil verankert und verbreitert werden. Deshalb finden wir auf dieser Ebene die Lernprozesse des Lebens schlechthin, die Erfindung des Todes, der geschlechtlichen Fortpflanzung, des genetischen Codes, der den individuellen Tod überdauernd die grundlegenden Informationen darüber in die nächsten Generationen weitergibt. Ein Großteil der genetisch transportierten Informationen sind für diese allgemeinen Erfahrungen des Lebens, die es in den über 4 Milliarden Jahren seiner evolutionären Bewährung auf diesem Planeten gemacht hat, reserviert. Ein weiterer Teil transportiert die von der Art bzw. der Gattung gemachten Anpassungserfolge durch die genetische Speicherung und Weitergabe an die nächste Generation.

Auf dieser ersten, basalen Ebene sammelt, speichert und transportiert das Leben auf genetischem Wege Erfahrungen über geglückte bzw. erfolgreiche Anpassungsprozesse an seine Umweltbedingungen in sehr langen Zeiten und sehr großen Räumen. Es sind Informationen, die sich beschränken auf jene Umweltbedingungen, die in diesen langen Zeiten und großen Räumen relativ stabil sind, und es sind nur Informationen über geglückte Anpassungsprozesse; nur die Erfolge, nicht die Misserfolge werden genetisch gespeichert und weitertradiert. Das System kann auf dieser Ebene Erfahrungen, die es während seiner individuellen Lebenszeit gemacht hat, nicht seinen Nachkommen weitergeben. Jedes einzelne Lebewesen muss, was diese individuellen Erfahrungen anbetrifft, immer wieder bei Null anfangen.

Von Null an

Dass dies ein erheblicher Nachteil ist, muss unmittelbar einleuchten. Denn man kann zu Recht fragen: Aber was ist mit den kurzfristigen Anpassungserfolgen? Und was ist mit den Misserfolgen? Es ist klar, dass es für ein Lebewesen einen großen Selektionsvorteil hat, wenn es in der Lage ist, auch kurzfristige Umwelterfahrungen – seien sie positiver oder negativer Art – zu sammeln, zu speichern und bei Bedarf wieder auf diese zurückzugreifen. Genau diese Leistung erbringen lebende Systeme in dem Augenblick, wenn sie in der Lage sind zu *lernen*.

6 Die Evolution des Lernens

Lernen ist die (empirische) Bedingung der Möglichkeit von Erziehung, denn Erziehung nimmt Einfluss auf das Lernen. Es gibt deshalb wohl Lernen ohne Erziehung, aber es kann keine Erziehung ohne Lernen geben (es sei denn, man definierte den Erziehungsbegriff ausschließlich über die bloße Absicht zu erziehen und scherte sich nicht um das, was daraus wird). In einem Buch über Evolutionäre Pädagogik ist es deshalb unumgänglich, die Evolution des Lernens genauer in den Blick zu nehmen und das allgemeine Muster lernender Systeme herauszuarbeiten. Ich beginne deshalb nicht mit dem uns in der Pädagogik vertrauten engen Lernbegriff, der sich wie selbstverständlich auf Menschen bezieht, sondern suche zunächst einmal, das allgemeine Muster von Lernprozessen lebender Systeme überhaupt zu rekonstruieren, denn die grundlegenden allgemeinen Mechanismen des Lernens sind bei allen Lebewesen gleich.

Lernfähigkeit ist kein menschliches Privileg. Lernen können schon Tiere. Am ehesten fallen uns Beispiele aus dem Bereich höherer Tiere ein. Viele Säuger und Vögel lernen z. B. von ihren Eltern, was (fr)essbar ist und was nicht. Schwarmvögel lernen von ihrer Verwandtengruppe, wo es die besten Nahrungsstellen gibt. Ratten lernen nicht nur auf Grund schlechter (eigener) Erfahrungen, vergiftete Köder zu meiden, sondern vermögen sogar dies voneinander zu lernen. Berggorillas zeigen Ansätze gegenseitiger Unterweisung: Sie helfen, regen an, fordern auf, insbesondere ein bestimmtes Verhalten zu unterlassen, und vermögen, erwünschte Verhaltensweisen auf ihre Kinder zu übertragen, so dass sich in den Gruppen soziale Traditionen bilden. Es sind bei den meisten lernfähigen Tieren vor allem Elemente des Sozialverhaltens, die in Form einer Imitation gelernt werden[1].

Diese Beispiele dürfen allerdings nicht dazu verführen, jene Tierarten zu vergessen, die wir gewöhnlich gar nicht sehen, entweder weil sie zu klein oder zu entfernt sind. Die grundlegenden Prozesse und Strukturen des Lernens sind bei allen Lebewesen, angefangen von der Meeresschnecke bis zum Menschen, gleich. Um diese allgemeine Struktur von Lernprozessen in den Blick zu bekommen, ist es – wie in der Evolutionsforschung üblich – nahe

---

[1] Diese und weitere Beispiele finden sich bei I. Eibl-Eibesfeld 1999, a.a.O., S. 380 ff.

Erz beeinflusst Lernen – keine Erz ohne Lernen

liegend, mit der Rekonstruktion der Funktion zu beginnen, die Lernprozesse bedienen. Es ist dabei hilfreich, sich noch einmal an das Grundproblem lebender Systeme zu erinnern, nämlich ihre Systemkapazitäten in einer intransparenten und deshalb letztlich auch unkontrollierbaren Umwelt erhalten zu müssen. Die Lösung dieses Problems wurde als Anpassung bezeichnet. Es ist klar, dass Anpassungsprozesse an veränderte Umweltbedingungen eher gelingen, wenn das System möglichst genaue Informationen über diese seine Umwelt und deren Veränderungen erhält. »Genaue Informationen« heißt bezogen auf die beiden Sinndimensionen: In der Raumdimension geht es um möglichst detaillierte Informationen über die Beschaffenheit der Umwelt und in der Zeitdimension soll diese Information möglichst schnell in systemeigenes Wissen verwandelt werden. Weil dies alles eines großen Speicherplatzes bedarf (»Gedächtnis«) – einer teuren und knappen Ressource –, kann es dabei nicht einfach um bloße Anhäufung von Informationen gehen. Diese können immer nur selektiv aufgenommen und im Systemgedächtnis gespeichert werden. Folglich müssen lebende Systeme einen Weg des Ausgleichs zwischen zwei gegenläufigen Richtungen finden: einerseits möglichst *viele allgemeine* und *dauerhafte*, andererseits möglichst *wenige spezifische* und *temporäre* Informationen zu speichern und zu verwerten. Lebewesen haben bei der Bewältigung dieses Problems räumlich und zeitlich flexible Formen der Anpassung erprobt und stabilisiert. So erlaubt schon die Trennung in *Arten* und *Individuen* eine raum- und zeitelastische Form von Lernprozessen, denn damit vermag ein Lebewesen auf zwei Arten von Gedächtnis zurückzugreifen: auf das *Gedächtnis der Art* (das durch ein »Lernen der Gene« entstand) und das *Gedächtnis des Individuums* (das eines »Lernens der Gehirne« bedarf)[2].

Wenn man sich die unterschiedlichen zeitlichen und räumlichen Horizonte dieser beiden Lernebenen vor Augen führt, wird unmittelbar klar, dass damit eine Art arbeitsteilige Optimierung stattfindet: Im Artgedächtnis werden Erfahrungen gespeichert, die eine hohe Zuverlässigkeit und eine geringe Veränderbarkeit besitzen; es wird zwangsläufig temporäre oder lokale Modifikationen ignorieren. Anders gesagt: Der Vorteil, für alle zu allen Zeiten genaue und wichtige Informationen zu speichern, muss erkauft werden durch den Nachteil der Beschränkung auf wenige, aber grundlegende

---

[2] Vgl. Klix 1993, a.a.O., insb. S. 81 ff.

Erfahrungen in relativ konstanten Umwelten und den Verzicht auf die Berücksichtigung aktueller Umweltsituationen. Mit der Entwicklung der individuellen Lernfähigkeit wird dieser Nachteil kompensiert, denn jetzt können auch Informationen aus kleineren zeitlichen und räumlichen Kontexten nutzbar gemacht werden.

Zwei Denkfehler gilt es hier allerdings zu vermeiden: Weder sind beide Emergenzebenen des Lernens, jene der Art und jene des Individuums, voneinander *unabhängig* noch miteinander *identisch*. Das in den Genen gespeicherte Artgedächtnis ist nicht nur die (historische und systematische) Voraussetzung der im zentralen Nervensystem (des Gehirns) eines Individuums ablaufenden ontogenetischen Lernprozesse, sondern es legt auch die Bandbreite dessen fest, was und wie individuell gelernt werden kann. Nachdem wir das genetische Lernen schon etwas kennen gelernt haben, müssen wir uns nun – wenigstens überblickhaft – dem zerebralen Lernen zuwenden.

Die Organisation des menschlichen Gehirns ist genetisch vorgegeben; in ihm ist ungeheuer viel Wissen (der Art) gespeichert. Das Muster, nach dem es arbeitet, ist in Form von Verschaltungsmöglichkeiten der zerebralen Nervenzellen (der Neuronen und ihrer Synapsen) vorgegeben und hat sich in den Jahrmillionen der Phylogenese evolutionär entwickelt. Die Hirnentwicklung ist zum Zeitpunkt der Geburt keineswegs abgeschlossen, sondern geht – so vermuten die meisten Hirnforscher – extrauterin bis hinein in die Pubertät des Individuums. Die Architektur der Hirnfunktionen wird dabei durch individuelle Erfahrungen verändert. Man kann diesen Prozess als Evolution interpretieren, denn aus den insgesamt angelegten Verbindungsmöglichkeiten werden nur etwa 30–40 % positiv selektiert und erhalten. Erhalten und verstärkt werden nur jene Verbindungen, die mehrfach, also immer wieder, aktiviert werden. Nur durch Wiederholung bleiben die Schaltwege erhalten oder werden gar vergrößert. Die anderen, nicht benützten Wege verkümmern und wachsen wie Urwaldpfade, die nicht mehr begangen werden, wieder zu – und können, nach einem bestimmten Zeitfenster, nicht mehr oder nur sehr schwer wieder benutzbar gemacht werden. Bei der Geburt gibt es einen Überschuss an Verbindungen, also eine Varianz, auf die das Phän durch seinen Gebrauch individuell selektiv zurückgreift und die es gegebenenfalls dauerhaft stabilisieren kann. Die Unterscheidung von »angeboren – erworben« ist also schon auf dieser (zerebralen) Ebene problematisch, weil gerade die Fähigkeit, individuelle Verschaltungen zu »erwerben«, »angeboren« ist[3]. Insofern sind beide Ebenen eng miteinander verzahnt.

Das gilt auch in anderer Hinsicht. So ist z. B. im Artgedächtnis die Unterscheidung von »Ranghöherer – Rangniedriger« ebenso gespeichert wie das von »Fremder – Vertrauter«, aber erst durch ontogenetische Lernprozesse wird gelernt, wer nun im Konkreten ranghöher oder rangniedriger bzw. fremd oder nicht fremd ist. Das Beispiel zeigt auch, dass auf der Ebene des Artgedächtnisses oft nur der *Code* einer Unterscheidung angelegt ist, sein *Programm* (das den abstrakten Code mit konkreten Informationen ausfüllt) aber erst in der Ontogenese gelernt werden muss. Dort, wo das Programm nicht gelernt wird, wie z. B. bei den sogenannten »Wolfskindern«, kann der Code nicht wirksam werden. Kann der Code dazuhin nur innerhalb eines Zeitfensters innerhalb einer Ontogenese gelernt werden, verliert das Individuum die Fähigkeit zur individuellen Programmausfüllung, wenn es diese innerhalb dieser vorgegebenen Zeitspanne zu lernen versäumt.

Beide Lernebenen sind also durchaus verschieden. Andererseits sind sie aber auch nicht identisch, wie das manchmal in der soziobiologischen Literatur vertreten wird. Wenn z. B. Heschl schreibt: »Alles Wissen des Individuums steckt in dessen Genen«[4] und es deshalb keine Lehre und keine Erziehung geben könne[5], dann ignoriert er vollständig die unterschiedlichen Emergenzebenen der Evolution und identifiziert Form mit Inhalt, Code mit Programm oder – noch deutlicher – das Ei mit der Henne, die Zutaten mit der Suppe. Hätte Heschl Recht und würde das genetische mit dem zerebralen Lernen ununterscheidbar zusammenfallen, könnte man nicht erklären, warum die Evolution diese neue Emergenzebene entwickelt und als System-Umwelt-Differenz stabilisiert hat. Der Aufwand, den die Evolution hier treibt, die hohen Investitionskosten, die hier anfallen, müssen in der evolutionären Buchhaltung

---

[3] Vgl. dazu W. Singer: Ein neues Menschenbild? Gespräche über Hirnforschung. Frankfurt a.M. 2003, insb. S. 70 f., 97 f.

[4] Heschl 1998, a.a.O., S. 15.

[5] Ganz ähnlich (mit Bezug auf Heschl) E. Voland/R. Voland: Erziehung in einer biologisch determinierten Welt – Herausforderung für die Theoriebildung einer evolutionären Pädagogik aus biologischer Perspektive. In: Zeitschrift für Pädagogik 48, Heft 5, Sept./Okt. 2002, S. 690–706, S. 693 ff.

einen diesen Nachteil nicht nur kompensierenden, sondern überschreitenden Selektionsvorteil haben. Individuelles Lernen spielt
sich natürlich im Rahmen der Modifikationsbreite ab, die von den
Genen phylogenetisch bestimmt wird; es füllt aber dieses offene
Programm mit spezifischen Informationen auf, die das Individuum
im Verlaufe seiner Ontogenese auf Grund individueller Erfahrung –
etwa durch Erziehung – sammelt.

Gedächtnis

Es ist bemerkenswert, dass die empirische Lernforschung (in Verbindung mit der Hirnforschung) die uns schon aus der alltags-
sprachlichen Bedeutung bekannte Zweiteilung von »Wissen« und
»Können« bestätigt hat[6]. Hirnphysiologisch lässt sich nachweisen,
dass es in der Tat zwei deutlich unterscheidbare Formen von Gedächtnis gibt, die an verschiedenen Orten verschieden arbeiten. Das
»deklarative Gedächtnis« hat es mit Wissensinhalten (insb. »Fakten«) zu tun – ich bezeichne dies auch als das »Wissen was«; sie
werden explizit, also über das sprachliche Bewusstsein, gespeichert. Davon unterscheiden muss man das »prozedurale Gedächtnis«, in dem Verhaltensabläufe – meist motorischer Art – gespeichert sind, die i.a. implizit, also sprachlich unbewusst, gemacht
wurden; dies bezeichne ich als das »Wissen wie«.
    Das prozedurale Gedächtnis ist phylogenetisch offensichtlich äl-
ter und entwickelt sich (deshalb auch?) ontogenetisch früher als das
deklarative Gedächtnis – das dementsprechend phylogenetisch
jünger ist und sich ontogenetisch später entwickelt. Deshalb geht
unser Erinnerungsvermögen nur bis auf Erfahrungen zurück, die
wir frühestens im 5. oder 6. Lebensjahr gemacht haben, wir beherrschen aber immer noch motorische Fähigkeiten (wie etwa das Ge-
henkönnen), die wir viel früher gelernt haben. All das deutet darauf
hin, dass Lernen primär eine Überlebensfunktion besitzt und auch
das »Wissen was« letztlich ein Epiphänomen des »Wissen wie (man
am besten überlebt)« ist.

---

[6] Vgl. zum Folgenden den Überblick bei N. Birbaumer, R. F. Schmidt:
     Biologische Psychologie. Berlin, Heidelberg 1999 (4), S. 565 ff. (»Plasti-
     zität, Lernen, Gedächtnis«).

Lernen modifiziert das Wissen und/oder das Verhaltensgedächtnis. So gesehen sind Lernen und Gedächtnis die beiden Seiten eines
Blattes (vgl. folgende Abb.):

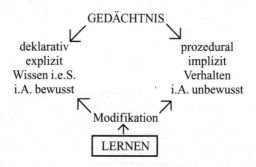

Diese Übersicht ist noch sehr ungenau und kann, wie das in der
Lernforschung geschieht, in weitere Gedächtnis- und Lernformen
differenziert werden[7]. Ich will mich hier nur auf zwei Ergänzungen
beschränken; die eine betrifft die sog. »operante Konditionierung«
und die andere die Unterscheidung von Langzeit- und Kurzzeitgedächtnis. Beide Hinweise erscheinen mir in diesem Zusammenhang
nicht nur deshalb wichtig, weil sie für Pädagogik relevant sind,
sondern auch, weil sie die evolutive Logik von Lernen veranschaulichen können.

Die wohl wichtigste Form des assoziativen Lernens (bei dem zwei
Ereignisse zusammen auftreten und ihre Verbindung gelernt wird)
ist die sog. »operante« oder »instrumentelle Konditionierung«, bei
der (absichtlich oder unabsichtlich) nach dem Auftreten eines Verhaltens eine Belohnung (positive Verstärkung) oder Bestrafung
(negative Verstärkung) erzeugt wird. Es findet hier also unübersehbar eine positive oder eine negative Selektion aus einem Varianzbereich statt. Die empirisch nachweisbaren Effekte dürften auch
Pädagogen vertraut sein, so

---

[7] Vgl. den kurzen Überblick bei A. K. Treml: Lernen. In H.-H. Krüger
    (Hg.): Wörterbuch Erziehungswissenschaft. Opladen 2004.

- führt Belohnung unmittelbar nach einer Reaktion i.A. zu verbesserten Lernresultaten,
- führt Bestrafung dagegen unmittelbar nach einer Reaktion i.A. zu
  Vermeidungsverhalten;
- kann unter Umständen schon die Ankündigung einer Belohnung
  oder Bestrafung diese Effekte auslösen.

Allerdings können diese Effekte durch Gewöhnung oder Sensitivierung verzerrt werden, weil nicht nur Erfahrungen selbst, sondern auch der Kontext, in dem sie gemacht werden, Lernprozesse in
Gang bringen können. Man bezeichnet dies als »inzidentelles Lernen« bzw. als »Deutero-Lernen«.

Bisher wurde nur von »Gedächtnis« gesprochen, wenn es um den
zerebralen Speicherplatz des (ontogenetischen) Lernens ging. Es ist
jetzt an der Zeit, diesen Begriff etwas zu differenzieren. Verfolgen
wir deshalb einmal in Gedanken einen Umweltreiz auf dem Weg ins
(lernende) System: Umweltreize werden zunächst hoch selektiv im
sog. »sensorischen Gedächtnis« unserer Sinne hinsichtlich ihrer
Relevanz bewertet und »gesiebt«. Dieses sensorische Gedächtnis
arbeitet für uns *vorbewusst* und besitzt nur einen Sekundenspeicher
($<$ 1 sec.). Erst nachdem diese erste Hürde genommen ist, kommen
die Nachrichten in das sog. »Kurzzeitgedächtnis« (KZG) – unter
Umständen, so zumindest neueste Forschungen – auch direkt in das
Langzeitgedächtnis (LZG). Wenn ich bisher von Gedächtnis sprach,
dann meinte ich dieses LZG. Das KZG, auch »Arbeitsgedächtnis«
genannt, arbeitet für uns *bewusst*, besitzt aber nur eine sehr begrenzte Kapazität; mehr als sieben Zeichen (+/− 2) können z. B.
nicht gleichzeitig behalten werden. Diese Überführung der Informationen vom KZG in das LZG bedarf der Konsolidierung und ist
eine Art (evolutionäre) Stabilisierung selektiver Informationsaufnahme. Das LZG arbeitet für uns *unbewusst*. Um die dort abgeleg-
ten Informationen wieder in das KZG zu holen, bedarf es allerdings
wieder des Bewusstseins. Erleichtert wird diese Rückholaktion,
wenn der Kontext, in dem sie gelernt wurden, wieder aktiviert wird
(also z. B. durch Gefühle, Gerüche bzw. sonstige sensorische Eindrücke).

Das folgende Schaubild zeigt den Weg unseres Signals durch die
verschiedenen Gedächtnisarten:

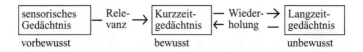

Wie kann man sich diese evolutionäre Einmalerfindung eines
solchen individuellen Lernens vorstellen? Zunächst einmal muss
die enge Reiz-Reaktions-Verbindung, wie wir sie bei allen Lebewesen als arteigenes und angeborenes Verhaltensprogramm vorfinden, gelockert werden. Nicht nur menschliche Kultur, sondern
schon das einfachste individuelle Lernen beginnt mit einer *Verzögerung*, der *Hemmung* eines Verhaltensimpulses auf einen Auslösereiz. Die einfachste Form des Lernens besteht darin, dass bei
häufiger Wiederholung eines Auslösereizes die dazugehörige Ver-
haltensreaktion schwächer wird. Man nennt diese Abnahme der
Reaktionsintensität *»Extinktion«*, *»Habituation«* oder einfach
»Gewöhnung«[8].

Ich will ein Beispiel geben, das ich einem Kollegen verdanke, der
es aus direkter Quelle erfahren hatte. Im Biologieunterricht teilte
die Lehrerin ihre Klasse in Gruppen ein und gab ihnen folgenden
Arbeitsauftrag: Legt eine Schnecke in die Mitte des Tisches, schlagt
nach zwei Minuten mit der Hand auf den Tisch und beobachtet, was
die Schnecke macht! Die mündlichen Antworten der Schüler ließen
sich wie folgt einteilen: 1. Die Schnecke zieht sich in ihr Gehäuse
zurück! 2. Die Schnecke zieht leicht die Fühler ein! 2. Die Schnecke
reagiert auf das Geräusch überhaupt nicht, sondern geht ihren Weg
weiter!

Was war geschehen? Die Schnecken wurden in einem Terrarium
der Schule gehalten und waren in verschiedenen Klassen schon
vielfach für dieses Experiment benutzt worden. Die Tatsache, dass
manche Schnecken nicht oder kaum reagierten, muss als Folge einer
Gewöhnung an den Reiz interpretiert werden. Die Schnecken hatten
offenbar gelernt, dass das Geräusch und die Erschütterung des Tisches in diesem Kontext ungefährlich ist und dementsprechend ihre
Reizschwelle, die eine Fluchtreaktion auslöst, ressourcensparend
heraufgesetzt.

Dass die Lehrerin in Form einer selektiven Wahrnehmung (oder
didaktischen Engführung) nur die erste Beobachtung gelten ließ

---

[8] Vgl. N. Birbauer/R. F. Schmidt 1999, a.a.O., S. 516 f.

und als Tafelanschrieb benützte und die Beobachtungen zwei und drei ignorierte (weil sie im Biologiebuch nicht vorgesehen waren), könnte man dahingehend interpretieren, dass hier nur die Schnecke, nicht aber die Lehrerin etwas gelernt hatte.

Das Gegenstück zur Gewöhnung ist die »Sensibilisierung« oder »*Sensitivierung*«; hier wird bei Wiederholung eines Ausgangsreizes schon bei einer geringeren Dosierung das dazugehörige Reaktionsverhalten abgerufen. Die Reizschwelle eines Sinnesorgans wird bei mehrfacher Reizung vermindert; die Reaktion setzt also bei einer kleineren Reizschwelle ein. Auch dieser Lernvorgang hat in spezifischen Situationen offensichtlich einen adaptiven Wert, weil dadurch unter Umständen die Wiederholung überlebensschädlicher Situationen vermieden werden kann.

Bei diesen elementaren Lernvorgängen der Evolution, die man auch als »subsidiäres Lernen« bezeichnet, steht die Differenzierung genetisch festgelegter Bedeutungen und Verhaltensweisen im Vordergrund. Sie beruhen auf komplizierten chemischen und elektrischen Prozessen, die sich im Körper des Individuums abspielen; ich werde auf sie hier nicht eingehen können[9]. Wichtig in unserem Zusammenhang ist allerdings die Erinnerung daran, dass diese Prozesse, die wir »Lernen« nennen, eines Ortes bedürfen, in dem sie ablaufen und gespeichert werden können: des zentralen Nervensystems, das (vor allem) im Gehirn des Lebewesens lokalisiert ist. Hier müssen die Informationen aufgenommen, gespeichert und zumindest rudimentär zu einem individuellen Gedächtnis ausgebaut werden, denn nur dann kann eine neue Erfahrung mit der alten verglichen und bewertet werden. Hier an dieser frühen Stelle bedarf es der Unterscheidung von »kenn' ich schon« – »kenn' ich nicht«: Neue Informationen, insb. solche, die überlebensbedrohlich sind, führen zu Sensitivierung, alte i.A. zur Gewöhnung. Noch heute arbeiten nicht nur Tiere, sondern auch wir Menschen mit diesen elementaren Lernprozessen.

Wenn z. B. ein Lehrer immer wieder Strafen androht, sie dann aber nie ausführt, werden sich die Schüler schnell daran »gewöhnen« – und keine große Notiz mehr davon nehmen (= Gewöhnung). Wenn aber der Zahnarzt zum wiederholten Male den Zahnnerv anbohrt, werden wir den Schmerz in künftigen Fällen, weil wir

---

[9] Eine Zusammenfassung bietet F. Klix 1993, S. 86 ff., einen ausführlichen Überblick geben N. Birbauer/R. F. Schmidt 1999, a.a.O., S. 565 ff.

geradezu darauf warten, immer früher empfinden (=Sensitivie-
rung). Manchmal genügt es schon, wenn wir ein sirrendes Geräusch
hören, das einem Zahnarztbohrer ähnelt, um vergleichbare Empfindungen zu bekommen oder zumindest in leichte Angstzustände
zu verfallen. Das wäre dann schon eine weitere Form des Lernens,
das sog. »*assoziative Lernen*«, weil das Verhalten nun nicht mehr
des direkten Reizes bedarf, sondern sich schon bei einem asso-
ziierten indirekten Reiz einstellt, der entweder als Vermeidungs-
reaktion (wie in unserem Beispiel) oder als Bekräftigung erscheint
(z. B.: Mir läuft das Wasser im Munde zusammen, wenn ich ein
leckeres Essen rieche).

Diese Beispiele veranschaulichen den zentralen adaptiven Wert
von Lernprozessen auf einer ganz elementaren Ebene: Lernfähigkeit verbessert die »Einpassung« der Individuen in ihre konkreten
und situativen Lebensumstände und erhöht damit ihre Lebenssi-
cherheit. Gerade das vermag genetisches Lernen mithilfe des Artgedächtnisses nicht in ausreichendem Maße, weil es sich beschränkt
auf Anpassungen an Umweltbedingungen, die in langen Zeiträumen konstant bleiben. Mit der Entwicklung von individuellen
Lernprozessen kann eine Art »Feinabstimmung« mit der jeweiligen
Umwelt in der relativ kurzen Zeit einer Ontogenese stattfinden. Das
besitzt einen offensichtlich hohen Selektionswert.

Kein Wunder also, dass deshalb, nachdem die Evolution erst
einmal solche elementaren Lernprozesse ermöglicht hatte, ein
überaus erfolgreicher Wettlauf um die Optimierung dieser neuartigen Systemleistung begann. Diese Optimierung ging zunächst in
Richtung einer Zunahme der assoziativen und konstruktiven Kapazitäten des Nervensystems und zwar auf Kosten der bloß rekonstruktiven und sensorisch bedingten Informationsaufnahme. Wahrscheinlich gab es in der Evolution der Lebewesen auch Versuche in
Richtung einer bloß rekonstruktiven, additiven und ausschließlich
sensorisch bedingten Optimierung von Informationsaufnahme.

Man muss sich das vielleicht so vorstellen, dass einzelne Lebensformen damit experimentierten, dass sie wie eine Art Behälter
möglichst viele Informationen ansammelten, die durch die sensorischen Kanäle auf sie einstürmten – frei nach dem Motto: Viel
möge viel helfen! Aber die bloße Steigerung der additiven Rekonstruktion, gar noch gebunden an die Aufnahme durch einzelne
Sinnesorgane, ihre möglichst analoge Speicherung, etwa in Form
eines bildlichen Eins-zu-Eins-Verhältnisses, erwies sich langfristig

als evolutionäre Sackgasse. Der Grund: Immer mehr Informationen benötigen zwangsläufig einen immer größeren Speicher und produzieren gleichzeitig einen immer größeren Selektionszwang. Möglicherweise sind die Neandertaler u. a. deshalb ausgestorben, weil sie genau mit dieser Schere zwischen vergrößertem zerebralem Speicher einerseits und größerem Selektionszwang andererseits nicht zurecht kamen und dieses Modell sich einem anderen als unterlegen erwies. Als Indikator für diese Vermutung dient das viel größere Hirnvolumen des Neandertalers (homo neandertalensis) als dasjenige des modernen Menschen (homo sapiens sapiens). Was hat der moderne Mensch bezüglich seines Lernvermögens anders gemacht, so dass er sich nicht nur dem Neandertaler, sondern auch allen anderen Lebewesen, einschließlich des Schimpansen (mit dem er 98,7 % seiner Gene teilt), in dieser Hinsicht als einzigartig und überlegen erweisen konnte?

Phylogenetische Sprachentwicklung

Es ist, um vielleicht mit dem Wichtigsten zu beginnen, die Entwicklung der Lernfähigkeit in Richtung der Ausbildung von *Sprache* und – damit zusammenhängend – der sozialen Intelligenz und Kognition. Das Denken (im Rahmen kognitiver Prozesse) wurde beim modernen Menschen durch die Entwicklung einer spezifischen Kommunikationsfähigkeit – und vice versa – angeregt und verstärkt, denn es handelt sich um eine Wechselwirkung – zu einem einzigartigen und sehr erfolgreichen Modell dadurch, dass es eingehende Signale, die als Informationen erkannt werden, sofort bewertet und geordnet ablegt, so dass sich eine hochgradig selektive Umweltwahrnehmung entwickeln und in diese Form der Begriffssprache zu einer erfolgreichen Kommunikationsform werden konnte. Nicht nur die sensorischen Signale, sondern auch die kommunikativen Signale werden dann zerebral bewertet und weiterverarbeitet. Entscheidend für diese Entwicklung wurde die Fähigkeit, Merkmalsverbindungen im Gedächtnis als Grundlage der Begriffsbildung zu nehmen – also kurz gesagt: von der Fülle des sensorisch Wahrgenommenen durch die Zwischenschaltung von Merkmalsverbindungen zu abstrahieren.

Sprache entstand in der menschlichen Phylogenese nicht plötzlich, gewissermaßen von jetzt auf nachher, sondern durch Aus-

differenzierung schon vorhandener Kapazitäten, die eng mit der
Entwicklung des Rachenraums – genauer: der Wanderung des
Zungenbeins in Richtung Kehlkopf – und des aufrechten Ganges
zusammenhängen. Vermutlich waren zunächst, wie bei vielen
Primaten, mimische Ausdrucksformen vorhanden (»Gesichts-
sprache«), die dann durch akustische Ausdrucksformen (»wortlose
Lautsprache«) im Kontext der Signalselektion ergänzt wurden, be-
vor es dann schließlich zu vokalen Ausdrucksformen, also einer
»Wort- und Begriffssprache« kam[10]. Gelegentlich wurde auch die
Vermutung zum Ausdruck gebracht, dass es im Rahmen der männ-
lichen Werbung um Weibchen (also im Rahmen der »sexuellen
Selektion«) einen Selektionsdruck in Richtung »musikalische An-
geberei« gegeben hat, der die Entwicklung einer differenzierten
Lautäußerung vorantrieb[11].

Die für die Menschwerdung des Menschen entscheidenden
Schritte zur Wort- und Begriffssprache müssen im Zusammenhang
der Entwicklung der Signalselektion interpretiert werden, und sie
wurden vermutlich vorbereitet und verstärkt durch die Entwicklung
der Gestik (Zeigen). Vorläufig genügt es, sich die »Treppenfunk-
tion« des Zeigens auf dem Weg zur Begriffssprache vorzustellen:
Ein Zeigeakt wird durch einen Laut der wortlosen Lautsprache
unterstützt; später, wenn der gezeigte Gegenstand verschwunden
ist, kann er wieder dadurch in die geistige Vorstellungswelt geholt
werden, dass man diesen begleitenden Laut von sich gab.

Falls es so (oder ähnlich) gewesen ist, kamen unsere Vorfahren
schnell an die Grenze dieser Entwicklung, denn nicht für jedes Ding
in der Welt, auf das man zeigen konnte, vermochte man einen
eigenen Laut zu reservieren. Ein 1 : 1-Verhältnis von Welt und
Sprache ist nicht möglich. Die Sprache des Systems muss deshalb

---

[10] Vgl. dazu V. Storch, M. Welsch, M. Wink: Evolutionsbiologie. Berlin
u. a. 2001, S. 377 ff.

[11] Noch heute haben Lehrer mit einer tiefen Stimme in unterrichtlichen
Situationen, in denen Autorität gefragt ist, einen Vorteil, während Frauen,
die dabei zu einem Höherschrauben ihrer Stimmen neigen, benachteiligt
sind (vgl. zur Evolution der menschlichen Sprache T. Fitch: The evolution of speech: a comparative review. In: Cognitive Science, Vol 4, No. 7
(2000). Ethologen haben nachgewiesen, dass Drohlaute von Wirbeltieren
niedrigere Frequenzen haben und vor allem bei größeren Tieren vorkommen, Beschwichtigungslaute sind dagegen im höheren Frequenzbe-
reich angesiedelt und sie lassen sich vor allem bei kleineren Tieren
beobachten.

die Komplexität der Umwelt reduzieren. Das war die Erfindung der Begriffssprache mit ihrer Differenzierung von Eigennamen und Allgemeinbegriffen. Begriffsprache ist eine Sprache, die aus Merkmalsextraktionen entstand und nicht die Realität einfach abbildet. Stattdessen findet eine »motivgebundene Durchgliederung« der Informationen statt, bei der »nur entscheidungs- und verhaltensrelevante Merkmalszusammenfassungen« (Klix) weiterverarbeitet werden. Es ist also nicht die Umwelt, die sich in den Begriffen und dem ihnen folgenden bzw. konstituierenden Denken spiegelt, sondern die Lebenswelt des Menschen (bzw. seiner Sprachgemeinschaft), denn es sind Merkmale der Wahrnehmung des beobachtenden Systems und nicht der beobachteten Umwelt, die in die Begriffssprache eingehen, mit der die Umwelt beschrieben und bewertet wird[12].

Das Individuum ist also beim Lernen nicht eine Art »Kübel«, der mit Informationen aus der Umwelt gefüllt wird, sondern eher eine Art »Prozessor«, der nach selbst gemachten Kriterien eingehende Informationen sortiert, vom Allermeisten abstrahiert, mit vorhandenem Wissen vergleicht, bewertet und auf Bedarf speichert – und damit aus seinem aktuellen Arbeits-Bewusstsein nimmt. Dieser Prozess des zunehmenden Abstrahierens von einer unmittelbaren direkten Umweltbeobachtung und -aufnahme war langwierig, schwierig und ging über viele Zwischenschritte. Die wichtigsten Stufen auf diesem Wege lassen sich wie folgt beschreiben:[13]

1. Direkte sensorisch bedingte Informationsaufnahme, Gewöhnung, Sensibilisierung, assoziatives Lernen in der (durch die Sinne erfahrbaren) *Handlungswelt*. Weil sie stammesgeschichtlich sicher die älteste Erfahrung widerspiegelt, spreche ich hier von der »*Welt 1*«;

---

[12] Ausführlicher zu dieser für die Pädagogik wichtigen Erkenntnis siehe F. Klix 1993, a.a.O., insb. S. 99 ff.

[13] Vgl. dazu A. K. Treml: Globalisierung als Raumerweiterung. Phylogenetische und ontogenetische Lernprozesse. In: H.-P. Mahnke/A. K. Treml (Hg.): Total global. Weltbürgerliche Erziehung als Überforderung der Ethik? EU – Edition ethik kontrovers, Jahrespublikation 2000, 8, Frankfurt a.M. 2000, S. 19–30. Eine ähnliche Einteilung macht W. Wurm: Evolutionäre Kulturwissenschaft. Stuttgart 1991, S. 59 ff. – er spricht ebenfalls von »Vorstellungsraum«. Man vgl. auch dazu die »Drei-Welten-Theorie« von K. Popper: Objektive Erkenntnis. Ein Evolutionärer Entwurf. Hamburg 1973, S. 172 ff.

2. Entwicklung analoger bildlicher Vorstellungen im zentralen Nervensystem; Zwischenlagerung der bildlichen Informationen in der *Vorstellungswelt* und bildliches Denken. Weil diese stammesgeschichtlich jünger ist als die »Welt 1«, spreche ich hier von der »Welt 2«;

3. Ablösung vom bildlichen Denken und Entwicklung eines formalen Denkens, das ohne bildliche Vorstellungen auskommt und sich in der *Abstraktionswelt* zwischen Begriffen und Zahlen und deren regelförmigen Verbindungen ereignet. Das ist stammesgeschichtlich sicherlich die jüngste evolutive Entwicklung, und ich spreche deshalb hier auch von der »*Welt 3*«.

Diese Einteilung ist natürlich viel zu grob, und nur aus didaktischen Gründen legitimierbar; in Wirklichkeit verlief in der Phylogenese und verläuft analog dazu in der Ontogenese die Entwicklung sukzessiv und in vielen kleinen Zwischenschritten. Dabei findet eine Umkehrung in der Bewegung statt: Die zunächst erreichte Differenzierung der sinnlichen Wahrnehmung wird von Schritt zu Schritt durch zunehmendes »Weglassen« von Unterscheidungen zunächst in Bilder und dann in rein formale Beziehungen (innerhalb eines Kalküls) überführt. Diese Entwicklung nimmt eine bemerkenswerte Umpolung (oder Umakzentuierung) vor: Anstatt ein möglichst genaues Abbild von der Umwelt zu malen, werden die eingehenden Informationen zunehmend mit der eigenen gespeicherten Erinnerung verglichen, verrechnet und bewertet. Das geht beim modernen Menschen so weit, dass drei Viertel der Arbeitskapazität seines Gehirns dafür reserviert sind. Lernen profitiert damit von der kumulierten eigenen Lerngeschichte. Die Erfahrungen, die man situativ im Raume macht, werden so verbunden mit jenen, die man im Verlaufe seiner Geschichte in der Zeit gemacht hat. Der adaptive Wert dieser Koppelung ist offensichtlich.

Andererseits kann es dadurch auch zu Selbstinduktionen kommen: das Gehirn beschäftigt sich in endlosen Schleifen dann nur noch mit sich selbst und kann seine Konstruktionen nicht mehr mit eingehenden Informationen über die Umwelt kontrollieren oder gar revidieren. Hier sind Lyrik, Märchen, Fiktion, Metaphysik und jegliche Form von Ideologie und Aberglaube zu Hause. Wir sehen hier, dass die Evolution unseres Gehirns seinen Selektionsvorteil erst dadurch gewinnt, dass es sowohl konstruktivistisch als auch empiristisch arbeitet.

Sowohl in der Phylogenese als auch in der Ontogenese des Menschen ist dieser Prozess der langsamen Ablösung von einer konkreten, sensorisch verankerten Umwelterfahrung und die Entwicklung einer zunehmend abstrakteren, ausschließlich zerebral verankerten Informationsverarbeitung ein langwieriger und schwieriger Weg. Es dauerte über 2000 Jahre, bis der Mensch von der bildlichen Schrift zur Buchstabenschrift kam, und es dauert normalerweise über 20 Jahre, bis ein Mensch sich vom ausschließlich bildlichen Denken (in »Welt 1« und »Welt 2«) befreien und abstrakt denken kann – und viele schaffen es nie[14].

Wenn man nun eine Zwischenbilanz ziehen will, kann man definieren: Lernen ist eine spezifische Form der Anpassungsleistung lebender Systeme, die dadurch gekennzeichnet ist, dass Informationen aus der Umwelt in systemeigenes Wissen überführt, dort bewertet, gespeichert und bei Bedarf wieder aktiviert und in Verhaltensänderungen übersetzt werden können. Anders gesagt: Lernen ist eine Form flexibler Anpassung lebender Systeme an ihre (wechselnden) Umweltbedingungen durch Veränderung ihrer Möglichkeiten, sich zu verhalten.

Diese voraussetzungsreiche Definition gilt es jetzt weiter zu entfalten und ihre Implikationen genauer herauszuarbeiten. Schon der Kieselstein im Fluss hat, wenn man so will, eine Anpassungsleistung an seine Umwelt erbracht und in seiner runden oder ovalen, glatten Form Informationen gespeichert. Man kann an dieser Form die Geschichte seiner Umweltkontakte ziemlich genau rekonstruieren und weiß, wie diese wahrscheinlich aussah. Aber der Kieselstein ist kein lebendes System und fällt deshalb schon aus unserer Definition heraus; er kann diese Information nicht weitergeben. Wie aber ist es mit dem Huf eines Zebras? Auch der Huf dieses Tieres kann als Ausdruck einer erfolgreichen Anpassungsleistung interpretiert werden; er informiert uns über die Umwelt, an die sich das Zebra im Verlaufe seiner Evolution angepasst hat – es ist der harte Steppenboden Afrikas, für den er optimal geformt ist. Der Huf dieses Tieres ist Teil eines lebenden Systems und wir müssen deshalb eigentlich, wenn wir konsequent sind, dieses Beispiel unter den allgemeinen Begriff des Lernens subsumieren. Schließlich haben alle Zebras Hufe und das bedeutet, dass diese Tiere die in ihren

---

[14] In Platons Staat sollten die gebildeten »Wächter« qua Philosophen – und sie alleine sind zur Regierung befähigt – mindestens 50 Jahre alt sein!

Hufen »gespeicherte« Information über die Umwelt intergenerativ, also über viele Generationen hindurch, kontinuierlich gesammelt und gespeichert haben und bei Bedarf diese Anpassungsleistung in Verhalten (z. B. schnellen Galopp bei Flucht) übersetzen
können.

Das Fluchtverhalten wird bei einem Zebra schon ausgelöst, wenn
es hinter einem Busch einen Löwenschwanz sieht. Löwenschwänze
an sich sind völlig ungefährlich – gefährlich ist der dazu gehörige
Löwe. Obwohl das Zebra nur den Schwanz des Löwen, nicht aber
diesen selbst sieht, reagiert es sofort mit Flucht. Auch dieses Verhalten ist gelernt (»assoziatives Lernen«), und das bedeutet, es muss
gespeichert und bei Bedarf abrufbar sein.

Dieses Beispiel zeigt nicht nur, dass Lernen auf der Ebene der
körperlichen Gestalt und auf der des Verhaltens zum Ausdruck
kommen kann, sondern veranschanschaulicht auch ein ernstes
Dauerproblem des Lernens. Wenn Lernen bedeutet, dass Informationen über die Umwelt gesammelt, gespeichert und wieder abrufbar gemacht werden, dann gibt es – weil die Umwelt immer komplexer ist – zwangsläufig immer zu viel Informationen. Das heißt, es
muss eine Auswahl aus den insgesamt möglichen Informationen
getroffen werden. Nicht alles, was in der Umwelt passiert und erfahren wird, kann im System gespeichert werden, denn das würde
eine Verdoppelung der Welt bedeuten, und deshalb keinen Nutzen
bringen. Lernen behandelt variable Informationen immer selektiv –
und hat deshalb die Form der Evolution[15].

Man spricht hier deshalb gelegentlich von einer Strukturisomor-
phie von Evolution und Lernen. Lernen bedeutet immer, aus einer
großen Anzahl potentieller Informationen eine Selektion zu treffen
und in Wissen zu übersetzen. Dass dies ein teleonomer und kein
teleologischer Prozess ist, muss hier nicht ausdrücklich betont werden. Nur das, was auf Dauer (überlebens-)nützlich ist, wird als
Information gelernt. Diese interne Reduktion von äußerer Komplexität bringt das Größenverhältnis von System und Umwelt zum
Ausdruck: Die Umwelt ist immer komplexer als das System, auch
beim Lernen. Das aber impliziert ein dauerhaftes Risiko, das nur
dadurch verkleinert werden kann, dass die Selektivität der Infor-

---

[15] Leben ist deshalb ein Lernprozess – so K. Lorenz (vgl. K. Lorenz, K.
      Kreuzer: Leben heißt Lernen. München 1988).

mationen selbst als Erfahrung gelernt wird. Das Zebra hat also nicht nur gelernt, auf Löwenschwänze mit Flucht zu reagieren, sondern auch – und das ist viel wichtiger – den Löwenschwanz und nicht z. B. den gleichzeitig einsetzenden Gewitterregen zum Anlass für seine Verhaltensänderung zu nehmen. Zu wissen, was es gibt (Löwenschwanz, Regen), ist wichtig, aber wichtiger ist, dieses Wissen zu bewerten, in eine Rangordnung der Wertigkeit zu bringen und das folgende Verhalten davon abhängig zu machen.

Nicht immer ist es in der Natur so einfach wie in diesem Beispiel. Wir werden später noch sehen, dass die Frage, welche Informationen wir lernen und bereithalten sollen, nie ein für alle Mal optimal beantwortet werden kann und das Risiko, entweder zu viel oder zu wenig zu lernen, ein Dauerproblem ist, das auch durch Erziehung nicht vollständig gelöst bzw. bewältigt werden kann. Die Evolution experimentiert hier mit einer elastischen Systembildung auf unterschiedlichen zeitlichen und räumlichen Ebenen und einer »losen Koppelung« von Systemsensibilität und Umweltereignissen. Die Evolution lernt auf genetischer Ebene nur dies: Bisher hat es so geklappt, also wird es vermutlich auch künftig so klappen! Die vielen missglückten Anpassungsversuche, die vielen Irrwege der biologischen Evolution, sind im Genom der Lebewesen, die übrig geblieben sind, nicht gespeichert. Der Speicherplatz ist also nicht nur begrenzt hinsichtlich der räumlichen, sondern auch der zeitlichen Erfahrungen. Das schließt nicht aus, dass auch Vermeidungsverhalten genetisch gelernt werden kann, wenn – und das ist eben die Bedingung – es sich als positiv erwiesen hat. Inzest zu vermeiden, in bestimmten Situationen zu fliehen, anstatt anzugreifen, Fliegenpilze lieber nicht zu essen und sich vor Insekten, die einem auf das Gesicht fallen, instinktiv durch einen Schleuderreflex zu befreien – das alles kann genetisch gelernt werden, obwohl ihm negative Erfahrungen zugrunde liegen. Diese negative Erfahrungen haben sich aber in positive Verhaltensformen überführt und sind nur so genetisch gelernt worden.

Jene Unterart der Zebras, um unser bekanntes Beispiel noch einmal aufzugreifen, die auf Grund einer genetischen Mutation die Eigenart entwickelt hat, bei Regen mit Flucht und bei »Löwenschwanz« mit Ignorieren zu reagieren, ist zwangsläufig ausgestorben. Und der Vogel Dingo auf Madagaskar, der nicht mehr fliegen konnte, starb in dem Augenblick aus, als mit einem Schiff aus fernen Ländern ein paar Ratten und Katzen auf die Insel kamen. Die

Zeit, die Lebewesen brauchen, um auf Umweltveränderungen durch
Veränderungen ihres Genoms zu reagieren, ist viel zu lang, um auf
Veränderungen reagieren zu können, die relativ kurzfristig inner-
halb einer Ontogenese geschehen.

Deshalb ist es ein offenkundiger Selektionsvorteil gewesen, als
Lebewesen eine Lernform entwickelt zu haben, die es möglich
macht, Informationen über kurzfristige Umweltveränderungen zu
sammeln und in eine adaptive Modifikation des Verhaltens (besser
gesagt: der Verhaltensmöglichkeiten!) zu übersetzen. Dazu bedurfte es eines neuen Speichers; während das phylogenetische Lernen
seine Informationen in den Zellen (Gene) verbirgt, bedarf das ontogenetische Lernen des Zentralen Nervensystems (insb. im Gehirn). Im »Lernen der Gehirne« wird das »Lernen der Gattung«
(bzw. »Lernen der Art«) ergänzt durch Erfahrungen, die das Individuum im Verlaufe seines einzelnen, und im Vergleich zu seiner
Stammesgeschichte doch sehr kurzen, Lebens macht und insofern
kann man durchaus sagen, dass es hier um eine Vererbung erworbener Eigenschaften geht. Hier besteht also insofern ein Unterschied zum genetischen Lernen, als dieses keinen direkten Weg von
den Phänen zu den Memen kennt. Allerdings werden wir noch
sehen, dass auch das Lernen der Gehirne eingebettet bleibt in einem
letztlich teleonomen Prozess der Evolution. In diesem umfassenden
Sinne ist deshalb auch das Lernen der Gehirne strukturell analog
zum Lernen der Gene aufgebaut. Es ist deshalb auch nicht verwunderlich, dass auf beiden Ebenen des Lernens eine Reihe riskanter
Probleme gleichermaßen auftaucht:

Risikoabsorption durch Lernen

– In der Raumdimension entsteht ein sachliches Anpassungsproblem: Wie viel Informationen sollen gespeichert und als Wissen
  dem System zur Verfügung gestellt werden? Wieder steht das
  System vor dem Dilemma, zu viel oder zu wenig zu verarbeiten –
  und beides hat Vor- und Nachteile. Zu viel Informationen belas-
  ten den Speicherplatz mit unnützem Datenmüll; zu wenig Informationen fehlen dem System bei wichtigen Problemlösungspro-
  zessen.
– In der Zeitdimension entsteht ein zeitliches Anpassungsproblem:
  Wie soll das System mit der Tatsache umgehen, dass es nur

Anpassungsprozesse »von gestern« machen, speichern und verarbeiten kann, diese aber bei zukünftigen Problemen anwenden muss? Nur wenn die alten Umweltlagen weitgehend identisch mit den neuen (aktuellen) sind, ist das Gelernte durch eine einfache Transferleistung nützlich. Was aber, wenn die Umweltveränderungen zu schnell kommen und zu groß sind, so dass das früher einmal Gelernte keinen Gebrauchswert mehr hat?

Letztlich ist die Unlösbarkeit dieser beiden Probleme – oder anders gesagt: die Unmöglichkeit einer perfekten und dauerhaften Lösung – der Grund dafür, dass Erziehung entsteht. Bevor ich aber darauf näher eingehe, will ich erst versuchen herauszuarbeiten, wie die Evolution auf ihrer biologischen Ebene versucht, mit diesen beiden Problemen umzugehen. Das ist deshalb nicht unwichtig, weil wir bei der Erziehung auf diese evolutionären Strategien zurückgreifen, mit denen versucht wird, das Problem zu entschärfen.

Die Umwelt nie vollständig überblicken oder gar kontrollieren zu können und die Zukunft nicht zu kennen, sind grundlegende Dauerprobleme für jedes Lebewesen, das überleben will. Wenn man nichts Genaues weiß, muss man zunächst einmal mit Vermutungen arbeiten, z. B. mit folgender Hypothese: Auch in Zukunft wird die (Um-)Welt im Großen und Ganzen so wie in der Vergangenheit sein! Also gehe ich davon aus, dass das in der Vergangenheit Gelernte auch in Zukunft nützlich sein wird. Oder einfacher gesagt: Bisher ist es gut gegangen, also machen wir weiter so! Diese konservative Hypothese arbeitet mit einer *Konstanzfiktion.* Ob sie zutrifft, kann nicht vorher, sondern nur nur nachher gesagt werden. Also ist das keinesfalls eine risikolose Strategie. Immerhin wird sie immer dort erfolgreich sein, wo die Umwelt tatsächlich (relativ) konstant bleibt. In diesem Falle ist die Reproduktion der Anpassungsleistungen, die in der Vergangenheit gelernt wurden, die richtige Strategie, weil diese sich schon bewährt hat. Ihr Adaptionswert wurde ja schon erfolgreich getestet und stabilisiert.

Problematisch wird es allerdings dort, wo sich die Umwelt so geändert hat, dass frühere Adaptionsleistungen nicht mehr auf neue Situationen übertragbar sind. Was aber tun, wenn diese Situationen grundsätzlich nicht vorausgesehen werden können, sondern überraschend kommen? Die Antwort, die die Evolution schon auf ihrer biologischen Ebene entwickelt hat, heißt: *Redundanz.* Unter Redundanz kann man in diesem Zusammenhang verstehen, dass zu

viel des Guten getan wurde und vieles gemacht wird, was eigentlich
völlig überflüssig erscheint und deshalb – zumindest auf den ersten
Blick – deutlich dem harten Gesetz des Extremalprinzips zu widersprechen scheint.

Warum ist das gesamte Genom eines Menschen in jeder seiner
hundert Milliarden Zellen kopiert, wenn nur die Informationen von
einigen Tausend Genen abgelesen werden, die überwiegende Zahl
jedoch in einem »ruhenden Zustand« ist und so gut wie nie gebraucht wird? Warum sind nur etwa 3 bis 5 % aller genetischen
»Buchstaben« zu »Worten«, also zu bedeutungsvollen Genen, angeordnet – das sind nur etwa 30–140.000 – d. h. dass 95–97 %
bedeutungslose Buchstaben – endlose Kolonnen aus A, T, C, und G,
die vermutlich nie »gelesen« werden – kopiert werden? Ist das eine
Art Müllhalde der Evolution oder steckt mehr dahinter?

Man muss hier zwei Arten der Redundanz unterscheiden – ich
bezeichne die erste als »*informationelle Redundanz*« und die zweite
als »*funktionelle Redundanz*«. Eine informationelle Redundanz ist
dort gegeben, wo – etwa durch Wiederholung – eine Information
verdoppelt bzw. vervielfacht wird, so dass der Informationsgehalt
nicht kleiner wird, wenn die Nachricht weggelassen würde. Das
kann ein Sicherheitspolster für Vergessen oder Übersehen sein,
weshalb ich vermute: Nicht weil sie unwichtig, sondern im Gegenteil, weil sie so wichtig ist, wird eine solche Nachricht »kopiert«
bzw. wiederholt.

Von einer funktionellen Redundanz kann man dort sprechen, wo
auf den ersten Blick zu viel an Material für Informationen transportiert wird, ohne dass überhaupt eine Information erkennbar wird.
Hier wird scheinbar einfach zu vieles ohne erkennbaren Nutzen
gespeichert und transportiert. Diese Form von Redundanz ist viel
schwerer zu erklären. Aber man kann vermuten, dass die Evolution
sich eine so offensichtliche Verletzung des Extremalprinzips nicht
leisten kann und deshalb etwas dahinter stecken muss. Also was
steckt vermutlich dahinter?

Eine mögliche Antwort könnte lauten: Es handelt sich hier um
einen ungeordneten Steinbruch für potentielle Selektionen – also
nicht eine Absicherung gegen Verlust einer wichtigen Information,
sondern ein Angebot für eine unbekannte Zukunft. Es handelt sich
hier um potentielle Informationen, die erst in dem Augenblick relevant werden, wenn sie als solche selektiert werden. Sie haben
gegenwärtig wohl keinen Gebrauchswert, aber möglicherweise ei-

nen zukünftigen Selektionswert. Sie sind ungeordnete Selektionsofferten für eine offene Zukunft, Material, auf das in der Zukunft
möglicherweise konstruktiv zurückgegriffen werden kann, wenn
der Bedarf danach besteht. Mithilfe einer solchen funktionellen
Redundanz braucht die Evolution nicht auf Mutationen zu warten,
um in neuen Situationen Stoff für Selektionen zu haben.

Informationelle Redundanz ist also eine Art Absicherung wichtiger Informationen, die auf keinen Fall verloren gehen dürfen, und
funktionelle Redundanz ist also eine Art Anpassungsreserve für
neue und unbekannte Herausforderungen in der Zukunft. Evolution greift damit einmal auf ein konservatives Moment, das andere
Mal auf ein innovatives Prinzip zurück, ohne allerdings damit eine
Garantie auf Erfolg zu haben. Letztlich geht es immer um die
richtige Mischung von konservativen und innovativen Prozessen,
wenn etwas in der Evolution andauern soll. Das ist immer ein
Abtasten von Möglichkeiten, Risiken und Chancen, ohne Erfolgs-
garantie.

Zwischen starrer und flexibler Anpassung

Diese Mischung zweier entgegengesetzter Strategien findet sich
auch konkret bei Lebewesen dort wieder, wo es um Lernen geht. Das
konservative Prinzip wird hier durch das mitgebrachte genetische
Erbe eingebracht; es ist in Form von Instinkten relativ starr und
konservierend vorgegeben. Das innovative Prinzip wird dagegen
durch eine Aufweichung dieser starren Vorgaben und die Einführung von (ontogenetischen) Lernprozessen berücksichtigt. Ich will
diesen Übergang von starrer und flexibler Strategie evolutionärer
Lernprozesse mithilfe der Begriffe »*Angeborene auslösende Mechanismen*« (AAM) und »*Erworbene auslösende Mechanismen*«
(EAM) veranschaulichen, weil diese beiden Strategien die Bedingung der Möglichkeiten für das sind, was wir dann mit höheren
(kognitiven) Lernprozessen meinen.

AAM sind vererbte Mechanismen von relativ starren, d. h. nicht
veränderbaren, Bewegungsabläufen, die bei bestimmten Umwelt-
reizen aktiviert werden. Passt eine Information, die aus der Umwelt
wahrgenommen wird, in das angeborene »Schema« für den Auslösereiz, wird der Bewegungsablauf gewissermaßen automatisch
ausgeführt – oder vermieden (wie z. B. Inzestverhalten). Das Lebe-

wesen besitzt in der Regel eine starre und unbeeinflussbare An-
triebsstruktur und kann den Auslöse- oder Schlüsselreiz aktiv aus-
suchen. Konrad Lorenz spricht hier von »Appetenzverhalten«. Interessant ist das Verhältnis von Appetenz und Schlüsselreiz deshalb,
weil es eine eigentümliche Logik zum Ausdruck bringt[16]:

– Ist die Appetenz stark, braucht es nur eines schwach ausgeprägten
  Schlüsselreizes, um das dazugehörige Verhalten auszuführen.
  Hunger ist bekanntlich – frei nach Goethe – »der beste Appetit-
  anreger und Müdigkeit die beste Schlaftablette«.

– Ist dagegen der Schlüsselreiz stark, kann die Appetenz schwach
  sein, um das Verhaltensschema trotzdem zu aktivieren. So kann
  mich eine leckere Sahnetorte noch dazu verführen, sie zu pro-
  bieren, obwohl ich eigentlich schon lange satt bin.

Unabhängig davon bedarf es neben der Appetenz der deutlichen
Wahrnehmung des Schlüsselreizes, um das ganze Programm ab-
zuspulen. Für wichtige AAM sind deshalb die Schlüsselreize besser
kenntlich gemacht durch:

– Übertreibung, Vergrößerung (z. B. der Rad schlagende Pfau, das
  Hirschgeweih, die Schulterklappen beim Militär usw.);

– Kontrastverschärfung (z. B. durch auffällige Farbenkontraste,
  Duftmarken, Betonung der Unterschiede auf Kosten der Gemeinsamkeiten)[17];

– Wiederholung (z. B. durch Rituale);

– Einfachheit (um durch Eindeutigkeit des Signals Verwechslun-
  gen zu vermeiden).

Viele Tiere reagieren auf optische Reize stärker, wenn sie groß,
leuchtend gefärbt und symmetrisch sind, auf akustische Reize,
wenn sie laut und tief sind, häufig wiederholt werden und ein
breites Repertoire aktivieren[18]. An dieser Stelle genügt der Hinweis auf ein wichtiges Zwischenergebnis: AAM sind auch bei uns

---

[16] Vgl. F. von Cube/D. Alshuth: Fordern statt Verwöhnen: Die Erkenntnisse
      der Verhaltensbiologie in Erziehung und Führung. München 1996.

[17] Kontrastverschärfung hat offenbar eine hirnphysiologische Entspre-
      chung, denn die primäre Sehrinde arbeitet mit einer Vielzahl von Kan-
      tendetektoren; vgl. dazu genauer G. Miller 2001, a.a.O., S. 167 ff.

[18] Vgl. G. Miller 2001, a.a.O., S. 171 f. Miller interpretiert diese Signale als
      Fitnessindikatoren für sexuelle Selektion. Ich gehe darauf an späterer
      Stelle noch ein.

Menschen bei wichtigen, das Überleben betreffenden, Prozessen erhalten geblieben[19]:

- Ich habe Hunger oder Durst und suche deshalb aktiv nach Nahrung und der Befriedigung meines Bedürfnisses.
- Der Schüler ist hochmotiviert und lernt deshalb auch langweilige Formeln; der Schüler ist nicht motiviert und lernt trotzdem – wegen der aufregenden didaktischen Verpackung, in der der Unterrichtsstoff präsentiert wird.

Das eine Mal geht es um das Überleben des Individuums, das andere Mal letztlich um das Überleben der Gattung. Weil beides wichtige Mechanismen der Erhaltung lebender Systeme (auf unterschiedlichen Emergenzebenen) sind, ist die Verbindung von systemeigener Appetenz und Umweltreiz auch relativ starr aneinander gekoppelt. Bei Säugetieren lockert sich die Verbindung, um schließlich beim Menschen nur noch als eine Art »Imperative der Natur« zu wirken – und Imperativen kann man sich auch notfalls verweigern. Ich will ein paar Beispiele für AAM geben, die wir Menschen noch kennen und die für Pädagogik bedeutungsvoll sein können:

- Da ist zunächst die von Konrad Lorenz als »Kindchenschema« bezeichnete natürliche Neigung, auf Kindergesichter mit ihren spezifischen Proportionen – relativ großer Kopf, hoher, vorgewölbter Stirnschädel, große, tiefliegende Augen, runde Pausbacken, hohe Stimme – mit positiven Gefühlen, mit Zuneigung und Fürsorgehandlungen zu reagieren. Man muss nur einmal einen Erwachsenen beobachten, wenn er sich über einen Kinderwagen beugt, um mit einem Kleinkind zu sprechen. Es geht »automatisch« ein Lächeln über sein Gesicht und seine Sprache retardiert zu einer Kindersprache. Die Reaktion ist vermutlich eine völlig andere, wenn er sich etwa einem alten, im Rollstuhl befindenden Greis zuwendet. Dass wir auf kleine Kinder mit einer positiv besetzten emotionalen Zuwendung reagieren, hat natürlich eine wichtige evolutionäre Funktion (der Bestandserhaltung), weil sie zur »Brutpflege« – sprich zu den Vorformen der Erziehung (Wartung, Betreuung, Hilfe) – animiert. Dass sich Werbung und

---

[19] K. Lorenz: Über tierisches und menschliches Verhalten. Aus dem Werdegang der Verhaltenslehre. Gesammelte Abhandlungen Band 2. München 1965, S. 126 ff. I. Eibl-Eibesfeldt: Grundriss der vergleichenden Verhaltensforschung. München, Zürich 1999(8), S. 121 ff.

Diktatoren dieser natürlichen Neigung auch heute noch bedienen, zeigt, wie wichtig es ist, sie zu kennen.

– Auch der Schleuderreflex bei herabfallenden Insekten, insb. von Spinnen, ist angeboren und dürfte geschlechtsspezifisch vor allem bei Frauen ausgeprägt sein (weil sie in der Steinzeit vermutlich eher in den Höhlen zurückblieben, während die Männer häufig auf Jagd waren).

– Dass wir Menschen automatisch einen Gähnreflex spüren, wenn wir einen anderen Menschen gähnen sehen, dürfte ebenfalls ein AAM sein. Vermutlich hatte es einen Selektionsvorteil, das Gähnen anderer Leute als Warnsignal zu interpretieren, als Anzeichen für einen allgemeinen Sauerstoffmangel und als spontanen Auslöser für eigene Gähnattacken zu nehmen. Dieser AAM des Gähnens dürfte für Pädagogen inzwischen weitaus wichtiger geworden sein als der Schleuderreflex, denn in unseren oft schlecht belüfteten Schulräumen wird eher ein Sauerstoffmangel als eine Herde von Spinnen vorhanden sein.

– Dass wir beim Betreten eines Lokales dazu neigen, einen Sitzplatz auszusuchen, bei dem wir den Eingang bzw. das Fenster im Blick und die Wand hinter uns haben, dürfte gleichfalls ein AAM sein, der möglicherweise auch bei freier Sitzplatzwahl in Klassenzimmern durchschlagen kann. Dass auf einmal »besetzte« räumliche und zeitliche Territorien – etwa Professorenzimmer oder versehentlich eingeräumte längere Sprechzeiten bei Kongressen – freiwillig nicht verzichtet wird, dürfte ebenso auf AAM zurückführbar sein.

– Appetenz auf Süßes, insb. in der Kindheit und Jugend, scheint ebenfalls ein AAM zu sein; es bediente früher den Bedarf an energiereichen Vitaminen und Eiweißen und dürfte inzwischen im Zeitalter der Süßwarenindustrie und der »naturidentischen Aromastoffe« dysfunktional, ja geradezu gesundheitsschädlich, geworden sein.

– Ein weiterer AAM ist allen aus dem eigenen Leben vertraut: In einem bestimmten Lebensabschnitt neigen wir dazu, beim Anblick von Wesen des anderen Geschlechtes, vor allem dann, wenn sie bestimmte Attribute (die ebenfalls evolutionär bedingt sind) aufweisen, aufgeregt und emotional konfus zu werden und dann zu allerlei albernen Handlungen zu neigen. Die Funktion dieser durch natürliche Hormonausstöße der Hypophyse in Gang gesetzten Formen des Verliebtseins insb. in der Pubertät und Ju-

gendphase ist durchsichtig und offenbar so wichtig, dass (fast)
niemand ihr entgehen kann.

– Ich bin überzeugt, dass es auch eine Appetenz auf Konkretes
  gibt, auf die Befriedigung sinnlicher Wahrnehmungsreize auf
  Kosten abstrakter, nur gedanklicher Umwelt-Repräsentation. Im
  Zweifelsfalle ziehen wir allemal Konkretes oder Bildliches dem
  Abstrakten vor, zumindest aber strengt uns abstraktes Denken
  deutlich mehr an als ein Denken, das sich – wie Tarzan von
  einem konkreten Ast zum andern – von einem konkreten Reiz
  zum andern hangeln kann. Wir halten uns am liebsten in der
  »Welt 1« auf, ziehen uns gelegentlich gerne in die »Welt 2«
  zurück, vermögen aber nur temporär und recht mühsam die
  Stufen zur »Welt 3« zu erklimmen. Wer als Schüler oder Student
  »Praxisrelevanz« einklagt, wird deshalb offene Türen einrennen,
  und selten bemerken, wie alt sie schon sind und wohin sie führen.
  Und immer wieder wählen wir bei Wahlen Kandidaten, weil sie
  smart und wie Filmschauspieler aussehen, also nach ihrem
  sichtbaren Äußeren, und nicht nach Statistiken, die viel mehr
  über deren politische Kompetenzen und Leistungen aussagen
  würden[20].

– Humanethologen weisen auch darauf hin, dass das »Fremdeln«
  angeboren sein dürfte, denn es ist auch bei taubstumm geborenen
  Kindern nachweisbar. Es scheint einen evolutionären Selektionsvorteil für die ungleiche Verteilung von Vertrauen entlang
  des Beobachtungscodes von »fremd/vertraut« zu geben und in
  Form eines AAM angeboren zu sein[21].

Es dürfte noch eine ganze Reihe weiterer wichtiger AAM bei uns
Menschen geben, AAM, die unser Sozialverhalten, unser (in-
nerartliches) Konkurrenzverhalten, unser Territorialverhalten und
die Kommunikation beeinflussen. Dabei gibt es wichtige ge-

---

[20] Laut einer Untersuchung von Medienforschern vom August 2003 haben
      die Mehrzahl der Deutschen folgende Meinung über ihren Kanzler: »Der
      Kanzler kann zwar nichts – aber er ist ein prima Typ« (und nur deshalb
      wurde er gewählt!).

[21] Vgl. I. Eibl-Eibesfeldt: Die Biologie des menschlichen Verhaltens.
      Grundriss der Humanethologie. München, Zürich 1986(2), S. 217 ff.,
      476 f.

schlechtsspezifische Unterschiede (auf die an dieser Stelle nicht
weiter eingegangen werden kann[22]).

In diesem Zusammenhang ist allerdings der Hinweis wichtig,
dass wir Menschen einerseits mit diesen AAM recht deutliche und
präzise Verhaltensvorschläge von der Natur erhalten, also gewissermaßen »Befehle«, diese aber – wenngleich es uns auch manchmal schwer fallen dürfte – durchaus modifizieren oder gar ganz
ablehnen können. Wir können unser Gähnen unterdrücken, ebenso
wie wir uns selbst dazu zwingen können, im Lokal einen exponier-
ten Platz mit Blick auf die nächste Wand zu belegen; es gibt Menschen, die Kinder einfach unerträglich finden, ja geradezu hassen;
und vielleicht schafft es sogar ein junger Mann tatsächlich, den
Kopf nicht zu wenden, wenn Claudia Schiffer (oder eine andere
schöne Frau) auf der gegenüberliegenden Straßenseite vorübergeht.
Es soll sogar Menschen geben, die ihre ausgeprägte Lust auf Süßes
bezwingen und auf Schokolade verzichten können u. a.m.

Die AAM sind also stark, und es ist deshalb wichtig, dass Pädagogen sie kennen, aber wir wissen ebenso, dass sie unter Umständen
auch kulturell und individuell modifizierbar sind, ja sogar abgelehnt
werden können. Damit haben wir einen ersten Schritt in Richtung
Lockerung der starren System-Umwelt-Verbindung bei lebenden
Systemen kennen gelernt, und zwar auf Seiten des Systems Mensch.
Wir können auch den umgekehrten Vorgang nachweisen, die Erstarrung eigentlich lockerer System-Umwelt-Verbindungen. Betrachten wir deshalb die sogenannten »Erworbenen Auslösenden
Mechanismen« (EAM).

Erworbene auslösende Mechanismen

Wie der Name schon sagt, sind EAM erworbene Verhaltensweisen,
die bei bestimmten äußeren Umständen, die als Schlüsselreize dienen, abgerufen werden, und zwar normalerweise genauso automa-

---

[22] An späterer Stelle werde ich – unter dem Stichwort der »Sexuellen
Selektion« – auf die geschlechtspezifischen Prädispositionen näher eingehen. Auf einen bedeutenden und empirisch gut gesicherten Unterschied, nämlich bezüglich der räumlichen Orientierung, will ich wenigstens hinweisen (vgl. den einschlägigen Forschungsüberblick bei P. H.
Maier: Räumliches Vorstellungsvermögen. Ein theoretischer Abriss des
Phänomens räumlichen Vorstellungsvermögens. Donauwörth 1999).

tisch und starr wie AAM. Es ist also nicht die starre Verlaufsform
des Programms, die AAM und EAM unterscheidet, sondern deren
unterschiedliche Entstehungsgeschichte und der unterschiedliche
Speicher, der dabei verwendet wird. AAM werden bekanntlich genetisch, EAM aber zerebral gespeichert. Und EAM werden durch
frühe Lernprozesse erworben – zu einer Zeit, in der die Verbindung
zwischen Verhaltensprogramm und Auslösereiz noch offen bzw.
noch plastisch ist. Das ist bei Lebewesen in der Regel in der frühen
Kindheit und Jugend der Fall und verschwindet im Erwachsenenal-
ter. Man bezeichnet diese Fähigkeit, während einer bestimmten
sensiblen Phase der Entwicklung in der Kindheit (und Jugend) noch
offene Programme des Verhaltens durch Lernen zu schließen und in
EAM zu übersetzen, als »*Neotenie*« – und dessen Ergebnis als
»*Prägung*«.

Ist ein Programm erst einmal geschlossen, lässt es sich nicht mehr
von einem AAM unterscheiden, denn es läuft genauso automatisch
ab. Es kann nicht mehr vergessen werden. Man kann deshalb ein
adultes Verhalten, das in der Phase der Neotenie gelernt wurde, auch
als eine Art Instinkt betrachten. Solche Vorgänge hat Konrad Lorenz
auch als »Prägung« oder »Objektprägung« bezeichnet[23]. Ich will
ein paar Beispiele zunächst aus der Tierwelt geben:
– Bei Singvögeln ist die Singfähigkeit angeboren, die Melodie des
  arttypischen Gesangs muss i.A. aber gelernt und geübt werden.
  Auch das Fluchtverhalten ist als Option den meisten Tieren angeboren, die Erkennung des spezifischen Feindes muss aber in
  Form einer Prägung gelernt werden. Bei vielen höheren Säugetieren ist z. B. der Objektbindungswunsch angeboren, aber der
  optische oder olfaktorische Reiz, der z. B. von der sich über das
  Nest beugenden Mutter ausgeht, prägt das Neugeborene; es lernt
  nun: Das ist meine Mutter! oder: Das ist mein Partner!

Ich verwende den Begriff der *Prägung* hier nicht nur auf die Tierwelt eingeschränkt, denn ich bin davon überzeugt, dass auch wir
Menschen in unserer Kindheit und Jugend Lernprozesse durchma-
chen, die im Ergebnis dem nicht nachstehen, was wir als Prägung
bezeichnen. Ich will auch hierfür ein paar Beispiele geben:
– Das wichtigste Beispiel für Prägung ist sicher die *Sprache*, genauer gesagt, die (gesprochene) Erstsprache. Das Sprachvermö-

---

[23] K. Lorenz: Der Kompass in der Umwelt des Vogels. J. Ornith., 83, S. 137–
413. Vgl. auch Eibl-Eibesfeld 1999, a.a.O., S. 386 ff.

gen (im Sinne von »langue«) ist uns als eine Art »Sprachinstinkt«
angeboren, aber das Sprechenkönnen einer ganz bestimmten
Muttersprache (im Sinne von »language«) ist eine Art Prägung,
die wir nicht nur en passant – also ohne explizite Belehrung –
lernen, sondern auch ein Leben lang nicht mehr verlernen. Das
geht hinein bis in den Dialekt, den manche Menschen, insb. was
die Modulation der Stimme und die Prosodie (Akzent und Melodie) betrifft, nicht mehr verlieren, selbst wenn sie aktiv dagegen
ankämpfen. Aber auch auf eine spezielle Grammatik kann man
geprägt werden. Im Schwäbischen wird z. B. der Komparativ mit
»wie« (statt mit »als«) gebildet. Schwaben sagen deshalb ». . .
besser wie . . .« statt »besser als . . .« und werden ein Leben lang
spontan nichts anderes sagen können (was natürlich nicht ausschließt, dass sie – wie hier – reflektiviert darüber nachdenken
und ggf. sich dann korrigieren können). Als Beweis dafür, dass es
sich hierbei um eine Prägung handelt, kann man die Therapie-
resistenz betrachten.
Im Übrigen ist natürlich nur das Erlernen der Muttersprache in der
frühen Kindheit eine »Prägung«, jedes Erlernen einer weiteren
(Fremd- oder Zweit-)Sprache – etwa in der Schule – fällt nicht mehr
darunter, und deshalb ist dieser Lernprozess weitaus schwerer und
bedarf der intentionalen Erziehung und der aufwändigen Übung.
– Ein anderes Beispiel für Prägung ist die Tatsache, dass zu der
  Zeit, zu der ich diese Zeilen am Computer schreibe (nach einer
  Umfrage) immer noch die überwiegende Mehrheit der Deutschen
  in DM rechnet, obwohl seit Jahren der Euro eingeführt ist. Obwohl schon lange alle Preise in Euro ausgezeichnet werden,
  rechnen viele beim Preisvergleich in der Regel immer noch –
  bewusst oder unbewusst – in DM um. Wenn es stimmt, dass wir
  auf DM geprägt sind, dann wird die Umstellung auf Euro (auch)
  ein biologisches Problem sein: Erst wenn die neuen Generationen
  auf Euro geprägt sind und die alte Generation ausgestorben ist,
  wird die Umstellung auch im Geist der Phäne gelungen sein.
– Schließlich muss man in diesem Zusammenhang auch an die
  vielen »Lehrerticks« erinnern, die von Schülergenerationen beobachtet wurden und die in ihren Erzählungen weiterleben. In
  Humoresken wie der »Feuerzangenbowle« von Spoerl und dem
  »Besuch im Karzer« von Eckstein werden Lehrerticks bis heute
  literarisch oder filmisch tradiert. Es handelt sich meistens um
  Verhaltensweisen, auf die der arme Lehrer geprägt wurde und die

deshalb auch nicht oder nur sehr schwer reversibel sind. Sie erheitern oder nerven die Schüler (je nachdem) und plagen manchen Lehrer und sind doch gleichwohl ziemlich veränderungsresistent. Man sollte darüber nicht lachen, vor allem nicht, wenn man Geisteswissenschaftler ist, denn gerade diese scheinen mir oft auf jene Theorie bzw. jenes wissenschaftliche Paradigma geprägt zu sein, die bzw. das sie (mühsam) in ihrem Studium oder während der ersten Phase ihrer Tätigkeit gelernt haben.

Gelegentlich liest man, dass der Mensch, was die Prägung betrifft, im Reich des Organischen insofern eine Ausnahme sei, weil er – zumindest theoretisch – seine Neotenie ein Leben lang erhalten könne. Die Einschränkung auf »theoretisch« soll daran erinnern, dass in vielen Fällen eine gewisse Altersstarrheit unübersehbar ist. Diese Alterserstarrung ist der Gegenpool für eine in der Kindheit und Jugend des Menschen vorhandene Appetenz auf Neugier, Spiel und Lernen. Die pädagogische Bedeutung des Spieles kann evolutionstheoretisch reformuliert werden: Durch das Spiel werden nicht nur Varianten möglichen Verhaltens in unernsten Situationen, sondern auch Selektionen erprobt – und das alles unter herabgesetztem Risiko des Scheiterns. Das Herumprobieren ist dabei primär ein teleonomer Vorgang, weil nicht das angestrebte Ziel, sondern der Erfolg oder Misserfolg über den Fortgang entscheidet. So können unter kalkulierbarem Risiko neue Wege und neue Ziele entdeckt werden, die sich lohnen, wieder begangen oder wieder erreicht zu werden[24].

Exploration und Spiel

Ungerichtete Neugier und spielerischer Umgang mit Elementen der Umwelterfahrung setzen voraus, dass die starre Verknüpfung von Appetenz und Auslösereiz gelockert wird und an deren Stelle eine lockere und reversible Erprobung verschiedener Möglichkeiten rückt. Man kann dies geradezu als evolutionäre Spielwiese betrachten, denn ihre Funktion liegt vermutlich gerade nicht in der

---

[24] »Ich hatte ja nun schon seit zwei Wochen mit dem Rückgrat eines doppelsträngigen DNS-Moleküls rumgespielt« – so James Watson, einer der beiden »Entdecker« der DNA-Struktur (Doppelhelix) in einem Spiegel-Interview (9/2003, S. 171).

Herausbildung einer ganz bestimmten Fähigkeit, sondern der Entwicklung der unspezifischen Fähigkeit, beliebige Verknüpfungen zwischen Dispositionen und Umweltereignissen herzustellen und wieder zu lösen. Das ist die Schwelle zu höheren kognitiven Lernprozessen, zu einem »autarken Lernen«. Damit sollen hier alle Lernprozesse bezeichnet werden, die über das subsidiäre Lernen und die Prägung hinausgehen. Es ist ein Lernen, das dazu befähigt, die Orientierungsaktivitäten zu kontrollieren und vielfältig miteinander zu kombinieren. Diese Form des höheren Lernens wurzelt im explorativen Neugierverhalten des Nachwuchses und entwickelt sich primär in jener Phase der Ontogenese, die durch Plastizität für Prägungsvorgänge gekennzeichnet ist, also in der Kindheits- und Jugendphase. Weil es nur dem Menschen gelungen ist, diese Phase der Neotenie weit in seinen Lebenslauf hinein auszudehnen, wird er aus biologischer Sicht auch gelegentlich als »verjugendlichter bzw. pädomorpher Schimpanse« (Roth) bezeichnet.

Hier in dieser Phase der plastischen Kindheit und Jugend ist das *Spiel* zu Hause, das unernste Erproben von Handlungsmustern. Es ist, wie schon viele Beobachtungen bei jungen Tieren zeigen, eine Art generalisierte Simulation des Ernstfalles unter herabgesetztem Risiko. So spielen z. B. ältere Löwenjungen mit ihren Spielgefährten alle Phasen des angeborenen Jagdverhaltens durch, wie etwa: Anschleichen, Vorbereitung des Angriffs, den Angriff selbst und schließlich den Absprung[25]. *Generalisiert* ist dieses Verhalten, weil es immer wieder in vielen Varianten durchgespielt wird und dabei allgemeine Fähigkeiten erworben und erprobt werden, die den konkreten Einzelfall überschreiten. Es ist *Simulation* deshalb, weil es nur ein »Tun-als-ob« ist; es ist nicht der Ernstfall selbst, sondern eben das unernste Spiel des Ernstfalles. Und das *Risiko* ist deshalb herabgesetzt, weil dabei ein Scheitern oder Missglücken nicht tödlich endet. So werden z. B. die Prankenschläge des jungen Löwen stets mit eingezogenen Krallen ausgeführt und der spielerische Biss zielt eindeutig auf den Hals des Spielpartners, ohne allerdings je zuzubeißen und den Spielpartner zu verletzen.

---

[25] Geschlechtsspezifisch ist nicht nur das Spielverhalten bei Löwenbabys, sondern – wie ethnopädagogische Vergleichsstudien zeigen – auch bei Menschenbabys (vgl. dazu W. Michl: Der Beitrag der Kinderspielgruppe zur Erziehung und Sozialisation in afrikanischen Stammesgesellschaften. München 1986).

Im einem solchen Spiel können Bewegungsabläufe eingeübt und dabei die Beschaffenheit sowohl des Systems (des eigenen Könnens) als auch der Umwelt ohne unmittelbaren Überlebensdruck neugierig erforscht und erkundet werden, weil der Ernstcharakter nur simuliert wird. Hier kann die Umgebung beschnuppert und neue Wege erprobt werden, ohne dass wir schon wissen müssen, welcher Weg zu gehen ist. In dem Augenblick, da die durch dieses erkundende Neugierverhalten erfahrenen Informationen speicherbar wurden, konnte in späteren Situationen unter Ernstbedingungen darauf zurückgegriffen werden – und insofern ist schon hier die evolutionäre Logik von Variation und Selektion zu Gange. Das ist auf dieser frühen Ebene des Lernens noch kein teleologischer, sondern ein teleonomer Prozess, der die Nützlichkeit nicht einem Bestimmten, sondern einem Unbestimmbaren verdankt.

Die Ratte oder der Kolkrabe wollen, wenn sie neugierig etwas Unbekanntes beschnuppern oder neue Wege erkunden, nicht fressen bzw. nicht fliehen, sondern sie wollen wissen, ob etwas fressbar ist, oder ob dieser oder jener Weg als Fluchtweg dienlich sein kann. In diesem Vorgang kommt nicht nur die Fähigkeit zum Ausdruck, sich von der Starrheit einer Verbindung von Appetenz und Auslösereiz zu lösen, sondern auch, das unmittelbar Gegebene auf Distanz halten zu können. Die ursprüngliche Appetenz (fressen, fliehen), die auf eine unmittelbare Befriedigung drängt, wird überlagert vom sekundären Motiv des Wissenwollens, dessen potentielle Nützlichkeit noch völlig abstrakt in einer fernen und noch unbekannten Zukunft liegt. Informationen werden zu einem Zeitpunkt gesammelt, wo man noch nicht wissen kann, ob und wann sie nützlich werden. Seit über hundert Millionen Jahren kann man bei Säugetieren deshalb einen Selektionsdruck rekonstruieren, der in Richtung einer kontinuierlichen Steigerung der Fähigkeit geht, möglichst viele Informationen schnell und präzise über die Welt zu sammeln, zu speichern und bei Bedarf zu nutzen. Nur dadurch konnten viele dieser Säugetiere als unspezialisierte Neugierwesen zu Kosmopoliten werden. Der Mensch (aber auch die Maus und die Ratte) wird so im Verlaufe seiner Evolution durch die Methode des neugierigen Durchprobierens aller Möglichkeiten zu einem weltoffenen »Spezialisten auf Nicht-Spezialisiertsein in den verschiedensten Lebensräumen« (Arnold Gehlen, Konrad Lorenz).

Hier kommt deutlich ein Adaptionsmechanismus zum Ausdruck, der dadurch gekennzeichnet werden kann, dass durch Unspezifität spezifisch auf (relativ) beliebige Umweltbedingungen vorbereitet wird. Es handelt sich um eine Voranpassung (Präadaption) an eine Welt, die man noch nicht kennen kann, wenn man gerade erst geboren ist. Neben der schon erwähnten Neigung zur spielerischen Exploration werden in der einschlägigen Fachliteratur (insb. zur Kultur vergleichenden empirischen Psychologie) eine Reihe weiterer Merkmale genannt, so. z. B.

– Bindungsneigung an Personen (im ersten Lebensjahr fast 90 % zu verwandten Personen, in erster Linie zur Mutter),
– aktive Auslösung von Schutzverhalten und Fürsorge vor allem bei Verwandten (Eltern) und spiegelbildlich eine elterliche Feinfühligkeit gegenüber den Signalen des Kindes, die erst zu einer sicheren Bindungsqualität führt,
– hohe Sensibilität für soziale Umweltreize (soziale Zuwendung wird per se positiv bewertet),
– beschleunigte Fähigkeit, Gefühle auszudrücken und diejenigen anderer Menschen zu bewerten,
– früh entwickelte Fähigkeit, zwischen »fremd« und »vertraut« zu unterscheiden,
– hohe Sensibilität kontinuierlicher elterlicher Zuneigung (auch bei der ersten Vermittlung kultureller Verhaltensweisen und Wissensbestände).

Bemerkenswert ist in diesem Zusammenhang vor allem die große Bedeutung einer sicheren Bindungsqualität und der (empirisch gut bestätigte) enge Zusammenhang von (subjektiver) Sicherheit (des Kindes) und des Explorationsverhaltens. Hier gilt in allen beobachteten Kulturen: Je sicherer ein Kind sich fühlt, desto mehr wird es explorieren. Und umgekehrt heißt dies dann auch: Je unsicherer ein Kind ist, desto weniger wird es explorieren und stattdessen Bindungsverhalten zeigen. Bindungssicherheit führt also über ein ausgeprägteres Explorationsverhalten zur Entwicklung höherer Kompetenzen in der Entwicklung des Kindes.

Stenökheit und Euryözie

Weltoffenheit, (relative) Unspezialisiertheit, ungerichtete explorative Neugier auf Unbekanntes, spielerisches Erproben neuer Möglichkeiten, Lockerung der AAM und der EAM – all das sind Kennzeichen eines Lebewesens, das keinesfalls damit aus der Natur heraustritt; es sind vielmehr Indikatoren für eine neue Stufe der Evolution, auf der sich der Mensch mit seiner Lernfähigkeit bewegt. Die neue Offenheit und Plastizität löst nicht die alte Verwurzelung in spezifischen und recht starren Anpassungsmustern an bestimmte Umweltbedingungen ab, sondern ergänzt sie. Diese Mischung von Starrheit und Lockerheit, von harten und weichen Anpassungsmustern, geht nicht nur zwischen den einzelnen Gattungen, sondern – beim Menschen – auch häufig mitten durch ein Individuum hindurch. Hier ist es nützlich, zwei Fachbegriffe aus der Ethologie zu übernehmen: stenök und euryök[26].

Lebewesen, die auf eine ganz spezifische Umwelt entweder durch AAM oder durch EAM in Form von Prägungen spezialisiert sind und deshalb in einer anderen Umwelt nicht überleben können, bezeichnet man hier als »stenök«. So gibt es Säugetiere, wie z. B. den Pandabären oder den Koalabären, die sich fast ausschließlich von einer Pflanze (hier: Bambusstängel oder Eukalyptusblätter) ernähren; viele Fische können nur innerhalb einer eng begrenzten Wassertemperatur überleben, und manche Baum bewohnende Dschungeltiere, wie z. B. das Chamäleon, brauchen, um überleben zu können, eine Umwelt, in der Stämme mit einem ganz bestimmten Umfang vorkommen; diese dürfen nicht zu groß und nicht zu klein sein, sonst können sich diese Tiere nicht daran festhalten. Diese stenöken Tierarten sind hochgradige Spezialisten des Überlebens in einer ganz bestimmten, eng begrenzten Umwelt und sind deshalb nur dort, wo diese Umweltbedingungen gegeben sind, zu finden. Fische gibt es deshalb nur im Wasser, Affen im heißen Urwald, Eisbären in der kalten Eiswelt usw. Stenöke Lebewesen laufen jedoch Gefahr, in dem Augenblick auszusterben, wenn diese ihre Umwelt sich schnell und stark verändert. Erstaunlicherweise sind alle nächsten Verwandten des Menschen, wie z. B. Schimpansen und Gorillas, stenöke Lebewesen, die deshalb auch nur noch in eng begrenzten Regionen der Erde vorkommen und stark bestandsgefährdet sind.

Stenöke Lebewesen müssen also ihren Vorteil, als »Spezialisten« optimal an ganz bestimmte Umweltbedingungen angepasst zu sein, mit dem Nachteil ihrer Abhängigkeit von dieser Umwelt bezahlen. Die Evolution spielt deshalb auch mit einem anderen Modell, ge-

---

[26] Bzw. »stenotype« und »eurytope Anpassung« (D. J. Futuyma 1990, a.a.O., S. 24).

wissermaßen einer komplementären Anpassungsform, die des
»Generalisten. Diese beherrschen eine euryöke Lebensform und
das heißt: Sie können in sehr unterschiedlichen Umwelten leben,
weil sie befähigt sind, unspezifisch zu lernen. Beide Strategien
haben ihre eigenen Vor- und Nachteile. Eine stenöke Strategie ist
eher dann angebracht, wenn die Umwelt wenig variiert; eine euryöke Strategie ist eher bei häufig wechselnden Umweltanforderungen
angebracht.

Wenn wir die verschiedenen Tiergattungen ansehen, dann scheint
im Vergleich dazu der Mensch (der ja auch zu den Primaten gehört)
eindeutig zu den euryöken Lebewesen zu gehören. Allerdings ist die
Unterscheidung von stenök und euryök relativ und kann zwischen
verschiedenen Individuen sehr unterschiedlich zu Ausdruck kommen, ja selbst innerhalb eines Lebewesens – durch ein Re-entry –
wieder vorkommen, und zwar in zeitlicher und in räumlicher Hinsicht. In zeitlicher Hinsicht habe ich schon auf die deutliche Asymmetrie zwischen der kindlichen und jugendlichen Offenheit für
spielerisches und exploratives Umwelterkunden einerseits und der
langsamen Erstarrung im Alter andererseits aufmerksam gemacht.
Offenbar ist die Variabilität in der Jugend größer als im Alter;
werden in der Jugend viele verschiedene Möglichkeiten spielerisch
erprobt, selektiert der Erwachsene davon immer weniger, bis er als
alter Mensch – physiologisch und psychisch – sich immer mehr auf
letzten Endes einen Entwurf beschränkt. Der Lebenslauf verwirklicht so den evolutionären Prozess von Variabilität und Selektion.

Auch in sachlicher Hinsicht können einzelne Menschen sich
deutlich daraufhin unterscheiden, ob sie mehr zu einem stenöken
oder mehr zu einem euryöken Verhalten neigen. Schon bei Kindern
kann man beobachten, dass das eine Kind sich an beliebige soziale
Umwelten anpassen kann, während das andere ganz bestimmte
Umweltbedingungen verlangt: z. B. sein Schnuffeltuch, sein Lieb-
lingsessen, sein Lieblingsspielzeug, seine Mutter, sein Compu-
terspiel, seine ganz spezielle coole Kleidung usw. An diesem Beispiel wird deutlich, dass die Fähigkeit zur Euryözie wohl angeboren,
ihre Ausprägung und Entwicklung aber eine Sache der Erziehung
ist. Ich vermute, dass auch in der sozio-kulturellen Evolution die
Akzente je nachdem anders verteilt werden: in langen und stabilen
Phasen der Kulturgeschichte werden wir den Akzent auf eine konservative und kollektive, in Phasen des schnelleren sozialen Wan-
dels auf eine individualisierte, sog. »emanzipatorische« Pädagogik

setzen. Vielleicht ist sogar das, was wir gewöhnlich (euphemistisch) als »freien Willen« bezeichnen, in Wirklichkeit nichts anderes als der kleinste Anpassungsmechanismus an situative Umwelten. Wie dem auch sei: Es gibt offenbar sowohl in der Ontogenese als auch in der Soziogenese (der Kulturgeschichte) einen erheblichen Spielraum, der durch Erziehung selektiv gestaltet werden kann.

Am Ende dieses Kapitels ist es angebracht, sich den evolutionären Selektionsvorteil von Lernfähigkeit noch einmal aus der Distanz zu vergewissern. Lernen ist eine spezielle Anpassungsleistung von Lebewesen an die Unvorhersehbarkeit ihrer Umwelt. Durch Lernen kompensieren sie den Nachteil der langen Fortpflanzungszyklen mit geringer Mutabilität und damit der Gefahr, dass die genetischen Anpassungsprozesse an veränderte Umweltbedingungen zu langsam ablaufen. Lernen beschleunigt und differenziert diese Anpassungsprozesse, weil nun nicht mehr die Phylogenese, sondern die Ontogenese der Zeitraum ist, in dem sie ablaufen, und deshalb viel schneller und flexibler auf veränderte Umweltbedingungen reagiert werden kann. Dazu gehört auch die Fähigkeit des *Vergessens*, denn jedes Gedächtnis würde kollabieren, wenn immer und unbegrenzt alle neuen Informationen als Wissen abgeladen würden. Vergessen bedeutet Löschen von Wissen (oder des Zugangs zu diesem), sei es dadurch, dass es nicht mehr benötigt wird, sei es, dass es überlagert wird von neuen Strukturen, sei es durch physiologische oder alterungsbedingte Schädigungen. Lernen und Vergessen gehören zusammen.

Lernen, so kann man also jetzt abschließend formulieren, ist der Erwerb und die Speicherung individueller Erfahrungen, auf die ein Individuum bei Bedarf wieder zurückgreifen und sein Verhalten dementsprechend modifizieren kann – und Vergessen ist die immer dazugehörige »dark side of the moon«. Lernfähigkeit und die Fähigkeit zu vergessen sind gleichermaßen die Bedingungen der Möglichkeit des Lernens auf biologischer Grundlage. Diese biologische Grundlage ist selbst evolutionär bedingt, oder m.a.W.: Lernen ist ein evolutionär entstandenes Vermögen von Lebewesen, ihr Verhaltensrepertoire zu erweitern und so eine höhere Überlebenschance in nicht vorhersehbaren Umwelten zu gewinnen.

Die grundlegenden molekularen Prozesse für Lernen sind deshalb bei allen Lebewesen, seien es nun Meeresschnecken, Fruchtfliegen oder Menschen, gleich, und beruhen auf universellen, für alle Lebewesen geltenden, physio-chemischen Prozessen. Die auf

den ersten Blick erstaunlichen Parallelen mit den Prinzipien der
Weitergabe biologischer Informationen durch Vererbung (genetisches Lernen) sind aus Sicht einer Allgemeinen Evolutionstheorie
gar nicht so aufregend, denn in ihnen kommt das allgemeine Öko-
nomieprinzip der Evolution zu Ausdruck. Einmal erreichte erfolgreiche Systemeigenschaften bleiben auf verschiedenen Emergenzebenen erhalten, werden modifiziert und über Funktionswandel
optimiert und universalisiert. So kommt es, dass das Lernen selbst
als Evolution und die Evolution als Lernen verläuft und schließlich
durch eine weitere Leistung optimiert wird: die Erziehung.

7 Die Wurzeln der Erziehung in der Brutpflege

Wie immer, wenn wir aus einer weiten Entfernung in die Evolution
zurückblicken und den Anfang einer Entwicklung suchen, kommen
wir früher oder später in Verlegenheit. Je genauer wir hinschauen,
desto unsicherer werden wir schließlich mit unserem Urteil und das,
was zunächst einfach zu sein scheint, wird immer schwieriger, denn
aller Anfang verliert sich im Dunkel der Vergangenheit und in
unserer grenzenlosen Unwissenheit darüber. Auch die Frage, wann
Erziehung in der Phylogenese beginnt, wird deshalb keine eindeutige Antwort finden. Das hängt zumindest teilweise auch damit
zusammen, dass man sich nicht über eine gemeinsame Begriffsbe-
deutung geeinigt hat. Wann etwas beginnt, hängt davon ab, was man
darunter (semantisch) versteht. Deshalb sind ontologische (Exis-
tenz-)Behauptungen immer von definitorischen Vorentscheidungen abhängig. Ich will Erziehung deshalb zunächst einmal weit
definieren: Erziehung ist die soziale Einflussnahme auf jene Differenzerfahrungen, die ein Individuum zu Lernprozessen anregt. Damit wird klar, dass der Beginn der Erziehung in der Evolution mitten
durch die EAM hindurchgeht. Solche Kompetenzen können
schließlich durch Umwelterfahrungen nichtsozialer Einflussnahme
erworben werden, dann wären sie per definitionem keine Erziehung, sondern einfach eine höhere Lernform durch Differenzerfahrungen, die man in einer bestimmten Umwelt macht. Oder aber, es
handelt sich in der Tat um soziale Einflussnahme, die ein System in
seiner Umwelt erlebt und als Anlass für Lernprozesse nimmt.

! Definitionen !
Erziehung !

Voraussetzung dafür ist Lernfähigkeit und Lernbedürftigkeit. Lernfähigkeit haben wir schon kennen gelernt, so dass ich hier nur noch einmal an die Fähigkeit erinnern darf, in Form eines gestuften Selektionsrasters Differenzerfahrungen aus der Umwelt »auszusieben«, so dass sie schließlich über das Kurzzeitgedächtnis hinaus auch im Langzeitgedächtnis dauerhaft gespeichert und bei Bedarf wieder hervorgeholt werden können. Lernfähigkeit ist eine Eigenschaft des lernenden Systems. Das alles ist allerdings noch nicht Erziehung, denn diese impliziert eine soziale Zuwendung, zumindest aber ein soziales Arrangement von Umwelterfahrungen, das der Anregung von Lernprozessen dient.

Damit Erziehung – als eine Form der sozialen Einflussnahme auf Lernprozesse (des psychischen Systems) – beginnen kann, bedarf es einer Art »Aufforderung«, die z. B. das Kind an seine soziale Umwelt aussendet. Diese könnte man etwa so formulieren: Kümmere Dich um mich! Hilf mir! Lehre mich, erwachsen zu werden! Die Lernbedürftigkeit muss als Auslösereiz für ein anderes Lebewesen in dessen Umwelt wirken und eine aktive soziale Zuwendung auslösen. Man könnte hier fast von einer Appetenz zur Erziehung sprechen, denn die Lernbedürftigkeit eines Lebewesens muss von einem anderen als Auslösereiz erkannt werden und dieses muss mit aktiver Zuwendung reagieren. Wir haben diese Mechanismen der Auslösung von Fürsorge und den Zusammenhang von Bindungssicherheit und Exploration in der frühen Kindheit schon im letzten Kapitel kennen gelernt und können uns deshalb hier noch einmal der Phylogenese zuwenden und der Frage nachgehen, welche homologe Entwicklung die Erziehung hier genommen hat. Der Blick fällt dann früher oder später auf die Brutpflege bestimmter Tierarten. Brutpflege von (höheren) Tieren und die Erziehung von unseren Kindern sind in evolutionstheoretischer Perspektive homologe Erscheinungsformen, die gleichwohl – einmal entstanden und stabilisiert – analoge Funktionen erfüllen. Betrachten wir deshalb die Brutpflege etwas genauer.

Es ist auch hier nützlich, den Begriff der Brutpflege zunächst präziser zu bestimmen, bevor auf die Sache selbst näher eingegangen wird. Ich will ihn in einem ganz weiten und vielleicht etwas ungewohnten Sinne definieren und darunter alles Verhalten von Lebewesen verstehen, das der intergenerativen Weitergabe ihrer biologischen Systemleistung dient. Das schließt natürlich auch alles soziale Verhalten mit ein, das diese biologische Reproduktion opti-

miert. Wenn man diesen weiten Horizont heranzieht, kann man die
Brutpflege in verschiedene Stufen einteilen:

1. Werbung
2. Paarung
3. Geburt
4. Brutstrategie
5. Brutvorsorge
6. Brutfürsorge. entscheidend

Werbung um den Geschlechtspartner und die (bei zweigeschlechtlichen Lebewesen) durch die *Paarung* erfolgte Ver-
schmelzung von männlichen und weiblichen Zellen sowie die *Geburt* selbst sind Voraussetzungen dafür, dass überhaupt eine
nachfolgende Generation auf die Welt kommen kann. Schon auf
dieser frühen Ebene werden die entscheidenden Weichen gestellt
und es fallen unter Umständen erhebliche und sehr unterschiedliche Investitionen der (künftigen) Eltern an, die in ihre evolutionäre
Gesamtbilanz eingehen. Schon hier spielen evolutionäre Strukturen eine bedeutende Rolle, und das in erster Linie deshalb, weil –
wie wir noch genauer sehen werden – bei der Werbung (im Rahmen
der sexuellen Selektion) die beiden Geschlechter unterschiedliche
Interessen und Strategien verfolgen und unterschiedlich viel investieren.

Unter *Brutstrategie* soll hier die Art und Weise verstanden werden, wie Eltern mit ihren Nachkommen artspezifisch umgehen.
Was damit gemeint ist, wird sofort verständlich, wenn wir uns die
beiden deutlich voneinander abgrenzbaren – aber letztlich funktional äquivalenten – Strategien vor Augen halten. Die erste Strategie
besteht darin, viel in die Anzahl und wenig bis gar nichts in die
Betreuung zu investieren. Solche Arten setzen alleine darauf, eine
möglichst hohe Anzahl von Nachkommen zu produzieren, kümmern sich aber dann nicht weiter darum, was aus ihnen wird. So
kommt es, dass Angehörige der meisten Tierarten ihr Leben lang nie
mit ihren Elterntieren in Berührung bzw. Kontakt kommen. Bei den
Wirbeltieren fallen darunter die meisten Fischarten, aber auch Lur-
che und Kriechtiere. Hier lässt etwa das Fischweibchen viele Tausende von Eiern frei ins Wasser gleiten, wo diese dann vom Männchen besamt – und in kürzester Zeit zum überwiegenden Teil von
anderen Fischen gefressen werden. Nur sehr wenige überleben.
Aber unterm Strich reicht es für die Art, ihr Überleben auf Dauer zu
stellen.

Diese Strategie der »Quantität« wird als »r-Strategie« bezeichnet[1]. Die zweite Strategie, sogenannte »K-Strategie«, setzt dagegen auf »Qualität«, also auf eine kleine Anzahl von Nachkommen und ein großes Elterninvestment. Wir finden diese Strategie vor allem bei Vögeln, aber auch bei uns Menschen vor. In beiden Strategien des Brutverhaltens kommen unterschiedliche (Über-)Lebensstrategien zum Ausdruck, die sich stichwortartig wie folgt beschreiben lassen:

r-Strategie: schnellere Individualentwicklung, kleinere Körpergröße, kürzere Ontogenese, früherer Fortpflanzungsbeginn, kürzere Geburtenabstände, kleineres und leistungsschwächeres Gehirn u. a.m.

K-Strategie: langsamere Ontogenese, größerer Körper, längere Lebensspanne, späterer Fortpflanzungsbeginn, geringere Wurfgröße, größeres und leistungsstärkeres Gehirn u. a.m.

Keine der beiden Strategien ist bezüglich ihrer Funktion, die Überlebenswahrscheinlichkeit zu optimieren, der anderen a priori überlegen, denn jede von ihnen hat Vorteile und Nachteile, und nur die Evolution selbst zieht letzten Endes die Bilanz und berechnet den Gewinn oder den Verlust.

Auch hier können wir wieder durch ein »re-entry« diese Unterscheidung (von r-Strategie und K-Strategie) durch Wiedereintreten in eine Seite der Unterscheidung differenzieren, und dann können wir sehen, dass die typischen r- und K-Bedingungen lediglich die beiden Pole einer kontinuierlichen Skala sind. Der Fisch, der pro Jahr 6000 Eier legt, ist im Vergleich zum Menschen ganz offensichtlich ein »r-Stratege«, aber gegenüber der Auster, die es jährlich auf über 5 Milliarden Eier bringt, rückt er stark auf die Seite der »K-Stratege«. Auch innerhalb der Säuger, die im Verhältnis zu den Fischen eindeutig »K-Stratege« sind, gibt es erhebliche Unterschiede. Ja selbst zwischen den Geschlechtern lässt sich diese Unterscheidung deutlich erkennen, investiert doch das Weibchen, von wenigen Ausnahmen abgesehen, weitaus mehr in die Fortpflanzung als das Männchen. Das kommt schon darin zum Ausdruck, dass das Weibchen z. B. pro Monat nur ein nährstoffreiches Ei, das Männchen aber eine in die Millionen gehende Anzahl von Spermien produziert. Dieses unterschiedliche Elterninvestment setzt sich auch nach der Geburt fort.

---

[1] Vgl. Voland 2000, a.a.O., S. 239 ff.

Unter *Brutvorsorge* kann man alle Tätigkeiten verstehen, durch die Eltern vor der Geburt die Überlebenswahrscheinlichkeit des Kindes optimieren. Eine solche Vorsorgeleistung kann z. B. durch die sorgfältige Auswahl des Geburtsortes (nahrungsreich, geschützt, parasitenfrei usw.) und der Geburtszeit (optimale Temperatur, verringerte Dichte der Feinde usw.) erbracht werden, aber auch schon durch das Anlegen ausreichender Ressourcen für die Mutter, die bei der Schwangerschaft und der Geburt benötigt werden und deshalb letzten Endes auch dem Nachwuchs zugute kommen. Schon viele Tierarten, die eine r-Strategie verfolgen, betreiben eine aufwändige Brutvorsorge und natürlich auch K-Strategler.

Nun endlich ist das Kind bzw. sind die Kinder auf der Welt angekommen, und jetzt beginnt das, was wir mit *Brutfürsorge* bezeichnen. Sie kommt nur bei Lebewesen vor, die sich über die K-Strategie fortpflanzen, und impliziert, dass es nur wenige, d. h. eine überschaubare Zahl, von Nachkommen gibt, denn der erhebliche Aufwand des Elterninvestments darf nicht die Überlebensfähigkeit der Eltern, insb. der Mutter, gefährden. Die Bedeutung der Brutfürsorge kann kaum überschätzt werden. In ihr gründen (zeitlich) nicht nur die Erziehung selbst, sondern auch (sachlich) einige bis heute sehr wichtige menschliche Systemeigenschaften:

– *geschlechtsspezifische Interessen,*
– *generative Interessen,*
– *selektiver Altruismus,*
– *soziale Kooperation,*
– *früher Individualismus,*
– *(ontogenetischer) Spracherwerb,*
– *intraspezifischer Wettbewerb,*
– *Lernen durch Unterrichten.*

Geschlechtsspezifische Interessen: Um den unterschiedlichen geschlechtsspezifischen Interessen auf die Spur zu kommen, ist es hilfreich, noch einmal die ganze Bandbreite der Brutpflege zu betrachten. Geschlechtsspezifische Unterschiede bei der Brutpflege kann man am unterschiedlichen Aufwand messen, den Weibchen und Männchen insgesamt in die eigene Nachkommenschaft investieren, und das betrifft ja die gesamte Brutpflege, angefangen bei der Werbung und Paarung bis hin zur Brutfürsorge. Dieser Investitionsaufwand kann auf allen vier Ebenen der Brutpflege je nach Art sehr unterschiedlich sein. Deutlich unterscheidet sich der geschlechtsspezifische Aufwand etwa bei den uns Menschen am nächsten stehenden Primaten bei der Werbung und bei der Brutfürsorge. Im Allgemeinen gilt hier: Männchen müssen mehr in die Werbung, Weibchen mehr in die Brutfürsorge investieren. Die Interessen der Weibchen und Männchen differieren hier durchaus erheblich; sie sind nur dort gemeinsam, wo es um das Ziel der Optimierung ihrer genetischen Fitness geht[2].

Aufgrund der weiblichen K-Strategie und der männlichen r-Strategie ist schon die Ausgangslage für die beiden Geschlechter verschieden. Um die wertvolle unbefruchtete weibliche Eizelle konkurrieren viele Millionen männliche Spermien, die praktisch außer ihren Erbmerkmalen nichts enthalten. Um die weibliche Eizelle herzustellen, bedarf es eines relativ großen Aufwandes an Ressourcen, der dafür vom Weibchen bereitgestellt werden muss. Das bindet Zeit, Kraft und Energie. Der Fortpflanzungserfolg eines Männchens ist nicht durch die Anzahl seiner Spermien begrenzt, sondern durch den Zugang zu befruchtungsfähigen weiblichen Eizellen. Umgekehrt ist der Fortpflanzungserfolg eines Weibchens nicht durch einen Mangel an männlichen Befruchtungsmöglichkeiten, sondern durch die aufwändige Produktion und Reproduktion dieser Eizellen begrenzt. Diese Ungleichheit der elterlichen Investition setzt sich nach der Befruchtung in der Schwangerschaft verstärkt fort, denn die Belastungen trägt alleine das Weibchen.

Für das Primatenmännchen ist es, rein soziobiologisch gesehen, vorteilhafter, sich sofort wieder um andere befruchtungsfähige Weibchen zu bemühen (zu werben, zu kämpfen), denn dadurch kann es seine Genfitness schneller erhöhen. Die Engstelle hierbei ist immer die Knappheit des Gutes »weibliche Eizelle«; die Folge davon ist ein harter Konkurrenzkampf zwischen den Männchen, die deshalb um den Zugang zu diesem knappen Gut ausdauernd, heftig und damit auch ressourcenverschlingend kämpfen müssen. Die lange Balz kann dabei u.U. für beide beteiligten Geschlechter vorteilhaft sein: Für das Weibchen kann sie als Indikator für dauerhafte Bindungsbereitschaft und Brutpflegefähigkeit der Männchen, für das Männchen dagegen als Indikator dafür dienen, dass das Weibchen frei von fremden Spermien ist. Wie auch immer, es dürfte inzwischen klar geworden sein, dass zwei Geschlechter an der

---

[2] Vgl. zum Folgenden B. König: Zur Soziobiologie der Brutpflege: Elterliche Investition und Eltern-Nachkommen-Konflikt. In: Praxis der Naturwissenschaften/Biologie 42, 1993, Nr. 6, S. 17–23.

Fortpflanzung mit nichtidentischen Interessen und unterschiedlichem Aufwand am Geschäft der Brutpflege beteiligt sind.

Es ist aus diesen Gründen auch kaum möglich, a priori ein Urteil darüber abzugeben, wer nun von den beiden Geschlechtern – Mutter oder Vater – unterm Strich mehr in die Brutpflege und damit in die Fortpflanzung investiert (zumindest dann nicht, wenn man unter dem Begriff der Brutpflege – wie wir das hier tun – auch die Werbung subsumiert). Dawkins hat in diesem Zusammenhang zu Recht darauf hingewiesen, dass die Prädikate »teuer« (in Bezug auf die weibliche Eizelle) und »billig« (in Bezug auf die Spermien) in die Irre führen: »Selbst wenn ein einzelnes Spermium klein und billig ist, ist es alles andere als billig, Millionen von Spermien zu produzieren und gegen all die Konkurrenz in ein Weibchen hineinzupraktizieren«[3]. Bei zweigeschlechtlichen Lebewesen, insb. aber bei den Primaten, zu denen ja bekanntlich auch der Mensch gerechnet werden kann, investieren i. A. wohl die Weibchen mehr in die Elternschaft, aber die Männchen mehr in die (sexuelle) Partnerwerbung. Möglicherweise kann man die bis heute erhaltenen deutlichen geschlechtspezifischen Unterschiede durch den unterschiedlichen Selektionsdruck erklären, der damit über viele Generationen auf die Geschlechter ausgeübt wurde.

Männchen und Weibchen haben also schon auf der Stufe der Primaten durchaus unterschiedliche Interessen, aus denen dann eine Reihe weiterer geschlechtsspezifischer Verhaltensweisen – bis hinein in die Erziehung des Nachwuchses – folgen. Vor der Schwangerschaft müssen die Männchen und nach der Schwangerschaft die Frauen mehr in die Brutpflege investieren. Warum das? Primaten sind »Traglinge«, d. h. dass sich ihre Kinder schon kurz nach der Geburt an das Fell ihrer Mutter klammern und von dieser herumgetragen und bei Bedarf gestillt werden. Das ist natürlich ein Handicap, das die Männchen nicht haben. Dadurch wird ein unterschiedlicher Selektionsdruck auf die Geschlechter ausgeübt; es entsteht eine sexuelle Selektion – mit der Folge, dass Frauen und Männer bis heute zu unterschiedlichen Kompetenzschwerpunkten neigen.

Generative Interessen: Aber auch zwischen den Eltern und den Kindern gibt es durchaus unterschiedliche Interessen, denn jedes Elternteil und jedes Kind ist zunächst einmal zu 100 % mit sich selbst, aber – ausgenommen die wenigen eineiigen Zwillinge – nur

---

[3] R. Dawkins 2001, a.a.O., S. 476.

zu 50 % miteinander verwandt. In einer Reihe gut beobachteter Fälle können diese unterschiedlichen Interessen zu erheblichen Konflikten führen. Ich will ein Beispiel geben:

Blaufußtölpel-Küken trachten in Zeiten des knappen Futters ihrem schwächsten Geschwister nach dem Leben und versuchen, es zu verletzen und aus dem Nest zu stoßen, weil durch eine verringerte Gelegegröße ihr Futteranteil (und damit ihre Überlebenschance) steigt. Die Eltern aber sind wachsam und holen den abgedrängten Nachwuchs meistens wieder ins Nest zurück. Sie setzen damit ihre Interessen eines möglichst umfangreichen Nachwuchses gegen das Interesse eines einzelnen Nachwuchses durch, selbst möglichst viel Futter zu erhalten. Umgekehrt lassen manche Greifvögeleltern in Zeiten der Not das schwächste Küken verhungern und holen es, wenn es aus aus dem Nest fällt, nicht zurück. Dadurch erhalten sie wenigstens das andere, stärkere Küken – auf Kosten des einen.

Hier wird deutlich, dass Eltern und Kinder häufig widersprüchliche Interesse austarieren müssen. Das hängt nicht unwesentlich mit der einfachen Tatsache zusammen, dass Eltern mit jedem ihrer Kinder zu 50 %, Kinder mit ihren eigenen Geschwistern ebenfalls zu 50 %, aber mit sich selbst zu 100 % verwandt sind.

Darüber hinaus gibt es bei uns Menschen eine interessante Mischung der unterschiedlichen Interessen durch die beiden Geschlechter und die verschiedenen Generationenebenen hindurch. Die Betreuungsintensität ihrer Enkel ist bei den Großmüttern der mütterlichen Linie größer als bei denen der väterlichen Linie. Soziobiologen vermuten hier die Vaterschaftsunsicherheit als ultimativen Grund[4].

Selektiver Altruismus: Elterliche Fürsorge ist immer selektiv (»discriminative parental solicitude«). Was aber bedeutet in diesem Zusammenhang »*selektiver Altruismus*«? Sei es nur die Mutter wie bei den Primaten, seien es beide Eltern wie bei den Vögeln: Brutpflege bedarf zumindest temporär, bis der Nachwuchs sich um sich selbst kümmern kann, trotz der nichtidentischen Interessenlage der sozialen Kooperation zwischen Eltern und Kindern. Der genetische Eigennutz findet hier seine natürliche Grenze, wo es darum geht, dass man auf die Befriedigung eigener Interessen zugunsten

---

[4] Vgl. E. Voland/E. J. Beise: Warum gibt es Großmütter? In: Spektrum der Wissenschaft 1/2003, S. 48–53.

der von anderen Individuen verzichtet. Hilft man einem anderen
Lebewesen, schenkt man ihm Kraft, Zeit und Energie, erscheint
dieses Geschenk in der evolutionären Fitnessbilanz als Kosten, die
man selbst tragen muss. Das gilt auch, wenn dieses andere Lebewesen das eigene Kind ist.

– Warum verzichten Vogeleltern, wenn sie selbst Hunger haben,
  auf einen erbeuteten Happen und stecken es ihren Kindern in den
  Schnabel?

– Warum verlässt die Eisbärenmutter volle vier Monate lang nicht
  ihre Kinder im selbst gebauten Iglu und säugt sie täglich sieben-
  mal, ohne je selber auch nur einen einzigen Happen zu fressen?

– Warum kann der Verzicht auf Befriedigung eigener Grundbedürfnisse zugunsten des Nachwuchses bis zur Selbstaufopferung
  gehen? Schon Käfer- und Wanzenweibchen kümmern sich nicht
  nur fürsorglich um ihren Nachwuchs, sondern sind unter Umständen auch bereit, bei drohender Gefahr ihr eigenes Leben zu
  riskieren!

Auf den ersten Blick scheinen das Beispiele für eine sehr uneigennützige Verhaltensweise zu sein. Aber auf den zweiten Blick wird
ersichtlich, dass hier letztlich durchaus eigennützige Motive zugrunde liegen, denn die Eltern sind mit dem eigenen Kind genetisch
genau zur Hälfte verwandt. Überleben kann auf genetischer Ebene
nur über das Nadelöhr des eigenen Nachwuchses gehen, der die
Hälfte seiner Gene von der Mutter bzw. dem Vater hat. Dass dies bei
allen zweigeschlechtlichen Lebewesen so ist, haben wir der evolutionären Erfindung und Stabilisierung sexueller Vermehrung zu
verdanken, die ihren Selektionsvorteil vor allem der verbesserten
Variabilität angesichts der vielen Parasiten verdankt.

Die auf den ersten Blick uneigennützige Brutpflege ist also Ausdruck einer durchaus eigennützigen Verhaltensweise; insofern ist
der Altruismus selektiv, und wir sprechen deshalb von selektivem
Altruismus. Darunter versteht man einen Altruismus, der das uneigennützige Verhalten nach Maßgabe der Entfernung zur genetischen Verwandtschaft begrenzt, und im Falle der elterlichen Zuwendung zum eigenen Kind eine (um die Hälfte) »verdünnte« Form
des Eigennutzes ist.

Dass sich Eltern – bzw. bei Primaten die Mutter – um das eigene
Kind bevorzugt kümmern, halten wir zu Recht für »natürlich«,
denn unsere Gene »flüstern« uns schon seit Jahrmillionen zu:
Kümmere Dich zuerst um Deine eigene Brut! Das Lebewesen, das

sich für die Brutpflege aller anderen gleichermaßen zuständig fühlte, müsste schnell scheitern und würde aussterben. Altruistisches Verhalten, in oben definiertem Sinne, beginnt und gründet also in der Brutpflege.

Soziale Kooperation: Selektiver Altruismus hängt eng zusammen mit der Fähigkeit zur *sozialen Kooperation*, ohne damit identisch zu sein. Denn einerseits ist die soziale Zuwendung zur eigenen Brut – und zwar genau zu 50 % – schon eine erste Form der Kooperation, und man darf deshalb vermuten, dass das Kind schon mit seiner Geburt lernt, dass sich Kooperation lohnen kann. Andererseits ist diese Form der Kooperation noch sehr asymmetrisch verteilt und kann bei Säugetieren bis zur gnadenlosen Ausbeutung der Mutter führen. Ein besseres Beispiel für eine Kooperation, die symmetrisch aufgebaut ist, finden wir bei Vögeln. Hier teilen sich in der Regel beide Eltern bis zu 16 Stunden am Tag die mühsame und aufwändige Brutpflege ihres gemeinsamen Nachwuchses. Nur durch diese arbeitsteilige Kooperation kann überhaupt die Brutfürsorge geleistet werden. Weil diese Kooperation auf die ganze Dauer der Brutpflege gestellt ist, sind Vögel meistens monogam. Wenn man so will, ist das die Urform der (Nucleus-)Familie.

Es sind die Eltern, die hier miteinander kooperieren müssen, weil jedes Elternteil alleine die hohen Investitionskosten der Brutpflege nicht bezahlen könnte. Bei Säugetieren beginnt nun eine neue Stufe der Kooperation dort, wo die Männchen durch Fürsorge ihrer Weibchen, insb. durch das Geschenk von Nahrung und Sicherheit, den Fortpflanzungserfolg der gemeinsamen Kinder fördern. Bekanntlich sind Weibchen während und nach der Schwangerschaft gehandicapt und können nur wenig und unter erschwerten Bedingungen etwas tun, um sich und ihre Kinder zu schützen und zu ernähren. Für Männchen ist es nützlich, wenn sie hier einspringen und dem Weibchen mit Schutz und Nahrung helfen, denn damit helfen sie letztlich auch ihren eigenen Nachkommen. Im Übrigen geht der evolutionäre Selektionsdruck in der Familie deshalb auch in Richtung Kooperation, weil man die Familienmitglieder *kennt*, und die darin begründete gegenseitige Erwartungssicherheit Kosten erspart. Auch hier zeigt sich wieder eine in der Evolution häufig beobachtbare Erfolgsstrategie: Der kluge Egoist kooperiert.

Man vermutet, dass dies in unserer Abstammungsgeschichte dort beginnt, wo der ursprünglich vegetarische Australopithecus das eiweißreiche Fleisch als optimale Nahrung entdeckte und die Männer zu Jägern auf Großwild wurden[5]. Mütter brauchen schon während der Schwangerschaft, aber dann auch während der Stillzeit vermehrt Eiweiß, aber auch Mineralstoffe und Phosophorverbindungen. All das bringt der Mann von seiner Jagd auf Tiere als Beute zurück, von der er nun, wenn er klug ist, der Mutter seiner Kinder und den Kindern selbst abgibt. Auch das dürfte ein reziproker Tausch gewesen sein, denn die Frau bietet ihm auch ein knappes (oder knapp gemachtes) Gut an: den dauerhaften sexuellen Zugang zu weiteren Schwangerschaften. So kann er gewesen sein, der Ursprung der sozialen Kooperation zwischen den beiden Geschlechtern – und zwar durch deren unterschiedliche Interessen hindurch, und damit auch der Anfang der Kernfamilie. Der ultimate Grund aber dafür ist das Wohl des gemeinsamen Kindes.

Für die Pädagogik bedeutsam kann noch ein anderer Gesichtspunkt sein, den man leicht übersieht, weil er so selbstverständlich scheint. Elterliche Brutfürsorge ist eine Form der sozialen *Interaktion unter Anwesenden*[6]. Auch wir Menschen sind deshalb darauf geprägt und orientieren uns deshalb beim Aufbau und Erhalt sozialer Systeme am sinnlich wahrnehmbaren Anderen, der als »alter ego« (anderes, nach außen verlagertes Ich) beobachtet wird. Wir besitzen deshalb eine hoch entwickelte Sensiblität für Gestik und für Stimmungen, die in Gesichtsausdrücken zum Ausdruck kommt[7]. Umgekehrt fällt es uns deshalb schwer, soziale Systeme abstrakt, also nicht auf der Basis von Interaktion, zu bilden, zu erhalten und uns lernend an sie anzupassen.

Früher Individualismus: Ein Weiteres kommt hinzu: K-strategisches Brutverhalten macht eine individuelle Betreuung der Nach-

---

[5] Das ist die These von J. H. Reichholf: Warum wir siegen wollen. Der sportliche Ehrgeiz als Triebkraft in der Evolution des Menschen. München 2001.

[6] Vgl. zu diesem Begriff und seinen pädagogischen Implikationen Kapitel III.

[7] Zwei Drittel der für die motorischen Abläufe zuständigen Neuronen des Cortex sind beim Menschen allein für die Steuerung der Muskulaturen der Hände und des Gesichts verantwortlich und nicht, wie bei den Tieren, für die (körperliche) Fortbewegung (vgl. G. Neuweiler: Vergleichende Tierphysiologie. Band 1: Neuro- und Sinnesphysiologie. Berlin 2003). Man kann daraus schließen, dass neben der Manipulation seiner sachlichen Umwelt durch die Hände vor allem der Gesichtsausdruck zur Manipulation seiner sozialen Umwelt eine dem Menschen eigentümliche und ihn auszeichnende Fähigkeit ist.

kommen notwendig – wohlgemerkt: der *eigenen* Nachkommen. Könnte der eigene Nachwuchs nicht erkannt werden und würde dadurch in völlig fremden Nachwuchs investiert, wäre der große Aufwand der Brutpflege für die eigenen Gene praktisch verloren. Das aber kann sich die biologische Evolution nicht leisten. Deshalb muss es darum gehen, das eigene Kind von den fremden Kindern unterscheiden zu können. Nur auf der Basis der individuellen Erkennbarkeit der eigenen Nachkommen kann sich genetischer (aber auch reziproker) Altruismus entwickeln. Während nicht-individuelle Bindungen von Jungtieren an ihre Eltern durchweg angeboren sind, beruhen individuelle Bindungen ausschließlich auf Lernprozessen, insbesondere auf Prägung[8]. Nicht per Geburt, sondern nur durch ein nachgeburtliches Erlernen entstehen jene individuellen Bindungen, die dann meistens durch olfaktorische und akustische Signale auf Dauer gestellt und durch soziales Verhalten ausgebaut werden.

Kinder (von Vögeln und Säugern) vermögen – über olfaktorische, akustische oder visuelle Signalselektion – ihre Mutter individuell zu erkennen und das Elterntier wird das eigene Kind als einzigartig sehen und dementsprechend privilegiert behandeln – und betrauern, wenn es sterben sollte. Das ist, wenn man so will, die Erfindung des Individuums. Das unverwechselbare Individuelle an seinem eigenen Kind vermögen die Tiere schon auf einer Stufe zu erkennen, die uns Menschen noch verbaut ist. Wer vermag schon Pinguine oder Lachmöven individuell voneinander zu unterscheiden und aus vielen Tausenden identisch aussehenden anderen Tieren herauszufinden? Die Eltern vermögen es!

Sicher, es gibt Ausnahmen (»Betrüger«, »Trittbrettfahrer«, »Parasiten«), etwa beim Kuckuck oder auch bei uns Menschen, und diese Ausnahmen bedeuten, wenn sie denn realisiert werden, eine parasitäre Ausbeutung des jeweils nicht Verwandten. Das ist aber nicht die Regel. Individualismus beginnt viel früher, als wir das historisch vermuten, nämlich bei der Erkennung des unverwechselbaren eigenen, individuellen Nachwuchses und seiner privilegierten Behandlung in der Brutfürsorge. Die langsame Kindheits- und Jugendentwicklung macht eine lange Brutfürsorge notwendig und bildet so auch den Grundstock für soziale Systembildung.

---

[8] Vgl. B. Hassenstein: Verhaltensbiologie des Kindes. München 1973, S. 24 ff.

(Ontogenetischer) Spracherwerb: Ich will an dieser Stelle an den Spracherwerb erinnern, weil er zeitlich in die Phase der frühen elterlichen Brutfürsorge fällt. Gleichwohl darf man nicht übersehen, dass die Sprachfähigkeit angeboren ist und sich das Individuum schon geringste Anlässe zunutze macht, um sie zu entwickeln. Immerhin bedarf es dieser Anlässe und diese findet es in der Regel in seiner Familie, vor allem im sozialen Umgang mit seinen Eltern. Wir haben dieses Phänomen schon bei den Singvögeln kennen gelernt, die gleichfalls schon bei der Geburt diese Appetenz angeboren mitbringen, ihre arttypische Ausprägung aber erst von den Eltern lernen. Wie muss man sich den Spracherwerb aus evolutionstheoretischer Sicht vorstellen?

Kinder sind »notorische Geräuschproduzenten«[9]. Sie produzieren, kaum geboren, zunächst eine im Umfang geringe, in der Lautstärke aber große Bandbreite von verschiedenen Geräuschen. Schon nach einem Jahr ist die Variationsbreite so stark angewachsen, dass sie größer ist, als es Laute in der jeweiligen Muttersprache gibt. Das heißt, dass wir jetzt bei der weiteren Sprachentwicklung des Kindes eine für die Evolution typische Situation der Selektion aus einem Variationspool vorliegen haben. Diese Selektion findet vermutlich weniger durch die elterliche Korrektur als vielmehr durch Imitation des adulten Sprechens (das ja meistens eines der Eltern ist) statt. Die ersten Worte sind auf konkrete, meist bewegliche und meist soziale Dinge der unmittelbaren Umwelt bezogen[10]. Die Stabilisierung findet dann durch den wiederholten Gebrauch statt (Wiederholung), der jeweils durch Bestätigung oder Korrektur der sozialen Umwelt kanalisiert und angeregt wird. Ab eineinhalb bis zwei Jahren kommen dann die Zwei-Wort-Sätze, die aus Nomina und Verben (meist im Indikativ) bestehen und in denen die Grundstruktur unseres Denkens zum Ausdruck kommt: Wir denken die Welt als Welt der beweglichen Dinge (gelegentlich, wie im Chinesischen, auch als Welt der Bewegungen, die sich verdinglichen).

Bis zum sechsten Lebensjahr kann jedes normal entwickelte Kind gut, bis zum zehnten differenziert sprechen. Das ist, wenn man sich die Tausende von grammatikalischen und semantischen Regeln

---

[9] J. R. Anderson: Kognitive Psychologie. Heidelberg, Berlin 2001, S. 373.

[10] Das kann, muss aber nicht im Deutschen »Mama«, »Papa« sein, sondern kann – wie bei meinem ersten Sohn – unter Umständen auch »Gaggn« (Traktor) und »audo« (Auto) sein.

und Wörter vor Augen führt, die ein Kind dabei lernen muss, eine enorme Leistung, insbesondere, wenn man bedenkt, dass dies ein Kind ohne direkte deduktive Unterrichtung, alleine durch eine induktive Erfahrung erreichen kann. Es bedarf nur der sozialen Umwelt, also eines sozialen Systems (meist der Familie), dann hat das Kind viele Gelegenheiten, dieses »schlafende Vermögen« zu wecken und eigenständig einzuüben. Kinder werden mit der Appetenz, Sprechen lernen zu wollen, schon geboren und suchen sich induktiv die Reize zur Auslösung dieses Verhaltens selbst zusammen. Inwieweit die Qualität und die Quantität der einschlägigen Impulse durch die soziale Umwelt (etwa durch aufmerksame Spracherziehung in der Familie) eine Rolle spielt, ist wissenschaftlich umstritten. Neuere Untersuchungen deuten eher ein für die Pädagogik enttäuschendes Ergebnis an: Zumindest scheint die Qualität dabei »nicht entscheidend«[11]. Hier zeigt sich wieder einmal nicht nur die große, weitgehend unterschätzte Bedeutung des (phylo)genetischen Lernens, sondern auch die dabei verwirklichte raffinierte Mischung von starren Vorgaben und weichen und flexiblen selbstorganisierten Lernprozessen.

Intraspezifischer Wettbewerb: Schließlich wird in der K-Strategie die aufwändige Brutpflege – und später die darauf aufbauende Erziehung – dadurch belohnt, dass die Investition in den eigenen Nachwuchs diesen in der intraspezifischen Konkurrenz bevorzugt mit Überlebenstauglichkeit ausstattet. Man darf ja nicht übersehen, dass es um das knappe Gut des Weiterlebens der eigenen Genlinie einen dauerhaften harten Wettbewerb um die besten Ausgangsplätze gibt. Weil dieser Wettbewerb immer dort am schärfsten ist, wo es um das gleiche Gut unter gleichen Randbedingungen geht, ist die *intraspezifische* Konkurrenz in der Regel die härteste. Ein gut ausgerüsteter Nachwuchs besitzt in diesem Wettbewerb um die besten Startplätze einen deutlichen Selektionsvorteil. Der Selektionsdruck geht deshalb innerhalb der K-Strategie deutlich in Richtung eines immer aufwändigeren und längeren Brutpflegeverhaltens – das schließlich dann in der Erziehung mündet.

Mit der Konzentration auf eine immer bessere und längere Brutfürsorge verbessern Eltern die Wettbewerbsfähigkeit der eigenen Kinder und kompensieren damit den Nachteil, im Vergleich mit den r-Strateglern nur wenigen Nachwuchs zu haben. Ganz offensicht-

---

[11] So J. R. Anderson 2001, a.a.O., S. 380.

lich besitzen nachgeburtliche, durch Lernen erworbene Fähigkeiten
zunächst einmal den Nachteil, dass sie eben nicht – wie etwa die
AAM – von Anfang an zur Verfügung stehen, sondern erst mühsam
erworben – sprich: gelernt – werden müssen. In der Evolution des
Lernens konnte diese anspruchsvollere Form des autarken Lernens
deshalb erst dann durchgesetzt werden, als dieser Nachteil kompensiert werden konnte. Wie sieht diese Kompensation aus? Die
Antwort lautet: Durch die Ausprägung eines Sozialverhaltens, das
den Jungtieren ausreichenden Schutz vor Gefahren, Betreuung, Ernährung und Zeit zum Lernen gibt – kurz gesagt: durch eine aufwändige, lange Phase der Brutfürsorge. Sie bildet einen Erpro-
bungsraum für die Paarbeziehung der Eltern, in dem sich diese
bewähren und stabilisieren kann, eine Art Schonraum, in dem das
Kind unter Bedingungen lernen kann, die das Risiko von Ernstbedingungen deutlich herabsetzen. Neben dem aufrechten Gang
und der Steigerung des Hirnvolumens ist es deshalb vor allem dieser
lange Zeitraum des langsamen Wachsens und Reifens unter Schonraumbedingungen (also die lange Zeit der Neotenie), der den Menschen von allen seinen tierlichen Verwandten unterscheidet. Der
Anteil seiner Kindheit und Jugend bis zur Geschlechtsreife ist beim
Menschen von allen Säugetieren am längsten. Dazu kommt die
schon erwähnte und in seiner Quantität und Qualität genuin
menschliche Fähigkeit der Nachahmung, wenngleich auch sie angeboren ist[12].

Lernen durch Unterrichten: In dieser ausgedehnten Phase der
Brutfürsorge entwickeln sich schon auf der Ebene unserer tierlichen
Verwandtschaft erste Formen von Unterrichtung. Damit kommen
wir nahtlos an die Grenze zur Erziehung, wenngleich auf dieser
frühen Ebene der tierlichen Brutfürsorge zunächst einmal nur subsidiäres Lernen durch Belehren aktiviert und kanalisiert wird. Dass
Eltern ihre Kinder in der Phase ihrer Neotenie prägen, ist schon bei
den Vögeln vielfach nachweisbar, dass sie aber darüber hinaus auch
unterrichten (belehren, lehren) dürfte weniger bekannt sein. Und
doch berichten Verhaltensforscher von eindeutigen Formen des
Unterrichtens durch Mutter und/oder Vater, und damit von einer
nichtzufälligen Beeinflussung von Umweltbedingungen mit dem
ultimaten Zweck, bestimmte überlebensnützliche Lernprozesse bei

---

[12] »Die Nachahmung ist uns angeboren« (J. W. von Goethe, a.a.O., Bd. VII,
S. 496).

den eigenen Kindern anzuregen. Ich will ein paar Beispiele geben, die uns der Verhaltensforscher V. B. Dröscher berichtet[13]:

- Nach über vier Monaten in ihrer Schneehöhle verlässt die Eisbärin mit ihren beiden Jungen die Schneehöhle. Eine etwa achtmonatige Wanderung über Pack- und Treibeis beginnt, während der sie ihren Kindern eine Art Jagdunterricht auf Robben gibt und dabei auch nicht vergisst, sie nachdrücklich (z. B. mit unsanften Stößen und Schlägen) zu belehren, dass man keine Walrosse angreifen darf.

- Schimpansen-Mütter geben ihrem Nachwuchs Unterricht im Gebrauch von Werkzeugen. Das kann bis zu zehn Jahre dauern. Der Unterricht beginnt damit, dass die Mutter nach einer Nussmahlzeit einige unbeschädigte Nüsse in der Nähe der Amboss-Steinplatte liegen lässt und den Hammer oben drauf legt. Dann beobachtet sie, was ihr Kind macht, lässt dieses längere Zeit herumprobieren. Wenn es nicht zum Erfolg kommt, nimmt die Schimpansin ihrem Kind den Hammer sacht aus der Hand, dreht dessen Schlagfläche nach unten. Dabei achtet sie sehr darauf, dass ihr Kind zuschaut. Dann gibt sie ihm den Hammer zurück und wiederholt dies so lange, bis der Sprössling die Nuss richtig knacken kann. Zur Belohnung darf er dann die Nuss verspeisen. Die Schimpansenmutter ist hier offenkundig in der Lage, die Fehler ihrer »Schüler« zu erkennen und deren Verhalten methodisch so zu strukturieren, dass der Unterrichtserfolg wahrscheinlich wird.

Manch einer ist bei diesen und ähnlichen Beispielen vermutlich versucht, den Begriff des »Schülers« oder des »Unterrichts« als bloße Metaphorik abzutun. Das mag dann richtig sein, wenn man diese Begriff per definitionem nur für den Menschen reserviert. Wenn man allerdings nach einer homologen Erklärung für das Unterrichten und Belehren sucht, wird man nicht umhinkommen, diese frühen Formen der Erziehung mit Erstaunen zur Kenntnis zu nehmen und ihre zu unserem menschlichen Unterricht analoge Form zu bewundern.

Spätestens jetzt wird die übliche kompensatorische Erklärung der Brutpflege problematisch. Diese besagt: Brutpflege kompensiere das Zufrühgeborenwerden der Kinder und die daraus folgende un-

---

[13] Vgl. V. B. Dröscher: Kinderstube der Tiere. Die Schule der Schimpansen. In: Welt am Sonntag 2002, Nr. 37, S. 48.

vermeidliche Unbeholfenheit und Hilfsbedürftigkeit durch eine
aufwändige elterliche Investition. Wenn man allerdings diese und
ähnliche Beispiele analysiert, kann man auch zu einer anderen
Erklärung kommen, einer Erklärung, die nicht von einem Defizit,
sondern im Gegenteil, davon ausgeht, dass Brutpflege eine evolutionäre Höherentwicklung lernfähiger Tiere ist, die sich bewährt
und deshalb evolutionär stabilisiert hat. Ich finde diese Erklärung
überzeugend. Sie scheint mir plausibler zu sein, denn mit der Ausdehnung der Phase einer nach-geburtlichen Lernfähigkeit erreicht
ein Individuum eine neue Emergenzebene der Evolution, die –
vereinfacht gesagt – dadurch gekennzeichnet ist, dass nun auf der
Ebene des Individuums ein Lernen aus (ontogenetischer) Erfahrung
möglich wird. Dass Verhaltenskompetenzen nun innerhalb einer
Ontogenese gelernt werden können, ist eine spezielle Anpassung an
die Unvorhersehbarkeit der Umwelt. Weil auch diese Anpassungsleistung, wie jede andere in der Evolution auch, glücken oder misslingen kann, ist damit eine neue Selektionsebene erreicht und die
Evolution experimentiert mit einer neuartigen Selektionseinheit.

Wir haben diese neue Selektionseinheit, zumindest dem Namen
nach, schon kennen gelernt: Phäne.

8 Selektionseinheit »Phäne«

Traditionellerweise steht der Mensch im Mittelpunkt des pädagogischen Interesses, genauer gesagt: der individuelle Mensch, der
lernende Mensch, der mit seiner spezifischen autarken Lernfähigkeit und Lernbedürftigkeit die obligate Voraussetzung für Erziehung ist. Wie muss man sich nun den Sprung vom Lernen zur
Erziehung vorstellen – vom lernenden Menschen zum erziehenden
Menschen? Im Kapitel über die Brutpflege wurde erläutert, dass
man eigentlich gar nicht von einem »Sprung« sprechen kann, denn
erste Spuren edukativer Handlungen lassen sich deutlich schon in
der Brutpflege bei Tieren entdecken, die dabei eine K-Strategie
verfolgen. Erziehung entsteht in der Phylogenese deshalb auch
nicht schlagartig; sie ist keine spontane Erfindung eines einsamen
Genies. Es gibt keinen Menschen, der eines Tages, als er gerade
nichts Besseres zu tun hatte, auf die glorreiche Idee kam: Hoppla,
wie wäre es, wenn wir von nun an unsere Kinder erziehen würden!?

Vielmehr entwickelte sich Erziehung ganz allmählich aus der Brutpflege unserer frühen Vorfahren und bewegte sich – auf Grund eines Selektionsdrucks, die Investitionen in die Brutpflege zu optimieren – in Richtung einer immer stärkeren Unterrichtung des Nachwuchses, und das ganz einfach deshalb, weil es ganz offensichtlich einen Selektionsvorteil hat, wenn ein Lebewesen fähig wird, nicht nur aus seinen eigenen Erfahrungen, sondern auch von denen anderer Menschen zu lernen, dieses Gelernte zu speichern und bei Bedarf wieder abzurufen.

Die Voraussetzung dafür haben wir schon kennen gelernt: Lernfähigkeit und – schon bei der Prägung beginnend – die Entwicklung einer zweiten »inneren Welt«, einer Vorstellungswelt (»Welt 2«), die mit gespeicherten Erinnerungen arbeitet, auf die neue Eindrücke bezogen werden können, und schließlich die Konstruktion einer weiteren, dritten Welt (»Welt 3«), die von konkreten Bildern abstrahiert (»Abstraktionswelt«). Die »Vorstellungswelt« der »Welt 2« ist auf dieser frühen Stufe unserer Phylogenese vielleicht eine noch etwas zu metaphorische Ausdrucksweise. Wahrscheinlich ist es besser, weil präziser, man spricht, wie es die Ethologen tun, hier von »Raumrepräsentationskompetenz«. Ich werde von »Raum- und Zeitrepräsentationskompetenz« (RZRK) sprechen, weil selbst dann, wenn – wie hier – die räumliche Repräsentation der äußeren Welt durch eine innere Welt dominiert, diese ohne Zeitdimension nicht möglich ist. Was heißt das?

Ich habe schon darauf hingewiesen, dass zunächst die Verbindung zwischen Appetenz, Auslösereiz und dem dazugehörigen Handlungsschema voneinander entkoppelt und neu kombinierbar wurde. Eine solche »Hemmung« bzw. eine solche »Verzögerung«, ein Freisetzen eines ursprünglich Zusammengehörigen ist Voraussetzung für eine neue Freiheit, aus der eine neue Kompetenz erwächst, die Elemente nach Bedarf neu kombinieren und wieder zusammensetzen zu können. Es ist unmittelbar einsichtig, dass dies die konkrete Situationsbewältigung verbessern kann, weil es die situative Anpassungsleistung optimiert. Konkrete Situationen sind ja nie vollständig voraussehbar; ihre Bewältigung kann deshalb auch nicht – zumindest nicht ausschließlich – durch das (genetische) Artgedächtnis geleistet werden. Erst die Auflösung der starren Vorgaben und ihre variable Neukombination ermöglichen situationsgenauere Anpassungsleistungen. Der Ablauf der Orientierungsaktivitäten, die dabei angemessen sind, darf allerdings dabei

nicht willkürlich sein, sondern erfordert in jeder Situation einen
Vergleich der neuen Situationsbedingungen mit den schon bekann-
ten Mustern, eine solche oder ähnliche Situation zu bewältigen.
Statt eines ungeplanten Herumprobierens in der »Welt 1« ist jetzt
ein inneres Durchspielen von Lösungen (in der »Welt 2«) auf der
Basis schon gelernter Wissensbestände angesagt.

Der Sinn von »Sinn«

Bei einer genauen Betrachtung lässt sich sowohl auf der Ebene der
Vorstellungs- als auch der Abstraktionswelt die vertraute evolutionäre Logik von Variation und Selektion entdecken, denn auch hier
ereignet sich die Zuordnung zu einem bestimmten Fall auf der Basis
der Vielfalt der gespeicherten Erfahrungen. Erinnern, Denken,
Entscheiden usw. – alle diese höheren kognitiven Leistungen des
psychischen Systems spielen sich auf der Systemebene des Vorstellungsvermögens als ein Vorgang ab, der ein »Woraus« bewusster
Selektion aus einer Vielfalt von Verweisungen, die im Unbewussten
gespeichert sind? Dieses »Woraus« bewusster Selektion aus dem
Unbewussten kann jederzeit zu anderen Verweisungen springen,
weil jede Selektion eine Auswahl aus einer Vielzahl von potentiell
unendlichen Verweisungen ist. Das ist es, was wir auch – mit Niklas
Luhmann – als »*Sinn*« bezeichnen: Sinn ist als das Medium, mit
dem Bewusstsein prozessiert, eine Selektion im Horizont anderer
Möglichkeiten, die ihren Überschuss an Verweisungen unweigerlich mitschleppt und diese bei Bedarf – wenngleich auch immer nur
selektiv – wieder aktivieren und kontrollieren kann. In den Worten
von Niklas Luhmann: »Mit dem Begriff Sinn soll eine bestimmte
Selektionsweise bezeichnet werden, nämlich eine Selektion, die das
»Woraus« der Wahl präsent hält und dadurch die Möglichkeit hat,
ihre eigene Selektivität zu kontrollieren. Die Eigentümlichkeit
sinnhafter Selektion besteht mithin in der *simultanen* Präsentation
von (mindestens) zwei Ebenen, deren eine einen Horizont von
Möglichkeiten, deren andere das selektiv Realisierte bezeichnet«[1].

Der evolutionäre Selektionsvorteil dieser Errungenschaft wird an
anderer Stelle so präzisiert: »Er liegt in einer neuartigen Kombination von Geschlossenheit und Umweltoffenheit des Systemaufbaus;

---

[1] N. Luhmann: Gesellschaftstheorie (Manuskript. Bielefeld 1973, S. 7).

oder mit anderen Worten: in der Kombination von System/Umwelt-Differenz und selbstreferentiellem Systemaufbau«[2]. Evolution wendet mit dieser Erfindung gewissermaßen ihre Form auf sich selbst an: Jeder sinnvolle Gedanke schließt einerseits im Augenblick seiner Präsentation alle anderen aus, ohne diese allerdings ein für alle Mal zu vernichten, denn es ist jederzeit möglich, diesen Gedanken in einen anderen zu überführen, also das Ausgeschlossene wieder einzuschließen. Evolution von Sinn bedeutet also, nicht nur wie in der biologischen Evolution aus *Wirklichem*, sondern auch aus *Möglichem* auswählen (selektieren) zu können und damit nicht nur am *Erfolg*, sondern auch am *Misserfolg*, aus Fehlern, lernen zu können. Dabei ist der Gedanke selbst immer flüchtig und verschwindet in dem Augenblick wieder, da er auftaucht, und er wird zum Gedankengang (oder zur bloßen Assoziation), wenn er in einen anderen Gedanken überführt wird. Gedanken können nur durch Gedanken, Kommunikation nur durch Kommunikation fortgesetzt werden – aber nur insofern, als der jeweilige Gedanken- oder Kommunikationsinhalt flüchtig ist und, kaum entstanden, schon wieder verschwindet.

Auch hier kommt ein evolutionäres Prinzip zum Ausdruck, das wir schon im Fluss des Lebensstromes entdecken können: Das Leben als Ganzes kann sich nur erhalten durch das Sterben seiner Einzelbestandteile. Erhaltung ist nur durch Veränderung möglich und so wie (nach Goethe) der Tod ein »Kunstgriff« der Natur ist, »viel Leben zu haben«, ist das Verschwinden und Vergessen von Gedanken aus dem Bewusstsein Voraussetzung für den Gedankenreichtum psychischer Systeme. Wer immer nur den gleichen Gedanken hat, ist dumm.

Der große Vorzug des sinnhaften Prozessierens liegt darin, dass die ausgeschlossenen Verweisungen nicht ein für alle Mal vernichtet werden, sondern erhalten bleiben und bei Bedarf immer wieder reaktivierbar sind. Das ist der große Unterschied zur »Welt 1«: Hier vernichten Selektionen Alternativen ein für alle Mal und Entscheidungen, die sich als falsch herausstellen, können Folgen haben, die nicht reversibel sind. In Gedanken aber, und damit in der »Welt 2« (oder »Welt 3«), kann das, was ich gerade nicht denke, das Übersehene, schon im nächsten Augenblick gedacht werden. Das Risiko

---

[2] N. Luhmann: Soziale Systeme. Grundriss einer allgemeinen Theorie. Frankfurt a.M. 1984, S. 64.

des Weglassens, das jede Selektion eingehen muss, wird damit verkleinert, denn die Ausschließungen werden durch Temporalisierung reversibel gehalten. Dazu kommt, dass das »Woraus« des Denkens, der Überschuss an Verweisungen, durch Lernen hochgradig veränderbar ist; er kann jederzeit ergänzt und damit vergrößert – oder durch Vergessen wieder verkleinert werden. Mit dieser Flexibilität durch Lernen erreicht das Denken eines Phäns eine hohe Adaptionsfähigkeit an beliebige Umwelten. Der Sinn von Sinn kann damit evolutionstheoretisch erklärt werden.

Mit dieser Logik von sinnhaftem Denken als Selektion aus einem potentiell unendlichen Verweisungshorizont wiederholen wir Menschen beim Denken in der »Welt 2« die evolutionäre Logik der »Welt 1«, in der wir handeln. Die reale Vielfalt der Welt, die allem Handeln als Kontingenz vorausliegt, wird zur potentiellen Vielfalt im Denken. Auf beiden Ebenen aber wird dabei die Logik der Evolution in Anspruch genommen. Auch unser Denken ereignet sich als Evolution. Dabei geht es nicht um eine immer bessere Anpassung, sondern um Erhöhung von Komplexität, um Verbesserung der Auflöse- und Rekombinationsfähigkeit, einer gleichzeitigen Steigerung von Trägheit und Flexibilität von Systemeigenschaften.

Der Vorteil einer solchen Wiederholung der evolutionären Logik auf einer neuen Emergenzebene liegt in ihrem Charakter als Simulation. In der »Welt 2« wird die »Welt 1« nur simuliert – mit herabgesetztem Risiko des Scheiterns, aber mit der Chance, schneller und vorteilhafter dadurch zu handeln, dass man vorher denkt. Nützlich ist dabei die geistige Vorwegnahme der geplanten Aktivität und ihr Vergleich mit dem schon gelernten und gespeicherten Erfahrungswissen. Der Organismus benötigt dazu eine innere Vorstellungswelt (»Welt 2«), in der – wie der Name schon sagt – das analoge Äußere vor das geistige Auge gestellt wird und das voraussichtliche Ergebnis in der Vorstellung simuliert wird. Die äußere Welt (»Welt 1«) – die wir als »reale Welt« nobilitieren – wird damit durch eine innere Welt (»Welt 2«) bildlich dargestellt; der äußere Raum wird in einem inneren Raum repräsentiert – deshalb »Raumrepräsentation« – und dabei dort mit dem schon gespeicherten Wissen so verglichen und verknüpft, dass ein zeitlicher Ablauf voraussehbar wird – deshalb »Zeitrepräsentation«. Die Welt wird damit partiell dupliziert und eine Art Probehandeln möglich, das das Risiko der geplanten Handlung abschätzen und bei Bedarf, falls

etwa im Gedächtnis eine einschlägige missglückte Handlung gespeichert ist, abbrechen kann. Schließlich entfernt sich die geistige
Bewegung in der »Welt 3« von allen realen und bildlichen Bezügen
und muss deshalb ihren Widerstand in Form von Regeln, Maximen,
Definitionen u.Ä. selbst einbauen.

Die Vorteile dieses sinnhaften Operierenkönnens in verschiedenen »Welten« sind beeindruckend:

- Man muss in der Situation nicht immer wieder von vorne anfan-
  gen, sondern kann sie durch Analogiebildung (Vergleich und
  Verknüpfung mit früheren ähnlichen Erfahrungen) in »Welt 2« zu
  Ende führen.
- Man muss in der Situation nicht immer wieder die gleichen
  Fehler machen, sondern kann (wiederum durch Analogiebildung
  und Verknäpfung) auf bewährte Lösungen zurückgreifen.
- Man kann dabei auch auf Erfahrungen zurückgreifen, die man
  gar nicht selbst, sondern die anderen gemacht haben.
- Man kann auf Erfahrungen zunächst verzichten, sich von ihren
  Beschränkungen völlig befreien und in »Welt 3« eigene Welten
  konstruieren, daraus dann empirische gehaltvolle Hypothesen
  ableiten und diese dann in der »Welt 1« überprüfen. Das ist die
  Vorgehensweise der (empirischen) Wissenschaften.

Dass man von Erfahrungen anderer Menschen profitieren kann,
setzt natürlich voraus, dass man überhaupt Erfahrungen anderer
lernen und sie intern so weiter behandeln kann, »als ob« sie eigene
Erfahrungen wären. Das ist der entscheidende Selektionsvorteil von
Erziehung, die genau hier ansetzt. Ich werde an späterer Stelle hier
noch einmal einhaken. Zunächst einmal gilt es aber, die Vorzüge des
autarken Lernens zu verstehen, weil darin die Systembildung der
Phäne gründet. Durch das autarke Lernen können so die Orientierungsaktivitäten je nach situativem Bedarf kontrolliert werden. Dabei wird das gelernte Erfahrungswissen an die Situation angepasst
und erweitert, so dass sich ein kumulativer Lerneffekt ergibt.

Ich will an dieser Stelle an eine wichtige Implikation dieser
Entwicklung erinnern, die wir an früherer Stelle schon kennen gelernt haben – an die *teleologische* Struktur der Bewegung (und
damit des menschlichen Handelns). Handeln kann man als körper-
orientiertes Verhalten in Zeit und Raum definieren. In dem Augenblick, da ein individueller Mensch nicht nur einen Körper, sondern auch eine spezifische geistige Systemleistung produziert und
durch die »Zeit- und Raumrepräsentationskompetenz« (in einer

»Welt 2«) fähig wird, Handlungen zu antizipieren und zu interpretieren, neigt er dazu, eigene, also dem System zurechenbare, Handlungen teleologisch – also zielbezogen – zu strukturieren, weil so ein gedankliches Durchspielen von Kontingenzen analog seiner Erfahrungen in der »Handlungswelt« (»Welt 1«) möglich wird. Diese Präferenz für eine teleologische, finalistische Handlungsstruktur hat Voraussetzungen, die in der biologischen Evolution des Menschen gründen:

– seine nach vorne, zur Weitsicht geeignete Augenstellung,
– sein aufrechter Gang, der nicht nur einen Überblick ermöglicht, sondern auch die Hände für eigenständige Bewegungsabläufe freisetzt[3],
– seine Befähigung zur Jagd auf eiweißhaltige Nahrung durch soziale Kooperation; Voraussetzung dafür ist, dass man sich über ein gemeinsames Ziel einigen und die Handlungen der Beteiligten koordinieren kann.

Die »Tyrannei des teleologischen Denkens« (Nicolai Hartmann), von der schon die Rede war, der wir u. a. auch verdanken, dass sich Alternativen – wie etwa das teleonome Denken der Evolutionstheorie – nur sehr mühsam, langsam und spät entwickeln konnten, gründet also nicht im bösen Willen, in der vermeidbaren Ignoranz oder gar der Dummheit unserer Vorfahren, sondern in seinem funktionalen Selektionsvorteil, den es in überschaubaren, einfach strukturierten Handlungskontexten besitzt. Ein »Handeln« teleologisch zu strukturieren liegt so lange nahe, als es auf den Radius beschränkt bleibt, den die »Hand« erreichen kann. Erst in dem Augenblick, da die Macht menschlichen Handelns diesen Radius überschreitet, wird ein rein teleologisches Denken problematisch, weil es Gefahr läuft, eine bloß metaphorische Erinnerung zu sein, deren Angemessenheit in der neuen Situation nie überprüft wurde.

Mit dieser neuartigen Form der Welterfahrung durch teleologisches Denken und Handeln wurde die individuelle Lernkompetenz auf eine Weise erweitert, dass man zu Recht davon sprechen kann, dass die Evolution damit eine neue Emergenzebene erreicht hat, auf der sie mit einer neuen Selektionseinheit experimentiert; ich nenne

---

[3] Auf die einschlägige Bedeutung der evolutionären Entwicklung der menschlichen Hand wurde schon verwiesen; vgl. F. R. Wilson: Die Hand – Geniestreich der Evolution. Ihr Einfluss auf Gehirn, Sprache und Kultur des Menschen. Stuttgart 1998.

sie »Phäne«. Mein Vorschlag, diese Selektionseinheit als »Phäne« zu bezeichnen, ist sicher diskussionswürdig, insbesondere dann, wenn man die übliche Definiton von »Phänotyp« vor Augen hat: im engeren Sinne die sichtbare Form, die sich aus dem Zusammenwirken von Genotyp (Erbeinflüssen) und Umwelteinfluss ergibt, im weiteren Sinne die Gesamtheit der Eigenschaften, die sich aus dem Zusammenspiel von Anlage und Umwelt ergibt. In Anlehnung an einen Definitionsvorschlag von Dobzhansky aus dem Jahre 1939 wird der Phänotyp häufig als die in einer bestimmten Umwelt erworbene individuelle Ausprägung der Reaktionsnorm eines Geneotypus definiert. Aus dem Zusammenwirken von Genotypus und Umwelterfahrungen entsteht also das Erscheinungsbild des ganzen Individuums, das wir als Phänotypus bezeichnen.

Im Unterschied zu dieser einflussreichen Bestimmung des Phänotypus verstehe ich unter dem Phän nicht nur das äußere Erscheinungsbild, sondern die Einheit der Systemleistung des menschlichen Individuums auf der Basis seiner Lernprozesse aus Erfahrung. Diese Einheit ist eine Einheit der Differenz von Körper *und* Geist, von biologischem und psychischem System, und besteht deshalb nicht nur aus der äußeren Erscheinung, sondern auch aus der Summe aller seiner ontogenetischen Lernprozesse, die sich zu einer eigenständigen Systemleistung (seines individuellen Denkens) ausprägen. Diese Lernprozesse sind natürlich auf der Basis seiner genetischen Anlagen entwickelt, die die Bandbreite für seine möglichen Lernprozesse in einer Umwelt bestimmen, aber sie sind mit dieser Grenze nicht identisch, sondern vielmehr die Summe jener Lernprozesse, die innerhalb dieser Bandbreite auf der Basis von Lernen seine zunächst nur theoretischen Möglichkeiten praktisch verwirklicht haben. Mit »Reaktionsnorm« ist der Bereich von möglichen Ausprägungen eines Merkmals bei einem bestimmten Genotyps in allen möglichen Umweltbedingungen gemeint; das Phän aber ist die jeweils unverwechselbar eigene Verwirklichung dieser Möglichkeit durch Lernen als Systemleistung in einer konkreten Umwelt.

Weil diese Lernprozesse immer je in einer spezifischen Situation von diesem Individuum gemacht worden sind, ist die Summe – das Insgesamt – dessen, was schließlich das Phän ausmacht, unverwechselbar verschieden von allen anderen Phänen. Das ist es schließlich, was wir als Individualität bezeichnen. Es gründet im Diskriminierungsvermögen des Erkennens von Eltern und Kindern

in der Brutpflege und entwickelt sich durch ontogenetische Lernprozesse zu einer immer deutlicheren Unterscheidung der Phäne.
Phäne als Selektionseinheit zu bezeichnen, mag ungewöhnlich
bzw. gewöhnungsbedürftig sein. Allerdings nur dann, wenn man
von der biologischen Evolutionstheorie oder gar von der Soziobiologie her denkt, d. h. also, wenn man von ganz bestimmten, theoretisch eingeführten Grundunterscheidungen ausgeht. Wenn man dagegen von unserer allgemeinen Lebenserfahrung ausgeht und sie
gar in einen historischen Kontext einordnet, dann wird eigentlich
damit nur eine Trivialität zum Ausdruck gebracht: Das Individuum
Mensch ist, kaum dass es geboren ist, während seiner Ontogenese
immer ein gefährdetes Wesen – also von negativen Selektionen
bedroht. Krankheiten, Unglücke und Tod bedrohen es täglich. Dass
wir diese einfache Wahrheit heute gelegentlich vergessen, verdanken wir überwiegend unserem Sozialstaat, einer besseren Ernährung, der besseren Hygiene, einem hochentwickelten Medizin-
system und – vor allem – dem Zufall an diesem (und nicht an jenem)
Ort und zu dieser (und nicht einer anderen) Zeit zu leben. Ein Blick
zurück in die Geschichte oder über die Grenze Europas hinaus
macht dagegen schnell deutlich, dass dies eher die Ausnahme und
nicht die Regel ist. Das Leben eines Menschen kann gelingen oder
misslingen, kurz oder lang, unerfüllt oder erfüllt sein. Das individuelle Leben zu optimieren und zu verlängern, ist deshalb das
selbstverständliche Bestreben eines Jeden und beginnt schon mit
der Optimierung der »Brutpflege«, also der Bedingungen, unter
denen Kinder geboren werden, aufwachsen und lernen, ihr ganz
eigenes unverwechselbares Leben zu bewältigen.

Dabei ist der individuelle Lebenserfolg nur zum Teil eine Sache
der »Systemoptimierung«, also der Verbesserung der individuellen
(Über-)Lebensbedingungen des einzelnen Menschen, zum überwiegenden Teil aber wohl von den Bedingungen abhängig, die das
System in seiner spezifischen – zeitlich-räumlichen Umwelt –
schon vorfindet. Wer zur falschen Zeit oder am falschen Ort geboren wurde, kann unter Umständen sehr schlechte Karten beim Spiel
des Lebens haben; ganze Alterskohorten sind in Kriegen jung gestorben, ohne dass sie eine Alternative hatten. Wären sie zu einer
anderen Zeit an einem anderen Ort geboren, wäre ein langes und
erfülltes Leben wahrscheinlich gewesen.

Aus dieser Sicht alltäglicher Erfahrungen wird offensichtlich,
dass der einzelne Mensch als »Phän« durchaus eine evolutionäre

Selektionseinheit ist – und Erziehung die Funktion hat, ihren Selektionswert zu optimieren. Nun wird der Selektionswert üblicherweise am Reproduktionserfolg gemessen. Was, so müsste man deshalb fragen, wird hier reproduziert? Reproduktion bedeutet auf der Ebene der Gene das Hineinkopieren der genetischen Informationen in die nächste Generation (von Phänen); die Geninformationen bleiben also erhalten, während ihre Träger ausgewechselt werden. Auf der Ebene der Phäne bedeutet Reproduktion die Erhaltung der Systemleistung. Auch hier wechselt die unmittelbare Umwelt, aber ihre Träger? Auf den ersten Blick scheint der Mensch ein Leben lang gleich zu bleiben, aber auf den zweiten Blick wird dies schnell als eine Konstruktion des Systems durchschaubar. Große Teile des menschlichen Körpers werden im Verlaufe seiner Ontogenese (mehrfach) ausgewechselt, um die Systemleistung selbst zu erhalten. Stark beanspruchte Gewebe wachsen ständig nach:

– Unsere Haut reproduziert ihre Zellen alle 28 Tage.
– Unser Haare wachsen im Monat etwa 1 cm, während wir gleichzeitig aber etwa 1500 davon verlieren.
– Unsere Nägel wachsen täglich etwa um 0,14–0,4 mm und müssen deshalb häufig geschnitten werden.
– Unsere Darmschleimhaut erneuert sich alle 6 Tage komplett (wobei die durchschnittliche Lebensdauer von Darmepitheln 30– 100 Stunden ist).
– Die roten Blutkörperchen haben eine Lebensdauer von 100 bis 150 Tagen und werden dann vom Knochenmark vollständig ausgewechselt (ein Teil davon – die Gramloxyten – leben nur 4–5 Tage).
– Selbst Organe wie die Leber sind regenerationsfähig[4].

Nur durch diese Fähigkeit, Elemente ständig auszuwechseln – also gewissermaßen »sterben« zu lassen – kann die Systemleistung selbst erhalten werden, so dass der Mensch in den Industriestaaten inzwischen ein durchschnittliches Lebensalter von etwa 80 Jahren erreicht. Dazu kommt, dass sich der Körper selbst im Verlaufe der Ontogenese in erheblichem Maße verändert. Um das zu veran-

---

[4] In der Medizin (Histologie) unterscheidet man Erneuerungsgewebe (oder »Mausergewebe«), stabile Gewebe (oder »Expansionsgewebe«) und Ruhegewebe (»Dauergewebe«). Bei Erneuerungsgewebe bleibt die Zellteilungsfähigkeit erhalten (z. B. Schleimhäute, Drüsen). Mit zunehmenden Lebensalter verlangsamt sich der Zellumsatz.

schaulichen, genügt ein flüchtiger Blick in das Fotoalbum unserer
Kindheit. Dass wir uns in diesem ständigen Wechsel trotzdem als
identisch empfinden, ist erstaunlich und hängt vermutlich einmal
mit der Unsichtbarkeit und Langsamkeit der Veränderungen, zum
andern aber auch mit der Erhaltung der Systemfunktion als Selektionseinheit zusammen.

Nun besteht die höchste Systemleistung eines Phäns in seinen
geistigen Leistungen. Findet auch hier eine »Reproduktion« statt?
Kann man auch hier von »Selektionsprozessen« sprechen? Es hängt
in erheblichem Maße vom Abstraktionsgrad des Vergleichs ab, ob
wir die analogen Funktionen von Genen und Phänen erkennen:
Gene ermöglichen phylogenetisches Lernen, Phäne ermöglichen
ontogenetisches Lernen. Auf beiden Ebenen der Evolution ereignen
sich also Lernprozesse, wenngleich auch in ganz unterschiedlichen
Zeithorizonten. Darüber hinaus unterscheiden sich die beiden Systemebenen im materiellen Substrat, im Speicher und natürlich im
Informationsinhalt:

materielles Substrat		Speicher	Informationsinhalt
Gene:	Zellen	DNA	Erbanlage
Phäne:	Körper	Zentrales Nerven-system	Geist

Dies ist eine sehr vereinfachende Darstellung eines komplizierten
Sachverhaltes, zumal sie die jeweiligen Umweltbedingungen übergeht, die vorliegen müssen, damit Informationen überhaupt erst zu
speicherbarem Wissen werden können. Differenzieren müsste man
vor allem die Rubrik »Informationsinhalt«, denn sie lässt sich
deutlich in Systemleistung und Elementen, aus denen diese Systemleistung besteht, unterscheiden. So besteht etwa der menschliche »Geist« aus seiner Systemleistung – der dauerhaften Fähigkeit
zum bewussten Denken und Fühlen – und seinen Elementen, den
Gedanken und Gefühlen, die so flüchtig und unbeständig sind, dass
sie in dem Augenblick wieder zerfallen, da sie entstehen (und nur
dadurch Differenzen erzeugen, die als Anlass für Selbständerungen
genommen werden können).

Trotz dieser und anderer Unterschiede lässt sich auf beiden
Emergenzebenen die gleiche Form entdecken, mit der eine analoge

Funktion bedient wird. Diese analoge Funktionsbildung wird am besten dadurch erkannt, dass man funktionalistisch, statt ontologisch, beobachtet und ultimat, statt proximat, denkt. Aber auch die Unterschiede werden dadurch deutlicher erkennbar. Unterschiedlich ist neben den schon genannten unterschiedlichen Zeithorizonten vor allem der jeweils dabei benützte Informationsspeicher: Einmal wird ein »*Gedächtnis der Art*« benützt, in dem die Anpassungserfolge an den allgemeinen (zeitlich und räumlich konstanten) Lebensraum der Art abgelegt sind; das andere Mal wird ein »*Gedächtnis des Individuums*« in Anspruch genommen, das die Anpassungserfolge des Individuums an die besonderen (zeitlich und räumlich konkreten) Umweltbedingungen verwaltet. Wenn man bedenkt, dass alle Menschen zu über 99 % genetisch identisch sind, wird klar, dass das Verhältnis von Artgedächtnis und individuellem Gedächtnis sehr ungleich ist. Die Streubreite für unterschiedliche individuelle Gedächtnisse schwankt um 1 % der Gesamtmenge der genetischen Streubreite möglichen Verhaltens[5].

Und doch hat die Evolution mit der Entwicklung lernfähiger Systeme einen großen Sprung gemacht und diese neue Emergenzebene – weil in hohem Maße adaptiv – stabilisiert. Der Selektionsvorteil für das Phän liegt in der Möglichkeit, auf beide Gedächtnisebenen zurückgreifen und damit von beiden Lernebenen profitieren zu können. Ein Zugriff auf beide »Gedächtnisse« hat erhebliche Kombinationsgewinne zur Folge; das Phän profitiert von zwei unterschiedlichen Lernkapazitäten und aus der Mischung von starren und lockeren Anpassungsmustern. In beiden Gedächtnissen wird ja arbeitsteilig Unterschiedliches abgelegt bzw. gespeichert. In der Regel gilt: Im Artgedächtnis ist der (abstrakte) Code, im individuellen Gedächtnis das (konkrete) Programm der Anpassung gespeichert. Dadurch, dass beide Ebenen getrennt kombinierbar werden, gewinnt das Phän eine hohe Anpassungselastizität bei wechselnden Umweltbedingungen.

Weil das Artgedächtnis das in langen evolutionären Zeiträumen bewährte Wissen gespeichert hat, ist es adaptiv, dieses überlebensrelevante Wissen starr zu erhalten und damit gegen Veränderungen

---

[5] In der Fachliteratur schwanken die Zahlenangaben. Dawkins spricht von 98 %, Popper schätzt gar, dass 99,9 % des Wissens eines Organismus vererbt sei und deshalb nur 0,1 % für Modifikationen durch Lernen zur Verfügung steht (K. Popper, a.a.O., 1973, S. 85).

zu schützen. Starrheit und Trägheit besitzen hier offensichtlich einen Selektionsvorteil. Dagegen werden im individuellen Gedächtnis häufig noch wenig bewährte Informationen als Wissen (zwischen-) gespeichert, und deshalb darf dieses nicht einfach starr erhalten und gegen Veränderungen geschützt werden, sondern muss im Gegenteil so flexibel sein, dass es unnützes Wissen wieder löschen kann. Spätestens jetzt wird die (schon erwähnte) adaptive Funktion des Vergessens deutlich. Durch das Vergessen entlastet sich das System von unnützem Ballast.

Die hohe Plastizität des ontogenetischen Lernens wird so funktional transparent, aber gleichzeitig kann man jetzt auch den Preis erkennen, der dafür bezahlt werden muss. Er besteht in dem Risiko, Falsches, Überflüssiges oder Unbrauchbares zu lernen und dadurch Ressourcen zu verschleudern, die an anderer Stelle fehlen. Die Evolution bezahlt diesen Preis – offenbar deshalb, weil das, was sie dafür gewinnt, wertvoller ist: höhere Komplexität. Deshalb stabilisiert die Evolution die Phäne als neue Selektionsebene. Dadurch dass das Phän auf der Basis seiner Gene träge und flexible Momente des Lernens miteinander verbindet, ermöglicht es seine Strukturen gleichzeitig zu ändern und zu erhalten, was seine Anpassungsfähigkeit an intransparente Umwelten verbessert (ein anderes Wort für höhere Komplexität).

Phäne sind evolutionäre Selektionseinheiten, weil die Erhaltung ihrer Systemleistung erheblich streut. Diese Systemleistung wird, wie wir schon gesehen haben, schon auf ihrer biologischen Ebene durch einen ständigen Austausch und Erneuerung ihrer Elemente erhalten. Nur bei einem sehr flüchtigen und oberflächlichen Blick auf einen Menschen scheint er als Phän eine homogene und unveränderliche Einheit zu sein. Bei genauerem Hinschauen können wir allerdings ein evolutionäres Grundprinzip wiederfinden, das auf genetischer Ebene meistens als »Übertragung« bezeichnet wird. Zu einer Übertragung der Information auf neue Träger funktional äquivalent kann aber unter Umständen auch die Erhaltung der Information bei wechselnden Umwelten sein.

Am einfachsten machen wir uns das mit einem Bild: Wenn die olympischen Fackelläufer unterwegs sind, dann können sie die olympische Flamme auf zweierlei Art und Weise »weitergeben«: entweder übergeben sie die gleiche brennende Fackel einem neuen Läufer oder sie nehmen die alte Fackel, wenn sie auszugehen droht, und zünden damit eine neue an. Das eine Mal hat der Träger, das andere Mal die Fackel gewechselt; geblieben aber ist die Flamme selbst. Oder: Ein Buch kann, wie in mittelalterlichen Klöstern üblich, dadurch erhalten werden, dass es (von Skriptoren) abgeschrieben wird oder aber, wie gerade bei wertvollen mittelalterlichen Büchern bei uns heute üblich, dadurch erhalten werden, dass es aufwändig restauriert wird.

So ähnlich muss man sich den evolutiven Prozess bei Genen und Phänen vorstellen: Bei den Genen wird die Flamme immer wieder einem neuen Träger übergeben bzw. das Buch selbst erhalten und so in die neue Zeit hinübergerettet. Bei den Phänen wird die Fackel ständig erneuert bzw. der Inhalt des Buches immer wieder neu abgeschrieben. Diese beiden unterschiedlichen Vorgehensweisen bedienen jedoch die gleiche Funktion, nämlich die Flamme nicht ausgehen zu lassen (bzw. den Inhalt des Buches zu erhalten). Und beide Male schleichen sich dabei kleine Variationen ein, bei den Genen durch sexuelle (zufällige) Mischung und mutative Kopierfehler, bei den Phänen durch endogene oder exogene Prozesse des Verschleißes, von Funktionsstörungen (Krankheiten, Unfälle) und des Alters (Körper), sowie durch Lernen und Vergessen (Geist). Auf diese Veränderungen kann die Umwelt selektiv zurückgreifen, positiv durch Fortsetzung (der Autopoiesis), negativ durch Verlust dieser Fortsetzbarkeit. Krankheiten schränken den Radius für Handeln und Erleben ein, Gesundheit verbreitert ihn; viele gelernte Kompetenzen sind anschlussfähiger an Umweltbedingungen als wenige usw.

Der genetische Evolutionsprozess muss immer wieder in die winzig kleine Zelle und zu den darin aufgehobenen DNA-Sequenzen zurück, um sich über Kopien zu replizieren und dabei kleine – sexuell oder mutativ bedingte – Variationen zu erzeugen, über die bei veränderten Umweltlagen Anpassung stattfinden kann. Das ist eine Engstelle, die Dawkins einmal als »Zurück ans Zeichenbrett« bezeichnet hat[6]. Das geht nur über die Befruchtung einer weiblichen Eizelle durch männliche Spermien. Ein aufwändiges Verfahren! Phäne haben eine andere Engstelle; sie müssen nicht immer wieder zurück zum »Zeichenbrett«, sondern sie versuchen, die »Zeichnung« selbst zu erhalten. Auch das ist ein aufwändiges, aber funktional äquivalentes Verfahren.

---

[6] R. Dawkins 2001, a.a.O., S. 414 ff.

Man muss also bei den Phänen den Begriff der »Vererbung« (bzw. »Replikation« bzw. »Übertragung«) abstrakter definieren, um diese evolutionäre Logik angemessen zu beschreiben: Durch die ständig sich verändernden und erneuernden Elemente hindurch bleibt die Information über die Systemleistung erhalten. Hier ändern sich also nicht die »Hülle«, nicht das »Transportvehikel«, wie bei den Genen, sondern die Teileelemente, die die Systemleistung auf einer höheren Emergenzebene erbringen. Dabei ist es interessant, dass dieser Prozess – des Erhaltens und Erneuerns – ebenso von den Genen gesteuert scheint wie auch sein langsames Nachlassen. Auch das Altern ist ein genetisch gesteuerter Prozess. Die Systemleistung wird allerdings auch von einer Reihe anderer Einflüsse ständig bedroht: Krankheiten, Verletzungen, Rauchen, falsche Ernährung, Strahlenbelastung, Bewegungsmangel – bis hin zur schwarz gegrillten Wurst. Dazu kommen schließlich Mängel bei der Vermittlung kulturell bewährter Anpassungsmuster, die die Systemleistung eines Phäns gefährden können. Man erkennt dies vielleicht besser aus der Distanz, wenn man den Blick räumlich und zeitlich ausweitet und in Gedanken z. B. in die Steinzeit zurückgeht:

– Wenn in der Steinzeit ein Kind sich weigerte zu lernen (was es bei seinen Streifzügen mit den Eltern ganz nebenbei erfahren konnte), dass bestimmte Pflanzen und Kleintiere, weil giftig, nicht essbar sind, und sie trotzdem verspeiste, wurde es wahrscheinlich nicht alt.

– Wenn ein Jugendlicher damals partout nicht lernen wollte, dass man die Gruppennormen respektieren muss, wenn man andererseits den Schutz und die Solidarität der Gruppe in Anspruch nehmen will, lief er Gefahr, von ihr verstoßen zu werden. Unter den damaligen robusten Umständen hatte das vermutlich ebenfalls die Konsequenz eines sehr kurzen Lebens.

Nicht immer muss die Selektion tödlich enden. Nicht immer heißt der Code »leben oder sterben«, sondern »besser oder schlechter leben«. Es ist aber hier zweckmäßig, solche extremen Beispiele zu wählen, weil wir in unserem Sozialstaat, der negative Selektionen sozial abfedert, leicht vergessen, dass jedes Individuum als Phän nach wie vor eine Selektionseinheit darstellt. Allerdings führen Lernverweigerungen der obigen Art in der Regel heute nicht mehr zum Tode, aber schnell zu Nullkarrieren. Und immer noch können bestimmte Lernverweigerungen – man denke nur an die Volksdrogen Rauchen und Alkohol – zu einem frühzeitigen Ende des

Lebenslaufs führen. Auch wenn die durchschnittliche Lebenserwartung steigt, darf man nicht übersehen, dass sie global gesehen
individuell nach wie vor erheblich streut. Schon die ganze Menschheitsgeschichte hindurch war sie extrem unterschiedlich und insbesondere der frühe Kindstod, aber auch der Wochenbetttod der Mutter, der Normalfall. Die gesamte Steinzeit hindurch wurden die
Menschen, wenn sie überhaupt das erste Lebensjahr überlebten,
kaum älter als 25 bis 30 Jahre, und noch um 1900 betrug die
durchschnittliche Lebenserwartung in Europa 45 Jahre. Auch ist sie
bis heute geschlechtsspezifisch geblieben: Deutlich mehr Jungen
als Mädchen sterben in der Phase ihrer Kindheit und Jugend, und
Männer haben eine um fast ein Jahrzehnt kürzere Lebenserwartung
als Frauen. Andererseits kann man wissen, dass auch darin ein altes
evolutionäres Muster zum Ausdruck kommt: Männer leben riskanter, denn sie müssen nicht nur untereinander um Frauen konkurrieren, sondern Millionen Jahre lang auch auf die gefährliche »Jagd« in
die »Welt« hinaus ziehen. Deshalb werden in der Art homo sapiens
sapiens auch mehr Männer als Frauen geboren.

Die Phäne sind eine evolutionäre Selektionseinheit sui generis
und das entscheidende Kriterium für den Erfolg besteht auch auf
dieser Ebene das Lernen. Das Individiuum als Phän lernt aus seinen
spezifischen ganz eigenen Erfahrungen in seinem Lebenslauf und
speichert sie, wenn sie wichtig scheinen, in seinem Zentralen Nervensystem (Gehirn) ab. Nur wichtige Informationen werden über
das augenblicksverarbeitende System und das Kurzzeitgedächtnis
in das Langzeitgedächtnis überführt – und erst dann sprechen wir
gewöhnlich von »Erziehung«. Unter »Geist« wird hier also die
Funktionseinheit verstanden, die auf der Basis physiologischer
Bedingungen (ein Körper, der ein leistungsfähiges ZNS aufbaut
und erhält) Informationen, die aus den Sinneswahrnehmungen
kommen, selektiert, bewertet und mit dem schon vorhandenen
Wissen vergleicht. Wie wertvoll dieser Check ist, wird deutlich,
wenn man berücksichtigt, dass unser menschliches Gehirn nur zu
einem geringen Teil seiner Leistungskapazität mit der Aufnahme
und Weiterleitung sinnlicher Eindrücke beschäftigt ist, zum überwiegenden Teil aber seine Energie für die interne Verrechnungsleistung verbraucht. Mit anderen Worten: Beim Menschen sind nur
10 % des Cortexvolumens (in den sog. »primären und sekundären
Feldern«) mit der Informationsaufnahme beschäftigt – zum Vergleich: bei der Ratte sind es 90 %! –, während 90 % für die interne

Verarbeitung (in den sogenannten »assoziativen Funktionen«) reserviert sind[7].

Das bedeutet zunächst einmal, dass der evolutionäre Selektionsvorteil vor allem in der Speicherung und dem ständigen internen
Abgleich der eingehenden Informationen mit dem schon vorhandenen Wissen zu suchen ist. Das heißt darüber hinaus auch, dass die
Evolution des Menschen in Richtung Optimierung interner Ver-
rechnungskapazitäten ging, also in Richtung Adjustierung. Während die äußeren Sinnesorgane des Menschen ihre Leistungskapa-
zitäten vermutlich seit Jahrmillionen nicht mehr verbessern konnten
(das sollte sich erst »seit kurzem« mit der Entstehung der experimentellen Naturwissenschaften und der Technik ändern, die als eine
Art Organverstärkung bzw. Organverlängerung interpretiert werden
kann), explodierte geradezu das Leistungsvermögen seines Gehirns. Den Selektionsdruck, der dafür verantwortlich ist, muss man
im Selektionsvorteil suchen, der darin besteht, dass das ontogenetisch Gelernte variabel angehäuft und angezapft werden kann. Ein
ständiges internes Vergleichen und Analogisieren ist die Folge.

Ein Selektionskriterium, das hierbei wirkt, ist die »*Kohärenz*« –
also die Überprüfung der internen Stimmigkeit der neuen Erfahrung
mit den vielen schon gemachten alten, gelernten und gespeicherten
Erfahrungen. Während im Gehirn die einströmenden Informationen
entlang dieses Kriteriums der Kohärenz überprüft und bewertet
werden, bevor sie in systemeigenes Wissen überführt werden, kor-
respondieren die Sinne entlang ihrer binären Codierung nach wie
vor mit der Umwelt. Es sind also zwei verschiedene Formen von
Anpassungsleistungen, die hier über Lernprozesse optimiert werden können, und Rupert Riedl nennt sie »*Korrespondenz*« und
»*Kohärenz*«[8]. Korrespondenz strukturiert die äußeren Erfahrungen,
die an der Grenze von System und Umwelt (über die Sinnesorgane)
gemacht werden und wirkt vom Milieu (Umwelt) auf den Organismus (System); Kohärenz strukturiert die inneren Erfahrungen, die
das System selbst organisiert und führt zu seiner Neuorganisation,
ggf. zu seiner Adjustierung, auf der Basis seiner (System-)Ge-

---

[7] Vgl. Storch/Welsch/Wink 2001, a.a.O., S. 375.
[8] R. Riedl: Korrespondenz und Kohärenz im Erklärungsmodell der Evolu-
     tionären Erkenntnistheorie. In: R. Riedl/M. Delpos (Hg.): Die Evolutio-
     näre Erkenntnistheorie im Spiegel der Wissenschaften. Wien 1996, S. 52–
     57.

schichte. Riedl sieht in diesen unterschiedlichen Lernkanälen die evolutionären Gründe für die Entstehung der zwei (sich ausschließenden) Erkenntnisweisen von Welt: Realismus und Idealismus. Während der Realismus die Korrespondenz (des Systems mit seiner Umwelt) vorrangig behandelt, beginnt der Idealismus mit der Kohärenz (der systemeigenen Prozesse). Die Folge ist u. a. eine dichotomische Trennung von Natur- und Geisteswissenschaften[9].

Nun kommt aber etwas für unseren Zusammenhang Entscheidendes hinzu: Wenn es nun gelänge, nicht nur die eigenen gesammelten Erfahrungen eines Individuums, sondern auch die anderer Individuen fruchtbar zu machen, müsste der Selektionsvorteil, der Lernen für ein Individuum bedeutet, geradezu explosionsartig zunehmen. In der Tat ist es der Evolution gelungen, mit einer sehr unwahrscheinlichen Erfindung genau diese Leistung zu erbringen. Wir bezeichnen diese »Erfindung« heute als »*Erziehung*«. Über Erziehung werden die Erfahrungen anderer »anzapfbar«, und man kann dadurch vom Erfolg anderer Phäne profitieren – oder m.a.W.: Wer eine gute Erziehung erhält, kann sich damit die Erfahrungen anderer Menschen zunutze machen und damit die Vorteilhaftigkeit gelernter Erfahrungen addieren. Spätestens jetzt müssen wir uns deshalb einer weiteren evolutionären Systemform zuwenden, den sozialen Systemen, denn Erziehung ist ein Vorgang, der sich in sozialen Systemen abspielt. Sie wurden bisher der Ebene der externalisierten Phäne zugeordnet, sind aber (nicht nur für Pädagogik) zu wichtig, um bloß als deren Epiphänomen zu erscheinen.

9 Soziale Systeme als »externalisierte Phänotypen«

Man kann menschliche Individuen, die wir als Selektionseinheit »Phäne« nannten, und ihre sozialen Verbindungen (die dann, wenn sie als Selektionseinheiten in den Blick kommen, auch als »Dene« bezeichnet werden) deutlich voneinander unterscheiden und doch schwerlich das Eine ohne das Andere bestimmen. Aus Gründen der Komposition, der Anordnung des komplexen Stoffes, habe ich zu-

---

[9] Vgl. R. Riedl: Die Spaltung des Weltbildes. Biologische Grundlagen des Erklärens und Verstehens. Berlin, Hamburg 1985.

Phäne kurzlebiger als Dene

nächst die Phäne behandelt und dabei als entscheidendes Unterscheidungskriterium das ontogenetische Lernen – die »Vererbung« erworbener Eigenschaften – herausgearbeitet. Aber schon vor der Geburt bedarf es zumindest zweier Menschen, nämlich der Eltern, damit ein Mensch entsteht. Nach der Geburt optimiert die »Familie« die »Brutpflege«. Auch hier erweist sich soziale Systembildung als adaptiv, und das selbst dort, wo ein Elternteil alleine erzieht, denn dies bedarf wiederum der kompensatorischen Abstützung durch andere soziale Systeme (etwa die des Sozialstaates). Auch das weitere Leben vollzieht sich in der und durch die Gemeinschaft anderer Menschen, angefangen über die Verwandtschaft, den Kindergarten, die Schule, den Betrieb, den Verein, den Freundeskreis u. a. m. Der »Solitaire«, der einzelne Mensch, der sozial isolierte, autarke, gemeinschaftslose Mensch ist eine sehr seltene Ausnahme – als »Wolfskind« nur kurzzeitig überlebensfähig und schwer retardiert – oder eine literarische Fiktion (wie etwa jene des rousseauschen »Emile«, der immerhin noch eines Erziehers bedurfte). Erziehung ist ein soziales Verhältnis. Deshalb muss die Beobachtung von Phänen in einem Buch über Pädagogik unweigerlich in die Mitbeobachtung von Denen münden.

Phäne und Dene sind nicht identisch und ihre analytische Unterscheidung sinnvoll. Ihre Unterscheidung lässt sich nicht nur durch den alltäglichen Blick begründen, der deutlich zwischen einem Menschen und einer Schulklasse unterscheidet, sondern vor allem auch dadurch, dass sie einem unterschiedlichen evolutionären Selektionsdruck ausgesetzt sind und deshalb auch unterschiedlich evoluieren. Auffällig ist zunächst einmal, dass ihre Lebensdauer meistens asymmetrisch streut. In der Regel sind Phäne viel kurzlebiger als Dene. Der einzelne Mensch kann sterben, ohne dass seine Familie, sein Stamm, sein Volk, seine Kultur oder gar die menschliche Gattung ausstirbt. Der umgekehrte Fall ist nicht unmöglich, aber er tritt seltener ein.

Die Verlaufsgeschichte sozialer Systeme kann gleichfalls als Evolution begriffen und entschlüsselt werden. Ihre Strukturänderungen vollziehen sich als Prozesse der Variation, Selektion und Stabilisierung. Aus der Tatsache, dass sich soziale Systeme evolutionär bilden und erhalten, kann man schließen, dass sie einen wichtigen Selektionsvorteil haben. Dieser Selektionsvorteil liegt, neben der sexuellen Reproduktion und der gemeinsamen »Brutpflege«, sicher in den Kooperationsgewinnen, die daraus entstehen, dass mehrere Menschen ihre Unterschiede so bündeln, dass es ihnen unterm Strich Vorteile bringt. Die Schwierigkeit hierbei liegt aus evolutionstheoretischer Sicht in dem durchaus unterschiedlichen Interesse, das hier Phäne und Dene haben können. Ihre Interessen sind nicht von vorneherein identisch, denn die Förderung des Nutzens für ein Individuum muss nicht automatisch auch dem sozialen System nutzen – und vice versa. Wohl will jeder die Nutzen des sozialen Systems in Anspruch nehmen, gleichzeitig aber den Aufwand, den er dabei investieren muss, möglichst klein halten.

Es gilt hier, diese Asymmetrie zwischen individuellen und sozialen Motiven etwas genauer zu betrachten, weil sie das erzieherische Verhältnis entscheidend prägen. Dabei gilt es allerdings zu berücksichtigen, dass diese ungleichen Interessen zunächst einmal völlig unabhängig subjektiver Befindlichkeiten diskutiert, sondern ausschließlich in ihrer objektiven Unterschiedlichkeit analysiert werden. Das heißt: Völlig unabhängig der subjektiven Meinungen und Motive lässt sich ein unterschiedliches objektives Interesse rekonstruieren, und dieses objektive Interesse kann man am unterschiedlichen Reproduktionerfolg messen.

Zwischen Phänen und Denen herrscht also ein durchaus ambivalentes Verhältnis. Kant spricht in diesem Zusammenhang von einer »ungesellingen Geselligkeit«, wenn er dieses asymmetrische Interesse beschreibt[1]. Einerseits ist das Individuum sich selbst der Nächste und deshalb eigennützig; langfristig geht die biologische Evolution immer nur über das Nadelöhr seiner individuellen genetischen Reproduktion. Auch mittelfristig nützt es dem Individuum, wenn es sein eigenes – und nicht das fremder Menschen – Wohlbefinden steigert, weil es damit die Überlebenswahrscheinlichkeit als Phän optimiert. Deshalb profitiert jeder gerne auch von den Kooperationsgewinnen sozialer Verbindungen. Allerdings muss er dafür einen Preis bezahlen, denn soziale Systembildung verlangt Investitionen vielfältiger Art. Solche knappen Ressourcen wie Zeit, Kraft, Energie, Aufmerksamkeit, Geld und »Nerven« müssen aufgewendet werden, damit soziale Systeme sich in und durch das indviduelle Engagement erhalten können. Jeder hat deshalb zunächst einmal das – wohlgemerkt: objektive, nicht subjektive –

---

[1] Vgl. I. Kant: Idee zu einer allgemeinen Geschichte in weltbürgerlicher Absicht. In: Kants Werke. Akademie-Textausgabe, Bd. VIII. Berlin 1968, S. 15–32.

Interesse, diese eigenen Investitionen möglichst klein zu halten und gleichzeitig möglichst viel von den Investitionen anderer zu erhaschen. Ein Dauerproblem für alle sozialen Systeme sind deshalb die Parasiten, die »Trittbrettfahrer«, die von der sozialen Systembildung profitieren, aber nichts in sie investieren wollen. Um solche Trittbrettfahrer zu vermeiden (bzw. möglichst selten zu machen), müssen Phäne und Dene eine hohe soziale Intelligenz entwickeln und eine spezielle Sensibilität für »Trittbrettfahrer« entwickeln.

Es ist deshalb kein Wunder, dass dies tatsächlich der Fall ist und schon Primaten, vor allem aber dann wir Menschen, eine hochentwickelte soziale Kompetenz beim Entlarven von Betrügern und »Trittbrettfahrern« zum Schutz vor Betrogenwerden besitzen, die es erlaubt, die eigene Leistung und die erwartbare Gegenleistung abzuschätzen und durch die unterschiedlichen Interessen hindurch Kooperationsformen durch gemeinsame Erwartungen zu stabilisieren. Dabei scheint soziale Intelligenz bei Primaten bereichsspezifisch für soziale Systeme entwickelt zu sein, weil hier spontane Aktivitäten gruppenstabilisierende Vorhersagen – insb. in Konkurrenzsituationen – erschweren und es deshalb hier besonderer Fähigkeiten bedarf[2]. Mit jeder Gabe transportieren wir die Erwartung einer Gegenleistung zu irgendeinem späteren Zeitpunkt. Gabe und Gegengabe (bzw. Gabentausch) ist deshalb in allen Kulturen ein wichtiges Bindemittel sozialer Systeme[3]. Aber das ist nur ein wichtiges Beispiel für ein allgemeines Prinzip der Evolution, nämlich das der Reziprozität kooperativen Handelns. Man vermutet heute in der Evolutionsforschung, dass es vor allem diese soziale Intelligenz ist, die in unserer Phylogenese den entscheidenden Schub in Richtung Kultur und Zivilisation gab. Die Vermutung ist deshalb nahe liegend, dass ein erheblicher Teil dieses Aufwandes über Erziehung läuft.

Es ist in der Pädagogik üblich, diesen edukativen Aufwand in die soziale Systembildung als Altruismus zu begreifen, als eine Form des (freiwillig erbrachten) uneigennützigen Verhaltens. Eigennutz und Uneigennützigkeit werden dabei als sich ausschließende Alter-

---

[2] Vgl. die Hinweise von Wolfgang Wickler in W. Wickler/Salwiozek (Hg.): Wie wir die Welt erkennen. Erkenntnisweisen im interdisziplinären Diskurs. Freiburg, München 2001, S. 73 ff.
[3] Vgl. M. Mauss: Gabentausch. München 1975.

nativen gehandelt und moralische Erziehung als eine Art Nullsummenspiel begriffen: Mehr Altruismus ist gleich weniger Eigennutz und vice versa; Altruismus geht, so wird uns seit Jugend auf eingebläut, nur mit weniger Eigennutz. Das aber ist in evolutionstheoretischer Sicht völlig falsch, denn in der Evolution entwickelt sich Uneigennützigkeit in Form von Investitionen in Kooperation als eine raffinierte Optimierung des Eigennutzes: Um das besser zu verstehen, muss man sich einmal vor Augen führen, dass Altruismus in unsere evolutionäre Kostenbilanz zunächst einmal negativ eingeht, d. h. die Wahrscheinlichkeit eigener Überlebensoptimierung wird dadurch gemindert. Jede Investition in fremden Nutzen mindert den eigenen und hat deshalb (zunächst) Nachteile für mich. Langfristig wäre deshalb ein reiner Altruismus, also ein Altruismus, der ohne Gegenleistung auskommt, chancenlos, denn Evolution geht immer durch das Nadelöhr der Phäne. Jene Phäne, die nur altruistisch handelten, würden aber, weil sie freiwillig auf Fitnessvorteile zugunsten anderer verzichten, ihre Gene in weitaus geringerem Maße vererben können als jene, die, ohne Gegenleistung erbringen zu müssen, davon profitieren. Diese würden ihre Überlebenschancen durch die verbesserte Fitness vergrößern, ohne selbst etwas investieren zu müssen. Schon nach wenigen Generationen würden die »guten Altruisten« ausgestorben sein – und die parasitären »Trittbrettfahrer«? Sie fänden dann kein Opfer mehr und müssten auch »aussterben«, es sei denn, sie würden sich ändern. Nein, reiner Altruismus ist ebenso keine evolutionsstabile Strategie wie reine Trittbrettfahrerei.

Soziobiologisch gesehen – also auf der Ebene der Gene – kann es deshalb keinen reinen Altruismus geben. Aber auch, wenn wir die Ebene der Phäne mit berücksichtigen, ist es fraglich, ob es so etwas wie den reinen Altruisten gibt, denn alle empirischen Beobachtungen lassen sich dahingehend zusammenfassen: Einmal abgesehen von einem parasitär erschlichenen – also betrügerisch erreichten – Altruismus (durch Parasiten und Betrüger) gibt es Altruismus nur, wenn in irgendeiner Weise eine Gegenleistung erwartet werden kann (also, streng genommen, es gar kein reiner Altruismus ist). Ich will im Folgenden die verschiedenen Formen des altruistischen Handelns erläutern und dabei Begriffe, die schon verwendet wurden, präzisieren. Je nach Art dieser Gegenleistung unterscheidet man drei Varianten (von denen wir die ersten beiden schon kennen gelernt haben):

Genetischer Altruismus liegt dann vor, wenn ich für meine altruistische Handlung in den Genen anderer Menschen weiterlebe. Die Maxime lautet hier also: Hilf uneigennützig deinen Kindern und – in abgeschwächter Weise – deinen nahen Verwandten! »Brutpflege« ist die wohl wichtigste Form des genetischen Altruismus, und Familienerziehung – alle Investitionen in die Sozialisation und Erziehung der eigenen Kinder – muss im Lichte dieser Erkenntnis entschlüsselt werden.

Eine wichtige Voraussetzung für genetischen Altruismus ist allerdings, dass man Verwandtschaft auf irgendeine Art und Weise erkennen oder, sagen wir es vorsichtiger: vermuten kann. Das ist keinesfalls selbstverständlich, denn man sieht ja nur die Phäne, nie aber die Gene. Deshalb haben Lebewesen eine Vielzahl von raffinierten Techniken entwickelt, um die Wahrscheinlichkeit abzuschätzen, miteinander verwandt zu sein. Sie schlagen selbst noch in unserem Zeitalter, in dem man zum ersten Mal genetische Verwandtschaft durch Genanalysen naturwissenschaftlich exakt bestimmen kann, in unserem menschlichen Handeln und Verhalten nieder. So unterscheiden sich z. B. (wie wir schon gesehen haben) die unterschiedlichen geschlechtsspezifischen Investitionen in die Brutpflege entlang dieser unterschiedlichen Sicherheit. Auch die unterschiedliche Behandlung von vertrauten und fremden Menschen wird im Lichte dieser Erkenntnis verständlich, denn die Wahrscheinlichkeit, mit Menschen verwandt zu sein, die so sind wie ich (die gleiche Hautfarbe, die gleiche Sprache, die gleiche Herkunft, die gleiche Religion, die gleichen kulturellen Sitten usw.) und am gleichen Ort leben, ist höher als die mit völlig fremden Menschen (die eine andere Hautfarbe haben, eine andere Sprache sprechen, von weit herkommen, einer anderen Religion angehören und andere Sitten pflegen).

Der Grund hierfür ist einfach: Aufgrund der Viskosität, also der Tatsache, dass Individuen dazu neigen, in der Nähe des Ortes zu bleiben, an dem sie geboren sind, entstehen örtlich und zeitlich begrenzte Ansammlungen genetisch miteinander verwandter Gruppen. Schon auf der Ebene des tierlichen Soziallebens lässt sich dieser evolutionäre Mechanismus nachweisen. Tiere orientieren sich bei ihren altruistischen Handlungen an dem für sie wahrnehmbaren Indikator der zeitlichen und räumlichen Nähe. Sesshaftigkeit eines Geschlechts ist dabei der entscheidende Faktor, denn Angehörige des sesshaften Geschlechts können davon ausgehen, dass sie mit einer Vielzahl der Nachkommen ihrer Dene nahe verwandt sind[4]. Altruistisches Handeln wird zwischen ihnen deshalb wahrscheinlicher sein als zwischen Mitgliedern des räumlich streunenden Geschlechts. In der Tat konnte nachgewiesen werden, dass etwa bei Säugetieren, bei denen vorwiegend die Weibchen das sesshaftere Geschlecht sind, altruistische Handlungen zwischen ihnen häufiger vorkommen als zwischen den Männchen, die räumlich wandern[5]. Bei Vögeln liegen die Verhältnisse genau umgekehrt, und es sind deshalb hier in der Regel die Männchen, die sich gegenseitig altruistisch verhalten.

Wo finden wir diese Voraussetzung der zeitlichen und räumlichen Nähe bei uns Menschen am häufigsten vor? Richtig, in der Familie. Obwohl es selbst innerhalb einer Familie nicht immer möglich ist, die genetische Verwandtschaft ihrer Mitglieder von äußerlichen Merkmalen abzuleiten (und diese über die Vaterschaftsunsicherheit auch nicht immer gegeben ist), treten altruistische Handlungen zwischen ihnen weitaus häufiger auf als zwischen Fremden, denn allein die räumliche Sesshaftigkeit des sozialen Systems Familie – einmal ganz abgesehen von anderen Motiven des altruistischen Handelns, etwa des reziproken Altruismus – kann als Indikator für eine hohe Wahrscheinlichkeit von Verwandtschaft genommen werden.

– *Reziproker Altruismus* liegt dann vor, wenn für eine uneigennützige Handlung eine Gegenleistung erwartet werden kann. Nach dem Motto: »Hilfst du mir – helf ich Dir!« oder »Die eine Hand wäscht die andere« können so auch soziale Systeme gebildet und erhalten werden, die nicht aus Verwandten bestehen. Im Grund verdanken alle sozialen Systeme, die nicht auf Verwandtschaft beruhen, ihre Existenz einer Kostenbilanzierung auf der Basis des reziproken Altruismus. Auch der Wunsch nach Recht und Gerechtigkeit dürfte darin gründen. Allerdings darf man diese Kostenbilanzierung nicht als einen bewussten Akt des Rechnens

---

[4] Es ist aus Gründen der Vermeidung von Inzucht so, dass das andere Geschlecht wandert, wenn das eine Geschlecht sesshaftes Verhalten zeigt. Inzuchtvermeidung ist deshalb eine evolutionär stabile Strategie, weil ein Lebewesen, das sich mit einem nahen Verwandten paart, einer größeren Gefahr ausgesetzt ist, dass ein nachteiliges, rezessives Allel bei den Nachkommen homozygot wird; die Folge wäre ein geringerer Fortpflanzungserfolg.

[5] Vgl. U. Krebs/N. B. Davies 1984, a.a.O., S. 193 f.

bzw. Überschlagens interpretieren, sondern als einen in seinen Folgen objektiv messbaren Vorgang: Wir handeln so, *als ob* wir diesbezügliche Kosten bilanzieren würden.

Auch der reziproke Altruismus hat eine wichtige Voraussetzung, ohne den er nicht funktionieren kann: Er bedarf der wiederholenden Kontaktwahrscheinlichkeit (was wiederum die individuelle Wiedererkennung voraussetzt). In Situationen, in denen man sicher sein kann, dass man nie wieder mit dem anderen zu tun hat, wird sich kein Altruismus entwickeln können, denn hier lohnt sich Lug und Betrug. Eine Strategie der Defäktion ist hierbei jeder Strategie der Kooperation (auf Dauer) überlegen. Das ändert sich aber in dem Augenblick, in dem ich damit rechnen muss, dem anderen wieder zu begegnen. In solchen Situationen lohnt sich ein Kooperationsangebot, und wenn ich ziemlich sicher sein kann, dass ich immer wieder mit dem anderen zu tun haben werde, ist eine auf Dauer gestellte Kooperation die eindeutig überlegene Strategie[6].

– *Beobachtungsaltruismus*: Kommen wir schließlich zu einer vierten Variante von Altruismus. Altruistische Kooperation ist (empirisch) schließlich auch dann wahrscheinlich, wenn man beobachtet wird. Das Motto lautet hier: »Tue Gutes und sprich davon!« bzw. »Tue Gutes und lass es alle sehen!« bzw. »Sei altruistisch und sorge dafür, dass man es bemerkt!«[7] Soziale Systeme kommen ohne Gegenleistung für ergangene Hilfeleistungen nicht aus, und hierbei macht auch der Beobachtungsaltruismus keine Ausnahme. Die Gegenleistung ist hierbei klar: Man erhält dafür Ansehen, Reputation, und das ist in sozialen Systemen eine knappe Ressource, um die alle konkurrieren. Wer bei anderen ein hohes Ansehen besitzt, hat besseren Zugriff auf knappe Ressourcen. Ruhm und Ehre, Ansehen und Macht hängen deshalb eng miteinander zusammen. Eine uneigennützige Handlung hat damit nicht nur Kosten, sondern auch einen Gewinn erbracht, einen Gewinn, der unter Umständen jeden Preis Wert

---

[6] Spieltheoretisch begründet von Robert Axelrod in seinem Buch: Die Evolution der Kooperation. München/Wien 1995.

[7] Allerdings nur für die altruistische Handlung selbst, nicht aber die dahinter stehende Absicht: »Man merkt die Absicht, und ist verstimmt« (Goethe). Deshalb ist es kontraproduktiv, damit angeben zu wollen. Es muss vielmehr der Eindruck des uneigennützigen Altruismus erweckt werden und gleichzeitig verborgen bleiben, dass er, weil man ja eine Gegengabe erwartet, auf eigennützigen Motiven beruht.

ist. So kommt es, dass alle guten Menschen – heißen sie nun Albert Schweitzer oder Mutter Theresa, Dalai Lama oder heiliger Martin – für ihre guten Taten eine nicht zu unterschätzende Gegenleistung erhalten: Ruhm, Ehre, Reputation, Ansehen, Publizität, Prominenz, Achtung – und ein »Weiterleben« nach ihrem Tode in der Erinnerung vieler Menschen. Ein solcher Beobachtungsaltruismus wird, wie die Beispiele zeigen, neben der sexuellen Selektion und der Signalselektion vor allem in der memetischen Selektion eingesetzt.

Die Voraussetzung für diese Art von Altruismus ist allerdings, dass man sicher sein kann, beobachtet zu werden. Das ist am besten in sozialen Systemen gegeben, die auf *Interaktion* beruhen, in denen man also körperlich anwesend ist und von anderen körperlich Anwesenden gesehen und gehört werden kann. Interaktion ist die Grundform jeder sozialen Systembildung und gründet, wie wir schon gesehen haben, homolog in der Brutpflege von K-Strateglern. Schwieriger wird es, wenn soziale Systeme sich nicht über Interaktion, sondern über *Organisation* bilden und erhalten, also auf unsichtbaren Regeln, die den Ein- und den Austritt von Mitgliedern regeln, die füreinander unsichtbar bleiben. Diese Stufe der sozialen Evolution wurde vor noch nicht langer Zeit erreicht, vermutlich erst mit der »neolithischen Revolution« – das ist etwa 0,5 % der Menschheitsgeschichte. Die Erfindung landwirtschaftlicher Reproduktion setzt eine größere und differenziertere soziale Systembildung voraus, weil nur dadurch ihr großer Selektionsvorteil garantiert werden kann. Jetzt erreichen soziale Systeme eine Größenordnung, die nicht mehr über Interaktion, sondern nur noch durch Organisation aufgebaut werden und erhalten bleiben. Weder kann man hier auf genetischen, noch (alleine) auf reziproken Altruismus bauen, um die für die Bestandserhaltung notwendigen Kooperationsformen zu garantieren. Bleibt also noch Beobachtung. Wie aber kann man Menschen überzeugen, dass sie auch in anonymen sozialen Großsystemen beobachtet werden?

Eine Antwort könnte lauten: durch *Religion*. Um den Effekt des Beobachtungsaltruismus zu erzielen, genügt es nämlich schon, dass man *glaubt*, beobachtet zu werden; denn schließlich hat schon das, was man als real definiert, reale Folgen. Es genügt deshalb schon der Glaube, dass man beobachtet wird, um altruistisch zu handeln. Religiöse Menschen können durch diesen Glauben geradezu charakterisiert werden, denn sie glauben daran, dass ein Gott sie ständig

Luldow-Dannenberg-Effekt

beobachtet. Dieser Gott ist deshalb i.A. ein personaler Gott, also ein Wesen, das beobachten kann[8]. Seine Dignität als Gott ist dadurch charakterisierbar, dass er *alles* beobachten kann (»Gott sieht alles!«), selbst aber nicht beobachtet werden kann (sonst würde man unter Umständen nämlich sehen, dass er nicht beobachtet, und man könnte sich alles erlauben).

Die viel gerühmten guten Taten vieler religiöser Menschen müssen deshalb im Lichte dieses Glaubens – nämlich des Glaubens, beobachtet zu werden – interpretiert werden. Sie handeln altruistisch, um in dieser Beobachtung eines Gottes, heißt er nun »Jesus«, »Allah« oder »Zarathustra« oder einfach »Gott«, einem göttlichen Maßstab des Guten zu entsprechen. Möglicherweise gründet die evolutionäre Erfindung von Religion u. a. in dieser sozialen Funktion, denn sie besitzt offensichtlich einen Selektionsvorteil, weil über den Umweg religiöser Beobachtung inmitten der vielen Kontingenzen der Welt ein zur Reflexion fähiges Wesen mit einer identitätsstabilisierenden Differenz ausgestattet wird und gleichzeitig gruppenkonforme Regeln eingehalten werden, und Menschen »moralischer« handeln und dadurch ein soziales System stabilisieren, das nicht mehr über Interaktion aufgebaut und erhalten werden kann.

Der Preis, den man dafür allerdings bezahlen muss, darf ebenfalls nicht verschwiegen werden: Der beobachtende Gott kann nicht nur die guten Taten, sondern auch die bösen Taten sehen. Permanente Beobachtung produziert nicht nur mehr gute Taten, sondern auch mehr Abweichungen, also mehr Sünde. Vielleicht aus diesem Grunde sterben Ärzte (und Hypochonder), die ihre Gesundheit permanent beobachten, im Durchschnitt früher als andere Menschen, und strenge Lehrer, die ihre Schüler ständig kontrollieren, produzieren damit wahrscheinlich bessere *und* schlechtere Leistungen bei ihren Schülern. Im Übrigen gibt es schon lange eine säkulare Variante dieser religiösen Beobachtung: Selbstbeobachtung. Als Maßstab dient hier ein Alter Ego, ein anderes Ich, das allerdings Kriterien besitzen muss, an denen die Differenz von Handeln und Beobachten gemessen und bewertet werden kann.

Als religiöser Mensch wird man nicht geboren. Weder bei Tieren noch bei den wenigen uns bekannten und gut dokumentierten »wil-

---

[8] »Gott wird als Person definiert, weil ihn das als *Beobachter* etabliert« heißt es bei Luhmann (N. L. Luhmann 2002, a.a.O., S. 157).

den Kindern« bzw. »Wolfskindern« – als Kinder, die ohne menschliche Gemeinschaft aufgewachsen sind – hat man so etwas wie Religion beobachten können. Zu einem religiösen Menschen wird man also erzogen. Vermutlich gingen Bedürfnisse der Phäne (Kontingenzregulierung) ein enges Bündnis mit den Bedürfnissen der Dene ein (Inklusionsregulierung) und stabilisierten diese Erfindung der transzendenten Beobachtung in einer Weise, die sogar ihre Säkularisierung (fast) problemlos überstand.

Soziale Systeme haben sich evolutionär in verschiedenen Formen entwickelt, so dass sie eine sozio-kulturelle Evolution ermöglichten. Dene werden »geboren« und tradieren ihre Strukturen durch das Auswechseln ihrer Elemente hindurch, konkurrieren in einem geradezu darwinistischen Kampf um Überlebensvorteile gegen andere soziale Systeme und »sterben« schließlich wieder aus. Kulturen entstehen, blühen auf und verschwinden wieder; Reiche dehnen sich aus, herrschen über andere – und kollabieren eines Tages wieder[9]; wirtschaftliche Unternehmungen, Firmen, Vereine werden gegründet, konkurrieren eine Zeit lang um ihren Erfolg – und machen irgendwann wieder Pleite, werden aufgelöst oder in eine andere Form überführt. Inzwischen hat die beschleunigte Evolution auch jene Systeme erreicht, die auf Interaktion beruhen: die Familien. Ehen werden geschlossen, Kinder kommen auf die Welt und die Ehen zerbrechen wieder. Neue Ehen werden geschlossen, Kinder kommen außerehelich auf die Welt, werden alleine erzogen oder durch andere Bezugspersonen usw. Alle Varianten der sozialen Systembildung auf Interaktionsebene sind heute denkbar geworden – in einem Bereich, der für die Erziehung unserer Kinder von entscheidender Bedeutung ist. Und es scheint so, dass sich dabei die Evolutionsgeschwindigkeit immer mehr beschleunigt, also die Zeiten zwischen Variation und Selektion immer kürzer werden. Neben der Zeitdimension lassen sich auch in der Raumdimension erhebliche Veränderungen beobachten: immer größere soziale Systeme haben sich entwickelt – von einfachen sozialen Systemen, die auf *Vertrauen* beruhen (»*Gemeinschaften*«) über *Organisationen*, die schon der *Verträge* bedürfen, bis hin zur Gesellschaft, die alleine

---

[9]   Man hat diesen Vorgang meistens organologisch und kulturpessimistisch gedeutet, z. B. O. Spengler: Der Untergang des Abendlandes. München 1953. Aus evolutionstheoretischer Sicht ist er allerdings, so schmerzlich er auch für die Beteiligten sein kann, evolutionärer »Alltag«.

noch durch den Zugang zu einer gemeinsamen *Kommunikation* begrenzt wird und die inzwischen zu einer globalen »Weltgesellschaft« – ohne äußere soziale Umwelt – mutiert ist.

Ein weiterer wichtiger Begriff in diesem Zusammenhang, nämlich der der »Kultur«, liegt (nach meinem Verständnis) quer zu diesen Termini. Unter *Kultur* will ich im Folgenden das System der (nichtgenetischen) Traditionsbildung verstehen. Die Systemgrenzen von Kulturen sind also durch die gemeinsamen Traditionen und ihre (horizontale und vertikale) Vermittlung bestimmt, die sich von anderen Traditionssystemen unterscheiden. Gewöhnlich sind es drei Dinge, die wir tradieren können: 1. Denkweisen (Meinungen, Glaubensüberzeugungen, Werte usw.), 2. Handlungsweisen (Lebensformen, Sitten, Gebräuche usw.) und 3. schließlich das, was wir auch als »externalisierte Meme« bezeichnen werden: Kulturgüter (Pyramiden, Kathedralen, Partituren, Kunstwerke usw.)[10]. Als gemeinsamen Begriff für alle Dinge, die auf diesen drei Ebenen Selektionseinheiten für die kulturelle Evolution sein können, will ich im Folgenden auf den Begriff des *Mems* zurückgreifen. Die Tradierung von Memen ereignet sich ausschließlich nichtgenetisch durch Erziehung. Was aber sind Meme?

10 Selektionseinheit »Meme«

Mit dem Begriff des Mems (bzw. der Meme) wird die in der soziobiologischen Literatur übliche Genzentriertheit endgültig überwunden. Prämisse ist, dass analog zu den Genen auch die Meme eigenständige Selektionseinheiten sein können und ihre Evolution nach allgemeinen Evolutionsgesetzen verläuft. Die bisher vorliegende Literatur zu einer »Memtheorie« ist allerdings alles andere als homogen; Einigkeit über Grundlagen und Grundbegriffe kann ich nicht oder nur sehr undeutlich erkennen. Das Problem beginnt schon mit dem Begriff des Mems selbst, der von Vertretern der

---

[10] Vgl. zu dieser Einteilung einer (evolutionstheoretisch arbeitenden) Kulturethologie: A. K. Treml: Teleologie oder Teleonomie? Wissenschaftstheoretische Vorüberlegungen zu einer Theorie der Kulturethologie. In: M. Liedtke: Orientierung in Raum, Erkenntnis, Weltanschauung, Gesellschaft. Graz 2002, S. 287–303.

»Memtheorie« unterschiedlich, ungenau und streckenweise metaphorisch gebraucht und auf die »Nachahmung« bzw. »Imitation« von so unterschiedlichen Dingen bezogen wird wie: Handlungsschemata, Redensweisen, Wörtern, Ideen, Glaubensinhalten, Verhaltensweisen, Überzeugungen, Anweisungen, Melodien, Gedanken, Moden usw., und die in menschlichen Gehirnen wohnen sollen[1]. Eine kritische Diskussion der dabei mitgeschleppten Implikationen und ihrer Widersprüche wäre angebracht und sicher interessant, kann aber in diesem Zusammenhang nicht geleistet werden. Statt einer hermeneutischen Rekonstruktion der vorliegenden Diskussionsverläufe zur Memetik und ihrer kritischen Einschätzung will ich lieber den Begriff konstruktiv präzisieren. Das heißt: Ich werde im Folgenden einen Vorschlag machen, wie man den Begriff des Mems verwenden kann – und im weiteren Verlauf damit arbeiten.

Was ein Mem (in meinem Verständnis) ist, will ich zunächst an einem einfachen Beispiel erläutern, einem Gedicht von Hans Magnus Enzensberger:

Vor dem Techno und danach

Der Herr v. Eichendorff
hat sich nicht erschossen.
Der Herr v. Eichendorff
kokste nicht, kam ohne Duelle
und ohne Quickies aus.
Der Herr v. Eichendorff
sprach fließend polnisch.
Sein Ehrgeiz hielt sich in Grenzen.
Der Herr v. Eichendorff –
schwache Lunge, Hilfsarbeiter
in preußischen Ministerien,
dreißig Jahre lang –
träumte von Waldhörnern
in seinem Büro, taugte
und taugte nicht,

---

[1] Vgl. R. Dawkins 2001, a.a.O., S. 304 ff.; S. Blackmore 2000, a.a.O.

lebte unauffällig, starb
und hinterließ ein paar Zeilen,
haltbarer als die morschen Ziegel
von Lubowitz, heutigen Tags
Rzeczpopolita Polska,
im tauben Ohr unsrer Kinder:
nur ein paar Zeilen,
die ihnen eines Tages,
wenn sie in Rente gehen,
vielleicht etwas Weiches,
Unbekanntes zu fühlen geben,
das früher Wehmut hieß.[2]

Da ist also von einem Menschen die Rede, der offenbar nicht nur eine relativ schlechte körperliche Konstitution hatte (»schwache Lunge«), sondern auch, was die berufliche Karriere betrifft, alles andere als ein Überflieger war, ein »Hilfsarbeiter«, ein »Taugenichts« (so im Titel eines seiner bekanntesten Werke), ein offenbar etwas verstaubter preußischer Beamter mit »begrenztem Ehrgeiz«, »unauffällig«, »verträumt«, der für eine große Karriere nicht »taugte«. Aber als er – Josef Frhr. von Eichendorff – 1857 stirbt, hinterlässt er »ein paar Zeilen«, und das Erstaunliche geschieht: Sie erweisen sich als »haltbarer als die morschen Ziegel von Lubowitz« (seines alten Familiensitzes), haltbarer selbst als »tausendjährige Reiche« (man beachte die Namens- und Eigentumsveränderung) und »überleben« bis »heutigen Tags« – und wo? Im »tauben Ohr unsrer Kinder« (eine Metapher für den hohen Reizschutz, dessen unsere Kinder durch die Reizüberflutung bedürfen). Also nehmen wir einmal an, einigen Schulkindern wird ein Gedicht von Eichendorff vorgelesen, vielleicht »Mondnacht« – nicht mehr als eine Art sprachlicher Tupfer, vor über einhundertundfünfzig Jahren auf einen Zettel geschrieben; aber dieses kleine Gedicht kann eine erstaunliche und langanhaltende Wirkung haben und dem einen oder anderen Kind (sicher nicht allen) inmitten ihrer lauten Welt ein fremdartiges Gefühl vermitteln, das Enzensberger ganz altmodisch als »Wehmut« bezeichnet.

Ein solches Gedicht ist also ein »Mem«, und das heißt zunächst einmal: Es ist wohl durch einen Menschen (ein Phän) produziert

---

[2] Zitiert nach der FAZ vom 22. 5. 2000, S. 49.

und ohne ihn nicht denkbar, aber es kann unabhängig und außerhalb von ihm weiterleben, auch wenn dieser schon lange tot ist. Das zitierte Gedicht von Enzensberger beschreibt den Vorgang der Membildung, ohne das bezeichnete Mem selbst zu benennen, und ist gleichzeitig doch wiederum selbst ein Mem, das in dem Augenblick, da es in Form von »ein paar Zeilen« in die Welt kam, ein eigenes »Leben« führen kann. Es gibt also zwei verschiedene Ebenen, die wir hier berücksichtigen müssen: die Ebene des Autors, des Produzenten, des Menschen, der (als Phän), weil sterblich, vergeht, und die Ebene seines Werkes, jener paar Zeilen auf einem Papier, das bleiben kann, das Mem. Der Dichter stirbt, seine natürliche und kulturelle Umwelt verändert sich, vergeht, sein Werk aber bleibt, ist unvergänglich, kann unter Umständen sogar »unsterblich« werden (eine etwas euphemistische Bezeichnung für eine lang anhaltende, bis heute nicht unterbrochene Resonanz).

In dem Gedicht »Mein Wäldchen« von Friedrich Gottlieb Klopstock heißt es z. B. im letzten Vers:

»Wenn von dem Sturm nicht mehr die Eich' hier rauschet,
Keine Lispel mehr wehn von dieser Weide:
Dann sind Lieder noch, die vom Herzen kamen,
Gingen zu Herzen«

und ein Rezensent (H. Detering) schreibt dazu: »Das Wäldchen wird verdorrt sein, die Utopie dahin, und der Vorfahr, der damals so betörend gesäuselt hat, schon namenlos. Was bleibet aber, ist der Klangzauber: die Musik, die von Herz zu Herzen geht. Sie kann es, wenn man richtig zuhört, noch heute. Und das erst ist das Ende vom Lied. Stehende Ovationen.«

Meme können also eine erstaunlich lange »Lebenszeit« haben, viel länger als im Wind rauschende Bäume, viel länger auch als ein Menschenleben dauern kann, ja selbst viel länger als wehrhafte Schlösser und Burgen. Es gibt sogar Meme, die sich von ihren menschlichen Produzenten so weit entfernt und emanzipiert haben, dass man gar nicht mehr genau weiß, wer sich dahinter verbirgt, die also gewissermaßen ganz ohne Phäne auskommen (z. B. die biblischen Schriften oder das Nibelungenlied). Und es gibt Namen, die wir nur noch über erfolgreiche Meme kennen, die angestoßen haben, und von denen wir jedoch als Phäne fast nichts mehr wissen (z. B. Sokrates und Jesus von Nazareth). Meme können sich offenbar von ihren geistigen Produzenten lösen und ein Eigenleben füh-

ren – was nichts anderes heißt, als dass hier unterschiedliche Selektionsebenen evoluieren.

Neben Gedichten, der Literatur, ist es, wie hier, auch die Musik,
die eine analoge Überlebenszähigkeit hat und ihre Komponisten
lange überleben kann. Johann Sebastian Bach – um nur ein promi-
nentes Beispiel zu geben – ist vor über 250 Jahren gestorben, aber
seine Musik »lebt« in einem Maße weiter, dass es in einem geflü-
gelten Wort heißt: Nicht alle, die etwas von Musik verstehen, glauben an Gott, aber alle an Bach! Und damit haben wir (assoziativ)
schon wieder einen Sprung zu einem weiteren Mem gemacht: dem
Glauben an Gott. Alle Religionen sind Meme, genauer gesagt:
Memplexe, als Systeme von Memen, die eine erstaunliche Resistenz bzw. »Lebensdauer« haben können. Die christliche Religion ist
z. B. ein überaus erfolgreiches Mem, das es seit über 2000 Jahren
gibt. Aber nicht nur religiöse Glaubensinhalte, auch alle Ideen und
Theorien, einschließlich der wissenschaftlichen, sowie die vielen
zähen Vorurteile, die in unseren Köpfen nisten, fallen unter den
Begriff des Mems. Auch die Evolutionstheorie kann zu Recht als ein
Mem bezeichnet werden.

Neben den in unseren Köpfen nistenden »Meinungsmemen« und
den in unserem Handeln zum Ausdruck kommenden »Verhaltensmemen« rechne ich auch die außerhalb unserer Körper sich be-
findlichen Produkte des menschlichen Geistes zu den Memen (also
alle sogenannten Kulturgüter). Es sind, weil »nach außen verlagert«, externalisierte Meme. Die territoriale Beschränkung des
Membegriffs auf das menschliche Gehirn, wie dies in der anglo-
amerikanischen Literatur meistens der Fall ist, wird hier nicht
übernommen. Meme haben sich in der Kulturgeschichte wohl zunächst von Hirn zu Hirn »übertragen«[3], konnten sich jedoch
schließlich – nach der Erfindung der einschlägigen Speicher und
Medien – nach außen verlagern (etwa in Büchern) und dort auch
evoluieren. So können wichtige Meme z. B. in Schulbüchern
»überleben«, wenngleich sie auch schon lange wieder aus dem
»tauben Ohr unserer Kinder« sind.

Die möglichen Beispiele von Memen, seien es Ideen, Glaubensinhalte, Musikstücke, Gedichte, Romane, Bücher usw., sind endlos.

---

[3] Der Begriff ist hier eine Metapher, denn es wird nichts übertragen, sondern dupliziert. Es wird dem einen ja nichts weggenommen und dem
anderen nichts übergeben.

Bevor die Beispiele aber größere Verwirrung stiften, will ich versuchen, den Begriff des Mems und seine Funktion im Rahmen einer Allgemeinen Evolutionstheorie herauszuarbeiten. Dazu müssen wir von den Beispielen abstrahieren und die allgemeine Struktur und Funktion der Meme herausarbeiten.

Meme, so will ich vorläufig definieren, sind ontologisch eigenständige evolutionäre Selektionseinheiten – und damit neben den Genen und den Phänen eine weitere, dritte Emergenzebene von Evolution, die ich hier vorstellen und ihre Bedeutung für die Pädagogik herausarbeiten will. Was heißt »ontologisch eigenständig«? Vielfach wird die Meinung geäußert, Meme würden »in den Gehirnen« der Menschen wohnen und gewissermaßen von Gehirn zu Gehirn »springen«[4]. Man würde es sich zu einfach mit dem Argument machen, dass auch die moderne Gehirnforschung trotz allen Aufwands bisher in den Gehirnen keine Meme – also keine Gedichte, keine religiösen Vorstellungen, kein wissenschaftliches Wissen und keine sonstige Ideen – gefunden hat. Ich gehe vielmehr davon aus, dass wir Menschen durch unsere Hirntätigkeit eine eigenständige geistige Emergenzebene besitzen, die zu dem fähig ist, was wir gewöhnlich als »Denken« (und »Fühlen«) bezeichnen. So können wir beispielsweise das Gedicht »Mondnacht« von Eichendorff lesen, dabei etwas denken und fühlen. Aber ist das dann identisch mit dem Mem? Ich bin der Überzeugung, dass dem nicht so ist. Das Mem »Mondnacht« kann wohl zu einem ganz spezifischen Denken und Fühlen anregen, aber dieses Denken und Fühlen ist nicht identisch mit dem Mem selbst. Das, was ein bestimmter Mensch beim Lesen oder Hören eines Gedichtes fühlt und denkt, dürfte nicht einmal identisch mit dem sein, was ein anderer Mensch fühlt und denkt, wenn er das gleiche Gedicht liest oder hört.

Ebenso werden wir, wenn wir zum Beispiel Bachs Musik hören, bestimmte Empfindungen fühlen und an etwas denken. Aber das Brandenburgische Konzert ist natürlich nicht identisch mit dieser Empfindung oder gar mit dem, was man während des Hörens dabei denkt. Auch das Mem »Evolutionstheorie« geht nicht auf in dem, was ein Gehirn dabei denkt oder fühlt, wenn es sich mit der Evolu-

1 Lehre des Seins

---

[4] So etwa bei R. Dawkins 2001, a.a.O., und S. Blackmore 2000, a.a.O.

tionstheorie beschäftigt. Meme entstehen wohl unter Mitwirkung von Bewusstsein und können im Bewusstsein von uns Menschen, und damit in unseren Gehirnen, erhebliche Auswirkungen haben, aber sie »sind« nicht diese Bewusstseinsinhalte selbst. System-theoretisch gesprochen bedeutet dies: Aus Sicht eines Mems (qua System) ist ein Bewusstsein Umwelt und vice versa: Aus Sicht eines Bewusstseins (qua System) ist ein Mem Umwelt. Anders gesagt: Phäne und Meme sind gegenseitig füreinander Umwelt. Nur da-durch, dass hier eine System-Umwelt-Differenz installiert ist, kön-nen Meme überhaupt eine eigenständige Evolution in Gang bringen und ihren Selektionsvorteil ausspielen. Das ist es, was ich meine, wenn ich sage: Meme haben eine ontologische eigenständige Exis-tenzweise. Sie »leben« alleine durch und in der Resonanz, die sie haben (»Stehende Ovationen!«).

Meme können aber nicht nur in Gehirnen in Form von Be-wusstseinsakten bedeutsame Folgen auslösen, sondern auch in sozialen Systemen die Form von Kommunikation annehmen. Diese dabei gebrauchte Unterscheidung von *Bewusstsein* und *Kommunikation* ist wichtig, weil sie an System-Umwelt-Grenzen erinnert, die in der Pädagogik erhebliche Schwierigkeiten berei-ten. Soziale Systeme, die ich als evolutionäre Selektionsein-heiten »Dene« bezeichnet habe, existieren nur und ausschließlich über Kommunikation, und natürlich können etwa Schulklassen über ein Eichendorff-Gedicht, über das Brandenburgische Kon-zert oder über die Evolutionstheorie diskutieren oder Autoren in Büchern (wie diesem) darüber publizieren. Aber auch hier lassen sich soziale Systeme von Memen in ihrer Umwelt nur zu einer für sie spezifischen Eigenbewegung, nämlich Kommunikation, anrei-zen. Durch die Kommunikation bestimmter Meme oder Memplexe lassen sich soziale Systeme voneinander abgrenzen. Die Kommu-nikation über ein bestimmtes Mem ist aber nicht dieses Mem selbst. Worauf ich hinaus will, ist dies: Meme werden wohl von Menschen (Phänen) und sozialen Systemen (Denen) »gemacht«, aber sie »leben« dann, nachdem sie »geboren« wurden, auf eine ontologisch eigenständige »objektive« Weise. Sie sind etwa das, was Platon mit seinen »Ideen« (bzw. »Idolas«) gemeint hat, eine eigenständige Existenzform, allerdings mit einem einschneiden-den Unterschied: Meme sind im Gegensatz zu den platonischen Ideen nicht »ewig« bzw.«unveränderlich«, sondern ganz im Gegenteil, sie sind veränderbare Selektionseinheiten der sozialen Evolution[5].

Meme stehen in einem harten Wettbewerb um Resonanz. Ihr »Weiterleben« in Phänen (und Denen) ist keinesfalls wahrscheinlich, denn es gibt immer viel zu viele Meme, so dass ein starker Selektionszwang besteht. Nur ein kleiner Bruchteil von ihnen »überlebt« ihre Produzenten, wird selektiert, und davon wiederum nur eine winziger Anteil vermag sich über Jahrzehnte, Jahrhunderte und manchmal gar Jahrtausende zu stabilisieren. Die Beispiele, die ich bisher zu den Memen gegeben habe, sind deshalb möglicherweise etwas verwirrend, denn es sind alles Beispiele für sehr erfolgreiche Meme, die ihre »Schöpfer« lange überlebt haben. Es sind also Beispiele für positive Selektion. Wie in der Evolution – auf allen ihren Selektionsebenen – üblich, ist jedoch die negative Selektion weitaus umfangreicher. Das gilt natürlich auch für die Meme. Wieviel Gedichte sind wohl geschrieben worden, die niemand mehr zitiert, niemand mehr kennt? Wieviel Lieder und Musikstücke sind geschrieben und gesummt worden, die niemand mehr singt und niemand mehr aufführt? Und wie viele wissenschaftliche Bücher und Theorien sind wohl geschrieben worden, die niemand mehr liest oder gar zitiert? Ihre Zahl ist Legion[6].

Meme stehen untereinander in einem harten Ausleseprozess, in einem permanenten Wettbewerb um die knappe Ressource Aufmerksamkeit (bei psychischen Systemen) und Resonanz (bei sozialen Systemen). Sie sind zunächst, wenn sie das »Licht der Welt erblickt haben« (etwa in Form einiger Zeilen oder einer Partitur)

---

[5] Das ist sicher nicht die Meinung der meisten (anglo-amerikanischen) Memforscher, aber dezidiert die Position Poppers. Vgl. K. R. Popper: Objektive Erkenntnis. Ein evolutionärer Entwurf. Hamburg 1973, insb. S. 172 ff.

[6] »Unsere Bibliotheken sind voll von den mehrbändigen Lebenswerken von einstmals berühmten Denkern, die heute fast niemand dem Namen nach mehr kennt; man möchte schwermütig werden; diese vielen dicken Bücher – für wen sind die eigentlich geschrieben worden? Sie hatten sich einmal auf die Suche nach Lesern gemacht und sind heute nur noch gut genug dafür, dass Jüngere sie wiederentdecken und dann darüber promovieren« – So H. Schnädelbach: Das Gespräch der Philosophie. In: Information Philosophie 1/2003, S. 7–19, hier S. 7.

nichts anderes als Selektionsofferten[7]. Damit sie das sind, genügt es also nicht, dass sie im Gehirn eines Phäns bloß »gedacht« werden. Ein flüchtiger Gedanke, eine bloß subjektive Idee, ist, weil im Gehirn eines Phäns operativ (ein)geschlossen und von außen intransparent, kein Mem, das bei anderen psychischen oder sozialen Systemen Resonanz finden könnte. Meme müssen in eine Form gebracht werden, die von den Systemen in der Umwelt nach Maßgabe ihrer eigenen Prozessbedingungen als Selektionsofferten erkannt werden können. Sie müssen, kurz gesagt, von anderen Menschen sinnlich wahrnehmbar sein, weil sie nur damit anschlussfähig an das Denken oder Kommunizieren werden.

Ist diese erste Hürde genommen, kann ein Mem selektiert werden: Ein Buch wird gekauft und sein Inhalt gelesen, ein Lied wird gehört und nachgesungen, ein neues Wissen wird von anderen gelernt, eine neue Mode von anderen nachgemacht. Nur wenige dieser Selektionen erreichen die dritte Stufe, die der Stabilisierung. Erst dann haben wir z. B. die Ebene der Klassiker erreicht, die ihre Resonanz über Jahrhunderte, wenn nicht gar Jahrtausende auf Dauer stellen konnten. Hier sind sie zu Hause, die Heroen unserer Kultur, die »Bachs«, »Darwins« und »Eichendorffs«[8]. Stehende Ovationen!

Die vielen im Schatten der negativen Selektion sieht man nicht mehr. Aus einer fiktiven großen Entfernung betrachtet, muss man sich deshalb fragen, wozu dieser Aufwand? Oder etwas anspruchsvoller gefragt: Welche evolutionäre Funktion hat die Entwicklung einer weiteren eigenen Evolutionsebene, die der sozio-kulturellen Evolution, die in Form der Meme eine unübersehbare Fülle eigen-

---

[7] Und häufig nicht einmal das, denn Voraussetzung ist, dass die Umwelt dies als Selektionsofferte nach Maßgabe ihrer Systemoperationen wahrnehmen kann. Dominant sind vor allem jene Meme, denen es gelingt, den Variationspool zu besetzen, der für Selektionen in Frage kommt. Wer das Radio einschaltet, findet einen extrem eingeschränkten Variationspool, der von anglo-amerikanischer Popmusik besetzt ist – ein überaus erfolgreiches Mem, das fast allen anderen Konkurrenten schon den Zutritt zum Bereich der Selektionsofferten verwehrt; vgl. A. K. Treml/A. Scheunpflug: Die Ausdifferenzierung des Musikgeschmacks. Kulturgeschichtliche und autogenetische Aspekte. In: U. Liedtke (Hg.): Ton, Gesang, Musik. Natur- und kulturgeschichtliche Aspekte. Graz 1999, S. 174–200.

[8] Vgl. dazu A. K. Treml: Klassiker. Die Evolution einflussreicher Semantik. Band 1: Theorie. St. Augustin 1997.

ständiger Selektionseinheiten entwickelt, deren überwiegende Mehrzahl dann keinerlei Resonanz findet?

Man muss sich, um eine Antwort auf diese Frage zu finden, einen Augenblick in der Evolutionsgeschichte zurückdenken an jenen Punkt der Entwicklung, wo Lebewesen höhere Lernformen entwickelt und Vorformen von Kommunikation erprobt haben, mit denen sie befähigt wurden, von anderen zu lernen. Es war in dieser Situation sicher von einem großen Vorteil, von besonders erfolgreichen anderen zu lernen – also die Maxime zu beherzigen: Imitiere die Erfolgreichen!

Viele Autoren glauben hier den entscheidenden Sprung von der biologischen zur kulturellen Evolution entdeckt zu haben. So meint etwa Eckart Voland: »Kulturgeschichte begann, als das ›survival of the fittest‹ ein ›imitation of the fittest‹ in Schlepptau nahm. Was immer Kultur definieren mag, sie gründet auf adaptiver Imitation, also auf dem erfolgversprechenden Versuch einer vorteilhaften Teilhabe an den Lebensleistungen anderer«[9]. In der Tat kann man diese These dann akzeptieren, wenn man sie proximat interpretiert, also als eine Aussage über die historische Ausdifferenzierung menschlicher Kulturfähigkeit aus der biologischen Evolution. Es spricht nichts dagegen, den Kulturbegriff so weit zu definieren, dass er mit der Imitationsfähigkeit – etwa in Form eines vertikalen Lernens in der Brutpflege oder eines horizontalen Lernens in der Verwandtengruppe – als entscheidendes Abgrenzungskriterium nimmt. Problematisch wird diese These allerdings, wenn sie nicht nur Anspruch auf eine proximate, sondern auch auf eine ultimate Erklärung (für Meme) legt und Imitation (bzw. Nachahmung) als substantielles Merkmal der Meme schlechthin bezeichnet. Meme, so liest man, seien »Imitationseinheiten«, und es wird lapidar versprochen: »Alles was Sie durch Imitation eines anderen lernen, ist ein Mem«[10]. Das mag sogar stimmen, wenn es nicht ausschließend gemeint ist. Im Zusammenhang wird aber klar, dass genau dies der Fall ist: Nur das, was imitiert werden kann, ist (per definitionem) ein Mem. Und das ist falsch.

Imitieren (von griechisch-neulateinisch »Mimesis«, »Mimese«) bedeutet: nachmachen, wiederholen. Nachmachen kann man Ver-

[9]   E. Voland: Organismische Evolution und Kulturgeschichte: »Survival of the fittest« plus »imitation of the fittest«. In: EuS 9 (1998), 2, S. 341–342, hier 341.
[10] S. Blackmore 2000, a.a.O., S. 32.

haltensweisen anderer Menschen im Kontext von Interaktionen, und insofern wird hier eine Möglichkeit der Memreplikation (unter anderen) angesprochen. Wenn z. B. ein Kind sieht, wie sein Vater beim Skifahren einen Stemmschwung macht, kann das Kind versuchen, diesen Stemmschwung nachzumachen – zu imitieren. Wenn die Mutter ein Lied singt, kann das Kind dieses Lied nachsingen – und damit die Mutter »imitieren«. Aber was ist mit solchen Memen wie der »Evolutionstheorie« oder dem »Brandenburgischen Konzert Nr. 1«? Was kann oder soll hier denn imitiert werden? Weder macht man etwas nach, wenn man etwas über die Evolutionstheorie liest, noch wenn man sich abends in sein Zimmer zurückzieht und das Brandenburgische Konzert hört. Was sollen oder können Schüler »imitieren«, wenn sie in ihren Schulbüchern lernen (etwa »dass sich Eisen bei Erwärmung ausdehnt«)? Nein, »imitieren« ist eine wichtige Methode, wie sich Meme replizieren können unter anderen, eine Methode, die am Beginn der Phylogenese und am Beginn der Ontogenese wahrscheinlich einen großen Einfluss besaß bzw. besitzt, ansonsten aber auf Interaktion in Gemeinschaften beschränkt bleibt, inzwischen aber bestenfalls nur noch dort relevant ist, wo es um beobachtbare Verhaltensweisen (Gewohnheiten, Sitten, Gebräuche, Fähigkeiten, Fertigkeiten) geht – genauer gesagt: bei der Überführung von Verhalten (Umwelt) in Handeln (System). Und selbst da nicht immer: Wer begeistert Bücher über die Besteigung von Achttausendern liest, wird nicht selbst Achttausender besteigen müssen, damit man sagen kann: ein Mem hat sich repliziert.

Neben *Verhaltensweisen* fällt schließlich alles das unter den Begriff des Mems, was wir bisher unter den Begriff des *Wissens* subsumieren. Vor dem Hintergrund der schon eingeführten Unterscheidung von Verhaltensgedächtnis und Wissensgedächtnis kann man Verhaltensmeme und Wissensmeme unterscheiden. Wissensmeme werden aber nicht (bzw. nur in den allerseltensten Fällen) durch Imitation weitergegeben, sondern durch »*Lernen*«. Weil Lernen Imitieren impliziert, aber Imitieren nur ein kleiner Teilbereich von Lernen ist, schlage ich vor, nun zu sagen: Ein Mem ist das, was gelernt werden kann«[11]. Der Imperativ, nach denen Meme sich

---

[11] Man beachte den Dispositionsbegriff (der hier an die Stelle des Indikativs tritt). Ganz anders dagegen der jüngste Definitionsversuch von S. Blackmore: »... eine *Information*, die in einem Evolutionsprozess kopiert wird« (vgl. Blackmore 2003, a.a.O., S. 59).

ausbreiten, lautet: Lerne (nicht nur: imitiere) vom Erfolgreichen!
Vieles, was gelernt wird, kommt nie in Handlungen zum Ausdruck,
sei es, weil es nicht gebraucht wird, sei es, weil es nicht in Verhaltensweisen übertragen werden kann. Man lernt ja nicht Verhalten,
sondern man lernt Verhaltenskompetenzen. Deshalb ist der Begriff
des Lernens hier nicht nur weiter, sondern auch präziser (was in
dieser Mischung ja selten vorkommt). Der Schüler, der einen Tick
seines Lehrers »imitiert« (etwa um als Klassenclown bewundert zu
werden), muss diesen Tick nicht unbedingt lernen. Wenn er aber
lernt, wie man Quadratwurzeln zieht, hat er dabei nicht seinen
Lehrer »imitiert«, aber er hat von ihm »gelernt«, wie man Quadratwurzeln zieht und kann bei Bedarf so handeln, dass kompetente
Beobachter übereinstimmend sagen können: Er kann's!

Neben Verhaltensmemen und Wissensmemen gibt es noch eine
weitere, dritte Art von Memen. Ich will sie zunächst anhand von
Beispielen einführen: zum Beispiel die Ägyptischen Pyramiden, der
Pariser Eiffelturm oder der Kölner Dom, Autos, die Bücher in einer
Universitätsbibliothek, die Partituren einer Sammlung, die Bilder
einer Ausstellung. All dieses – und das ist das Allgemeine dieser
besonderen Beispiele – sind materielle Produkte des Verhaltens und
des Wissens anderer Menschen, oder anders gesagt: Artefakte. Weil
es sie nicht in den Köpfen, den Hirnen, der Menschen gibt, sondern
sie außerhalb von ihnen existieren, habe ich sie unter den Begriff der
externalisierten Meme subsumiert. Die natürliche Umwelt (die
»erste Natur«) wird durch Arbeit in eine künstliche Umwelt (in die
»zweite Natur«) umgewandelt, so dass wir heute ohne Einschränkung sagen können, dass wir unsere Umwelt »gemacht« haben.
Ohne Zweifel rechnen wir in unserem alltäglichen Sprachgebrauch
auch das zu »Kultur«, ja in der Fachliteratur lässt man die menschliche Kultur gewöhnlich mit dem »homo habilis«, dem »geschickten
Menschen«, beginnen, weil er der erste war, der es schaffte, Stein-
werkzeuge (Speerspitzen, Steinschneiden etc.) herzustellen[12]. Aber
sollten wir auch dies unter den Begriff des Mems fassen?

---

[12] Wobei in diesem Sinne schon Tiere kulturschaffend sein können. In der
einschlägigen ethologischen Literatur wird als beeindruckendes Beispiel
immer wieder der (männliche) Laubenvogel erwähnt, der – im Rahmen
der Signal- und Sexuellen Selektion – Kunstwerke in Form von »Lauben«
schafft.

Für eine bejahende Antwort spricht, dass wir damit den Membegriff eng an unseren vertrauten Kulturbegriff anlehnen können. Unter Kultur verstehen wir gewöhnlich – und ich wiederhole mich hier absichtlich – Dreierlei[13]:

– kulturelle (als nichtangeborene, sondern gelernte und kollektiv ausgeübte) Verhaltensweisen, Sitten und Gewohnheiten,
– Ideen, Wissen, und zwar sowohl »Wissen was« wie auch »Wissen wie«, sowie
– kulturelle Artefakte, also Produkte menschlicher Arbeit: wie Bilder, Bauwerke, Häuser, Städte, Handwerkszeug, Sinfonien, technische Geräte, Bücher (als materielle Produkte) usw.

Mit der Kulturethologie haben wir inzwischen eine eigene wissenschaftliche Disziplin, die kulturelle Entwicklungen auf allen drei Ebenen evolutionstheoretisch untersucht[14]. In der Tat kann man auch die Verlaufsform kultureller Artefakte evolutionstheoretisch untersuchen und wird dabei allgemeine evolutionäre Prinzipien wiederfinden können.

Allerdings gibt es auch gute Gründe gegen eine Ausweitung des Membegriffs auf kulturelle Artefakte. Ein Grund, allerdings der am wenigsten überzeugende (weil er durch Definitionen jederzeit veränderbar wäre), ist die Tatsache, dass auch in der Memtheorie, wie sie in der angloamerikanischen Literatur diskutiert wird, kulturelle Artefakte, weil nicht »imitierbar und im Gehirn speicherbar«, streng genommen nicht unter den Begriff der Meme fallen. Ein anderer Grund ist jedoch schwerwiegender: Kulturelle Artefakte werden nur selten »übertragen« bzw. »repliziert«. Wohl kann man den Eiffelturm nachbauen, die Bibel durch Skriptoren abschreiben lassen und ein Auto durch Massenanfertigung replizieren. Aber ein Mem ist das alles auch, ohne dass es repliziert wird. Man muss die Selektionseinheit der Meme folglich so definieren, dass die bloße Möglichkeit der Replizierbarkeit ein hinreichendes Kriterium für den Begriff ist – oder aber man begnügt sich mit dem Kriterium der Erhaltung in wechselnden Umwelten. Wie ein Phän sich vor allem durch Erhaltung in wechselnden Umwelten evoluiert, so können

---

[13] Vgl. dazu auch A. K. Treml: Pädagogik und Kultur. Erziehungswissenschaft als Kulturwissenschaft. In: K. E. Müller (Hg.): Kultur – Perspektiven und Aufgaben der Kulturwissenschaften. Bielefeld 2003, S. 157–170.
[14] Vgl. Treml 2002, a.a.O.

Kulturgüter als Meme auch primär durch ihre Erhaltung, durch ihre Resistenz gegen Verlust, evolutionäre Erfolge feiern. Ihr Selektionserfolg wäre demnach nicht an der Häufigkeit ihrer Replizierung, sondern an der Konstanz ihrer Erhaltung unter wechselnden Umweltbedingungen messbar.

Meme dieser Art könnte man als »externalisierte Meme« bezeichnen, weil sie nicht innerhalb, sondern außerhalb der Körper bzw. der Gehirne »weiterleben«. Oder aber man spricht hier von »erweitertem Memotypus«[15]. Ein erweiterter Memotyp würde damit den Bereich der Meme auf Produkte menschlicher Arbeit erweitern. Damit wäre immerhin garantiert, dass wir diesen wichtigen Bereich nicht übersehen oder gar vergessen, denn schließlich kann man sich kaum eine pädagogische Situation vorstellen, in der diese Produkte nicht vorkommen (etwa in Form von Schreibwerkzeugen, Schulbüchern, Wandtafeln usw.).

Mit diesen definitorischen Festlegungen haben wir nun ein begriffliches Instrumentarium, mit der der Selektionsvorteil von Kultur präziser bestimmbar ist. Ich glaube, dass die Kulturfähigkeit des Menschen damit beginnt, dass er nach folgenden Imperativen zu leben beginnt[16]:

1. Lerne die erfolgreichen Meme deiner Umwelt!

Der Selektionsvorteil liegt auf der Hand: Wer das Erfolgreiche lernt, braucht nicht die vielen Umwege und Fehler zu wiederholen, die ihm als Misserfolge vorausgingen, und er kann damit Ressourcen sparen. Erfolgreiche Meme zu lernen, ist das Grundprinzip der natürlichen Selektion. Der Imperativ ist so formuliert, dass er (die schwierig zu beantwortete Frage) offen lässt, was »erfolgreich« ist.

---

[15] Die Formulierung lehnt sich an an einen analogen Vorschlag von Dawkins an, der am Beispiel der Spinnennetze von einem »erweiterten Phänotyp« spricht, wenn er die genetisch präformierten Handlungsprodukte von Lebewesen meint (vgl. R. Dawkins 1999, a.a.O., S. 372).

[16] Der evangelische Theologe Karl Barth hat vermutlich etwas Ähnliches gemeint, als er seinen Bildungsbegriff in dreifacher Hinsicht auf seinen Gestaltungscharakter zurückführt: »Dass die Umwelt des Menschen ihn gestalte zu einem, der möglichst reich und tief um sie weiß, sie versteht, an ihr teilnimmt. Dass der Mensch in seiner Begegnung mit der Umwelt sich selbst gestalte zu einem zugleich Freien und Verantwortlichen. Und dass er selber seinerseits zu einem Gestalter werde in und an seiner Umwelt« (K. Barth: Evangelium und Bildung (ThSt 2). Zollikon-Zürich 1957(2), S. 3 f.).

Häufig ist es klar, was erfolgreich ist, z. B. das, was in Schulbüchern steht, unsere Klassiker, das was funktioniert usw.

2. Sammle, ordne und bewerte die Meme in Dir!

Hier geht es um das systemeigene Prozessieren der Meme und ihre Verbindung untereinander. Das ist ausschließlich eine systemeigene Leistung und notwendig, um handlungsfähig zu bleiben. Meme müssen als Wissen zu einem Orientierungs- und Handlungswissen geordnet und gewichtet werden, damit die Systemleistung nicht kollabiert, sondern erhalten bleiben und fortgesetzt werden kann.

3. Versuche selbst, erfolgreiche Meme zu produzieren! *Der zuerst kommt...*

Der Selektionsvorteil liegt einmal im zeitlichen Vorsprung nützlicher Memproduktion. Wer ökologische und/oder ökonomische Nischen als Erster besetzt, etwas produziert, das auf Nachfrage stößt, erhöht seinen natürlichen Selektionswert. Darüber hinaus können Meme aber auch im Bereich der sexuellen Selektion (auf die wir noch genauer eingehen müssen) eine bedeutende Rolle spielen, und das gerade dann, wenn sie eine Verschwendung bedeuten.

Um die Funktion der evolutionären Entwicklung von Memen, und damit der kulturellen Evolution, zu verstehen, müssen wir uns nur einmal vor Augen halten, was wir gewinnen, wenn wir zusätzlich zu ihren »internen Speichern« einen weiteren, nun »externen Speicher« für Informationen aufbauen und erhalten können. Unter »internem Speicher« verstehe ich das Vermögen systemeigener Speicherung von Wissen – beim Phän im Geist, bei den Denen in Kommunikationsmedien. Die Engstelle für eine Anhäufung von Wissen ist hier immer die Speicherkapazität. Sie ist (nicht nur) beim Menschen begrenzt. Der zerebrale »Laderaum« für Wissen ist im Verhältnis zu dem, was in der Umwelt als Informationen herumschwirrt, sehr klein. Wenn es nun gelänge, in der Umwelt ein Medium zu installieren, das die Informationen unabhängig von den Gehirnen der Phäne anzuhäufen erlaubt, könnten die Gehirne von Fall zu Fall, also immer selektiv, nach Bedarf darauf zurückgreifend, von der Kumulation des gesamten sozialen Wissens (aller Menschen) profitieren. Voraussetzung für eine solche Kumulation wäre, wie schon gesagt, ein Medium, das Informationen dauerhaft – und das heißt: zeitlich, räumlich und sozial universell – nicht nur zu speichern erlaubt, sondern auch wieder (bei Bedarf) abrufbar macht. Dieses Medium ist die *Schrift* (vor allem in ihrer standardisierten Form als *Buchdruck* oder moderne *Informationstechnologie*).

Mit der Schrift konnten Ideen, Meinungen, Wissen, Glaubensinhalte usw. in eine äußere Form überführt werden, so dass sie, weil
in der Umwelt »abgelegt«, als Information behandelt werden
konnten. Das System des einzelnen lernenden Menschen konnte
dann seine Engstelle, nämlich seine auf Dauer nicht unbegrenzte
Lernfähigkeit, potentiell überwinden, und aus den permanent angehäuften Informationen der Umwelt selektiv diejenigen »an-
zapfen« und in (systemeigenes) Wissen überführen, die ihm nützlich erschienen. Es ist die Erfindung des Buchdrucks – selbst ein
Mem –, die schließlich den entscheidenden »Kick« brachte und die
Übertragung von Memen potenzierte. Man kann also sagen: Die
meisten Meme sind in der Moderne eine Nebenfolge der Schrift,
denn mit der Schrift lässt sich nun systemeigenes Wissen in Form
von Informationen in der Umwelt »ablegen«, so dass es anderen
Menschen – seien es Menschen, die gleichzeitig leben oder Menschen, die noch gar nicht geboren sind – über Lernen selektiv zur
Verfügung steht. Damit wird also nicht nur die Unterscheidung von
Information und Wissen in ihrer Funktion transparent, sondern
auch der eng damit zusammenhängende Selektionsvorteil kultureller Traditionsbildung offenkundig: Über kulturelle Traditionen
(in Form von Memen) kann Wissen in Information überführt und
angehäuft werden. Es muss allerdings den »Umweg« über die Meme machen, denn nur Meme können (als Informationen) unbegrenzt angehäuft werden.[17]
    Ein vor allem pädagogisch wichtiges Folgeproblem will ich hier
wenigstens andeuten. Wenn Phäne (und Dene) aufgrund ihrer systemeigenen Operationsformen eine immer nur begrenzte Speicherkapazität besitzen und Meme in dem Augenblick, in dem die Schrift
und der Buchdruck erfunden wurden, gleichzeitig und praktisch
unbegrenzt angehäuft werden können, tut sich eine Schere zwischen
den phylogentischen Voraussetzungen, den ontogenetischen und
dem kulturellem Speicher auf. Das bedeutet für jeden Menschen
einen ungeheuren Selektionsdruck, denn von all den in der Kulturgeschichte angehäuften Memen kann nur ein winziger Bruchteil
ausgewählt und gelernt werden. In der Pädagogik ist dieses Problem

---

[17] Das Wort »unbegrenzt« sollte man hier nicht wörtlich nehmen; es signa-
    lisiert nur eine im Verhältnis zur zerebralen Speicherkapazität potenziell
    unbegrenzte Kumulationsfähigkeit.

vor allem in der Lehrplan- und Curriculumforschung ausführlich –
und ziemlich erfolglos – ausgebreitet und diskutiert worden[18].
Vermutlich wird – und das gleichzeitig – mehr gespeichert *und*
mehr vergessen werden müssen. Wie kann das gehen? Indem man
die Evolution dieser Bereiche trennt: auf der Ebene der Phäne muss
mehr vergessen, auf der Ebene der Meme mehr gespeichert werden.
Und dazwischen ist das (evolutionär) hoffnungslos altmodische
Individuum – das Phän, genannt: der Mensch – geadelt als »Person«
oder gar nobilitiert zum »Subjekt«. Und die Erziehung, von der man
als Pädagogik erwartet (erhofft, fordert), sie möge bitteschön zwischen diesen Polen der verschiedenen Selektionsebenen vermitteln
und Gene, Phäne und Meme miteinander (irgendwie) versöhnen.

11 Selektionsarten

Wir haben jetzt die für Erziehung wichtigsten Selektionsebenen
kennen gelernt (wobei man berücksichtigen sollte, dass es in der
einschlägigen Fachliteratur auch andere Varianten ihrer Ordnung
gibt). Jetzt können wir die Selektionsarten (die immer schon einmal
dem Namen nach erwähnt worden sind) genauer betrachten – Selektionsarten, die im Rahmen einer Allgemeinen Evolutionstheorie
a priori gleichrangig sind: nämlich die »*natürliche Selektion*«, die
»*sexuelle Selektion*« und die »*kulturelle Selektion*«. Schon Darwin
unterschied zwischen »*natürlicher Selektion*« und »*sexueller Selektion*«; wir müssen uns zunächst diese – wie ich meine: etwas
unklare und missverständliche – Unterscheidung näher ansehen,
bevor wir uns der »kulturellen Selektion« zuwenden und die pädagogische Relevanz der verschiedenen Selektionsarten wenigstens
andeuten.
   Kurz zur Erinnerung: Verändern können sich die Umwelt und/
oder das System. Weil die Umwelt komplexer ist, kommen Veränderungen in ihr häufiger vor und zwingen das System zu Anpas-
sungsprozessen. Es ist deshalb in erster Linie die Umwelt, die auf

---

[18] Erfolglos deshalb, weil das Legitimationsproblem curricularer Entscheidungen durchweg normativ zu lösen versucht wurde und nicht evolutionstheoretisch reformuliert wird (vgl. A. K. Treml: Lernzielbegrün-
dung. Legitimationsprobleme pädagogischer Normen. Diss. Tübingen
1976).

ein lebendes System, das autopoietisch geschlossen operiert, einen Selektionsdruck ausübt. Systeme wiederholen ihre Systemstruktur durch Weitergabe oder Erhaltung bei wechselnden System-Umwelt-Beziehungen und lassen gelegentlich minimale Neuerungen zu (die man auf genetischer Ebene »Mutationen« nennt). Die Systeme unterscheiden sich untereinander, variieren also sowohl synchronisch (im Vergleich zu anderen Systemen) als auch diachronisch (im Vergleich zur eigenen Systemgeschichte), und bieten, weil sie immer in einer Umwelt leben, der weiteren Evolution Selektionsofferten an. Diese Varianz ist hochgradig zufällig, besitzt aber gleichwohl eine nichtzufällige Funktion, denn durch Varianz kann ein System in einer unbekannten Umwelt seine Überlebenschancen vergrößern. Wer beim Skatspielen alles auf eine Karte setzt, ohne dass er die Karten seiner Mitspieler kennt, läuft Gefahr, schneller das Spiel zu verlieren, als wenn er noch einen »Trumpf in der Hinterhand« besitzt. Die Umwelt ist für kein lebendes System vollständig überschaubar, denn sie ist immer komplexer und wird immer nur selektiv auf relevante Informationen abgetastet. Deshalb kann ein lebendes System nur Zweierlei machen, um seine Überlebenschancen zu erhalten oder gar zu verbessern: zum einen seine schon bewährte Systemstruktur möglichst detailgetreu zu erhalten versuchen und/oder zum anderen kleine oder größere Neuerungen zulassen und einer »gefräßigen Umwelt« als »Futter« anbieten.

Soweit handelt es sich um eine kurze Wiederholung von etwas, das schon gesagt wurde. Entscheidend ist jetzt, um die Selektionsarten zu verstehen, dass ein System seine Bestandsprobleme in dieser Problemgemengelage durch unterschiedliche Selektionsarten bewältigen kann. Je nachdem, wie man die Umwelt eines Systems ordnet, wird man auf verschiedene Selektionsarten kommen.

Natürliche Selektion

Unter »*natürlicher Selektion*« versteht man jenen »Druck« (bzw. »Widerstand« bzw. »Einschränkung«), der auf ein Lebewesen (Phän) durch die Knappheit bzw. Beschränktheit seiner natürlichen (ökologischen, physikalischen, ökonomischen) Umweltbedingungen ausgeübt wird und der Auswirkungen auf sein (Über-)Leben

hat[1]. Indirekt hat das sicherlich auch Auswirkungen auf das (Über-)
Leben seiner Nachkommen (insofern nämlich z. B. die Erreichung
der Geschlechtsreife Bedingung der Möglichkeit eigener Nachkommen ist). Trotzdem will ich in diesem Buch nicht die engere
Definition von »natürlicher Selektion« zugrunde legen, die in der
(biologischen) Evolutionstheorie üblich ist und die sich ausschließlich an der Anzahl der (eigenen) Nachkommen bemisst. Ein
natürlicher Selektionsdruck wird zunächst einmal immer auf ein
einzelnes Lebewesen ausgeübt und es versucht, das Beste daraus zu
machen – ganz unabhängig davon, ob das schließlich zu einer erfolgreichen Nachkommenschaft führt. Man sollte hier nicht die
beiden Selektionsebenen unnötigerweise miteinander vermischen
und das Phänomen mit dem Epiphänomen verwechseln.

Ein flüchtiger Blick in die Naturgeschichte zeigt, dass Klimaän-
derungen, Meteoriteneinschläge, extreme Wetterumschwünge,
Naturkatastrophen die Umwelt für Lebewesen erheblich verändern
können und ihr Überleben gefährden. Entscheidend ist dabei die
Schnelligkeit der Umweltveränderungen. Wenn diese Veränderungen zu schnell und zu stark sind und der dadurch entstehende Anpassungsdruck zu groß wird, bleibt keine Zeit zur Anpassung durch
Lernen. Individuen, aber auch ganze Arten sterben (aus). Man vermutet z. B. dass es solche natürlichen Veränderungen der Umweltbedingungen waren, die die Dinosaurier aussterben ließen und
damit Platz machten für die Evolution der Säuger, die schließlich in
der Evolution der Hominiden mündete.

Lebende Systeme verändern ihre eigene Struktur und die ihrer
Umwelt im Verlaufe der langen evolutionären Zeiträume aber auch
selbst und tasten so die Nischen ab, die ihnen die Evolution zubil-
ligt, um im täglichen Kampf ums Dasein gegenüber ihren Konkurrenten Vorteile zu erringen. Das können genetisch bedingt Mutationen sein, das können aber auch Verhaltensänderungen sein, die
durch ein ontogenetisches Lernen bedingt sind und intergenerativ
weitertradiert werden. Kleinste Veränderungen im Verhalten etwa
bei der Futtersuche, beim Schutz vor Raubfeinden und bei der

---

[1] Gelegentlich wird zwischen »natürlicher« und »sexueller Selektion«
     nicht, zumindest nicht hinreichend genau, unterschieden. Wenn etwa Fu-
     tuyma (1990, S. 170) »natürliche Selektion« als »ein statistisches Maß für
     den Unterschied im Überleben und in der Fortpflanzung« definiert, ver-
     wischt er die Grenzen beider Selektionsebenen (Überleben: Phäne; Fort-
     pflanzung: Gene).

Brutpflege könnten dabei erhebliche Folgen gehabt haben, also das, was man seit Darwin »natürliche Selektion« zu bezeichnen pflegt.

Die Selektion belohnt hier die Erfolgreichen (positive Selektion) und bestraft die Erfolglosen (negative Selektion) ohne moralische Skrupel. Wer eine Methode gefunden hat, schneller als andere an sein Futter zu kommen oder besser seinen Fressfeinden entfliehen zu können, wird eher überleben als andere – und deshalb mehr Nachkommen haben; wer in der Steinzeit erfolgreiches Verhalten in der Brutpflege seinen Kindern weitervermitteln kann, schenkt ihnen unter Umständen einen erheblichen Selektionsvorteil, der wiederum zur Folge haben kann, dass diese – und nicht die Kinder anderer Eltern – überleben usw. Wenn man genau hinschaut, entdeckt man dabei, dass es bei der Selektion neben diesen beiden Werten (negative vs. positive Selektion) noch einen weiteren, dritten Wert gibt. Vieles, was in der Welt passiert, wird von der Evolution weder positiv noch negativ bewertet. Man könnte hier deshalb von »neutraler« oder »indifferenter Selektion« sprechen. Dieser dritte Wert wird häufig unterschätzt, wenn nicht gar unterschlagen. Welche Bedeutung hat er? Wie ist es möglich, dass es etwas in der Evolution gibt, das keinen Selektionswert hat?

Nun haben wir schon an früherer Stelle diesen »dritten Wert« kennen gelernt – nur unter einer anderen Bezeichnung, nämlich jener der »funktionellen Redundanz«. Was funktionell redundant ist, mag im Augenblick tatsächlich keinen Selektionsvorteil – aber auch keinen Selektionsnachteil – besitzen, aber es dient auf lange Sicht als Steinbruch für neue Ordnungsmuster der Evolution – und das kann sich in Anbetracht der Zukunftsblindheit der Evolution durchaus als ein Selektionsvorteil herausstellen. Ein Großteil dessen, was wir in der Schule gelernt haben, ist funktionell redundant.

Auch in einer weiteren Hinsicht ist der »dritte Wert« eine wichtige Kategorie. Man kann nämlich vermuten: Nur mit seiner Hilfe kann man die Vielfalt des Lebens und seiner Produkte erklären. Nehmen wir zum Beispiel die Vielfalt der Farben und Formen der Blumen auf einer ungedüngten Wiese, der Aquarienfische im Chinarestaurant, der Schmetterlinge im Schmetterlingsgarten usw. Auf den ersten Blick ist nicht ersichtlich, welchen Selektionswert diese Vielfalt haben sollte. Weder scheint ein positiver noch ein negativer Selektionswert erkennbar zu sein. Das gleiche Phänomen der phänotypischen Varianz können wir auf allen Selektionsebenen wiederfinden. Warum sehen Menschen so verschieden aus? Warum denken sie, wenn sie denn denken, jeder etwas Verschiedenes? Warum organisieren sich menschliche Gruppen, wenn sie sich organisieren, so vielfältig? Warum werden Kinder in verschiedenen Kulturkreisen so unterschiedlich erzogen? Warum gibt es so viele verschiedene Erziehungsstile? Warum müssen Meme sich so detailliert unterscheiden, dass es völlig unmöglich ist, sie zu ordnen, weil niemand die Vielfalt zu überblicken mehr in der Lage ist? Woher kommt die Vielfalt, die Buntheit des Lebens?

Hier könnte der »dritte Wert« eine Antwort sein. Möglicherweise, so könnte man vermuten, sind diese Formen der Vielfalt ein zunächst nutzloses Spiel der Evolution, das wohl für die natürliche Selektion nichts bringt, aber auch nichts kostet. Aber schauen wir einmal genauer hin und fragen: Kosten sie tatsächlich nichts? Jede Ausprägung und Erhaltung eines Unterschieds kostet etwas. In der Evolution kostet nichts nichts. Jede aufwändige Färbung, jede Vergrößerung eines Organs, jede zusätzliche Feder, jede neue Abweichung, jede zusätzlich gelernte Verhaltensweise kostet Ressourcen und diese sind in einem (von der Sonnenenergie einmal abgesehen) geschlossenen Gesamtsystem immer begrenzt. Deshalb bedeutet jeder zusätzliche Energieaufwand unvermeidbar eine Benachteiligung gegenüber den Mitkonkurrenten um die gleichen Ressourcen, die diesen zusätzlichen Aufwand nicht erbringen müssen.

Ich will ein einfaches Beispiel geben: den Vogelflug. Wir können vor allem im Frühjahr und im Herbst während der großen Vogelzüge deren pfeilförmige Form bewundern. Sie ist aerodynamisch die ökonomischste Form, im Schwarm zu fliegen. Anders gesagt, jeder einzelne Vogel kommt eine Strecke mit dem geringsten Luftwiderstand und damit mit dem geringsten Kraftaufwand aus, wenn er sich in diese Form einfügt. Nur der zuerst Fliegende hat einen größeren Luftwiderstand zu überwinden und muss deshalb seinen Platz immer wieder mit einem Reihenplatz tauschen, wenn er von der gemeinsamen Form profitieren will. Angenommen, einer der Vögel hat genetisch bedingt einen besonderen Ehrgeiz entwickelt, nämlich immer an der Spitze fliegen zu wollen – vielleicht nach dem Motto: Ich bin der Boss! Das fatale Ergebnis wird sein, dass er – vielleicht als Einziger – das ferne Ziel nie erreichen, sondern vorher vor Erschöpfung sterben wird. Er wird deshalb auch dieses neu entwickelte »Ehrgeiz-Gen« nicht seinen Nachkommen weitergeben können, weil er wahrscheinlich gar keine haben wird.

An diesem Beispiel lässt sich die logische Grundform der natürlichen Selektion deutlich erkennen. Es ist ein *ökonomisches Spar-
samkeitsprinzip*. Die natürliche Evolution selektiert »Sparsamkeit«
positiv und »Verschwendung« negativ, denn in der evolutionären
Gesamtbilanz schlägt Verschwendung als Kosten zu Buche und
Sparsamkeit als Einnahmen[2]. Wer mit weniger Aufwand das Gleiche oder mit gleichem Aufwand mehr erreicht als seine Mitkonkurrenten im evolutionären Überlebenswettkampf, der wird als
Gratifikation eine größere Überlebenswahrscheinlichkeit bekommen. Sie wird sich ausbreiten, falls sie vererbbar ist oder sonstwie
intergenerativ erhalten werden kann, während die Mitkonkurrenten
im evolutionären Wettlauf im Verlaufe der Zeit immer schlechter
abschneiden, weil sie weniger Nachwuchs haben. Auch in der hominiden Phylogenese ist eine solchermaßen funktionierende natürliche Selektionslogik am Werke. Wir verdanken ihr letzten Endes,
dass wir als homo sapiens und nicht die Neandertaler bis heute
überlebt haben. Es muss ein Selektionsvorteil gewesen sein, der
unsere Vorfahren der Lebensform der Neandertaler überlegen werden ließ, und das bedeutet, dass irgend eine »Erfindung« unserer
Vorfahren einen Effizienzvorsprung im Überlebenswettkampf er-
brachte. Vielleicht war es die abstraktere Begriffssprache, vielleicht
eine intensivere frühkindliche Erziehung, vielleicht auch nur eine
bessere temporäre Kooperation bei der Jagd auf Großwild oder aber
eine erfolgreichere Arbeitsteilung zwischen den Geschlechtern.
Wir wissen es nicht genau; wir wissen nur, dass die natürliche
Selektion am Werke war und eine ökonomische Effizienzsteigerung
vorgelegen hat, die unseren Vorfahren einen entscheidenden Selektionsvorteil vermittelte.

Wir sehen also hier eine evolutionäre Logik am Werke, die Sparsamkeit und Effizienz mit Überleben belohnt und Verschwendung
und Ineffizienz mit Aussterben bestrafen kann. Dieses ökonomische Sparprinzip der Evolution ist eine Art Motor der Evolution,
weil es im Wettbewerb um begrenzte Ressourcen zu immer neuen
Höchstleistungen antreibt. Es ist natürlich auch noch heute am
Werke, nicht nur in der Wirtschaft und in der Technik, wo Effizienz
ein wichtiges Kriterium darstellt, sondern auch in der Wissenschaft

---

[2] »Natürliche Auslese begünstigt alles, was zu einer größeren Effizienz
beiträgt oder Energie spart« (E. Mayr: Eine neue Philosophie der Biologie.
München 1991, S. 133).

– und in der Erziehung und im Unterricht. Ich habe auf das »Extremalprinzip« schon an früherer Stelle hingewiesen. Es findet z. B. dort Anwendung, wo eine Theorie deshalb als »elegant« bezeichnet wird, weil sie »Kompliziertes« (z. B. die Doppelhelix) »einfach« zu beschreiben oder zu erklären versteht. Das Wirtschaftssystem orientiert sich daran, weil es den Umgang mit Knappheit nur so den veränderten Umweltbedingungen anpassen kann. Selbst in unserem Alltag ist dieses Sparprinzip dort am Werke, wo es darum geht, einen beliebigen Zweck zu erreichen und dabei Mittel, die in einer begrenzten Welt immer begrenzt sind, in Anspruch genommen werden müssen. Auf Dauer wird derjenige, der den beabsichtigten Zweck mit weniger Aufwand erreicht, dem anderen überlegen sein, dessen Aufwand mehr Zeit, mehr Kraft, mehr Geld, mehr Aufmerksamkeit usw. erfordert.

Nun gibt es aber ganz offensichtlich und unbestreitbar in der Natur (von der Kultur zunächst einmal ganz abgesehen) auch reichlich das Gegenteil: Verschwendung, wohin man blickt! Man kann die Botanik und die Zoologie geradezu als Wissenschaft von der natürlichen Verschwendung lebendiger Formen und Farben bezeichnen. Man muss jedoch kein Botaniker oder Zoologe sein, sondern nur ein aufmerksamer Beobachter, der mit offenen Augen durch die Natur geht, um zu bemerken, dass in ihr ganz offensichtlich neben dem Sparprinzip auch ein *Verschwendungsprinzip* am Werke ist, das Ressourcen in einem Maße verschleudert, dass man nur staunen kann. Dabei meine ich gar nicht einmal die (schon erwähnte) Vielfalt des Lebens selbst, sondern den Schmuck, die Pracht, die Übertreibung, die in der Vielfalt besonders plastisch zum Ausdruck kommen kann. Nehmen wir nur einmal z. B. das berühmte Pfauenrad in all seiner Pracht, dann wird unmittelbar klar, dass hier ein großer Aufwand getrieben wird und erhebliche Kosten anfallen, die an anderer Stelle fehlen. Oder nehmen wir, um ein weiteres Beispiel zu geben, das Hirschgeweih, das nicht nur eines großen Energieaufwandes bedarf, sondern geradezu hinderlich ist. Dieser Schmuck des männlichen Tieres ist nicht nur nicht sparsam und verschwendet in erheblichem Maße knappe Ressourcen, sondern es nützt, wie es scheint, dem einzelnen Tier auch gar nicht, sondern schadet ihm ganz offensichtlich. Das Hirschgeweih ist hinderlich, wenn es darum geht, schnell durch den Wald zu fliehen oder auch nur an saftiges Grün im Unterholz zu gelangen; es bindet viel zu viel Energie am falschen Platz, denn anstatt sie in

Muskeln oder Hirn umzuleiten, wuchert es »sinnlos« in Form eines überdimensionalen Knorpels, der scheinbar ungezügelt in die Luft wächst. Kurzum, es ist ein Handicap, das für das betreffende Tier keinen unmittelbar einsichtigen natürlichen Selektionswert besitzt.

Was aber dann? Warum leistet sich die Natur einen solchen Überfluss an Formen, Farben und Verhaltensweisen, obwohl er in der Energiebilanz des Lebewesens negativ zu Buche schlägt oder gar für die natürliche Selektion schädlich ist? Wenn natürliche Selektion, die vor allem nach dem Sparprinzip arbeitet, hier keine Rolle spielt, was dann? Die Antwort, die schon Darwin vermutete, lautet: *sexuelle Selektion*[3]. Alles was in der Natur nicht dem ökonomischen Sparprinzip der natürlichen Selektion dient, sondern stattdessen nach Verschwendung aussieht, wird – so lautet die Vermutung – im Dienste der sexuellen Selektion stehen[4]. Warum das?

Sexuelle Selektion

Um diese auf den ersten Blick vielleicht schockierende Behauptung besser zu verstehen, muss man sich vor Augen halten, dass alle unsere Vorfahren ohne Ausnahme in den letzten Jahrmillionen das Problem der Partnerwerbung erfolgreich gelöst haben. Es ist deshalb ein Problem, weil es dabei ein enges »Nadelöhr« gibt, das es zu bewältigen gilt. Dieses Nadelöhr für die genetisch replizierte Evolution ist die Befruchtung einer weiblichen Eizelle in Form einer Kopulation, und alle unsere Vorfahren haben – ohne Ausnahme und ohne auch nur ein Mal auszusetzen – dieses Nadelöhr bewältigt. Viele andere haben es allerdings nicht geschafft; sie haben keine (biologischen) Nachkommen. Offenbar handelt es sich hierbei um eine echte Selektion, um die sogenannte »sexuelle Selektion«.

Man muss sich hier noch einmal an die unterschiedlichen Interessen von (jungen) Frauen und Männern bezüglich der Fortpflanzung erinnern. Wenn ich hier von geschlechtsspezifischen »Interessen« spreche, meine ich nicht die subjektiven (oder gar bewussten) Motive der Partnerwahl, sondern die objektiven Vor- oder Nachteile, die eine bestimmte sexuelle Selektion zur Folge hat.

---

[3] Der deutsche Übersetzer spricht von »geschlechtlicher Zuchtwahl« (vgl. Ch. Darwin 1966, a.a.O., S. 694 ff.).

[4] Vgl. zum Folgenden vor allem G. Miller 2001.

Diese kann man an der Anzahl der eigenen Nachkommen und deren Nachkommen messen. Hier gibt es, wie wir schon gesehen haben, zwischen den Geschlechtern durchaus Unterschiede, und zwar schon auf der Ebene der rein biologischen Investition. Weil sie schon in der Schwangerschaft, während der Geburt und der ersten Stillzeit unweigerlich mehr in ihre Kinder investieren müssen als die beteiligten Männer, laufen Frauen Gefahr, mehr zu verlieren, wenn sich herausstellen sollte, dass ihre Wahl falsch war. Deshalb haben jene Frauen langfristig mehr Nachkommen, die bei ihrer Partnerwahl sorgfältig vorgehen und die Väter ihrer Kinder gut auswählen. Aber was heißt hier »sorgfältig« und »gut«? Aus Sicht der Soziobiologie ist es klar: Ein »guter« Vater ist jener, der »gute Gene« besitzt. Was aber sind »gute Gene«? Gene kann man bekanntlich nicht sehen, man kann immer nur Phäne sehen.

Schon hier wird eine Wahl getroffen, die wohl von Fall zu Fall unbewusst, aber nichtsdestotrotz evolutionär rational abläuft: Frauen wählen im Allgemeinen Männer, die größer und stärker als sie sind[5], breitere Schultern und ein möglichst ebenmäßiges, symmetrisches Gesicht haben, das möglichst keine großen Abweichungen vom Durchschnitt aufweist[6]. In der Präferenz für Größe und Kraft schimmert wahrscheinlich noch die männliche Schutz- und Versorgerfunktion steinzeitlicher Jäger durch. Frauen sind zumindest in der Phase ihrer Schwangerschaft auf Schutz angewiesen, auch während der Stillzeit gehandicapt und ziehen deshalb im Zweifelsfalle einen starken und großen Mann einem kleinen und schwachen vor, zumal dieser nicht nur Schutz, sondern auch bessere »Jagderfolge« verspricht. Obwohl durch die kulturelle Evolution die Äußerlichkeiten inzwischen vielfach modisch überformt und durch viele funktionale Äquivalente (z. B. Erfolg, Ansehen, Prestige, Macht, Geld usw.) ergänzt worden sind, schlagen die phyloge-

---

[5] Nach einer französischen Untersuchung sind 40 % der kleinwüchsigen Männer (> 170 cm) noch im Alter von 30–39 Jahren alleinstehend, bei großgewachsenen Männern (< 180 cm) dagegen nur 25 % (AP-Meldung vm 20. 6. 03).

[6] Das Ergebnis sieht so aus: Bei uns Menschen ist der Mann im Durchschnitt 20 % schwerer, hat 50 % mehr Muskeln am Oberkörper, kann doppelt so stark zugreifen und hat 8 % mehr Gehirngewicht als die Frau (nach Miller 2001, a.a.O., S. 91 f.). Andererseits haben Männer – wegen des kleineren Y-Chromosoms 3 % weniger DNA als Frauen – das ist quantitativ gesehen ein größerer Unterschied als der zwischen Mensch und Schimpanse.

netischen Neigungsstukturen bei der Partnerwahl – im statistischen Durchschnitt – bis heute durch.

Neben diesen äußeren Kriterien, die sich auf das phänotypische Aussehen beziehen, kommt es aber vor allem auf die »inneren Werte« an – und diese kann man nicht sehen. Also müssen Frauen auf indirektem Wege versuchen, Indikatoren für »gute Gene« zu testen. Ein wichtiger Faktor ist die Zuverlässigkeit einer Beziehung. Sie ergibt sich schon allein daraus, dass das elterliche Investment der Mütter größer als das der Väter ist und zeitweise mit körperlichen Beeinträchtigungen verbunden ist. In dieser Zeit wird eine zuverlässige, d. h. dauerhafte Beziehung zum Vater ein Selektionsvorteil sein. Zuverlässigkeit und Dauerhaftigkeit können durch eine lange und teilweise ritualisierte Werbephase ermittelt werden; sie muss lang sein, weil man so die Ernsthaftigkeit und die Fähigkeit zu einer dauerhaften Beziehung überprüfen kann, und sie sollte ritualisiert sein, weil auf der Basis gleicher, sich wiederholender Verhaltensweisen ein gemeinsamer Vergleichshorizont entstehen kann, der es erlaubt, auch kleine Unterschiede zu bemerken.

Während dieser Werbungsphase haben die zukünftigen Väter zwei Probleme: das Problem, sich der (männlichen) Mitkonkurrenten zu erwehren, und das Problem, die Zuneigung einer jungen Frau zu erwerben und zu erhalten, die die Mutter der gemeinsamen Kinder sein wird. Diese beiden Probleme sind schon auf der tierlichen Ebene sehr unterschiedlich, ja gegensätzlich gelagert: der »Kampf« gegen die Rivalen arbeitet mit (Methoden der) »Abschreckung«, das Locken der »Weibchen« mit (Methoden der) »Anziehung«. Gleichwohl können die Mittel unter Umständen die gleichen sein, denn die Intensität und Stärke, die man gegenüber den Mitkonkurrenten zutage legt, können für das Weibchen Signale der »starken Gene« sein. Aber nicht immer ist es so einfach, und vor allem dann nicht, wenn durch die kulturelle Selektion kulturelle Sitten und Gebräuche dazukommen.

Gibt es darüber hinaus noch Indikatoren für »gute Gene«? Die Antwort auf diese Frage könnte man etwa so formulieren: Wer dem harten Gesetz des ökonomischen Sparprinzips, dem jede natürliche Selektion unterworfen ist, zuwider handelt und stattdessen auf Verschwendung setzt, der signalisiert damit nicht nur, dass er es ernst meint, sondern auch, dass er es sich leisten kann. Wer sich in einer Welt der Knappheit Verschwendung leisten kann, der kann kein »Loser« sein. Das Signal ist also ehrlich, weil es ziemlich fäl-

schungssicher ist. Die Zuverlässigkeit des Signals wird also durch
den hohen Preis bestimmt, den der »Sender« zu bezahlen bereit und
in der Lage ist. Wer sich Verschwendung leisten kann, muss zumindest seine Grundbedürfnisse befriedigt haben. Folglich ist Verschwendung – als ein freiwillig auf sich genommenes Handicap –
ein zuverlässiges und äußerlich sichtbares Anzeichen für »gute
Gene«, ein Fitnessindikator ersten Ranges. Erinnern wir uns kurz:
»Gute Gene« sind für die biologische Evolution solche, die ein Phän
dazu befähigen, seinen Überlebenkampf zu bestehen, eigenen
Nachwuchs zu haben und diesen möglichst optimal für dessen
Überlebenskampf aufzustatten. Wer arm, elend, schwer krank und
schwach ist, von gefährlichen Parasiten befallen ist und kurz vor
dem Hungertod vegetiert, der – das ist sicher – kann sich keine
Verschwendung und keine freiwilligen Handicaps leisten. Er wird
vielmehr schauen, dass er die Befriedigung seiner Grundbedürfnisse auf die Reihe bekommt und seine natürliche Selektion nach
Maßgabe des ökonomischen Sparprinzips der Evolution optimieren. Folglich sind teure Signale, die auf das Verschwendungsprinzip
setzen, insbesondere aber freiwillige Handicaps, ausgezeichnete
Fitnessindikatoren für die sexuelle Selektion.

Der israelische Ornithologe Amotz Zahavi, der gemeinsam mit
seiner Frau dieses Handicapprinzip entdeckt und erforscht hat, behandelt die sexuelle Selektion als Spezialfall einer allgemeineren
Form der Selektion, die er »*Signalselektion*« nennt[7]. In der Tat ist es
für alle Tiere ein Dauerproblem zu erkennen, ob andere Lebewesen
ihre Signale »ehrlich« meinen oder nur so tun als ob. Es ist für
Lebewesen überlebenswichtig, Signale möglichst richtig daraufhin
bewerten zu können, ob sie zuverlässig und »ehrlich« gemeint sind.
So ist es z. B. für Männchen entscheidend, ja unter Umständen
überlebensentscheidend, die Signale eines Weibchens, eines Beu-
tegreifers, Opfers, Rivalen oder der eigenen Nachkommen richtig
einschätzen zu können. Jede Fehlinterpretation »kostet« zusätzlichen Aufwand, der im Überlebenskampf an anderer Stelle zu einer
anderen Zeit fehlen kann. Deshalb wird dasjenige Tier im Durchschnitt und auf lange Sicht mehr Nachkommen haben, das die
Signale anderer Tiere, mit denen es in Kontakt kommt, richtig
interpretiert und nicht erst herumprobieren muss.

---

[7] A. und A. Zahavi: Signale der Verständigung. Das Handicap-Prinzip.
Frankfurt a.M. und Leipzig 1998.

Hier kommt es unter Umständen auf kleine und feine Unterschiede an. Deshalb lässt sich in der Evolution ein Selektionsdruck auf Wiederholung bzw. Standardisierung von Bewegungsabläufen beobachten, denn auf der Basis des Immergleichen können die feinen Unterschiede besser hervortreten und deutlicher erkannt werden. Ritualisiertes Handeln lässt sich so aus dem Bedarf nach genauer Unterscheidbarkeit von Unterschieden und dem damit einhergehenden verschwenderischen Prinzip als Signal erklären. Ich werde im Folgenden beide Begriffe – den der sexuellen Selektion und den der Signalselektion – bei Bedarf verwenden und an dieser Stelle zunächst wieder auf den engeren der beiden Begriffe, also den der sexuellen Selektion, zurückkommen.

Evolutionsforscher, die die Prinzipien der sexuellen Selektion entdeckt und plausibilisiert haben, erklären damit alle aufwändigen evolutionären Entwicklungen, bei denen der Rückgriff auf die Mechanismen der natürlichen Selektion nicht gelingt – unter anderem auch den menschlichen Geist und seine Kultur[8]. Dabei wird ein eigentümliches Phänomen sichtbar und auf eine ganz neue, überraschende Art und Weise erklärbar, nämlich die Tatsache, dass Kulturschaffende – im statistischen Durchschnitt gesehen – *männlich* sind. Das, was wir mit »externalisierter Kultur« bezeichnet haben, also die kulturellen Artefakte, erscheint in dieser Perspektive als Luxus im Dienste der sexuellen Selektion. Die menschliche Kultur wird deshalb von Männern dominiert, weil sie vor allem der Partnerwerbung dient(e). Männer malen mehr Bilder, entdecken mehr Welten, erfinden mehr Erfindungen, komponieren mehr Sinfonien, konstruieren mehr Maschinen, dichten mehr Gedichte, schreiben mehr Bücher (auch Schulbücher) und wissenschaftliche Aufsätze als Frauen, weil sie damit (ursprünglich) im Rahmen der sexuellen Selektion den Frauen – und den männlichen Mitkonkurrenten – imponieren wollen[9]. Auch wenn man dabei durchaus überformende kulturelle Selektionsprozesse zusätzlich berücksichtigen muss,

---

[8] Zum Handicap-Prinzip vgl. auch den knappen Überblick bei V. Sommer: Von der Natur zur Kultur. Rituale aus evolutionsbiologischer Perspektive. In: S. Fröhlich (Hg.): Kultur – Ein interdisziplinäres Kolloquium zur Begrifflichkeit. Halle/S. 2000, S. 29–39.

[9] »Wollen« bedeutet hier natürlich nicht, dass die Motive den Akteuren bewusst gewesen sein müssen, sondern dass das unterschiedliche Verhalten so ist, »als ob« es gewollt ist. Es wird hier in teleologischen Worten ein teleonomer Sachverhalt beschrieben.

scheint es – wenn man sich die gesamte menschliche Phylogenese Kultur übergreifend vor Augen führt – so zu sein, dass die Frauen primär für die biologische Reproduktion selektiert wurden (denn sie investieren mehr in die »Genproduktion« als die Männer), Männer dagegen primär für die kulturelle Produktion (denn sie investieren mehr in die »Memproduktion« als Frauen).

Wohlgemerkt: Das ist die (hypothetische) Erklärung eines (empirisch beschreibbaren) Sachverhaltes durch seine Funktion im Rahmen des auf die beiden Geschlechter unterschiedlich wirkenden Selektionsdrucks – mit anderen Worten, es ist eine proximate Erklärung, weil sie die Entstehung und Stabilisierung eines in der Evolution vorkommenden Prinzips (nämlich »Verschwendung« bzw. »Handicap« in Form von kulturellen Memen) erklärt. Sie ist nicht ohne Eleganz, denn sie vermag u. a. eine bislang ungelöste Frage plausibel zu beantworten, nämlich die Frage, wie in der Evolution, die so knallhart nach dem ökonomischen Sparprinzip selektiert, komplexe Systeme entstehen können, die eine lange und kostenreiche Vorlaufs- und Entwicklungsphase benötigen, bevor sie überhaupt einen Nutzen im Rahmen der natürlichen Selektion haben. Der menschliche Geist ist z. B. eine solche neue Emergenzleistung, die zunächst einer zerebralen Akzelleration bedurfte, also einer Gehirnvergrößerung, was viele Generationen lang wohl nichts anderes als »ein riesiges, Energie verschlingendes Handicap« (Miller) ohne jeglichen unmittelbaren Nutzen bedeutete. Das menschliche Gehirn ist ein Organ, das nur 2 % des Körpergewichts wiegt, aber 15 % des Sauerstoffs, 25 % der Stoffwechselenergie und 30 % des Blutzuckers des gesamten Körpers bedarf, um seine Systemleistung – das menschliche Denken – erbringen zu können.

Die proximate Erklärung des menschlichen Geistes und seiner Meme sagt natürlich nicht unbedingt auch etwas über seine Funktionen aus, die er inzwischen systematisch bedient. Es ist also keine ultimate Erklärung der Phänomene, die in einer Hinsicht gleich sind (nämlich, dass sie eine »Verschwendung« bzw. ein »Handicap« bedeuten). In der Evolution sind Funktionsverschiebungen und -verlagerungen, aber auch Multifunktionalität üblich. Wer heute ein Gedicht schreibt, eine neue Maschine oder ein neues Produktionsverfahren erfindet, ein Buch schreibt (sei es einen Kriminalroman oder eine wissenschaftliche Abhandlung über Evolutionäre Pädagogik), eine »Zwei« in der Mathearbeit schreibt, der muss dies deshalb nicht um seiner sexuellen Selektion willen tun (es ist aber nicht ausgeschlossen!), sondern er wird dies vielleicht tun, um Karriere zu machen oder um einen Ruf auf eine Professur zu bekommen oder um seinen Eltern einen Gefallen zu tun oder einfach, weil er Freude und Spaß daran hat. All das ist möglich. Eine solche ultimate Erklärung würde jedoch eher unter den Begriff der natürlichen Selektion fallen, denn sie fördert die Lebensqualität und damit auch die Überlebensfähigkeit des Individuums.

Trotz dieser Relativierung geht aber kein Weg daran vorbei, dass auch heute noch die sexuelle Selektion eine erhebliche Rolle spielen dürfte, nicht zuletzt auch deshalb, weil die Partnerwahl eine unverzichtbare Voraussetzung für die biologische Reproduktion, also die Genfitness, ist. Ohne Partnerwahl, also ohne sexuelle Selektion, keine neue Generation und keine Erziehung. Aber sexuelle Selektion ist nicht alles, denn schon die »Brutpflege« der Säugetiere ist eher eine Funktion der natürlichen Selektion, denn sie fördert die (Über-)Lebensbedingungen des Kindes (bzw. der Kinder). Natürliche Selektion optimiert die Überlebenstauglichkeit der Phäne (»Viabilitätsselektion«), sexuelle Selektion aber die der Gene (»Fertilitätsselektion«); gleichwohl richten sich beide am Individuum aus (wo auch sonst). Das hat gelegentlich zu Verwirrung geführt, etwa dort, wo »Überleben« als Gegensatz zur »sexuellen Selektion« formuliert wird. Aber sowohl die natürliche als auch die sexuelle Selektion optimieren das Überleben, wenngleich auch auf unterschiedlichen Selektionsebenen. Es ist deshalb sinnvoll, beide Selektionsarten auseinander zu halten, zumal sie durchaus auch gegensätzliche Kräfte entwickeln können: Die sexuelle Selektion kann auf Kosten der natürlichen Selektion gehen und vice versa.

Man kann die natürliche Selektion, wie das gelegentlich gemacht wird, durch ihre Produktorientierung, die sexuelle Selektion durch eine Marketingorientierung charakterisieren, denn die natürliche Selektion, die nach dem Extremalprinzip arbeitet, ist angebotsorientiert, sexuelle Selektion, die einem (verschwenderischen) Redundanzprinzip unterliegt, aber nachfrageorientiert. Wer seine Kinder gut erzieht, bietet der weiteren Evolution eine Vielzahl von Anpassungsmustern an – in der Absicht, ihren Lebenslauf zu optimieren. Wer eine Mutter für seine künftigen Kinder sucht, muss erst die Nachfrage anregen. Schließlich kann man vielleicht sogar sagen, dass ursprünglich der natürlichen Selektion ein weibliches, der sexuellen Selektion ein männliches Prinzip zugrunde liegt, denn die natürliche Selektion beginnt mit der »Brutpflege«, sprich der Erziehung, und in diese investieren in der Regel die Frauen (Mütter) mehr, während bei der sexuellen Selektion die Männer aktiver sind. Aber all das ist im Rahmen einer proximaten Erklärung formuliert und trägt vermutlich wenig zum Verständnis unserer pädagogischen Probleme bei der Erziehung unserer Kinder und Jugendlichen bei. Dazu bedarf es nämlich noch der Berücksichtigung einer weiteren Selektionsebene, der kulturellen Selektion.

Bevor wir uns der kulturellen Selektion zuwenden, will ich jedoch das bisher Gesagte in Form eines Schemas zusammenfassen, weil die im Anschluss daran vorgestellte kulturelle Selektion als eine Mischung aus diesen beiden Prinzipien – auf einem neuen emergenten Evolutionsniveau – interpretiert werden kann:

»NATÜRLICHE SELEKTION«	»SEXUELLE SELEKTION«
Phäne	Gene
Viabilitätsselektion	Fertilitätsselektion
sparen/haushalten	angeben/verschwenden
Extremalprinzip	Redundanzprinzip
angebotsorientiert	nachfrageorientiert
proximat weiblich	proximat männlich

In der Pädagogik sind diese beiden für alle (zweigeschlechtlichen) Lebewesen sehr bedeutsamen Triebkräfte der Evolution, die natürliche und die sexuelle Selektion, weitgehend unberücksichtigt geblieben. Ein Grund für diese Ignoranz liegt sicher darin, dass diese evolutionstheoretische Semantik bislang weitgehend unbekannt geblieben ist und eine evolutionär denkende Pädagogik erst im Entstehen ist. Ein anderer, viel einleuchtenderer Grund, dürfte jedoch darin zu sehen sein, dass beide Selektionsweisen durch eine dritte, nämliche die kulturelle Selektion, überlagert und verdeckt werden. Die Selektionsdrücke, die von der natürlichen und der sexuellen Selektion auf das menschliche Leben, und damit auch auf Erziehung ausgehen, werden von der kulturellen Selektion überlagert und damit quasi unsichtbar gemacht. Wie bei einer Zwiebel sind die verschiedenen Selektionsarten übereinander geschichtet, und wir können – als äußerer Beobachter – zunächst immer nur die äußere Schicht sehen. In diesem Falle ist die äußere Schicht immer die kulturelle Selektion, also die Selektion, die durch kulturelle Gewohnheiten, Sitten, Gebräuche, Gesetze, Regeln, Normen und Werte ausgeht und

die Erziehung in all ihren Erscheinungsformen prägt. Wir werden
später die wichtigsten kulturellen Vorselektionen genauer betrachten
– hier genügt es, wenn wir uns die große und die kleine Bedeutung
der kulturellen Selektion vor Augen führen.

Kulturelle Selektion

Eine große Bedeutung der kulturellen Selektion für Erziehung ergibt sich allein schon durch die schon erwähnte Tatsache, dass uns –
von wenigen Ausnahmen (der sogenannten »wilden Kinder« oder
»Wolfskinder«) einmal abgesehen – alle Selektionsdrücke in der
äußeren Form kultureller Selektionen daherkommen und wir nie –
oder sagen wir einmal vorsichtig: nur sehr selten – einen reinen,
unvermischten natürlichen oder sexuellen Selektionsdruck erleben.
Alle Erwartungen, die wir z. B. an eine »normale«, »richtige«
Kleinkindererziehung anlegen, sind geprägt durch die kulturellen
Vorselektionen, die aus dem (zeitlichen und räumlichen) Kontext
der Kultur entschlüsselt werden müssen.
    Diese Unvermeidlichkeit der Wahrnehmung kultureller Selek-
tionen hatte und hat allerdings häufig zur Folge, dass die darunter
liegenden Selektionsebenen der natürlichen und der sexuellen Selektion übersehen oder gar bestritten wurden. Die idealistische Akzentuierung der pädagogischen Tradition tut ein Übriges, um diese
Ignoranz zu kultivieren. Dazu kommt die Verengung des Blicks auf
das »Subjekt«, so dass schon die Beobachtung der sozialen und
gesellschaftlichen Kontexte als Ausweitung erlebt und als Errungenschaft erkämpft und erhalten werden muss. Der Blick hinter die
kulturellen Selektionen, zurück zu ihren naturalen Voraussetzungen, wird selten gewagt und scheint entbehrlich. In einer Evolutionären Pädagogik ist allerdings diese Überschreitung des Offen-
sichtlichen und der Blick zurück auf die natürlichen und sexuellen
Vorselektionen unvermeidbar, denn nur dadurch kommen die Constraints in den Blick, denen jede kulturelle Selektion unterworfen
ist.
    Erst auf der Grundlage dieses weiten Blicks auf alle Selektions-
ebenen, denen Erziehung unterworfen ist, wird auch die Bedeutung
der kulturellen Selektion realistischer einschätzbar. Man wird dann
vielleicht erkennen, dass sie im Vergleich zu den tieferliegenden
Selektionsdrücken nur eine relativ »kleine« Bedeutung besitzt,

denn häufig kleidet sie nur die natürlichen und sexuellen Selektionsdrücke kulturell kontingent ein. Ethnopädagogische Vergleichsstudien können dieses Ineinandergreifen einer »großen« und einer »kleinen« Bedeutung kultureller Selektionsdrücke für die Erziehung gut veranschaulichen[10].

Kulturelle Selektion baut nicht nur auf der natürlichen und der sexuellen Selektion auf, sondern baut deren Elemente auch in ihre eigene Struktur ein. So finden wir z. B. in der Erziehung aller untersuchten Ethnien eine Mischung von Redundanzprinzip und Extremalprinzip, von Verschwendung und Effizienz, von Warten auf den Zufall und (zeitverkürzender) Planung. Das ist eigentlich auch nicht verwunderlich, denn Eltern handeln mit der Absicht, ihren Kindern eine hohe Fitness mit auf den (Lebens-)Weg zu geben (natürliche Selektion), und sie optimieren damit – wenn das gelingt – gleichzeitig auch deren Chancen, wiederum eigene Kinder zu haben (sexuelle Selektion). Das ist allerdings keine zwangsläufige Koppelung, denn oft können sich beide Selektionsdrücke, auch in der Erziehung, widersprechen und das Eine auf Kosten des Anderen gehen.

Ein Menschenkind wird nicht in »die« (Um-)Welt hineingeboren, sondern immer in »eine« (Um-)welt, also in eine ganz bestimmte, die immer einen selektiven Entwurf aus verschiedenen Möglichkeiten darstellt. Das abstrakte System-Umwelt-Denken der Systemtheorie darf hier nicht dazu verführen zu übersehen, dass sich Erziehung immer in konkreten Systemreferenzen ereignet, die selbst kontingent sind, weil sie historisch geronnene Vorselektionen darstellen. Wenn ein Kind geboren wird, dann wird es immer in eine ganz bestimmte Kultur hineingeboren, deren historische Selektivität leicht übersehen wird – und zwar genau deshalb, weil man sie nicht »von außen« beobachten kann, sondern sie immer nur »von innen« erlebt. Es erlebt die Interaktion mit seinen Eltern, seiner Familie und seinen Verwandten, zunächst als (sinnlich wahrnehmbare) Interaktion und entwickelt dabei seine Anlagen im Zeitfenster seiner natürlichen Anlagen. Weil es hier um eine Entfaltung, Entwicklung und *Erweiterung* geht und man dabei nicht sehen kann, was man nicht sehen kann (nämlich die gerade dadurch realisierten

---

[10] Vgl. hierzu U. Krebs: Erziehung in traditionalen Kulturen. Berlin 2001; sowie K. E. Müller/A. K. Treml (Hg.): Wie man zum Wilden wird. Sozialisation und Erziehung in traditionalen Kulturen. Berlin 2001.

Ausschließungen), wird gerne übersehen, dass dies nur durch eine systematische *Beschränkung* möglich ist. Zwischen System und Umwelt schiebt sich die Kultur als eine Art kollektive Vorselektion. Kultur, verstanden als die Gesamtheit jener Lebensformen (Handlungen), Geisteshaltungen (Meme) und Artefakte (externalisierte Meme), die traditionsbildend sind, also tradiert werden können, verdankt sich den räumlichen und zeitlichen Vorselektionen, die ihr (historisch) vorausgehen. Kulturen sind immer Folge einer (zeitlich) auf Dauer gestellten (räumlichen) »geographischen Isolation« und haben nur dadurch, der biologischen geographischen Isolation analoge, unwahrscheinliche Effekte.

Mit diesem Blick auf die Ein- und Ausschließungen kultureller Vorselektionen rückt ihre Funktion in den Blick, nämlich die hohe Umweltkomplexität für das lernende System so zu reduzieren, dass es überhaupt lernen kann, sich in der Welt zurecht zu finden. Die hohe Kontingenz möglicher Lebensentwürfe wird so vorstrukturiert und erst damit in lernbare Verhaltensschritte übersetzbar. Die kulturellen Vorselektionen, die diese Funktion bedienen, sind unterschiedlich rigide. Es liegt deshalb nahe, diese Unterschiede auch sprachlich zum Ausdruck zu bringen. Ich schlage deshalb vor, deutlich zwischen *Sitte*, *Sittlichkeit*, *Moral* und *Ethik* zu unterscheiden:

»Sitte«: Mit diesem – vielleicht etwas altmodisch anmutenden – Begriff wird natürlich hier keine Spezialabteilung der Polizei verstanden, sondern die Summe aller latent wirkenden – und deshalb für die beteiligten Handlungsagenten unbewussten – sozialen Werte und Normen einer Gemeinschaft. Sitte konstituiert sich in der alltäglichen Normalität des sozialen Verhaltens und bedarf deshalb keiner Begründung. Das Selbstverständliche braucht nicht diskutiert zu werden. Die Sitte ist so gesehen die zweite Natur des Menschen, weil sie genau wie diese nichtkontingente Notwendigkeiten bestimmt und »Gesetze« realisiert, die nicht ungestraft überschritten werden können. Die Latenz der Sitte schützt diese vor Veränderungen und entlastet von damit verbundenen Kontingenzproblemen.

»Sittlichkeit«: Dieser Begriff meint die Summe der manifest gewordenen sozialen Werte und Normen, nach denen eine Kultur – qua Gemeinschaft, Organisation oder Gesellschaft – ihren Zusammenhalt ordnet und auf Dauer stellt. Sittlichkeit ist also bewusst gewordene Sitte. In dem Augenblick, in dem Normen, die sozial

erwartet werden, legitimiert werden müssen – und sich z. B. in
Form von Merksätzen, Erziehungsratschlägen, Erziehungszielen,
Sprichwörtern, Rechtsvorschriften niederschlagen –, wird Sitte zur
Sittlichkeit. Sie verlieren damit den Schutz der entlastenden Frag-
losigkeit und werden prinzipiell kontingent und legitimations-
bedürftig.

»Moral«: Wegen der Kontingenz von sittlichen Normen und
Werten bedarf es kontingenzregulierender Prinzipien, und diese
zeichnen wir mit dem Begriff des »Moralischen« aus. Moralische
Normen und Werte heben sich aus den bloß sittlichen Normen und
Werten durch zwei zusätzliche Kriterien heraus: uneingeschränkte
Geltung (Universalisierbarkeit) und Notwendigkeit (also Nicht-
kontingenz). Nur durch den hypertrophen Anspruch auf universelle
und notwendige Geltung vermag die Moral das Kontingenzproblem
prinzipiell kontingenter Sittlichkeit lösen. Moral ist so gesehen eine
»Sittlichkeit de luxe«. Was aber, wenn zwei unterschiedliche und
sich partiell widersprechende »Moralen« aufeinandertreffen? Diese
Frage – und andere damit zusammenhängende Fragen – behandelt
die Ethik.

»Ethik«: Darunter wird seit Alters her das philosophische Nachdenken über sittliche und moralische Normen und Werte verstanden. Je nachdem kann man zwischen normativen, deskriptiven und
funktionalistischen Ethiken unterscheiden – wobei das nur eine
unter vielen anderen möglichen Einteilungen ist. Die einschlägigen
Diskussionslinien sind selbst für den Fachmann kaum noch zu
überblicken[11].

Alle Ebenen sind pädagogisch bedeutsam – sei es die Ebene der
Sitte, die durch *Gewöhnung* eine geradezu prägende Bedeutung für
die heranwachsende Generation besitzt[12], sei es die Ebene der
Sittlichkeit, die durch *sittliche Erziehung* zu beinflussen versucht

---

[11] Vgl. A. K. Treml: Ethische Bildung. In: J. Hartmann/Chr. Walter (Hg.):
Der Soldat im Wandel der Zeit. München 1996, S. 391–400.

[12] Darauf hat vor allem Aristoteles hingewiesen. Vorzüge des Charakters
sind »ethische«, und man gewinnt sie nicht durch Lehre, sondern durch
»Erfahrung und Zeit«. Deshalb sind sie das »Ergebnis von Gewöhnung.
Daher auch der Name (ethisch, von ethos), der sich mit einer leichten
Variante von dem Begriff der Gewöhnung (ethos) herleitet« (Aristoteles:
Nikomachische Ethik, 1103a Z. 14 ff.). Nach Aristoteles wird man zu
einem für die Gemeinschaft wertvollen Menschen durch »Naturanlage«,
durch »Gewöhnung« und durch »Lehre« – wobei die Gewöhnung den
bedeutendsten Einfluss hat (vgl. dito 1179b Z. 24 ff.).

wird, seien es die Höhen der Moral, die zu erklimmen sich die *Moralerziehung* bemüht, und auch die Ethik wird in der *Pädagogischen Ethik* pädagogisch reflektiert. Immer aber geht es in dieser (evolutionären) Perspektive nicht nur um Ausweitung, sondern zunächst einmal um Einschränkung – vor allem um räumliche Erfahrungsbeschränkung. Ob wir (durch Reifringe) verlängerte Hälse oder (durch Stöckelschuhe) verlängerte Beine, dicke oder dünne Menschen schön finden, unser Gesicht verschleiern oder im Gegenteil durch Schminke hervorheben, ob wir uns fünf Mal am Tag betend nach Mekka verbeugen oder uns sonntags in einer katholischen Kirche bekreuzigen, das Essen von Rindfleisch oder aber das von Schweinefleisch widerwärtig und unmoralisch finden, Kühe, Ratten oder bestimmte Märtyrer als heilig verehren usw., ja selbst, ob wir überhaupt religiös oder aber Atheisten oder Agnostiker sind und uns religiöse Dinge völlig gleichgültig sind, wie auch immer, all das ist offensichtlich in erster Linie die Nebenfolge eines geographischen Zufalls – einer räumlichen Beschränkung, die wir vorfinden.

Wenn ich damit die räumliche Dimension des Zufalls betone, darf nicht vergessen werden, dass Kultur natürlich auch eine zeitliche Dimension hat. Kultur ist immer eine historisch geronnene Selektion von tradierten Memen und Memplexen. Diese ist deshalb Zufall, weil sie nicht geplant oder gesteuert werden kann und jedem Neugeborenen gewissermaßen von außen »zufällt« – oder besser formuliert: Jedes neugeborene Kind »fällt« mit seiner Geburt in diese seine Kultur »hinein«. Das steht nicht zur Disposition. Das kann man nicht zuerst diskutieren und in die Verfügung kontingenter Enscheidungen überführen. Und warum? Weil wir nicht in »die« Welt, sondern in »eine« Welt hineingeboren werden, die durch kulturelle Vorselektionen schon eine Komplexitätsreduktion realisiert. Weil in der Kindheit und Jugend die Prägung und die Imitation in einer durch Neugier, Spiel und exploratives Verhalten gekennzeichneten ausgedehnten Lernphase die entscheidenden Erziehungsprozesse sind, geschieht diese Aneignung von Kultur, die Enkulturation, weitgehend latent – und gerade deshalb so wirkungsvoll (denn Negation ist nicht möglich). Nur durch Latenz kann das lernende System vor weiteren Überforderungen (durch Kontingenz und Komplexität) geschützt werden. Durch Latenz werden nicht nur die selektiven Strukturen der Kultur geschützt, weil ihre Kontingenz im Dunkeln bleibt, sondern auch das osmotische Lernen einer Kultur gefördert, die man als »zweite Natur« bezeichnen kann, weil sie anlog der »ersten Natur« eine fast naturgesetzliche Festigkeit und Starrheit besitzt.

Das, was man latent durch Prägung und Imitiation lernt, ist als »zweite Natur« aber nur die »erste Kultur«, die »Alltagskultur«. Sie braucht keinen ausdifferenzierten Unterricht; es genügt Sozialisation, funktionale Erziehung. Wie man sich grüßt, wie man miteinander spricht, wie man sich kleidet, wie man um das andere Geschlecht wirbt, was dabei erlaubt ist und was man auf gar keinen Fall machen darf usw. – all das lernt man ohne Belehrung. Dort wo es einer ausdrücklichen, einer intentionalen Erziehung bedarf, beginnt die »zweite Kultur«, die Hochkultur. Wer Geige oder Klavier spielen, komponieren, einen Computer bedienen, eine Maschine entwerfen, ein Buch lesen usw. will, wer also aktiv oder passiv an der Kultur partizipieren möchte, muss in der Regel durch die intentionale, methodisch kontrollierte Erziehung. Hier bedarf es der ausdrücklichen Übung, der Wiederholung, der Mühen des schulischen Lernens.

Damit wird ein pädagogisches Unterscheidungskriterium benützt, um Alltagskultur und Hochkultur (bzw. Kultur im weiten und im engen Sinne) zu unterscheiden. Die Alltagskultur ist eine Vorselektion, die ein lernendes System in seiner Umwelt immer schon vorfindet und allein durch aktive Teilhabe lernt. Gewohnheiten und Sitten, Selbstverständlichkeiten und Normalität können gar nicht explizit, sondern nur implizit (funktional) vermittelt werden, weil ihre tragende Funktion nur durch die Latenz ihrer Selektivität erfüllt werden kann. Sprache, Gewohnheiten, Sitten und Gebräuche werden in einer distanzlos erlebten Lebenspraxis als Nebenfolge einer alltäglichen Tätigkeit ohne zusätzlichen pädagogischen Aufwand gelernt. Erst dadurch wird soziales Handeln mit seinen vielen Synchronisierungszwängen möglich, dass wir ein Set gegenseitiger Erwartungen (und Erwartungserwartungen) kollektiv verbindlich lernen. Das geht nur durch Beschränkung der Meme, an denen andere gleichfalls partizipieren. Nur über gemeinsame Teilhabe an Memen und Memplexen (z. B. durch Kommunikation) in einer reflexionslosen Lebenswelt wird Kultur als Beschränkung einer Lebensform unter anderen tradiert, Komplexität damit reduziert und gleichzeitig verborgen.

Die Struktur einer solchen Lebenswelt mit ihren stereotypen Strukturen (des Rechts, der Familien- und Herrschaftsform, des

Eigentums) hat Arnold Gehlen als »Institutionen« bezeichnet[13]. Das Leben wird durch solche präformalen Institutionen der Gemeinschaft (die dann nahtlos in die formalen Institutionen der Gesellschaft übergehen) einfacher, denn es entlastet von Überforderung durch Komplexität und Kontingenz und garantiert jene »wohltuende Fraglosigkeit« der bestehenden Verhältnisse, die dem »Lebensgesetz« entspricht: »Verengung der Möglichkeiten, aber gemeinsamer Halt und gemeinsame Abstützung; Entlastung zu beweglicher Freiheit, aber innerhalb begrenzter Gefüge«[14].

Das prägende (!) Vergangene ist durchaus gegenwärtig, es lebt, weil es in Form kultureller Constraints erzieht. Es gibt für Erziehung deshalb keinen absoluten Anfang, denn alles, was neugeborene Kinder am Anfang vorfinden, sind durch die Evolution der »Natur« und der »Kultur« geschichtlich entstandene Strukturen – »Herkunftstraditionen« (wie sie Odo Marquard nannte). Sie bestimmen – obwohl Vergangenheit – die Zukunft mit. Deshalb kann man auch sagen: Jede Zukunft hat Vergangenheit, weil sie überhaupt nur auf dem Boden ihrer Vergangenheit wachsen kann. Weil die aus der Vergangenheit überkommenen und stabilisierten Strukturen evolutionär bewährte Strukturen sind, die ihren Anpassungswert, ganz im Gegensatz zum Neuen, schon bewiesen haben, spricht vieles gegen die neuzeitliche Neigung, alles Neue als besser zu verdächtigen. Ist es nicht vernünftig, die Vernünftigkeit des Ererbten so lange zu unterstellen, bis sich das Gegenteil herausgestellt hat? Andererseits kann es in der Evolution nichts Perfektes geben, denn das würde Stillstand und Ende der Evolution bedeuten. Deshalb ist es möglicherweise auch vernünftig, davon auszugehen, dass weder das Alte noch das Neue so gut ist, dass es nicht noch besser werden kann. Deshalb setzte bislang die kulturelle Evolution auch auf Vielfalt und damit auf Varianz. Erst seit kurzem, mit der Entstehung der einen Weltgesellschaft, drohen wir Zeuge eines einmaligen Experimentes zu sein: Evolution an einem Fall[15].

Kultur ist in dieser Perspektive der Prä- oder Vorselektion eine solche »Verengung der Möglichkeiten«, Meme kennen zu lernen

---

[13] A. Gehlen: Moral und Hypermoral. Eine pluralistische Ethik. Frankfurt a.M., Bonn 1970, insb. S. 95 ff.

[14] A. Gehlen 1970, a.a.O., S. 96.

[15] Vgl. dazu A. K. Treml: Globalisierung und Bildung. Systemtheoretische Begriffsklärungen für ein pädagogisches Denken im Horizont der Einen Welt. In: Festschrift für Engelbert Gross. Eichstätt 2004 (im Erscheinen).

und kommunikativ zu tradieren. Deshalb kann man – etwas salopp fomuliert – Kultur dort vermuten, wo der Eine einen Satz beginnt und der Andere ihn zu Ende führen kann. Kultur ist so gesehen ein kollektiver Pool gemeinsamer Erinnerungen, auf die jederzeit kommunikativ zurückgegriffen werden kann. Wo dies nicht mehr möglich ist, zerbröselt die Einheit der Kultur und pluralisiert sich. Kultur wird kontingent und, wie gegenwärtig überall beobachtbar, nur noch im Plural, als Kulturen erlebt. Der Erfahrung von Kulturen im Plural fehlt jedoch das Entscheidende der kulturellen Lebenswelt, in die ein Kind hineingeboren wird: die Selbstverständlichkeit ihres selektiven Entwurfes, die nicht erst diskutiert und ausgewählt werden muss.

Prägung und Imitation bedürfen deshalb keiner ausdrücklichen Belehrung (das würde ihnen nur schaden), sondern einfach des alltäglichen Mitlebens in einer sozialen Umwelt, die ihre Meme sinnlich präsent erlebbar macht und andere ausschließt. Die eigene Sprache muss gesprochen, das gemeinsame Liedgut gesungen, der gemeinsame Kleidungsstil gepflegt und die gemeinsamen Feste gefeiert werden. In diesem Sinne kann man Kultur »nicht wollen« (Nietzsche) bzw. »nicht machen« (Eliot), denn sie ist die Art und Weise, wie etwas gewollt und gemacht wird. Was gewollt und gemacht werden kann, ist die »Hochkultur«, die wenige produzieren und viele nur konsumieren. Hier werden jene Meme produziert, die in einer Kultur für Varianz sorgen und ihre psychischen und sozialen Umwelten zur Selektion zwingen.

III Evolution in der Erziehung

12 Präadaptionsmuster

angeborene Formen, vor jeder Erfahrung

Präadaptionen an eine unbekannte Umwelt müssen als evolutionäre Anpassungsprozesse an eine bekannte Umwelt interpretiert werden. Sie sind im Verlaufe der Evolution auch beim Menschen als eine Art Puffer zwischen System und Umwelt entwickelt und stabilisiert worden, um die Komplexitätsüberlastung durch eine unmittelbare Konfrontation mit der Umwelt zu vermeiden. Man könnte diese Präadaptionsmuster als »angeborene Lehrmeister« (Konrad Lorenz) bezeichnen; es ist eine Art anonymes Gattungswissen – anonym, weil es vorbewusst ist, und Gattungswissen, weil es alle Menschen besitzen. Schon bevor ein Kind geboren wird, steckt in seinen Genen ein kollektives »Wissen« über die grundlegende Beschaffenheit der Umwelt, in die es hineingeboren und in der es leben wird. Es hat, um es mit Goethe zu sagen, »die Welt durch Antizipation bereits in sich getragen«, wenn es sich daran macht, sie zu erobern.

Wir können deshalb unsere Umwelt »erkennen«, weil wir die Kategorien im System immer schon mitbringen. Anders gesagt: Wir erkennen nur das, was wir erkennen können. Was wir erkennen können, ist durch die Constraints begrenzt, die unsere Gattung in einem langen phylogenetischen Anpassungsprozess erprobt und stabilisiert hat. Kein System kann »die« Umwelt vollständig oder »richtig« erkennen, denn alle erkennenden Systeme sind durch solche Constraints begrenzt. Sie dienen als Reizfilter und schützen vor Überlastung dadurch, dass sie sich auf bewährte und überlebenswichtige Erfahrungen beschränken. Allerdings können wir Menschen diese Grenzen mithilfe der modernen Wissenschaft und Technik partiell hinausschieben (Technik als Organverlängerung und Organersatz!) und so beispielsweise durch Röntgenstrahlen innere Organe sichtbar machen, ohne jedoch die grundsätzliche Beschränktheit und Selektivität unserer Erkenntnisfähigkeit aufheben zu können.

Kant hatte also so Unrecht nicht, wenn er meinte, dass wir deshalb die Welt erkennen können, weil Erkenntnis von unseren mitgebrachten Erkenntnisbedingungen abhängig ist; er hatte (aus
evolutionstheoretischer Sicht) nur übersehen, dass diese Kategorien in unserer langen Evolutionsgeschichte selbst empirisch entstanden sind und kein, wie er meinte, ewiges Apriori zum Ausdruck
bringen[1]. Sie sind (aus Sicht einer Evolutionären Erkenntnistheorie) das Ergebnis eines evolutionären Anpassungsprozesses, in
dem die Natur die Vernunft »genötigt« hat, die richtigen Fragen
zu stellen, damit diese sie dann »in die Natur hineinlegt, gemäß,
dasjenige in ihr zu suchen, (nicht ihr anzudichten), was sie von
dieser lernen muss, und wovon sie für sich selbst nichts wissen
würde«[2].

Es ist in diesem Zusammenhang bemerkenswert, dass Kant diesen Grundgedanken seiner »Galileischen Wende« in der Erkenntnistheorie mit einer kühnen pädagogischen und juristischen Metaphorik umschreibt. Die Schlüsselstelle lautet: »Die Vernunft muss
mit ihren Principien, nach denen allein übereinkommende Erschei-
nungen für Gesetze gelten können, in einer Hand, und mit dem
Experiment, das sie nach jenen ausdachte, in der anderern, an die
Natur gehen, zwar um von ihr belehrt zu werden, aber nicht in der
Qualität eines Schülers, der sich alles vorsagen lässt, was der Lehrer
will, sondern eines bestallten Richters, der die Zeugen nöthigt auf
die Fagen zu antworten, die er ihnen vorlegt«[3]. Kant, der an anderer
Stelle eine Vorlesung über Pädagogik hinterlassen hat[4], wertet hier
den »Schüler« auf, der seinen »Lehrer« inquisitorisch »zwingt«, auf
seine Fragen zu antworten, derweil er doch schon vorher von seinen
Eltern so erzogen worden ist, dass ihm nur diese Fragen einfallen
konnten.

Auch Konrad Lorenz benützte eine pädagogische Metapher,
wenn er die der menschlichen Vernunft und seinem Erkenntnisver-
mögen unbewusst vorgelagerten Denk- und Ordnungskategorien

Erde dreht sich um die Sonne; Erde ist rund

---

[1] Vgl. I. Kant: Kritik der reinen Vernunft (KrV), insb. die Vorrede zur
    zweiten Auflage.
[2] I. Kant KrV, a.a.O., B 13.
[3] I. Kant KrV, a.a.O., B 13.
[4] In der Nachschrift von Rink: I. Kant: Über Pädagogik. In: ders.: Schriften
    zur Anthropologie, Geschichtsphilosophie, Politik und Pädagogik. Hg. v.
    Weischedel. Darmstadt 1964, Bd. VI, S. 695–761.

als »angeborene Lehrmeister« bezeichnet[5]. Worüber »belehren« sie
den Menschen? Eine Antwort könnte lauten: über die Grund-
beschaffenheit seiner Umwelt; eine andere: über die Lerngeschichte
seiner Gattung; wieder eine andere: über die bisherige Erfolgsge-
schichte seiner phylogenetischen Anpassungsleistungen. Alles ist
richtig und beweist, dass pädagogische Semantik nicht unbedingt
immer zu spät kommen muss, sondern schon ganz am Anfang, bei
der Beschreibung früher Adaptionsprozesse von Lebewesen, nützliche Dienste leisten kann.

Weil diese damit bezeichneten präadaptiven Kategorien des Systems nicht »rational« in dem Sinne sind, dass sie bewusster und
rationaler Planung eines denkenden Subjekts entsprängen, jedoch
trotzdem ihr eine versteckte Rationalität nicht abgesprochen werden kann, schlägt Rupert Riedl vor, sie als »ratiomorph« zu bezeichnen (»ratiomorpher Apparat«)[6].

Was sind das nun für präadaptive Anpassungskategorien, die
unser »angeborener Lehrmeister« in Form eines »ratiomorphen
Apparates« in uns evolutionär verankert hat, damit wir als System
nicht unmittelbar und damit hilflos jeder Umwelt ausgeliefert sein
müssen? Einige der (über)lebenswichtigen Verhaltensschemata
haben wir dort kennen gelernt, wo es um die AAM ging, aber auch
wo es um die – empirisch gut bestätigt – Bindungs- und Explo-
rationsneigung neugeborener Kinder ging. Gibt es darüber hinaus
weitere Präadaptionen? In der einschlägigen (theoretischen und
empirischen) Fachliteratur ist bislang keine einheitliche Antwort
auf diese Frage erkennbar[7]. Ich beschränke mich deshalb auf die
am häufigsten genannten, und damit wohl wichtigsten Kategorien
(und begnüge mich dabei mit einer schlagworthaften Skizzie-
rung):

• Dreidimensionaler Raum: Sowohl der Handlungsraum als auch
  der Vorstellungsraum wird (unterstützt durch die taktilen, akustischen und visuellen Sinneskanäle) dreidimensional erlebt.
  Diese Dimensionierung ist wichtig für eine zielführende Bewegung im Raum und dürfte sich proximal aus dem Selektionsvor-

---

[5] K. Lorenz: Die Rückseite des Spiegels. Versuch einer Naturgeschichte des
   menschlichen Erkennens. München 1973.
[6] R. Riedl: Biologie der Erkenntnis. Die stammesgeschichtlichen Grundlagen der Vernunft. Hamburg 1980 (insb. S. 50 ff.).
[7] Vgl. die Übersicht bei G. Vollmer: Evolutionäre Erkenntnistheorie. Stuttgart 1980, S. 91.

teil für unsere baumbewohnenden und -schwingenden Vorfahren erklären lassen.

- Eindimensionale Zeit: Ist Bedingung für eine koordinierte Bewegung in einem dreidimensionalen Raum; nur auf der Basis gleicher Zeit können Unterschiede im Raum markiert werden.
- Kausalität: Wir neigen dazu (auf Grund der Logik basaler assoziativer Lernprozesse), zwei immer wieder zeitlich nacheinander eintretende Ereignisse als miteinander verbunden zu interpretieren und eine dahinter stehende Kraft zu vermuten, die »Kausalität«. Die Vielzahl der äußeren Reize wird dadurch reduziert, dass wiederholend auftretende Ereignisse miteinander in Gedanken verbunden werden – so dass aus der Regellosigkeit eine Regelförmigkeit wird, die Erwartungen (propter hoc) ermöglicht. Mit dem Eintreten des einen Ereignisses wird das andere dazugehörige erwartbar, obwohl es faktisch noch gar nicht eingetreten ist (post hoc).
- Abstraktion: Das setzt voraus, dass wir in vielen der Unterschiede ein Gemeinsames erkennen können und zwar, indem wir das Unterschiedliche in Gedanken weglassen. Nur dadurch, dass wir durch Abstraktion im jeweils Besonderen etwas Allgemeines zu erkennen in der Lage sind, vermögen wir die Dinge miteinander zu »ver-gleichen« – also entlang des Codes »ähnlich/nicht ähnlich« zu korrelieren. Das reduziert ebenfalls die Komplexität der Umwelterfahrungen und macht nicht nur die Bildung von Allgemeinbegriffen, sondern auch induktive Verallgemeinerungen möglich, ohne die es kein soziales Handeln geben kann.

Alle diese hier dargestellten Kategorien sind so etwas wie kollektive Hypothesen über die Beschaffenheit der Umwelt des Systems Mensch. Rupert Riedl bezeichnet sie deshalb ausdrücklich als »Hypothesen«[8]. Das sollte ihre Mächtigkeit aber nicht verkleinern, denn wir sind bei der Erkenntnis unserer Umwelt, vielleicht mit Ausnahme der Finalitätshypothese, auf sie angewiesen. Sie sind Bedingung der Möglichkeit menschlicher Umweltwahrnehmung und in diesem Sinne »transzendental«. Immerhin können wir die teleologische Denkweise, in der uns die Kategorie der Finalität erscheint, von außen beobachten und versuchen, sie etwa in Rich-

---

[8] R. Riedl: Evolution und Erkenntnis. Antworten auf Fragen aus unserer Zeit. München 1985(2).

tung eines teleonomen Denkens zu überschreiten. Dass uns das sehr
schwer fällt, beweist ihren quasi-transzendentalen Stellenwert.
Sie sind nicht nur selbstverständlich, sondern nicht hintergehbar.
Bei jedem Versuch, sie zu umgehen oder zu ersetzen, müssen wir sie
schon anwenden. Es ist uns z. B. unmöglich, einen vierdimensiona-
len Raum oder eine zweidimensionale Zeit auch nur zu denken.
Deshalb fallen uns diese der Wahrnehmung von Welt zugrunde
liegenden Kategorien auch nicht auf; wir benützen sie einfach, auch
wenn wir gewohnheitsmäßig uns in der Welt bewegen. Sie reproduzieren und bestätigen sich durch ihre ständige Wiederholung und
sind praktisch irreversibel festgelegt. Neben diesen transzendenta-
len Wahrnehmungskategorien gibt es noch ein Reihe quasi-trans-
zendentaler Kategorien. Das sind Formen der Wahrnehmung, zu
denen wir gedrängt bzw. genötigt werden, welchen wir allerdings
nicht mit gleichem harten Zwang ausgeliefert sind wie den trans-
zendentalen Kategorien. Eine quasi-transzendentale Kategorie haben wir schon kennen gelernt:

• *Finalität*: Diese Kategorie verleitet uns dazu, Bewegungen (insb.
  Handlungen) als Folge von gedanklichen Absichten bewusst-
  seinsfähiger Subjekte zu interpretieren. In der Tradition des
  geisteswissenschaftlichen pädagogischen Denkens von Wilhelm
  Dilthey ist in diesem Zusammenhang von der »teleologischen
  Struktur des Seelenlebens« die Rede. Die Folge ist eine Dominanz, ja manche sprechen sogar von »Tyrannei« des teleologischen Denkens, dem eine Art »Zweckkausalität« zugrunde gelegt
  wird: Als kausale Ursache wird der noch gar nicht reale, sondern
  gedanklich nur antizipierte Zweck unterstellt[9]. Die Problematik
  dieser »Hypothese« wurde schon angedeutet, auch die Schwierigkeiten, die wir haben, wenn wir sie durch eine andere Kategorie – etwa diejenige der Teleonomie – zu ersetzen versuchen.
  Diese Hartnäckigkeit, mit der sie uns zu denken zwingt, und die
  schwierige, aber nicht unmögliche Ersetzbarkeit durch eine andere Art zu denken, lässt vermuten, dass wir es hier mit einer
  stammesgeschichtlich relativ späten Entwicklung zu tun haben.

---

[9] »Das kindlich-naive Bewusstsein finalisiert nahezu alles, was ihm be-
gegnet; das gereifte und gebildete Bewusstsein tut es nur noch in Auswahl.
Das philosophische Denken finalisiert nur noch spekulativ; und das positiv wissenschaftliche Bewusstsein finalisiert überhaupt kaum mehr«,
meint N. Hartmann (Teleologisches Denken. Berlin 1966(2), S. 79).

Darauf deutet ebenso hin, dass sie ohne Zweifel die Raum- und
Zeitrepräsentationskompetenz des Menschen voraussetzt, und
diese dürfte kaum älter als 50.000 Jahre sein.

• *Nahbereichsfixierung*: Fast die gesamte Stammesgeschichte leb-
ten unsere Vorfahren im Nahbereich sinnlicher Erfahrungs-
begrenzungen, also im sog. Mesokosmos. Dieser durch die sinnliche Wahrnehmung konstituierte Radius ist in räumlicher
Hinsicht auf das »Naheliegende« und in zeitlicher Hinsicht auf
das »Nächstliegende« – also auf kleine Räume und kurze Zeiten –
begrenzt. Dieses in Jahrmillionen bewährte Präadaptionsmuster
produziert eine Reihe von Problemen, wenn wir gezwungen sind,
den Mesokosmos zu verlassen. Diese Probleme sind experimen-
tell inzwischen gut nachgewiesen und beziehen sich vor allem auf
unsere Unfähigkeit, Eingriffe und ihre Folgen (und Nebenfolgen)
in komplexen Systemen, die durch eine Vielzahl vernetzter Beziehungen von Variablen gekennzeichnet sind, über größere
Zeiträume hinweg adäquat abzuschätzen[10].

Diese »Nahbereichsfixierung« lässt sich an der uneingeschränkten
Konjunktur eines pädagogischen Grundbegriffes dokumentieren:
Anschaulichkeit. Im Plädoyer für Anschaulichkeit kommt unsere
Sehnsucht nach dem überschaubaren Nahbereich inmitten einer
abstrakt gewordenen Welt zum Ausdruck. Es ist deshalb nachvollziehbar, dass in der pädagogischen Tradition »Anschaulichkeit« zu
einer beliebten und prominenten Wärmemetapher werden konnte,
bedient man mit ihr doch unsere Neigung, etwas sinnlich im
Nahbereich anschauen zu wollen, etwas, das mit Händen zu »begreifen« ist oder gar alle Sinne reizt. Am folgenreichsten kommt
diese »Nahbereichsfixierung« in der fatalen Neigung zum Ausdruck, ausschließlich teleologisch zu denken. Diese »Tyrannei der
Finalität« ist in homologer Sicht verständlich, denn im engen
Nahbereich scheinen wir tatsächlich Herren über die Mittel unserer
Zwecke zu sein. Hier im engen Raum unseres »Hauses« (oikos)
finden wir unser »Glück« in der Macht, die in der teleologischen
Kontrolle unserer Umwelt wirkt: »Was ist das höchste Glück des
Menschen . . . , dass wir wirklich Herren über die Mittel zu unseren
Zwecken sind? Und wo sollen, wo können unsere nächsten Zwecke

---

[10] Vgl. die einschlägigen (Simulations-)Studien des Psychologen Dörner.
Eine gute Einführung findet sich in D. Dörner: Die Logik des Misslingens. Strategisches Denken in komplexen Situationen. Hamburg 1989.

liegen, als innerhalb des Hauses?[11] Problematisch ist dieses Denken jedoch, wenn es über diesen engen Bereich hinaus geht und teleologische Eingriffe in seine sozialen und psychischen Umwelten beabsichtigt. Und das gerade will Erziehung. Die Folgen dieser Beschränkung im pädagogischen Denken sind deshalb problematisch und werden unter dem Begriff des »pädagogischen Technologiedefizits« an späterer Stelle noch diskutiert.

Wir nähern uns jetzt immer mehr den »schwächeren« Constraints unserer Weltwahrnehmung, also jenen Kategorien des Denkens und Erkennens, die wohl stammesgeschichtlich entwickelte hartnäckige Vorschläge machen, die wir aber, wenngleich auch mit mehr oder weniger Mühe, unter Umständen auch ablehnen können. Sie betreffen das enge Fenster unserer Aufmerksamkeit, worunter wir gewöhnlich die konzentrierte Wahrnehmung eines bestimmten selektiven Umweltausschnittes verstehen. Über Aufmerksamkeit wird Relevanz konstituiert und umgekehrt: Auf Relevantes wird man aufmerksam. Was aber ist relevant? Worauf werden wir, quasi durch einen Vorschlag unserer stammesgeschichtlichen Natur, aufmerksam?

Das damit aufgeworfene Problem der Relevanzkonstitution ist für Pädagogen kein rein akademisches, sondern ein ganz praktisches, weil es die Erziehungspraxis je nachdem erleichtern oder aber erschweren kann. Der Pädagoge, der auf dem Interesse des Educandus »schwimmt«, hat es viel leichter als jener, der es erst mühsam durch allerlei didaktisches und methodisches Feuerwerk sekundär zu erzeugen versucht. Während der eine gewissermaßen offene Türen einrennt, steht der andere vor verschlossenen Türen. Man kann die Bedeutung der Relevanzkonstitution mit einer alltäglichen Erfahrung veranschaulichen, nämlich der Erfahrung, dass Schüler sich häufig nicht für den Unterrichtsstoff interessieren, sondern für irgendwelche albernen Dinge, die – zumindest auf den ersten Blick – alles andere als wichtig scheinen. Warum sind sie z.B. brennend an einer singenden »Boygroup« interessiert, die gerade »in« ist, und nicht am Hebelgesetz, das gerade im Physikunterricht »dran« ist? Warum interessieren sich (nach einer vor einigen Jahren in Hamburg durchgeführten Untersuchung) 12-jährige Mädchen vor allem für Pferde, 12-jährige Jungen aber für

---

[11] J. W. von Goethe 1982, Bd. VII, a.a.O., S. 452 f.

Computerspiele (nicht aber für den Umweltschutz oder für den Dreisatz)?

Wenn man davon ausgeht, dass Schüler in der Schule lernen, sich den in der Vergangenheit angesammelten Erfahrungs- und Wissensschatz zunutze zu machen, dann müssten sie sich objektiv dafür auch interessieren, denn sie sind ja die künftigen Profiteure dieser Informationen. In den Schulbüchern findet sich das von Irrtümern und Fehlversuchen gereinigte und angesammelte wichtigste Wissen aller vorhergehenden Generationen quasi auf dem Silbertablett didaktischer Präsentationen serviert; aber Schüler lesen in ihrer Freizeit, wenn sie überhaupt lesen, natürlich keine Schulbücher, sondern lieber Comics in einer retardierten, kaum verständlichen Sprache, blättern in Jugendzeitschriften mit wenig Text und vielen bunten Bildern. Am allerliebsten hängen sie mit ihren Freunden herum und gehen zu Musikveranstaltungen, die einen solchen Höllenlärm veranstalten, dass man sich nicht mehr unterhalten kann, oder schauen Seifenopern im Fernsehen an, wenn sie nicht stundenlang Computerspiele spielen.

Das Problem ist allen Lehrern wohlvertraut und findet in vielen (zeitlosen) einschlägigen Klagen über »die Jugend von heute« Ausdruck. Es wird nicht kleiner, wenn man den Blick auf Erwachsene ausweitet und dabei schnell erkennen muss, dass es auch hier keineswegs besser aussieht. Warum interessieren sich, so kann man berechtigterweise fragen, erwachsene Menschen (vor allem Frauen) ernsthaft für die Details irgend einer Prinzenhochzeit im verblühten europäischen Hochadel, anstatt etwa für das neue Versorgungsurteil des Bundesverfassungsgerichts bei Ehescheidungen? Warum sind sie (vor allem Männer) brennend interessiert an ein paar ständig im Kreise herumfahrenden Rennfahrern, mit denen sie weder verwandt, ja nicht einmal persönlich bekannt sind? Oder wieso interessieren sie sich für das Fußballspiel einer Mannschaft, deren Spieler wahllos in der ganzen Welt zusammengekauft sind, und dessen Ergebnis nichts mit dem weiteren Leben der Betreffenden zu tun hat?

Dieses eigentümliche und erklärungsbedürftige Phänomen macht auch nicht vor der sogenannten Intelligenz halt. Es fängt schon bei unseren Studenten an. Ein Beispiel: Wenn ein international berühmter Wissenschaftler zu einem Gastvortrag kommt, ist die sich einfindende Zuhörerschaft überschaubar und findet in einem normalen Seminarraum ausreichend Platz. Wenn aber, wie vor kurzem geschehen, ein Boxweltmeister oder ein prominenter Talk-master zu einem Vortrag angekündigt ist, platzt der größte Hörsaal der Universität aus allen Nähten und kann die Masse der interessierten Zuhörerschaft nicht aufnehmen.

Das Phänomen ist aus evolutionstheoretischer Sicht erklärungsbedürftig, denn es ist zumindest auf den ersten Blick kein Selektionsvorteil darin zu erkennen, dass die meisten Menschen sich für so offensichtlich Unwichtiges brennend interessieren, offensichtlich Wichtiges aber systematisch ignorieren. Im Gegenteil, alles deutet auf einen problematischen Adaptionsmangel hin, wenn wir unsere Aufmerksamkeit auf irgendwelche Filmsternchen oder prominente Kicker konzentrieren, anstatt uns mit den Problemen zu beschäftigen, die uns wirklich bedrücken. Weder kann man dies durch einen irgendwie gearteten genetischen noch durch einen reziproken Altruismus erklären, denn weder sind wir mit den Prominenten verwandt noch können wir darauf hoffen, dass unsere Aufmerksamkeit je einmal erwidert würde.

Die Frage, wie Menschen mit ihrer Aufmerksamkeitsökonomie umgehen, rückt seit einigen Jahren zunehmend in den Mittelpunkt wissenschaftlichen Interesses, vor allem im Zusammenhang medientheoretischer Erörterungen[12]. Allerdings wird die evolutionstheoretische Grundlage der menschlichen Aufmerksamkeitsbildung selten oder gar nicht gesehen. Dabei ist es doch nahe liegend, dass es in der Evolution für kein Lebewesen gleichgültig sein konnte, ob, was und wie es seine Umwelt aufmerksam wahrnahm oder nicht. Über Aufmerksamkeit konzentriert sich die Wahrnehmung auf einen spezifischen Ausschnitt der Umwelterfahrung und reduziert so seine Umweltkomplexität. Aufmerksamkeit löst das Problem der Überforderung des Systems durch die Umweltkomplexität durch Selektion und ist deshalb eine äußerst knappe Ressource. Es ist für das Überleben jedes lebenden Systems in der Evolution von ganz entscheidender Bedeutung, wie es diese Engstellung der Umweltwahrnehmung evolutionär einjustiert. Wehe der Gazelle, die sich – unser altes Beispiel wieder aufgreifend – auf die schöne untergehende Sonne konzentriert anstatt auf den

---

[12] Z.B. bei G. Franck: Ökonomie der Aufmerksamkeit. Ein Entwurf. München 1998. F. Rötzer: Aufmerksamkeit als Medium der Öffentlichkeit. In: R. Maresch/N. Werber: Kommunikation, Medien, Macht. Frankfurt a.M. 1999.

Löwenschwanz, der sich gerade hinter einem Gebüsch bewegt! Es ist deshalb nahe liegend, dass die Kanäle der Aufmerksamkeit einem hohen und langen evolutionären Anpassungsdruck ausgesetzt waren, und es deshalb auch für uns Menschen nicht zufällig sein kann, wofür wir uns »von Natur« aus vorrangig interessieren.

Die Vermutung ist deshalb nahe liegend, dass auch der Mensch tief sitzende Prädispositionen besitzt, die seine aktuelle Aufmerksamkeit steuern, und die sich im Verlaufe eines evolutionären Anpassungsprozesses herausgebildet und stabilisiert haben. Diese seine Aufmerksamkeitsökomomie prägenden Prädispositionen behandeln jede Umweltwahrnehmung im Kurzzeitgedächtnis als selektiv. Das ist die andere Seite der harten Konkurrenz der Meme (und Memplexe) um Aufmerksamkeit. Meme kämpfen gnadenlos um Aufmerksamkeitsgewinnung. Nicht nur für die Werbung, die Massenmedien und die Politik, sondern auch und gerade für die Pädagogik ist es nützlich, die wichtigen Prädispositionen menschlicher Aufmerksamkeitsökonomie zu kennen. Schließlich kann dieses Wissen dazu verhelfen, *mit* statt *gegen* »die Natur« zu erziehen und damit das Erreichen der angestrebten Ziele wahrscheinlicher zu machen. Ich will im Folgenden an die in diesem Zusammenhang wohl wichtigsten und am häufigsten (in der Fachliteratur) genannten Faktoren der Aufmerksamkeitsökonomie erinnern und sie stichworthaft einführen[13]:

1. *Aktualität*. Es ist evolutionstheoretisch gesehen unmittelbar einleuchtend, dass es nützlich ist, sich Neuem bzw. Überraschendem bevorzugt zuzuwenden, denn jede eruptive Änderung im Strudel der sinnlichen Signale kann gefährlich bzw. bedrohlich sein oder aber einen Vorteil verschaffen. Neophilie, die Vorliebe bzw. die Neugier auf Neues, ist in unseren Gehirnen (wie aller Tiere)

Üblich: Aufmerksamkeitslehre / -ökonomie

---

[13] Die Reihenfolge soll keine Rangordnung zum Ausdruck bringen. Vgl. zum Folgenden vor allem Birbaumer/Schmidt 2000, a.a.O., S. 512 ff., sowie I. Eibl-Eibesfeldt: Grundriss der vergleichenden Verhaltensforschung. München 1974(4), insb. S. 194, passim. Ich erinnere daran, dass Aufmerksamkeit bewusst und unbewusst sein kann. Schon mancher war beim Autofahren mit seinem Bewusstsein ganz woanders und hat doch aufmerksam den Verkehr bewältigt. Man muss also Aufmerksamkeit und Bewusstsein als zwei voneinander unabhängige Variablen behandeln.

vor allem in der Jugend tief verankert[14]; eine deutliche Abweichung von Erwartetem erregt Aufmerksamkeit und aktiviert das Kurzzeitgedächtnis, das über das Bewusstsein arbeitet. Das beginnt schon mit ganz einfachen akustischen oder optischen Signalen, wenn sie das Maß des Gewohnten überschreiten: extrem laute Geräusche oder kontrastreicher Wechsel von hell und dunkel erregen unwillkürlich unsere Aufmerksamkeit. Lehrer, die eine unruhige Klasse durch einen lauteren Ruf (»Ruhe jetzt!«) oder den Schlag eines Lineals auf einen Tisch zu übertönen versuchen, oder mit didaktischen Konstrastverschärfungen (durch Tafelanschriebe, Zeichnungen, Modelle usw.) arbeiten, benützen, ohne sich dessen wohl bewusst zu sein, diese allgemeine »Gesetzmäßigkeit« angeborener Aufmerksamkeitsmuster.

Der größte Feind des Neuen ist das Neue, genauer gesagt: das neue Neue. Deshalb ist Aufmerksamkeit auf Neues nicht nur knapp, sondern auch kurzlebig, gewissermaßen flüchtig und scheu wie ein Reh. Es hält sich nie lange an einer Stelle, bei einem Thema auf, denn kaum ist es als neu erkannt, ist es auch schon wieder alt, und nichts scheint älter als die Zeitung von gestern. Aufmerksamkeitsbindung ist deshalb immer nur temporär möglich. Schon die Primaten im Zoo verlangen eine abwechslungsreiche Umgebung und langweilen sich schnell, wenn diese nicht gegeben ist.

2. *Gefahr.* Auch dies, die bevorzugte Aufmerksamkeit für Gefahr, insb. in ihrer unmittelbarsten Form der Bedrohung durch Gewalt, ist evolutionstheoretisch plausibel, denn für die Erhaltung eines lebenden Systems ist die Präferenz für bedrohliche Gefahren wichtiger als der eventuelle Vorteil, den man aus übersehenen Chancen ziehen kann. Gewalt ist schließlich eine überlebensbedrohliche Form der Gefahr. Wenn das Überleben bedroht ist, muss deshalb alle Aufmerksamkeit darauf konzentiert werden. Schon im Vorfeld der Gewalt, bei allen Konflikten, sind wir in der Regel deutlich aufmerksamer als bei konfliktfreien Bezügen. Deshalb sind auch heute noch – man denke nur einmal an die »Tagesschau« oder eine andere beliebige Nachrichtensendung – »nur

---

[14] Das schließt nicht aus, dass es durch kulturelle Selektion sanktioniert und überformt werden kann. Das gesamte Mittelalter hindurch wurde »curiositas«, die Neugierde, als Sünde gebrandmarkt. Deshalb kam das wirklich »Neue« – über Re-formation, Re-naissance, Humanismus – auch über Schleichwege daher: über den Versuch, das Alte wieder neu zu entdecken.

schlechte Nachrichten gute Nachrichten«. Niemals werden wir
deshalb erleben, dass die Nachrichtensprecherin sagt: »Heute ist nur
Gutes passiert«. Stattdessen stehen Kriminalität, Gewalt, Krieg,
Naturkatastrophen und sonstige soziale Konflikte deshalb ganz
oben in der Aufmerksamkeitsökonomie.

3. *Personalisierung.* Der Mensch ist sich selbst das Interessan-
teste, denn von anderen Menschen können nicht nur Gefahren ausgehen, sondern auch erhebliche Chancen für Kooperationsgewinne.
Deshalb vermuten viele Evolutionsforscher, dass hier der eigentlich
entscheidende Selektionsdruck entstanden ist, der über die zerebrale Akzeleration schließlich zur Kulturfähigkeit des Menschen
geführt hat. Wir sind deshalb auch heute noch am Schicksal einzelner Personen interessiert, vor allem wenn sie erfolgreich sind, und
verbinden über Tratsch die soziale Kohäsion der Binnengruppe.
Unser Interesse richtet sich dabei bevorzugt – wie bei den Primaten
allgemein – auf die »Alphatiere«, denn in ihnen bündelt sich meistens Erfolg und Macht, so dass von ihnen die größten Gefahren und
Kooperationsgewinne ausgehen. Durch die Beobachtung von einflussreichen Personen kann dazuhin auch noch die einfachste Form
des erfolgreichen Lernens aktiviert werden, nämlich die Imitation
des Erfolgreichen. Die Maxime »Beobachte den Erfolgreichen!«
schlägt deshalb um Längen die Maxime »Beobachte das Erfolgreiche!«

4. *Konkretheit.* Weil die »Welt 1«, die Handlungswelt, evolutionär die älteste und erprobteste ist, bewegen wir Menschen des 21.
Jahrhunderts uns auch heute noch am liebsten in ihr und finden sie
»konkret«, weil sie über unsere »alten« Sinne unmittelbar zugänglich scheint. Das geht partiell auf Kosten der »Welt 2«, der Vorstellungswelt, vor allem aber der »Welt 3«, der Abstraktionswelt. Sie ist
die jüngste und erst seit etwa 50.000 Jahren überhaupt belegbar. Das
ist evolutionär kein Zeitraum. Sie kann nur nach langer Übung und
auch immer nur temporär erreicht werden. Deshalb sind viele
Schüler (und Studenten) auch heute geradezu süchtig nach »konkreter Praxis« und pflegen ihre Aversion gegen »abstrakte Theorie«.
Während wir der konkreten Praxis »grün« sind, erscheint alle Theorie als »grau«. So wie wir dem zeitlich Nahen (oder über Befris-
tung »Nah-Gemachten«) bevorzugt unsere Aufmerksamkeit zu-
kommen lassen, so privilegieren wir auch das räumlich Nahe (oder
das über Visualisierung »Nah-Gemachte«), das Anschauliche, und
finden lokale Bezüge meist spannender als ferne. Und deshalb geht

die Pädagogik normalerweise auch heute noch »vom Nahen zum Fernen«.

5. _Emotionalisierung_. Unsere Gefühlswelt ist evolutionär nicht nur der älteste, sondern auch der wohl am schwersten kognitiv kontrollierbare Teil unserer psychischen Verarbeitungskapazität. Gegen die Macht der Gefühle ist die unserer Vernunft oft hilflos und häufig müssen wir deshalb auch entdecken, »was für ein schwacher Schutz die sogenannte Tugend gegen die Aufforderungen eines Affekts sei«[15]. Eine emotional eindringliche Thematisierung, etwa über Erzeugung von Mitleid, Ekel, Liebe oder Hass, erregt deshalb auch heute noch schneller und länger unsere Aufmerksamkeit als bloße sachliche Informationen.

6. _Periodisierung_. Anfang und Ende werden als Kontraste besser wahrgenommen und zeitlich in Perioden eingeteiltes Erlebtes deshalb bevorzugt wahrgenommen gegenüber einer undifferenzierten Kontinuität. Durch Periodisierung werden zeitliche Einheiten als prägnant erlebt. Auch das ist evolutionstheoretisch plausibel, denn darin spiegelt sich die evolutionäre Erfahrung naturgesetzlicher Rhythmen wider, die häufig noch kulturell verstärkt und überhöht wurden und werden. Diese Konzentration auf zeitliche Perioden geht auf Kosten der Wahrnehmung kontinuierlicher Entwicklungsprozesse mit nur schwach ausgeprägten Veränderungen. Nicht nur Liebes- und Kriminalromane, sondern auch der Schulunterricht wird deshalb nur in Form von Periodisierungen zugemutet.

7. _Sexualität_. Sex ist in der Evolution der entscheidende Transmissionsriemen zur intergenerativen Weitergabe genetischer Informationen, die Grundlage des Lebens und, wie wir schon gesehen haben, das »Nadelöhr« für die sexuelle Selektion. Deshalb muss uns, vor allem, wenn wir jung sind, Sex, und alles was damit zusammenhängt, grundsätzlich genauso interessieren wie sein Gegenteil, die Gewalt, die das Leben bedroht. Sex and Crime (siehe Punkt 2) sind deshalb immer noch dominierende Schienen, auf denen unsere Aufmerksamkeit »abfährt«.

8. _Macht_. Aufmerksamkeit für Macht – hier verstanden als generalisiertes Medium, Selektionsentscheidungen bei anderen durchzusetzen – (insb. in ihrer personalen Erscheinungsform als Herrschaft) ist nützlich, denn schließlich geht von ihr potentiell Gefahr oder Hilfe aus. »Beobachte die mächtigen Alphatiere!« ist

---

[15] J. W. von Goethe, a.a.O., Bd. VII, S. 363.

deshalb eine evolutionär stabile Maxime unserer Aufmerksamkeitsökonomie und, als Voraussetzung, eine hohe Sensibilität für
soziale Hierarchie, die u. a. auch in einem Streben nach Dominanz
zum Ausdruck kommen kann. Ist man dominant, kann man Macht
strategisch einsetzen, um Aufmerksamkeit zu binden. Der Lehrer
kann z. B. rufen:»Ruhe, da hinten! Sonst...!«

9. *Entscheidungsdruck*. Zeitknappheit produziert Entscheidungsdruck und wir behandeln etwas, wenn es befristet wird, als
vordringlich. Weil alles Handeln, auch das in sozialen Systemen,
seriell ist und durch das zeitliche Nadelöhr der Gegenwart muss,
sind wir gezwungen, immer das eine nach dem andern zu tun – und
dies gleichzeitig mit dem Erleben der (sozialen) Umwelt zu syn-
chronisieren. Deshalb erzwingt Entscheidungsdruck Selektion und
Evolution wird auch in und durch Handeln dadurch wahrscheinlich,
dass es fortsetzbar wird.

Häufig finden wir Mischformen vor, die dadurch eine Verstärkung unserer Aufmerksamkeit erreichen, so z. B. von Personalisierung und Emotionalisierung, von Sex und Crime, von Sex, Crime
und Konkretion, von Aktualität, Macht und Gewalt, Zeitknappheit
und Personalisierung usw. Auch Steigerungsformen sind beliebt, so
etwa, wenn Personalisierung durch Moralisierung (bei der Achtung
oder Verachtung auf die ganze Person zugeschrieben wird) ver-
schärft wird, oder wenn Aktualität durch die Mischung mit Personalisierung skandalisiert wird, oder Betroffenheit durch Übertreibung (im Superlativ) und Verallgemeinerung (»jeder ist betroffen«)
zu produzieren versucht wird. Im Übrigen setzen diese aufmerk-
samkeitsproduzierenden Muster des Systems – nicht immer, aber
meistens – die Wahrnehmung der Umwelt voraus, und diese wird
erleichtert, wenn die Signale prägnant, unverwechselbar und auffällig sind.

Lässt sich nun vor dem Hintergrund dieses Wissens über die
evolutionär relativ stabilen aufmerksamkeitsbindenden Faktoren
unsere Ausgangsfrage beantworten? Deutlich ist geworden, dass
unser Interesse, unsere Aufmerksamkeit von tief sitzenden Prädispositionen gesteuert wird, die evolutionäre Wurzeln haben. Was
wichtig ist, wird deshalb immer auch mit Hilfe dieser »Vorurteile«
bestimmt und ist kein Spiegelbild »objektiv« vorgegebener Rele-
vanzen. In den Beispielen, die ich gegeben habe, kommt nun vor
allem eine eigentümliche Fixierung auf prominente (aber nicht-
verwandte) Personen zum Ausdruck, die jetzt verständlicher wird.

Es handelt sich zunächst einmal um eine Personalisierung, die allerdings alleine noch nicht aussagekräftig genug ist. Es sind ja nicht nur Personen, auf die unsere Aufmerksamkeit hier fokussiert ist, sondern prominente Personen. Warum interessieren wir uns gerade für Prominente? Ich bin sicher, dass wir uns hierbei – weitgehend unbewusst – nach der alten evolutionären Maxime handeln: Beobachte die Erfolgreichen! Beobachtung und nachfolgender Tratsch über Erfolgreiche ist evolutionär deshalb so erfolgreich geworden, weil wir von ihnen unter Umständen lernen können, ebenfalls erfolgreich zu sein.

Diese Maxime wird vor allem dann erfolgreich sein, wenn man bei der Beobachtung der Erfolgreichen selbst beobachtet wird. Das geschieht häufig als Tratsch. Mit dem Tratsch vergewissern wir uns, dass wir interaktiv zu einer Gemeinschaft gehören, die sich um die Kommunikation eines gemeinsamen Themas nicht nur gruppiert, sondern auch konstituiert. Durch die Beobachtung erfolgreicher Prominenter bereiten wir den Boden für Tratsch vor, denn einmal abgesehen vom Wetter gibt es kaum ein Thema, für das sich eigentlich alle – zumindest alle, die dazugehören wollen – gleichermaßen interessieren (müssen).

Eine solche Beobachtung von Erfolgreichen hat sich evolutionär selbst als erfolgreiche Strategie herausgestellt und scheint ein bewährtes Erfolgsrezept zu sein. Allerdings zeigen die Beispiele auch eine merkwürdige Schieflage: Erfolgreiche Boxer zu beobachten, mag in der Steinzeit noch eine angemessene Strategie gewesen zu sein, als man Streitigkeiten noch mit der Faust entschied. Aber heute, nachdem wir zumindest in Mitteleuropa in einem langen mühsamen Prozess der Gewalttabuisierung die Behandlung von Konflikten verrechtlicht haben? Heute wäre es sicher nützlicher, z. B. Lehrer zu beobachten, denn von ihnen können wir etwas lernen, was nützlicher als Boxen ist. Selbst Filmsternchen, Talk-Master und im Play-back-Verfahren trällernde Boy- oder Girl-Bands sind unter Umständen wohl prominent, aber ein Selektionsvorteil aus ihrer Beobachtung ist nicht ersichtlich (es sei denn als gemeinsames Thema für Tratsch). Und seit Prinzen und Prinzessinnen nichts mehr zu sagen haben, gehören sie wohl noch zur Prominenz, aber nicht mehr zu den Mächtigen, zu denen aufzuschauen sich wirklich lohnen würde. Im Zeitalter der Massenmedien scheint Aufmerksamkeitsökonomie in vielen Fällen nicht eine Funktion der Prominenz, sondern Prominenz eine Funktion der Aufmerksamkeit zu sein –

einer Aufmerksamkeit, die von dem Medium, das von ihr lebt (etwa das Fernsehen), selbst erst hergestellt und manipuliert wird.

Man kann hier vermuten, dass es zu dieser Schieflage deshalb gekommen ist, weil die Emergenzebenen der Evolution, vor allem die von biologischer und sozialer Evolution, immer mehr auseinander getreten sind und so dysfunktionale Konsequenzen zeitigen. Die Massenmedien suggerieren durch ihre bildlichen Signale eine konkrete »Welt 1« und lösen damit unter Umständen die evolutionär dafür bereitgestellten Reaktionen aus, während sie in Wirklichkeit aber nur eine externalisierte Form von konstruierter, und damit fiktiver »Welt 2« sind. Selbst wenn wir dies »wissen«, neigen wir dazu so zu »handeln, als ob«. Um diese Vermutung zu überprüfen, müssen wir uns deshalb der sozialen Umwelt zuwenden. Es ist ja schon jetzt deutlich geworden, dass die angeborenen Neigungsstrukturen unserer Aufmerksamkeit gesellschaftlich und kulturell überformt, wenn nicht gar »verformt« werden. Wir müssen deshalb in einem nächsten Schritt die systemeigenen Vorselektionen verlassen und uns den Vorselektionen der Umwelt zuwenden, bevor wir dann die pädagogische Relevanz herausarbeiten.

13 Wie ist ein Lernen aus Erfahrung möglich?

Der Rückblick auf die Evolution des Lernens hat eine Reihe eigentümlicher Entwicklungen freigelegt. Besonders auffällig, weil irritierend, ist dabei vor allem die Tatsache, dass die Evolution neue emergente Systemebenen nur um den Preis ihrer operativen Abschließung (zur Umwelt) erreicht. Nur durch Einschränkung, so die paradoxe Erkenntnis, kann die Evolution höhere (emergente) Ebenen erreichen und ausbauen[1] – in den Worten von Niklas Luhmann:

Durch Einschränkung → höhere Ebenen der Evolution

---

[1] Das gilt für alle Ebenen der Evolution, also auch für die sozio-kulturelle Evolution. Beispiele dafür sind zahlreich zu haben: »So die Einführung von Ehe als *Einschränkung* des Fortpflanzungstriebs, die Einführung von Eigentum als *Einschränkung* des allgemeinen Zugangs zu Mitteln der Bedarfsbefriedigung, die Einführung von politisch garantierter Rechtsordnung als *Einschränkung* des Rechts zur Selbstverteidigung« (N. Luhmann: Gesellschaftsstruktur und Semantik, Band 4 a.a.O., S. 13, Hervorhebungen durch mich, A. K. T.).

»Die Welt kann sich selbst nur über Einschränkung und nur über Inanspruchnahme von Zeit realisieren«[2].

Lebende Systeme sind »autopoietische« Systeme, insofern als sie ihre eigenen Operationen nur durch eigene Operationen fortsetzen können – und das heißt ja wörtlich »auto-poietisch«: selbst-herstellend, also z. B. diese Bewusstseinsprozesse durch jene Bewusstseinsprozesse, diese Kommunikationsinhalte durch andere Kommunikationsinhalte. Man kann deshalb auch sagen: Autopoietische Systeme sind operativ geschlossene Systeme, weil sie die Operationen, mit denen sie ihre Einheit organisieren, ausschließlich systemintern – und damit gegenüber der Umwelt »geschlossen« – halten[3].

Intern können die Systeme nur mit sich selbst kommunizieren und extern einen Kontakt zu ihrer Umwelt nur indirekt, vermittelt über selbstorganisierte Operationsformen, aufnehmen. Evolutionäre Systemebenen, auf denen Selektionsprozesse stattfinden, sprechen also eine je eigene Sprache und können nur hoch selektiv, nach Maßgabe eigener Beobachtungskriterien, Kontakt zu ihrer Umwelt aufnehmen. Dabei müssen sie deren »Sprache« in ihre eigene übersetzen, ohne je zu wissen, ob die Übersetzung korrekt ist. Eine wie auch immer geartete »ganzheitliche« Weltsicht ist unmöglich und deshalb eine beliebte, aber nicht zu Ende gedachte Formel, in der die Sehnsucht nach der jeweils nichtmarkierten Seite des in Anspruch genommenen Sinns transportiert und erhalten ist.[4]

Leibniz hat einst eine andere Metaphorik gewählt, um diese eigentümliche Logik geschlossen operierender Systeme zu beschreiben. Es lohnt sich, daran erinnert zu werden, denn sie bringt – obwohl in eine schöpfungstheoretische Metaphysik eingebettet – den Gedanken der operativen Geschlossenheit in einer unübertrefflichen Radikalität zum Ausdruck. In seiner »Monadologie« beschreibt er die Monaden als die »Atome der Natur« u.a. mit folgenden Worten: »Es gibt ferner keine Möglichkeit, zu erklären, wie eine Monade in ihrem Inneren durch irgendein anderes Geschöpf beeinflusst oder verändert werden könnte, da man offenbar

---

[2] N. Luhmann 1984, a.a.O., S. 140.
[3] Vgl. dazu die knappe Zusammenfassung bei N. Luhmann: Gesellschaftsstruktur und Semantik. Studien zur Wissenssoziologie der modernen Gesellschaft, Band 4, Frankfurt a.M. 1995, S. 60 ff.
[4] Vgl. N. Nassehi: Geschlossenheit und Offenheit. Studien zur Theorie der modernen Gesellschaft. Frankfurt a. M. 2003, insb. S. 61 ff.

nichts in sie hinein übertragen, sich auch keine innere Bewegung in
ihr vorstellen kann, die innerhalb ihrer hervorgerufen, geleitet, vermehrt oder vermindert werden könnte, wie das bei den zusammen-
gesetzten Dingen möglich ist, bei denen es Veränderungen im Verhältnis der Teile untereinander gibt. Die Monaden haben keine
Fenster, durch die etwas in sie hinein- oder aus ihnen heraustreten
könnte«[5].

Man muss sich die im Gehirn eines Menschen eingeschlossene
Gedankenwelt als eine solche Monade vorstellen. Das psychische
System eines Kindes, eines Schülers, ist als Monade nicht von
außen beeinflussbar oder veränderbar – es sei denn, man zerstört es
oder verändert es durch chemische Substanzen (z. B. Ritalin). Gedanken können nur durch andere Gedanken ersetzt werden und zwar
vom psychischen System selbst. Eltern, Lehrer – alle diese Erzieher
sind in der Umwelt dieses Systems und können in das Gehirn des
Kindes, des Schülers, keine kleinen Pakete des Wissens hineintra-
gen. Das Gehirn, und das bestätigt die moderne Hirnforschung,
kann nur mit sich selbst operieren. Kognitive (und emotive) Prozesse, die im Gehirn eines Menschen ablaufen, bilden ein emer-
gentes System, das operativ vollständig geschlossen arbeitet.

Gelegentlich liest man, auch gerade von Hirnforschern, das
(scheinbare) Gegenteil: das Gehirn sei ein »offenes System«[6]. Aber
bei einem genaueren Hinschauen entdeckt man schnell, dass es sich
bei der Frage, ob das Gehirn ein »offenes System« (z. B. Singer)
oder ein »geschlossenes System« (z. B. Luhmann) ist, um ein Problem der sprachlichen Benennung handelt. Im Grunde sind die Kon-
trahenten sich darin einig, dass das Gehirn operativ geschlossen
operiert, d. h. Signale der Umwelt nur im Modus der (system)eige-
nen Operationen (weiter)verarbeiten kann – und nur das meint die
These der »operativen Geschlossenheit«. Das bedeutet aber nicht,
dass das Gehirn in anderer Hinsicht nicht durchaus »offen« ist,
nämlich bezüglich seiner Zufuhr von Energie (z. B. mit Blut, Sau-
erstoff usw.). Dazu kommt, dass auch die meisten Vertreter der
»operativen Geschlossenheit« – die Vertreter des »Radikalen Kon-

[handschriftliche Notiz:]
Gedanken nur von Gedanken ersetzt → interne Kommunikation
Lehrer, Eltern = Umwelt → externe indirekte Kommunikation
Signale der Umwelt nur in Eigenoperation verarbeiten

---

[5] G. W. Leibniz: Die Hauptwerke. Hg. von G. Krüger. Stuttgart 1958, S. 132
     (Monadologie, Nr. 10).
[6] So z. B. der Hirnforscher W. Singer: Ein neues Menschenbild? Gespräche
     über Hirnforschung. Frankfurt a.M. 2003, S. 69.

struktivismus« vielleicht einmal ausgeschlossen[7] – davon ausgehen, dass das Gehirn mit seiner Umwelt einen Kontakt aufzunehmen in der Lage ist. Allerdings betonen sie deutlich, dass dies immer nur indirekt, also über die systemeigenen Operationsformen, geschehen kann. Wir nehmen unsere Umwelt nicht nur durch die Filter der Sinnesorgane, sondern auch durch die Filter der geschlossen operierenden Hirnaktivitäten wahr. Wie aber ist das möglich, dass Informationen durch die unterschiedlichen Emergenzebenen der Systembildungen beim Menschen »durchgereicht« werden können und dort zu systemeigenem Wissen werden? Diese Frage muss gerade Pädagogen brennend interessieren, denn genau dies versuchen sie ja täglich zu bewerkstelligen.

Die Evolution des Lebendigen hat diese aufwändigen Prozesse der Strukturdeterminiertheit emergenter Systembildungen in Kauf genommen, weil sie nur dadurch höhere Komplexität aufbauen und reduzieren kann. Nur durch Beschränkung auf die Selbstorganisation kann ein System seine Eigenkomplexität steigern – anders gesagt: adjustieren – und damit einer opaken Umwelt mehr Verhaltensmöglichkeiten anbieten. Dass man Komplexität nur durch Beschränkung steigern kann, scheint auf den ersten Blick paradox zu sein, und doch ist es eine alte Erkenntnis[8]. Nur durch Beschränkung, d. h. durch Abkoppelung von der Umwelt, kann ein System sich auf die Entwicklung unwahrscheinlicher Strukturen einlassen, diese erproben und ggf. stabilisieren. Eine Stabilisierung solcher Strukturen durch operative Schließung, bei dem das System keinen – oder sagen wir vorsichtiger: fast keinen – Kontakt mit seiner Umwelt hat, ist dann wahrscheinlich, wenn die Umwelt nicht »nein« sagt, wenn also die Autopoiesis des Systems fortgesetzt werden kann.

Diese bisherige Beschreibung der evolutionären Entwicklung autopoietischer Systeme klingt kompliziert, und es ist deshalb an der Zeit, sie zu vereinfachen und an Beispielen zu veranschaulichen. Die bisherigen Formulierungen sind auch deshalb so abstrakt,

---

[7] Diese der erkenntnistheoretischen Position des Solipsismus nahe kommende Modetheorie betont den konstruktivistischen Anteil geschlossen operierender Systeme, übersieht aber meistens, dass Konstruktionen von Systemen in der Evolution von ihrer Umwelt (positiv oder negativ) selektiert werden – und das heißt, auch an ihr scheitern können.

[8] »Im Übrigen aber«, sagte Goethe, »ist es zuletzt die größte Kunst, sich zu beschränken und zu isolieren« (J. P. Eckermann: Gespräche mit Goethe in den letzten Jahren seines Lebens. Berlin o.J., Bd. 1, S. 157).

weil sie für alle lebenden Systeme, seien es neurophysiologische Systeme, Bewusstseinssysteme oder soziale Systeme, gleichermaßen gelten. Sie werden vermutlich verständlicher, wenn wir sie auf Erziehung beziehen und versuchen, folgende Frage zu beantworten: Wie ist es möglich, dass ein System in einer Umwelt Kontakt zu einem anderen System in seiner Umwelt aufnimmt, wenn sowohl es selbst als auch das System in seiner Umwelt operativ geschlossen arbeiten? Genau dies versucht ja jeder Erzieher, jedes Elternteil, jeder Lehrer, der ein Kind erzieht. Er will absichtlich Lernprozesse bei seinem Gegenüber anregen, ohne dass er in das Gehirn, in dem diese Lernprozesse verankert werden müssen, »hineinkommen« kann. Er kann – streng genommen – nur die Umwelt seiner Umwelt, also sich selbst und seine Umgebung, verändern. In das Gehirn des Kindes aber kommt er nicht hinein. Oder doch?

Man muss sich hier daran erinnern, dass ein indirekter Kontakt eines Systems zu seiner Umwelt dadurch gegeben ist, dass die Umwelt die weitere Autopoiesis des Systems beschränken, kanalisieren – ja, unter Umständen sogar vollständig behindern – kann. Die Umwelt kann, wie schon erwähnt, durchaus »nein« sagen. Wenn ich also der Meinung bin, fliegen zu können, und mich deshalb von einem Felsen stürze, wird meine Umwelt »nein« sagen. Diese Neins können eine systemische Leistung ständig bedrohen. Deshalb gibt es einen asymmetrischen Umweltkontakt aller Systeme zu ihrer Umwelt: Die Umwelt kann auf eine katabolische Entwicklung des Systems direkt, auf eine anabolische Entwicklung des Systems aber immer nur indirekt Einfluss nehmen. »Realität« lässt sich ganz traditionell durch die Erfahrung des Widerstands definieren, der jeder Fortsetzung von Autopoiesis durch die Constraints ausgesetzt ist, in der sie sich ereignet. Allerdings ist diese Erfahrung eine systemeigene Operation, sei es, dass man das Scheitern bei sich selbst oder bei anderen feststellt. Ein »Lernen aus Fehlern« oder ein »Lernen nach Schock« setzt voraus, dass ein lernendes System »Fehler« oder »Schock« wahrnimmt. Das System hat damit einen winzigen Zugang zu seiner Umwelt, der zunächst nur negativ ist. Unser Denken kann durch physikalische Widerstände unterbrochen, Kommunikation durch Bewusstseinsprozesse irritiert werden.

Aber dazu kommt etwas, was für unseren pädagogischen Zusammenhang mindestens genau so wichtig, wenn nicht noch wichtiger ist: die Informationen, die ein System nicht von seiner Umwelt, sondern von sich selbst erhält, nämlich von seinem *Gedächtnis*. Es ist das systemeigene Gedächtnis, in dem die wichtigsten Erfahrungen, die das System in seiner Vergangenheit schon gemacht hat, selektiv gespeichert sind und das gewissermaßen die inneren Constraints für die Autopoiesis des Systems festlegt. Autopoiesis benötigt gerade deshalb, weil das System operativ geschlossen arbeitet, einen »Widerstand«, um nicht in zirkuläre Endlosschleifen zu verfallen. Neben der »Störung«, die ein System durch die »Neins« seiner (physikalischen) Umwelt (selbst) erfahren kann, ist es vor allem der ständige Vergleich und die Verknüpfung mit dem im Gedächtnis gespeicherten Erfahrungsschatz, der eine laufende Konsistenzprüfung ermöglicht, und die operativ geschlossene Autopoiesis vor Willkür und Beliebigkeit schützt. Durch diese Inanspruchnahme der Zeitdimension erhält das System auch die Möglichkeit, von den erfahrenden »Jas«, die es in seiner Lerngeschichte gemacht hat, zu lernen. Im Rückgriff auf das Gedächtnis wird die Differenz von »erinnern/vergessen« aktiviert und das in einem zweifachen Sinne: Zum einen erinnert man sich meistens nur an das Wichtige, also an dasjenige, was durch Wiederholung oder Verstärkung stabilisiert wurde, das Unwichtige aber wird vergessen. Zum anderen wird die neue Erfahrung als wichtig oder unwichtig bewertet und damit eher vergessen oder aber zur Erinnerung aufbewahrt. Man kann – und das ist für Pädagogik natürlich wichtig – mit Wiederholungen für Erinnerungen sorgen. Aber auch hier gilt, wie überall in der Evolution, das Primat der negativen Selektion: Es wird immer mehr vergessen als erinnert, und man muss deshalb schon oft wiederholen (wiederholt wiederholen), um etwas nicht zu vergessen.

Jedes lernende System besitzt eine Erinnerung aller wichtigen bisherigen »Neins« und »Jas«, die es je (in der Zeit- und in der Raumdimension) erhalten hat und die ein Wissen über die bisher erbrachten Anpassungsleistungen enthält. Wir haben die verschiedenen Ebenen dieses Wissens kennen gelernt, auch jene der Umweltreduktionen. Auch in den kulturellen Umwelten, in die ein Kind hineingeboren wird, ist ein historisches Wissen darüber enthalten, was bisher »gegangen ist«. Das »was nicht« gegangen ist, z. B. die Prämierung von kollektivem Selbstmord, ist als statistisch signifikanter Entwurf »ausgestorben«.

Lernende Systeme treten also nie vorurteilsfrei, gewissermaßen als tabula rasa, mit ihrer Umwelt in Kontakt. Sowohl auf Seiten des Systems, als auch auf Seiten der Umwelt ist die geronnene Erinne-

rung bisher geglückter Anpassungsprozesse in Form von Vorselektion auf allen Selektionsebenen immer schon vorgegeben. Sie haben, wie wir gesehen haben, ein unterschiedliches Gewicht und
reichen von irreversibel festgezurrten Aprioris über Vorschläge, die
man – wenngleich auch mit einem gewissen Aufwand – in den Wind
schlagen kann, bis hin zu sinnhaften Verweisungen, die ihre negativen Selektionen erhalten und jederzeit fast beliebig in positive
zurückübersetzen können. Die operative Geschlossenheit autopoietischer Systemprozesse ist also indirekt, durch die angesammelten Erfahrungen, mit ihrer Umwelt verbunden. Der Kontakt von
System und Umwelt geht über ihre gemeinsame Geschichte hinaus,
die als Erinnerung gespeichert ist und als Constraints für die weitere
Autopoiesis dient. In dem, was ist, kommt die Erinnerung an die
bisher geglückten Anpassungsprozesse einer langen Geschichte als
Evolution zum Ausdruck. Das erklärt die durch alle Systemebenen
gehende Dominanz des »Alten« (auf der Ebene des durch Wiederholung oder Verstärkung stabilisierten Langzeitgedächtnisses) vor
dem »Neuen«, denn das Alte ist schon durch das Fegefeuer evolutionärer Anpassung hindurch – das Neue noch nicht.

Man kann sich diese Logik in etwa veranschaulichen durch das
beliebte Flipper-Spiel, das in vielen Nebenzimmern unserer Gast-
stätten steht. Eine Kugel wird nach oben geschossen und rollt dann
langsam wieder zurück. Dabei wird ihr Weg immer wieder von
verschiedenen – starren oder beweglichen – Hindernissen begrenzt.
Auch diese Hindernisse können gewissermaßen nur »nein« sagen
und doch den Weg der Kugel beeinflussen. Die verschiedenen
»Neins« geben der Kugel erst ihren Weg. Man muss sich vorstellen,
dass ein solcher Apparat ein Gedächtnis hat, das alle Neins speichert; es bedarf dann wenig Rechnerkapazität, jene Neins heraus-
zubekommen, die »starr« sind. Schafft es die Maschine schließlich
auch, eine Technik selbst zu organisieren, die der Kugel dazu ver-
hilft, die fest eingebauten »Neins« möglichst zu vermeiden, dann
kann man sagen, dass wir es mit einer »lernenden Maschine« zu tun
haben. Sie hätte, wenn es sie gäbe, gewissermaßen aus ihren »Fehlern« gelernt.

Die Analogiefähigkeit solcher Beispiele ist immer begrenzt. So
kann in diesem Beispiel die Kugel nur entlang des binären Codes
»Hindernis ja/Hindernis nein« ihre Umwelt »beobachten«, und eine
Speicherung ihrer Erfahrungen ist nicht eingebaut. Im Bereich des
Lebendigen kommen zusätzlich zu den binären Beobachtungscodes

noch die verschiedenen Programme hinzu. Um gleich einen großen Sprung in die Pädagogik hinein zu machen: Ein Schüler kann seine Umwelt nicht nur entlang des Codes »Lehrer will etwas von mir/ Lehrer will nichts von mir« beobachten, sondern er kann gleichzeitig beobachten, *was* der Lehrer von ihm will. So sagt der Lehrer etwa zu seinen Schülern: »Lest bitte im Geschichtsbuch auf S. 77 den Abschnitt über die Schlacht bei den Thermophylen und notiert auch dabei die wichtigsten Daten!« Weder die Aufforderung des Lehrers an seine Schüler, noch der Text im Schulbuch gehen direkt in das Gehirn der Schüler. Es gibt keine Körperöffnung, in die etwas hineingereicht werden kann. Die Schüler sind ganz im Sinn von Leibniz »Monaden ohne Fenster«. Erst auf der Basis der gesammelten Erinnerungen des Schülers vermag er (möglicherweise) die Lehreraussage zu »verstehen« und dadurch zu der Handlung veranlasst werden, das Schulbuch zu lesen. Aber selbst diese Formulierung ist in ihrer passiven Form missverständlich, denn in Wirklichkeit kann nur der Schüler selbst sich veranlassen, dem Arbeitsauftrag des Lehrers nachzukommen. Ganz ähnlich muss man sich dann das Lesen und Verstehen des Schulbuchtextes vor Augen führen.

Wie lässt sich Erziehung evolutionstheoretisch begreifen? Die Antwort kann auf abstraktester Ebene nur lauten: durch Variation und Selektion. Aber damit ist noch nicht viel mehr als eine Trivialität ausgesagt, denn das ist ja nur der allgemeine Mechanismus jeder Evolution. Man muss sich zunächst vor Augen halten, dass Erziehung, weil sie eine (innere) Ordnung durch aktive Anpassung an äußere Umweltmodifikationen bewirkt, evolutionstheoretisch gesehen unwahrscheinlich ist (denn schließlich muss jeder Ordnungsaufbau sich dem Entropiesog, wie er im 2. Satz der Thermodynamik formuliert wurde, entziehen). Es muss also etwas geben, was das Unwahrscheinliche wahrscheinlich macht, und das natürlich auf der Basis vorhergegangener evolutionärer Errungenschaften, wie etwa der Denk- und Lernfähigkeit. Aber Denken und Lernen sind noch keine Erziehung, wenngleich auch wichtige Bedingungen ihrer Möglichkeit. Die Erziehung denk- und lernfähiger Systeme wird wahrscheinlich, wenn zwei weitere gegenläufige Erfahrungen hinzukommen: Begrenzung und Wiederholung.

In der räumlichen Sinndimension bedarf es einer äußeren, sozial organisierten *Begrenzung.* Damit ist nicht nur gemeint, dass Erziehung sich in einem Raum abspielt – hier spreche ich von »Raum

i.w.S.« –, der sich an seiner Systemgrenze zu seiner Umwelt deutlich abgrenzt (Kinderzimmer, Elternhaus, Schulhaus), sondern
auch, dass (in Form eines re-entrys) innerhalb dieses Raumes noch
einmal eine Differenz die Erfahrung begrenzt und zur Sachdimension (»Thema«, »Sache«, »Bildungsgut«, »Unterrichtsinhalt«) oder
zur Sozialdimension (»Eltern«, »Kinder«, »Schüler«, »Lehrer«)
gerinnt. Ich bezeichne ganz allgemein diese räumliche Ebene der
Erfahrungen, weil damit Differenzerfahrungen gemacht werden, im
Folgenden mit dem Begriff der Differenz – ungeachtet dessen, dass
natürlich auch die »Wiederholung« in der Zeitdimension eine Differenz ist.

So wie eine Schwalbe noch keinen Sommer macht, so macht eine
einmalige Differenzerfahrung in der Regel noch keine Erziehung.
Wohl können z. B. besonders eindrucksvolle Erfahrungen schon in
ihrer Einmaligkeit einen nachdrücklichen Eindruck hinterlassen
und uns im Gedächtnis haften bleiben, aber von Erziehung werden
wir hier wohl kaum sprechen wollen. Damit Erfahrungen erziehen,
bedarf es noch der Inanspruchnahme der Zeitdimension, und damit
dessen, was ich zunächst ganz allgemein mit »*Wiederholung*«
bezeichnen werde. Was das genau heißt, werde ich – auch mit Hilfe
von Beispielen – im Folgenden erläutern. Nur so viel vorweg:
Es geht dabei nicht um die Wiederholung einer Identität, sondern
einer Differenz. Das ergibt sich alleine schon daher, dass sich in
der Zwischenzeit die Welt verändert hat und wir, wie es in einer
alten Volksweisheit heißt, nicht zwei Mal in den gleichen Fluss
steigen können. Wir erfahren also auch die Wiederholung als
Gleichzeitigkeit von Ungleichzeitigem, von Identität und Differenz.

Erst mit einer solchen Wiederholung einer Erfahrung wird Erziehung wahrscheinlich. So wie der Nichtgebrauch von Organen
diese verkümmern lässt und der wiederholte Gebrauch sie verstärkt
– darüber waren sich Lamarck und Darwin einig –, so wird auch die
wiederholte Erfahrung einen Selektions- und Stabilisierungs-
prozess von Kompetenzen wahrscheinlich machen. Weil dies immer auf der Basis einer vorausgegangenen – phylo- und ontogenetischen – Lerngeschichte geschieht, kann man hier nicht von
»Determinieren« sprechen, sondern muss, wie ich das hier tue,
vorsichtiger formulieren und besser »Wahrscheinlich-Machen« sagen. Mit Differenz wird ein homogenes (nicht identisches) Thema
erfahrbar gemacht und mit Wiederholung wird der Evolution jene

Zeit gelassen, die sie braucht, um Selektionsprozesse durch Wiederholung zu stabilisieren und in Strukturen zu übersetzen[9].

Beginnen wir mit der (räumlichen und sachlichen) Differenz. Ich sprach hier von Begrenzung. Warum das? Räumliche Begrenzung ist für biologische Systeme eine Form der »*geographischen Isolation*«, die spezifische, an und für sich hoch unwahrscheinliche, Formen der Evolution dadurch wahrscheinlich macht, dass sie die Konkurrenz verkleinert. Die räumliche Begrenzung – etwa durch Elternhäuser, Kindergärten, Schulen, Unterrichtsräume –, die nach außen deutlich abgegrenzt sind, die Begrenzung – etwa auf ein Thema (im Schulbuch S. 17, links unten, bis S. 18 rechts oben) – und die Begrenzung – etwa auf 26 Schüler und einen Lehrer – kann man als eine solche geographische Isolation verstehen, die ebenfalls eine hoch unwahrscheinliche Form der Evolution – Erziehung – dadurch wahrscheinlich macht, dass sie andere Differenzerfahrungen in diesem Zeitausschnitt ausschließt (also z. B. die Straße, die Diskothek, das Kino oder einen anderen Abschnitt im Schulbuch, mit ihren vielen anderen Erfahrungsthemen)[10].

Im Grunde ist uns das alles wohl bekannt. »Übung macht den Meister«, und das setzt Konzentration und Absonderung voraus. Wer z. B. gut Geige spielen können will, muss sich in ein Zimmer einsperren und üben und üben und üben; wer in den Schwimmmeisterschaften eine Siegeschance haben will, muss täglich ins Hallenbad oder in den Fitnessraum gehen, sich damit räumlich isolieren und quälen usw. Es müssen keine so extremen Beispiele sein, denn jeder Schüler weiß, dass derjenige, der bei der schweren Klassenarbeit eine einigermaßen gute Note bekommen will, klug

---

[9] G. Deleuzes arbeitet in seinem Opus »Differenz und Wiederholung« (dt. München 1992) differenziert eine Fülle philosophischer Distinktionen der Begriffe heraus. Der anregende Text geht aber nur am Rande auf die – doch nahe liegenden – evolutionstheoretischen Bezüge ein (S. 313 ff., 321 ff.) und verschenkt damit eine Blickerweiterung in Richtung empirischer Evolutionsforschung.

[10] Das alles hört sich komplizierter an, als es ist, denn es beschreibt nur das, was immer schon passiert – wenngleich auch in einer etwas anderen Sprache. Ein schönes, weil literarisch verdichtetes Beispiel, ist »Die Schachnovelle« von Stefan Zweig. Diese meisterhafte Erzählung beschreibt anschaulich, wie extrem unwahrscheinliche Fähigkeiten – nämlich die eines weltmeisterlichen Schachspielens – durch extreme (räumliche und zeitliche) Beschränkungen – durch eine Art Isolationsfolter während der NS-Zeit – gelernt werden.

Franz erfahren → Wiederholung → dadurch Stabilisierung → Strukturen

daran tut, sich vorzubereiten und das heißt eben: gleichzeitig nichts anderes machen – kein Computer spielen, nicht mit den Freunden auf der Straße herumhängen, kein Fernsehen usw.!

 Aus evolutionstheoretischer Sicht findet hier eine Beschränkung der Variationsbreite statt, so dass die Selektion einen kleineren Bereich hat, aus dem sie auswählen kann. Das macht diese (und keine andere) Selektion wahrscheinlich. Sie kann nicht determiniert werden, denn Lernen ist ein autopoietischer, operativ geschlossener Prozess, und gerade deshalb bedarf es der Beschränkung durch Constraints. Autopoiesis kann – auf der Basis ihrer nichtzufälligen Geschichte – zufällige, willkürliche Konstruktionen zulassen und mit beliebigen Variationen experimentieren; durch die Constraints der Umwelt kommt jedoch die Selektion ins Spiel und erst dadurch kann Lernen entstehen, auch Lernen durch Lehren. Es wird dadurch wahrscheinlich gemacht, dass die Bandbreite der Erfahrungen, die in der Umwelt (etwa durch einen Lehrer) arrangiert werden, die Autopoiesis des Systems begrenzt[11]. Aus dieser Sicht wird verständlich, was zunächst wie ein Widerspruch – ein Paradoxon – aussah: Autopoietische Systeme, die operativ geschlossen sind, lassen sich von ihrer Umwelt beeinflussen, weil diese die Bandbreite möglicher Eigenerfahrungen limitiert. Auch psychische Systeme lernen so in und durch die Umwelt, obwohl bzw. trotzdem es keinen direkten Weg von der Umwelt in das System gibt.

Ich will aus didaktischen Gründen an dieser Stelle eine vollmundige Behauptung wagen: Man gebe mir eine »vollständige Umgebung« (Goethe) und damit die vollständige Kontrolle über alle Differenzerfahrung einer Person über längere Zeit hinweg und die Skrupellosigkeit, die damit verliehene Macht auch schrankenlos auszuüben, und ich bin sicher, dass es mir gelingen wird, beliebige, ja geradezu abstruse Erziehungsprozesse wahrscheinlich zu machen. Die so durch extreme Beschränkung Erzogenen werden möglicherweise der Überzeugung sein, dass der eigene Vater/die

---

[11] Zum gleichen Ergebnis kommen Luhmann und Schorr in ihrer system-
      theoretischen Analyse der Frage, wie Erziehung trotz Autopoiesis der
      lernenden Systeme möglich ist, wenn sie vermuten: »durch Einschrän-
      kung der Möglichkeiten Selbstbestätigung zu praktizieren« (Luhmann/
      Schorr 1981, a.a.O., S. 46). Weil diese häufig, wenn nicht gar immer auf
      die Person äußerst restriktiv wirkt (denn es beschränkt ihre Möglichkei-
      ten), kann man sagen: »Insofern beginnt alle Erziehung mit Enttäu-
      schungen« (S. 46).

eigene Mutter abgrundtief böse und hassenswert ist[12], dass oben
unten und unten oben und schwarz weiß und weiß schwarz ist, oder
sie werden der Überzeugung sein, dass ein »Führer«, der sie bis aufs
Blut ausbeutet, der liebe Herrgott auf Erden ist. Immer wieder, das
zeigt ein flüchtiger Blick in die Geschichte[13], haben selbst ernannte
politische und religiöse Führer, Diktatoren und andere Ideologen
versucht, über eine lückenlose Kontrolle der Beschränkungen ihre
Herrschaft zu stabilisieren. Das Ergebnis war und ist in der Regel für
die Bevölkerung dieser Länder bzw. die Anhänger der jeweiligen
Ideologie desaströs. Wenn man diese Versuche als Mutationen der
sozio-kulturellen Evolution betrachtet, dann wurden und werden sie
von der sozio-kulturellen Evolution regelmäßig negativ selektiert.
Warum?

Aus evolutionstheoretischer Sicht ist es immer hoch riskant, auf
eine einzige Variante, auf ein einziges Modell möglichen Lebens, zu
setzen und dieses starr zu erhalten. Das hängt zum einen damit
zusammen, dass Systeme ihre Umwelt nicht (auch nicht annähernd)
vollständig kontrollieren können, und deshalb eine »lose Koppelung« zwischen System und Umwelt einer starren Verbindung per se
überlegen ist. Auch Nordkorea als einzelner Staat und auch ein
Zeuge Jehova als ein einzelner Mensch hat eine soziale Umwelt,
deren Zugang nicht vollständig kontrolliert werden kann. Schon
Platon wusste, dass (deshalb) ein gewisses Maß an Unordnung der
Erhaltung einer Ordnung förderlich ist. Dazu kommt aber noch
etwas ganz Basales: <u>Evolution bedarf,</u> damit sie überhaupt in Gang
kommen, aber auch damit sie fortgesetzt werden kann, neben der
Zeit <u>mindestens eine Differenz als Variation,</u> aus der sie nach Maßgabe das <u>Nützliche auswählen bzw. selektieren</u> kann. Manipulation
durch ausschließende Verengungen auf eine Differenzerfahrung –
ein Führer, *ein* Volk, *eine* Ideologie, *ein* heiliges Buch, *ein* Glaube
usw., aber möglicherweise auch nur *ein* allein erziehendes Elternteil

---

[12] Erst seit kurzem ist das sog. »elterliche Entfremdungssyndrom« bzw.
»Parental Alienation Syndrome« (PAS) in das Interesse der Wissenschaft
gerückt. Der plötzlichen Verachtung eines Elternteils nach der Scheidung
ging in der Regel dessen räumliche Isolation voraus.

[13] Und die Gegenwart. Man denke in der politischen Dimension an manche
islamische Theokratien oder an stalinistische Staaten (wie Nordkorea)
und in der religiösen Dimension an viele Sekten und religiöse Denomi-
nationen, denen (wie z. B. den »Zeugen Jehovas«) eine freie Zeitungs-
lektüre ebenso untersagt ist wie die Benützung anderer Massenmedien.

– verengt auch die Variationsbreite und erstickt so auf lange Sicht die weitere Evolution, weil diese an einem Fall auf Dauer nicht möglich ist. Wer den Verzicht auf Varianz vollständig erzwingt, läuft deshalb Gefahr, über kurz oder lang negativ selektiert zu werden, weil es im Notfall keine Alternativen gibt. Das ist der Grund, warum pluralistische Systeme homogenen Systemen überlegen sind, denn sie offerieren der Evolution in der Raum- und in der Zeitdimension Alternativen, aus der sie, wenn die Zeit gekommen ist, nach Maßgabe der (Über)Lebensnützlichkeit auswählen kann.

Lehren (doctrinare) kann wohl durch eine dauerhafte rigide Kontrolle auf eine räumliche und sachliche Differenz die Erreichung relativ beliebiger Erziehungsziele wahrscheinlich machen und wird damit zur Indoktrination (in-doctrinare). Dieser kurzfristige Erfolg muss allerdings erkauft werden mit dem mittel- oder langfristigen Verlust an Evolutionsfähigkeit. In dem Maße, wie durch Indoktrination das angestrebte Erziehungsziel wahrscheinlicher wird, schwindet allerdings die Wahrscheinlichkeit der Fortsetzung von Evolution. Der Preis, den wir für die Verringerung dieser Gefahr bezahlen, ist unsere pluralistische »offene Gesellschaft«[14]. Das größtmögliche Übel – die Selbstzerstörung – können wir nur so vermeiden, dass wir viele kleinere zulassen:

– viele offizielle und heimliche Erzieher und Miterzieher, die gegenseitig um Macht und Einfluss ringen,
– viele Erziehungsträger, die sich ständig in den Haaren liegen,
– viele Erziehungsziele, die sich möglicherweise sogar widersprechen,
– viele Erziehungs- und Schulreformen, die in einem immer schnelleren Veränderungstempo daherkommen und die Betroffenen beunruhigen,
– viele Erziehungsmethoden, deren Wirkungen und Nebenwirkungen niemand mehr über- bzw. durchschauen kann.
– viele Meme, die um Einfluss und »Überleben« qua Bildungsgut »kämpfen« und in die Schulbücher drängen usw.

Dieser »Kampf geistiger Mächte«, um eine Formulierung von Erich Weniger zu gebrauchen, beschränkt die Macht einer pädagogischen Maßnahme – und das ist gut so. Denn nur dadurch kann einer blinden Zukunft ein Variationspool für Alternativen angeboten

---

[14] Deren Vorzüge vor allem K. Popper ausführlich beschrieben hat – in: Die offene Gesellschaft und ihre Feinde. Tübingen 1992.

werden, auf den die nach Maßgabe ihrer (teleonomen) Nützlichkeit zurückgegriffen werden kann. Die extreme Alternative ist z. B. in der »Schachnovelle« von Stefan Zweig geschildert, und ich denke, dass niemand eine solche »pädagogische Provinz« für wünschenswert hält. Viele Erzieher und viele Erziehungssituationen, die von niemandem mehr beobachtet, geschweige denn kontrolliert werden können, beschränken wohl die Macht der Pädagogen, aber sie begrenzen auch – und das ist viel wichtiger und wertvoller – die Manipulationsgefahr. Es ist dann im jeweiligen Einzelfalle eine nichtplanbare Kombination von Korrelationen, die erzieht – es ist, um es wieder mit Goethe zu sagen: Tyche, die Göttin des Zufalls, die uns davor schützt, unsere weitere Evolution durch starre Verengung und Beschränkung auf einen Fall zu verspielen. Erziehung ereignet sich in modernen Gesellschaften (glücklicherweise) in »parapatrischen« und in »sympatrischen Populationen« und nicht – wie in der Schachnovelle – in einer »allopatrischen Population«, d. h. dass die räumlichen Isolate, in denen sie sich vollzieht, angrenzend und überlappend mit anderen sind[15].

Ich will nach diesem Exkurs zu den großen politischen und religiös motivierten Versuchen der Indoktrination durch totale Kontrolle über die Ausschließungen auf die kleinen alltäglichen Ausschließungen zurückkommen, und damit auf jene, auf die auch eine pluralistische offene Gesellschaft nicht verzichten kann.

Constraints der Umwelt, in und durch die man unwahrscheinliche Lernprozesse wahrscheinlich machen kann (ohne sie determinieren zu können), können auch durch die Sprache, und damit symbolisch, eingeführt werden. Die Negation wurde wohl die für Pädagogik wichtigste Form dieser Einschränkung durch Sprache. Durch Negation wird die Welt, wenngleich auch nur im Geiste, verdoppelt und gleichzeitig asymmetrisch bewertet: Die Position wird auf-, die Negation abgewertet bzw. verboten. Das mündlich ausgesprochene Verbot beschränkt so die Möglichkeiten des künftigen Handelns und »richtet« es wieder auf die »richtige« Richtung ein. »Nein!« oder das »Lass das sein!« sind pädagogische Imperative, die schon in der Kleinkinderziehung vielfach angewendet werden und den Kontingenzspielraum des Kindes einengen sollen und meistens mit einem advokatorischen Argument begründet werden – mit dem Argument, dass damit im Schonraum des Symbolischen oder Si-

---

[15] Zu den Fachbegriffen vgl. Storch/Welsch/Winkler 2001, a.a.O., S. 235 f.

mulativen ein größeres Übel vermieden werden kann. Man muss die
Handlung nicht erst an den harten Widerständen der Welt scheitern
lassen (und sich etwa erst mit dem Messer schneiden), sondern kann
dieses große Scheitern schon durch ein kleines, pädagogisch arran-
giertes Scheitern so erfahren, dass man daraus lernen kann.

Auch körperliche Strafen, die härteste Form dieses pädagogisch
arrangierten »kleinen Scheiterns«, sind über Jahrtausende nicht nur
pädagogischer Alltag gewesen, sondern auch in dieser Weise legitimiert worden. Dass derjenige, der sein Kind liebt, es züchtigen
müsse, war deshalb früher eine gängige, und nicht nur alttestamentliche Ansicht, denn ungesagt schwang dabei der weiterführende Gedanke mit – man bedenke, dass es zu diesen Zeiten noch
keinen Sozialstaat gab: Weil eine Züchtigung durch den Pädagogen
immer noch weniger schmerzlich ist als eine Züchtigung durch »das
Leben«. Diese harte Einschränkung der kindlichen Autopoiesis ist
aber (in der Regel) nicht nur harmloser, sondern auch effektiver,
weil sie Lernprozesse auslösen kann unter dem herabgesetzten Risiko des Scheiterns. Es gibt ein Lernen nach Schock, aber es gibt
unter Umständen auch einen Schock, der so gewaltig ist, dass danach kein Lernen mehr möglich ist.

All das sind Beispiele, die eines gemeinsam haben: Sie realisieren Begrenzungen der kindlichen Autopoiesis in pädagogischer
Absicht – und das selbst dort, wo die ursprüngliche evolutionäre
Logik der räumlichen Isolation gar nicht mehr mitschwingt, gar
nicht mehr bewusst ist, sondern schon lange überführt wurde in
symbolische oder simulierende Negationen. Das dahinter stehende
allgemeine Prinzip könnte so formuliert werden: Komplexe Systeme (wie z. B. Schüler) produzieren einen immensen Überschuss an
Möglichkeiten, von dem nur ein Bruchteil verwirklicht werden
kann. Beschränkt man diese Möglichkeiten absichtlich, vergrößert
man die Wahrscheinlichkeit, dass die wenigen realisiert (spricht:
gelernt) werden. Erziehung wird als Kompetenzerweiterung paradoxerweise durch Einschränkung der Möglichkeiten wahrscheinlich. Durch Begrenzung wird der Selektionsbereich für weitere
(geistige) Evolution verkleinert, und dadurch ihre dementspre-
chende Erweiterung durch Selbstveränderung wahrscheinlich[16].

---

[16] Deshalb kann man auch sagen: Nicht Personen, sondern Strukturen erziehen; vgl. dazu A. K. Treml: Theorie struktureller Erziehung. Grundlagen einer pädagogischen Sozialisationstheorie. Weinheim 1982.

In der pädagogischen Ideengeschichte wird die Bedeutung der Grenze, der Begrenzung, für Erziehung durchaus erkannt und gleichzeitig vielfach missverstanden. Erkannt wird sie z. B. dort, wo auf die räumliche Isolation als pädagogische Maßnahme verwiesen wird. In Platons »Höhle« (aus dem 7. Buch der »Politeia«), Goethes »pädagogischer Provinz« (aus dem 1. Kapitel des zweiten Buches vom »Wilhelm Meister«), in Fröbels »Kindergarten«, Pestalozzis »Wohnstubenpädagogik« und allen pädagogisch bedeutsam gewordenen Utopien (z. B. Campanellas »Sonnenstaat« oder Andreaes »Christianopolis«), wird dieses Wissen von der hilfreichen räumlichen Begrenzung transportiert[17]. Noch in der Landerziehungsheimbewegung zur Zeit der Reformpädagogik schwingt diese Erinnerung nach, dass eine räumliche Begrenzung pädagogisch heilsam sein kann, und letztlich ist selbst in jedem Schulhaus auch heute dieses Wissen zu Stein geworden. Kurz bevor Goethe seine »pädagogische Provinz« vorstellt, bekennt sich Wilhelm Meister einiger »Maximen, welche der Erziehung zum Grunde liegen sollten«; es sind jene, die wir evolutionstheoretisch anhand der »geographischen Isolation« rekonstruiert und damit in eine andere Sprache übersetzt haben. Möglicherweise ist uns die Sprache Goethes vertrauter, wenn er formuliert: »Allem Leben, allem Tun, aller Kunst muss das Handwerk vorausgehen, welches nur in der Beschränkung erworben wird. Eines recht Wissen und Ausüben gibt höhere Bildung als Halbheit im Hundertfältigen. Da, wo ich Sie hinweise, hat man alle Tätigkeiten gesondert; geprüft werden die Zöglinge auf jedem Schritt, dabei erkennt man, wo seine Natur eigentlich hinstrebt, ob er sich gleich mit zerstreuten Wünschen bald da-, bald dorthin wendet. Weise Männer lassen den Knaben unter der Hand dasjenige finden, was ihm gemäß ist, sie verkürzen die Umwege, durch welche der Mensch von seiner Bestimmung, nur allzu gefällig, abirren mag« (Goethe Bd. 8, S. 148).

Allen diesen Beispielen aus der pädagogischen Ideengeschichte, auch bei Goethe, ist der Gedanke enthalten, dass diese Begrenzungen, von denen hier die Rede ist, nur einen pädagogisch instrumentellen Charakter haben und kein Selbstzweck sind; die Begrenzung ist ein Durchgangsstadium und muss irgendwann überwunden werden. Die »pädagogischen Höhlen« (der »Wohnstube«, des »Hau-

---

[17] Vgl. W. Herzog: Zeitgemäße Erziehung. Die Konstruktion pädagogischer Wirklichkeit. Weilerswist 2002, S. 86 f.

Begrenzung – pädagogischer Charakter

ses«, des »Kindergartens«, der »Provinz«, der »Insel«) müssen
verlassen werden, nachdem sie jene Sicherheit des Einzelnen vermittelt haben, die Voraussetzung für ein gelenktes exploratives
Lernen ist. Schließlich geht es letztlich darum, »tüchtige Zöglinge
ins freie, zufällige Leben zu entlassen«[18]. Das aber hat einen Zug in
die Weite. Der Schritt in diese Richtung (der Überwindung der
räumlichen Begrenzung) kann und muss dann gegangen werden,
wenn die Sicherheit des Einzelnen, die auf der Grundlage der Isolation gewachsen ist, ausreichend ist. Hier scheint sich die Dialektik
von Bindungssicherheit und Explorationsvermögen zu wiederholen, die wir schon bei der frühkindlichen Entwicklung kennen gelernt haben. Goethe formuliert diese Überschreitung (des begrenzten »Hauses« in Richtung unbegrenzter »Welt«) mit folgenden
geradezu programmatischen Worten: »Wir wollen der Haus-
frömmigkeit das gebührende Lob nicht entziehen: auf ihr gründet
sich die Sicherheit des Einzelnen, worauf zuletzt denn auch die
Festigkeit und Würde des Ganzen beruhen mag; aber sie reicht nicht
mehr hin, wir müssen den Begriff einer Weltfrömmigkeit fassen,
unsre redlich menschlichen Gesinnungen in einen praktischen Bezug ins Weite setzen und nicht nur unsre Nächsten fördern, sondern
zugleich die ganze Menschheit mitnehmen«[19].

Diese Tradition eines Wissens von der heilsamen pädagogischen
Wirkung der (räumlichen) Begrenzung kontrastiert jedoch mit einer
anderen und durchaus gegenläufigen, die sich diesem Wissen immer schon trotzig verweigerte und kontraktisch im Namen der
Freiheit gegen die pädagogischen Begrenzungen anrennt – und
ohne Beschränkung »Meister« werden will. Hier wird die evolutionäre Funktion der pädagogischen Beschränkung missverstanden.
Anstatt von der vielfach dokumentierten Wirklichkeit einer immer
begrenzten und begrenzenden pädagogischen Welt auszugehen und
ihre (latenten) Funktionen zu rekonstruieren, werden ihre Ausprägungsformen, insb. die verschiedenen Formen der pädagogischen
»Gegenwirkung« (wie sie Schleiermacher nannte), also die vielen
»Neins« der Ermahnung, des Tadels, der verbalen (negativen) Beurteilungen, die Zensuren und Benotungen und vor allem die pädagogische Strafe als »unpädagogische« oder gar »unsittliche«
Fehlformen von Erziehung diskriminiert. Nicht zuletzt wird mit

---

[18] J. W. von Goethe, a.a.O., Bd. 8, S. 149 ff.
[19] J. W. von Goethe, a.a.O., Bd. 8, S. 243.

ermüdender Regelmäßigkeit »lebensfeindliche« Trennung von Schule und Leben usw. als »unpädagogisch« denunziert. Da ist gar von »Tyrannei«, »Terror«, »Knast« »Versklavung« u.Ä. die Rede, wenn es darum geht, über die pädagogischen Selektionsformen aller Art seiner Empörung freien Lauf zu lassen. Aus evolutionstheoretischer Sicht kann es nicht darum gehen, in diesen Chor der Abwertungen vorschnell mit einzustimmen, auch wenn sie politisch derzeit korrekt sind. Aber ebenso fruchtlos wäre das Gegenteil, nämlich in ihre Apologetik zu verfallen, denn auch das wäre keine post-hoc-Erklärung, sondern eine bloße Bewertung. Vielmehr geht es darum, offensichtlich seit langem stabilisierte Systembildungen auf ihren – proximaten und/oder ultimaten – Selektionswert zu befragen und deren Funktion herauszuarbeiten, so dass für die weitere (soziale) Evolution funktionale Äaquivalente in den Blick kommen können.

Selektion ist nicht umsonst ein Grundbegriff der Evolutionstheorie, und der Darwinismus wird nicht selten auch als »Selektionstheorie« bezeichnet. Das kommt daher, dass sein teleonomes Denken einen zufälligen Zusammenhang zwischen Variationen (seien diese auch nichtzufällig geplant) und den Selektionen unterstellt und vielfältig nachweist. Blickt man mit dieser darwinistischen Brille in das pralle bunte Leben in all seinen Variationen, dann kommt man nicht umhin, überall Selektionsprozesse zu entdecken. Wünsche bleiben unerfüllt, angestrebte Karrieren misslingen, und selbst jedes Gelingen schließt Alternativen aus; man erhält auf seine 39. Bewerbung wieder eine Absage und aus der erhofften Gehaltserhöhung ist wieder nichts geworden. Und selbst, wenn die Hoffnungen erfüllt werden und ein Mann eine Frau (oder vice versa) endlich heiraten kann, heiratet er (sie) alle anderen nicht (und das sind immer erheblich mehr!); jede Entscheidung für eine Alternative schließt immer mehr aus als ein. Kurzum – Selektionen, wohin man schaut. Und da soll gerade Erziehung ohne Selektionen auskommen?

Die Tendenz zu einer Inflationierung guter Noten ist gegenwärtig unübersehbar – und zwar im Schulsystem und im Hochschulbereich gleichermaßen. Die Tendenz der Durchschnittsnoten in wissenschaftlichen Prüfungen tendiert derzeit in vielen Disziplinen in Richtung »Eins«. Wenn alle ihr Studium mit einer »Eins« im Durchschnitt abschließen, scheint die selektionsfreie Pädagogik erreicht zu sein, aber um den Preis ihres Funktionsverlustes. Nur

noch auf der kleinen Insel der Pädagogen scheint es keine Selektion
mehr zu geben, auf jener Insel, auf der man die Jugend auf jenes
»Leben vorbereiten« will, in dem Selektionen omnipräsent sind.
Möglicherweise verfehlt man damit aber nicht nur »das Leben«,
sondern auch die Erziehung selbst, denn ohne Begrenzung durch
Selektion erzieht nur noch die einzige Ausschließungsleistung – die
Illusion, dass es ein Leben ohne Selektion geben könne. Und gerade
das ist dann die Selektion, die dann erzieht. Ob das allerdings einen
Selektionsvorteil in einer Welt besitzt, die – wenn überhaupt – nur
noch als Evolution beschreibbar ist, mit dem man später wuchern
kann, ist zweifelhaft und kann, wie üblich, nur von der weiteren
Evolution selbst beantwortet werden. Ganz zu schweigen von den
individuellen Kosten einer Pädagogik, die nicht mehr fragt, was
damit gewonnen ist, wenn die Erziehung im geschützten Raum auf
Selektionen verzichtet – und dann den Zögling »ins freie Leben«
(Goethe) mit seinen vielen Selektionen unvorbereitet und ungeschützt entlässt.

Aus Sicht der Evolutionstheorie ist Selektion nichts der Erziehung Äußerliches, sondern etwas ganz und gar Unvermeidliches,
weil nur durch Selektion Erziehung wahrscheinlich wird. Ich gebe
zu, dass diese Sichtweise in der Pädagogik wahrscheinlich derzeit
exotisch ist[20]. Üblich ist dagegen, die Selektion aus der Erziehung
zu externalisieren – mit der fatalen Folge, dass man jetzt theorietechnisch nicht mehr erklären kann, warum Erziehung de facto
ohne Selektion (und ohne Vorselektion) nicht auskommt. Bildung
und Selektion, so liest man in ermüdender Wiederholung immer wieder, sei ein »Grundwiderspruch«, eine »Antinomie« bzw.
eine »Paradoxie« und suggeriert damit, dass Bildung ohne Selektion auskomme, ja auskommen muss, denn Bildung sei immer
etwas ganz Selbstbestimmtes, während die Selektion ihr quasi als
etwas Artfremdes »von außen« herangetragen bzw. aufgedrängt
werde[21].

Aus evolutionstheoretischer Sicht ist Selektion unvermeidlich,
denn nur dadurch wird Evolution – auch Erziehung als Evolution

---

[20] Selbst Luhmann beklagt das Auseinanderfallen zweier Funktionen durch
      die Schule: Erziehungs- und Selektionsfunktion (vgl. N. Luhmann: Die
      Gesellschaft der Gesellschaft. Frankfurt a.M. 1979, S. 977 f.) und über-
      sieht dabei, dass das eine (Erziehung) nur durch das andere (Selektion)
      möglich wird.
[21] So z. B. W. Herzog 2002, a.a.O., S. 422.

möglich. Selektion ist der Erziehung nicht äußerlich, sondern im Gegenteil »immanent«, weil Autopoiesis nur durch Selektion nichtzufällig strukturiert und in Lernen übersetzt werden kann. Angefangen von der plastischen präadaptiven Offenheit zerebraler Strukturen bei der Geburt über die unspezifische Neugier und Offenheit des sich entwickelnden Kindes bis hin zur Notengebung in unseren Schulen wird das zerebrale System unseres Hirns durch eine Vielzahl von »Neins« in der Fortsetzung seiner Autopoiesis begrenzt und erhält erst damit – allerdings auch auf der Basis der im Gedächtnis gespeicherten »Jas« – eine »Formung«, eine »Struktur«, eine »Richtung« – und wird so zur »Unterrichtung«. Das ist natürlich kein neuer Gedanke, sondern ein uraltes Wissen, das auch in unserer pädagogischen Sprache aufgehoben ist: »Er-ziehung« impliziert eine ziehende Bewegung in eine bestimmte Richtung; im Wort »Unter-richt« ist diese Richtungsangabe noch deutlich erhalten; im Begriff der »Information« schimmert noch die lateinischen Bedeutung von »in-formare«, das »In-eine-Form-Bringen«, mit; ebenfalls im Begriff der Bildung, der in der Metaphorik des Bildes noch an die Randgebung erinnert, die ein Bild völlig unabhängig von seinem Inhalt als Form immer besitzt.[22]

Vor allem in den Beurteilungen, den Zensuren und Noten kommt die Selektion von Erziehung zum Ausdruck, also vor allem in unseren Schulen. Schule simuliert Evolution dadurch, dass sie variantes (bzw. kontingentes) Schülerverhalten – bzw. deren Produkte – benotet, also auf einer Skala von »besser/schlechter« selektiert. Der Schüler lernt dadurch, dass bestimmtes Verhalten von seiner (sozialen) Umwelt erfolgreicher als anderes ist. Statt an der direkten Erfahrung mit seiner (Um)Welt, kann er am Urteil seines Lehrers scheitern. Das spart Zeit, die Selbsterfahrung immer kostet, wenn sie zufällig bleibt, denn man kann dadurch von den Erfahrungen anderer nichtzufällig lernen.

Beurteilung, Zensuren = Selektion in der Erziehung

---

[22] Vgl. dazu A. K. Treml 2000, a.a.O., S. 210 ff.

14 Differenz und Wiederholung

Räumliche Begrenzung ist eine Form, in der Lebewesen in der
Evolution unwahrscheinliche Lernprozesse wahrscheinlich machen
(und kognitive Ordnung aufbauen). Aber Erfahrungen im Raum
finden immer auch in der Zeit statt. Raum und Zeit sind gleichermaßen Formen sinnlicher Anschauung und als »Principien der Erkenntnis a priori«, d. h. vor aller Erfahrung als Bedingung ihrer
Erkenntnis, gegeben[1]. Raum und Zeit als Ordnungsformen möglicher Erfahrung und Erkenntnis stehen also nicht in einem Sum-
menkonstanzverhältnis zueinander, so, als ob mehr Raum weniger
Zeit und weniger Zeit mehr Raum zur Folge hätte oder das eine
durch das andere ersetzt werden könnte[2]. Man kann das durch ein
einfaches Gedankenexperiment selbst überprüfen, indem man nur
einmal versucht, irgendeine Erfahrung im Raum ohne Zeit oder in
der Zeit ohne Raum zu machen – es wird uns nicht gelingen.

Man kann Raum und Zeit entweder rationalistisch im erkennenden System verankern und kommt dann irgendwann wie von alleine
auf die kantsche Position: Raum und Zeit sind dann notwendige
Formen möglicher Erkenntnis, Bedingungen der Möglichkeit von
Erkenntnis und Erfahrung schlechthin (a priori). Oder aber man
kann Raum und Zeit ontologisch als Ordnung einer zweiwertigen
Wirklichkeit interpretieren und nimmt damit eine realistische Position ein. Im Kontext eines evolutionstheoretischen Denkens ist beides möglich. Aus realistischer Perspektive kommen Unterscheidungen in der Welt vor. Damit Evolution beginnen kann, bedarf es
im Grunde nur zwei Differenzen, eine räumliche Differenzierung
von »hier/dort« und eine zeitliche Differenzierung von »vorher/
nachher«. So muss es gewesen sein kurz nach dem Urknall, im
Bruchteil jener Sekunde, da die Evolution begann und die Raumzeit
sich entlang der daraus ergebenden zufälligen Differenzen entwickelte[3]. Auch die Entwicklung der geordnetem inneren »Welt«
lernfähiger Menschen kann man sich in dieser Weise analog vorstellen: Es gibt (mindestens) eine Differenz im Raum, zum Beispiel

---

[1] In der berühmten Formulierung von I. Kant KrV B 36.
[2] Diesem Irrtum unterliegt W. Herzog mit seiner »zeitgemäßen Erziehung«,
     sofern er damit mehr als eine Neugewichtung bloßer Metaphorik meint
     (Herzog 2002).
[3] Vgl. P. W. Atkins 1985, a.a.O.

ein Gesicht, das sich kurz nach der Geburt lächelnd über einen beugt, und Zeit, viel Zeit, in der sich dieses Gesicht *immer wieder* über einen beugt, damit vertraut wird, und so jene Sicherheit vermittelt, die man benötigt, um die vielen Unsicherheiten des Lebens (besser) ertragen zu können. Wir haben, um dieses Beispiel weiterzuspinnen, hier zunächst eine räumliche Begrenzung, die durch die eigene (relative) Hilflosigkeit des Kleinkindes bedingt ist (und es in sein enges Bettchen »fesselt«). Schon diese räumliche Begrenzung reduziert die möglichen sinnlichen Erfahrungen und damit auch die Beliebigkeit der eigenen noch weitgehend ungerichteten Autopoiesis. Auch wenn diese räumlichen Beschränkungen ihre Grenzen im Verlaufe der Kindheit immer weiter hinausschieben, werden Kinder noch viele pädagogisch konstruierte räumliche Begrenzungen erleben – und dadurch Unwahrscheinliches lernen, bevor sie in das »freie, zufällige Leben« entlassen werden, wo sie dann ihre Beschränkungen selbst bestimmen – und dies emphatisch »Freiheit« nennen.

Aber dies geschieht nur, wenn ein Weiteres dazukommt, und zwar gleichzeitig. Dass wir es jetzt thematisieren, hängt mit der durch die verschriftlichte Semantik bedingten Sequenzierung von Sinn zusammen. Nicht alles kann gleichzeitig gesagt oder geschrieben werden, sondern muss hintereinander angeordnet werden. Genau diese Logik erfährt ein lernendes Wesen dadurch, dass es Differenzerfahrungen nicht nur im Raum, sondern auch in der Zeit macht. Während es in der Raumdimension die Begrenzung – und die Begrenzung der Begrenzung – ist, die erzieht, ist es – und das mag auf den ersten Blick vielleicht erstaunen – in der Zeitdimension primär die *Wiederholung* – und die Wiederholung der Wiederholung, also die Unbegrenztheit –, die erzieht. Wie das?

Um die evolutionäre Bedeutung der Zeit – und davon abgeleitet, die der Wiederholung (bzw. der »Übung« als pädagogische Kategorie sui generis) – zu verstehen, ist es hilfreich, zunächst die Logik ihrer beiden (wichtigsten) Grundprinzipien, nämlich Variation und Selektion, noch einmal bei ihrer Arbeit zu beobachten. Variation ist zunächst nur ein anderes Wort für »Differenz«, für »Unterschied«. Es beginnt alles mit einem Unterschied im *Raum*, weil nur an ihm die weitere Evolution ansetzen kann. Aber woher kommt der Unterschied? Ein Unterschied setzt, damit man ihn überhaupt als solchen wahrnehmen kann, eine Abweichung von einem Überkom-

menen voraus. Also kann Variation nicht der Beginn von Evolution
sein, denn diese setzt immer schon etwas voraus, das variieren kann.
Variation braucht also die vorausgehende Stabilisierung eines Zustandes, damit sie überhaupt als Unterschied der weiteren Evolution
zur Verfügung steht. Woher kommt aber dieser vorhergehende stabile Zustand? Er ist die Folge einer bewährten Selektion. Evolution
ist also ein selbsttragender Prozess, der permanent mit rekursiven
Schleifen arbeitet und deshalb keine »Schöpfung aus dem Nichts«
kennt, sondern immer und überall Differenzierung eines schon
Vorhergehenden ist. Aber all dies funktioniert nur, weil zwischen
den einzelnen Schritten – relativ stabiler Zustand, eine davon ab-
weichende Variation und schließlich die Selektion bewährter
Strukturen – selbst ein Unterschied ist, nämlich derjenige von
»vorher – nachher«. Evolution braucht also *Zeit*, sonst könnte sie
weder eine Struktur als bewährte Anpassung von der zufälligen
Variation und dies nicht von der nichtzufälligen Selektion unterscheiden noch das hohe Risiko der negativen Selektionen nicht
durch Temporalisierung auffangen.

Man kann diesen Vorgang auch als einen teleonomen Anpassungsprozess beschreiben, wie ich das schon an früherer Stelle
angedeutet habe. Anpassung kostet bei Lebewesen Zeit, denn sie
muss in mehreren Schritten von der Evolution erst erarbeitet werden. Jede genetische Veränderung muss erst durch die generative
Replikation hindurch, damit sie sich als Variation veränderter Umweltbedingungen zur Selektion anbieten kann. Selektion, der
nächste Schritt, bedarf noch viel längerer Zeiten, weil sie nur über
die negative Auslese in der Generationenfolge wirken kann.
Schließlich wird nur jene Selektion zu einer systembildenden
Struktur stabilisiert, die ihren Adaptionswert in vielen ähnlichen
Umweltsituationen als nichtzufällig bewährt hat. Damit dies funktioniert, müssen Systeme deutlich zwischen vorher und nachher
unterscheiden können, also ein »Gedächtnis« (im weitesten Sinne)
haben.

Ein Weiteres kommt hinzu. Evolution ereignet sich, wie schon
mehrfach erwähnt, primär durch negative Selektion (»Primat der
negativen Selektion«). Immer mehr wird nicht gebraucht und deshalb ausgewählt, nicht ein-, sondern ausgeschlossen; und immer
mehr geht deshalb im Verlaufe der Evolution irreversibel verloren.
Der Zeitpfeil geht deshalb immer nur in eine Richtung. Damit geht
die Evolution ein hohes Risiko ein, denn es ist ja durchaus möglich,

dass etwas, was heute nichtadaptiv ist und deshalb ausgeschlossen wird, morgen, wenn sich die Umweltverhältnisse unvorhersehbar geändert haben, in hohem Maße adaptiv wäre und dringend gebraucht wird. Dieses Risiko kann die Evolution nur durch Verlagerung in die Zeit, durch Temporalisierung verkleinern. Allein durch Zeit kompensiert die Evolution das mit dem Primat der negativen Selektion verbundene Risiko.

Die Evolution hat mit der »Einmalerfindung« des Lernens dieses Risiko verkleinert. Das individuelle Lernen greift dabei mit seinen zerebralen Prozessen auf das evolutionäre Prinzip der Wiederholung zurück. Nervenzellen festigen ihre Verbindungen durch Wiederholung und kommen so zu einer Langzeit-Potenzierung. Laufen die eingehenden Signale immer wieder mit demselben Muster ein, dann senkt die empfangende Zelle ihre Empfindlichkeit. Das heißt, dass sie mit Sensibilisierung reagiert. Es genügt deshalb später ein schwächerer Reiz, um die Erinnerung an das Gelernte auszulösen. Durch ein solches assoziatives Lernen lernt man also nicht nur die jeweils dazugehörige Assoziation, sondern auch – durch Sensibilisierung –, sich dieser in unvollständigen Situationen wieder zu erinnern.

Aber Lernen benötigt Zeit, denn es muss eine hohe Hürde überwinden, die durch das Primat der negativen Selektion gegeben ist. Es muss positiv selektieren, und das ist unwahrscheinlich. Evolution, die diese Unwahrscheinlichkeit wahrscheinlich macht, kann dies nur dadurch erreichen, dass sie ihre Selektionsprozesse temporalisiert, d. h. verzeitlicht und immer wieder Systeme durch ihre Umwelt dazu drängt, positiv (und nicht negativ) zu selektieren. Ähnlich wie bei einer Tombola erhöht man die Gewinnchancen (positive Selektion) trotz einer immer viel größeren Anzahl an Nieten (negative Selektion), wenn man mehrere bzw. viele Lose kauft, und wenn das immer noch nichts nützt, dies mehrfach wiederholt. Solange eben, bis der erhoffte Gewinn dabei ist. Auch lernende Systeme können »Glück haben« und etwas gleich beim ersten Mal lernen; aber das kommt selten vor, deshalb muss man unter normalen Umständen mehrfach in die »Lostrommel« greifen, d. h. wiederholen.

Wiederholung ist, solange sie nicht in die entlastende Gewohnheit überführt ist, aufwändig, »teuer«, also ein »ehrliches Signal«. Schon beim zweiten Mal geht – informationstheoretisch gesehen – der Informationsgehalt gegen Null. Was wiederholt wird – sei es

durch intrinsische oder extrinsische Motivation, sei es freiwillig
oder durch (äußeren) Zwang –, wird damit »wichtig«, denn es kostet
zumindest eine wichtige Ressource: Lebenszeit, ohne eine neue
Information zu geben. Es sei denn: Was einem wichtig ist, wird
wiederholt, und was wiederholt wird, ist (und wird damit) wichtig.
Übung macht den Meister, also will ich Meister werden, wenn ich
übe. Das »Potenzgesetz des Lernens« besagt deshalb, dass Ge-
dächtnisleistungen eine Funktion der Übung (also der Wiederholung) sind; durch Übung (eines Gedächtnisinhaltes) steigt dessen
Stärke nach einer Potenzfunktion[4].

Expertentum, Spezialkenntnisse, spezielle Kompetenzen, die
unwahrscheinlich sind und anspruchsvolle Probleme lösen, bedürfen deshalb eines großen zeitlichen Aufwand an zielgerichtetem
Üben. Um z. B. ein Orchesterinstrument sehr gut beherrschen zu
können, muss man mindestens 5000, besser: 7000 Stunden, üben –
also viele Jahre in das Erlernen investieren. Dabei übt man nicht in
dem Sinne, dass man identische Abläufe wiederholt. Was man wiederholt – und nur dann wird man wirklich zum »Meister« –, ist die
Selektion aus verschiedenen Varianten der Produktion von Ton-
sequenzen. Beim Musizieren ist jeder Ton eine Selektion aus einer
Vielzahl von Möglichkeiten (in Intonation, Lautstärke, Ausdruck,
Phrasierung, Modulation, Vibrato usw.). Nicht die bloße Iteration,
die identische Wiederholung eines bestimmten Klanges, sondern
die Übung einer evolutiven Annäherung an die perfekte Vorstellung
eines Klangs macht den Solisten, der die Zuhörer beeindrucken,
berühren, ja sogar begeistern kann.

Das Risiko, das diese hohen Kosten eines Lernens durch aufwändige Wiederholungen hervorruft, kann durch Lehren verkleinert werden, bzw. besser gesagt: durch eine absichtliche Zweck-
Mittel-Planung, die ein zielloses Herumprobieren vermeidet. Es ist
der Zweck, der das Mittel »heiligt«, sprich: den Aufwand in Kauf zu
nehmen erlaubt, der dadurch entsteht, dass man durch Wiederholung informationstheoretisch Redundantes produziert. Wer in der
nächsten Klassenarbeit eine gute Note haben will, der muss eben
immer wieder die Vokabeln üben; wer in der Erziehung seiner
Kinder den Zweck verfolgt, dass sie höflich gegenüber Fremden
sind, der muss immer wieder ermahnen und ermuntern, bestimmte
Verhaltensweisen einzuüben, bis es »in Fleisch und Blut« übergeht

---

[4] Vgl. J. R. Anderson 2001, a.a.O., S. 190.

usw. Die Zeit, die man einerseits dadurch »verschwendet«, dass man wiederholt bzw. übt, wird an anderer Stelle – etwa dort, wo man durch überlegte Absicht Alternativen, die nicht benötigt werden, ausschließt – wieder eingespart. So gesehen kompensiert intentionale Erziehung (und deren verschiedene Ausprägungsformen) mit ihrem speziellen »Zeitspareffekt« die in der Übung (bzw. Wiederholung) eingebaute »Zeitverschwendung«. In dieser Hinsicht »verschwendet man« mit Erziehung also nicht, wie Rousseau meinte, »Zeit, um Zeit zu sparen«[5], sondern umgekehrt: Man spart Zeit, um Zeit zu verschwenden.

Ich sagte schon, dass Wiederholung keine Wiederherholung des Immer-Gleichen ist – keine Iteration des Identischen bedeutet, sondern die Wiederholung der evolutionären Logik: aus einem Varianzbereich wird der Selektionsprozess wiederholt. Es geht also darum, »Sinn« an einem bestimmten Inhalt zu erproben – als »Das« aus einem »Woraus« zu lernen. Damit temporalisiert man die Wahrscheinlichkeit, dass die intendierte Selektion auch tatsächlich gelingt und bei Bedarf wieder aktualisiert werden kann. Anders gesagt: Was »wiederholt« wird, ist nicht z. B., dass »drei mal drei neun ist«, sondern dass man bei Bedarf aus der Vielzahl möglicher Rechenoperationen diese auswählen und realisieren kann. Oder ein anderes Beispiel: Was »wiederholt« wird, ist nicht z. B. ein bestimmtes kulturübliches Grußverhalten, sondern aus einer Vielzahl möglicher Verhaltensweisen beim Aufeinandertreffen zweier Menschen dieses spezifische Verhalten abrufen zu können usw. Dadurch dass hier nicht das Gleiche, sondern ein Unterschied wiederholt wird, gelingt gleichzeitig auch die Verbindung (Verknüpfung, Assoziation) mit dem schon Gelernten. Denn schließlich impliziert die nichtmarkierte Seite jedes Unterschieds seine Verweisung auf anderes. Diese Verweisung kann sowohl räumlich (in der Sachdimension) oder zeitlich (in der Zeitdimension) sein.

Natürlich ist Wiederholung selbst ein Vorgang, der sich in der Zeitdimension ereignet – und damit Zeit gewissermaßen »frisst« bzw. »vernichtet«. Aber Temporalisierung heißt hier nicht Aufhebung der Irreversibilität, sie ermöglicht aber die zufällige Neumischung der Chancen für weitere Anpassung. Absolute Rever-

---

5 J. J. Rousseau 1963, a.a.O., S. 312: die »größte, wichtigste und nützlichste Regel jeglicher Erziehung« (heißt deshalb): »Zeit verlieren und nicht gewinnen«.

siblität kann es deshalb nicht geben, weil sie jeden evolutionären Anpassungsschritt auf der Basis der Systemgeschichte vollzieht, die als »Gedächtnis« mitgeschleift wird. Absolute Starrheit kann es aber auch nicht geben, weil die Differenz von Variation und Selektion ebenfalls auf jeder Stufe erhalten bleibt und deshalb in neuen Umwelten neue Selektionen – und damit neue Anpassungsprozesse – möglich bleiben. Temporalisierung ist damit sowohl die Bedingung für die Erhaltung des Alten als auch die Gewinnung des Neuen. Ohne Zeit würde es weder das Alte, noch das Neue geben, weil kein System die Differenz erkennen könnte.

Ich gebe zu, dass der Begriff der »Wiederholung« – wie viele andere Begriffe aus der Alltagssprache auch – in diesem Zusammenhang missverständlich ist. Er suggeriert etwas, was es in Wirklichkeit gar nicht geben kann, nämlich die Wiederkehr des Immergleichen, die »Wieder-her-holung« des Vergangenen, die Replikation des Identischen. Das kann es deshalb in dieser Welt nicht geben, weil jede Wiederholung zumindest Zeit bedarf, Zeit, in der sich die Umwelt des Systems verändert hat – und damit auch die Relationen, in denen sich das System in seiner Umwelt erhält. Es ist eine bleibende Entdeckung von Leibniz, dass er die Einzigartigkeit eines Systems (das er »Monade« nannte) in der Summe seiner relationalen Umweltbeziehungen sah. Genau dies liegt auch dann vor, wenn pädagogische Wiederholungen realisiert werden. Man kann z. B. in der Grundschule den gleichen Buchstaben »wiederholen«, in der Zwischenzeit ist die Umwelt – etwa die der Schulklasse – vielleicht nur minimal, aber doch verschieden geworden, ganz zu schweigen davon, dass auch die Buchstaben nicht identisch sind.

Es ist nicht die Identität, die sich verdoppelt, sondern die Differenz – mit je unterschiedlicher Nähe zum Original des ersten Mal. Vielleicht hat das Platon gemeint, als er das Lernen auf »Erinnerungen« zurückführte. Erinnerungen aber sind »Wieder-her-holungen« eines Früheren, die in einem Gedächtnis gespeichert sind. Wenn diese Assoziation nicht völlig abwegig ist, würde sie auch erklären, wie man Neues lernen kann, denn durch die Wiederholung holt man immer, und zwar unweigerlich, nicht nur das Alte, sondern auch das Neue wieder her – genauer gesagt: die Differenz von Alt und Neu. Je nachdem, wie nah oder fern die Wiederholung dem ersten Mal kommt, werden wir mit Hilfe einer Kontrastverschärfung von »alt« oder »neu« sprechen.

Auch würde diese Interpretation verständlich machen, wie ein Lernen nach einmaliger Darbietung bzw. einmaliger Erfahrung (sog. »Alles-oder-Nicht-Lernen«) möglich ist. Ein solches Lernen, das scheinbar ohne Wiederholung auskommt, tritt nämlich insb. bei angeborenen Präferenzen und Prädispositionen auf, so dass die Vermutung nahe liegt, dass sich gewissermaßen die Ontogenese an ihre Phylogenese erinnert – und diese dort gemachten Erfahrungen wiederholt[6]. Intensive Erfahrungen in der Ontogenese können in diesem Falle auf Wiederholungen verzichten, weil sie einen phylogenetisch gemachten Lernprozess wiederholen und die bislang latent gebliebenen Muster wieder aktivieren.

Wiederholung ist in der Psychologie und Pädagogik durchaus eine vertraute Kategorie, wenngleich sie auch unter verschiedenen Begriffen erscheint: »Verstärkung« (Skinner), »Bekräftigung« (Pawlow), »Bestätigung« bzw. »Confirmation« (Tolman), Wiederholung (Thorndike), aber auch: Bewährung, Übung, Konsolidierung, Memorieren, usw. Vor allem die Begriffe »Verstärkung« und »Bekräftigung« signalisieren jenen Effekt, den wir in der Evolutionstheorie unter dem Begriff der positiven Selektion schon mehrfach kennen gelernt haben. Wiederholung ist eine mehrfache positive Verstärkung und tendiert dazu, eine geistige assoziative Verbindung zu stabilisieren, die aber auch – wie bekanntlich schon Lamarck vermutete – eine körperliche, organische Fähigkeit kräftigt, vergrößert bzw. verstärkt. Gleichzeitig hat natürlich auch die unvermeidbar negative Selektion Auswirkungen. Das ist schon hirnphysiologisch plausibel: Die unspezifische Offenheit und Plastizität der neuronalen Verbindungen wird durch wiederholte Aktivierung eines bestimmten Reizmusters eingeschränkt, mit dem wahrscheinlichen Effekt, dass sie im Langzeitgedächtnis abgelegt wird und andere Reizmuster, die nicht oder nur ein Mal aktiviert werden, dazu tendieren zu verkümmern.

Wiederholung, als eine Form informationeller Redundanz, wird in didaktischen Kontexten absichtlich organisiert und bewusst ablaufen, in alltäglichen Handlungsbezügen aber unabsichtlich sein. Hier sind jene Gewohnheiten zu Hause, in denen wir »wohnen« und unser Handeln entlasten. Das gesamte prozedurale Gedächtnis geht an unserem Bewusstsein vorbei und steuert gleichwohl unsere normale alltägliche Motorik. Seine Grundlage ist die Wiederholung

---

[6] Vgl. Birbaumer/Schmidt 1999, a.a.O., S. 568.

qua Verstärkung. Ihre Veränderungsresistenz erklärt sich aus der Latenz ihrer Wirkung. Gewohnheiten sind zäh, unsere »zweite Natur« (Rousseau), weil ähnlich wie die »erste Natur« unter normalen Umständen jenseits unserer freien Verfügungsgewalt.

In didaktischen Kontexten wird Wiederholung aber normativ erwartet und häufig professionell organisiert. Weil diese Erwartung selbst erwartet wird, läuft ihre Organisation über das Bewusstsein, also über das Kurzzeitgedächtnis und muss dementsprechend mit Widerstand rechnen. So müssen z. B. Schüler extrinsich motiviert werden, die Vokabeln zu lernen, weil ihr intrinsische Motivation auf andere Befriedigungen prädisponiert ist. Glücklicherweise kommt uns der Schlaf zu Hilfe. Vor allem komplexe Lerninhalte werden, so vermutet man, im Schlaf gelernt. Im Schlaf kommuniziert die Großhirnrinde ausschließlich mit sich selbst und bindet das tagsüber im Kurzzeitgedächtnis Gelernte durch Wiederholung der neuronalen Reizaktivierungen dauerhaft in Strukturen neuronaler Netze. Vermutlich aus diesem einfachen Grund brauchen Kinder und Jugendliche mehr Schlaf als Erwachsene, denn vor allem sie müssen viel Neues lernen, ohne schon auf viel konsolidiertes Altes aufbauen zu können.

Raum und Zeit, so kann man jetzt ein Zwischenresumee ziehen, sind (aus rationalistischer Sicht) nicht nur transzendentale Erkenntniskategorien (insofern sie Bedingung der Möglichkeit jeder Erkenntnis und jeder Erfahrung sind), sondern dort, wo sie – durch Einschränkung oder Ausweitung – real in Anspruch genommen werden, (aus naturalistischer Sicht) auch pädagogische Kategorien. Man kann das auch anders formulieren und sagen: <u>Erziehung ereignet sich nicht nur in Raum und Zeit, sondern auch durch Raum und Zeit.</u> Räumliche Begrenzungen verengen die Erfahrungen auf jene Meme, die man der Autopoiesis eines lernenden Systems als Anregung zur Verfügung stellt. Weil damit in der Umwelt des Systems nur eine Variation erscheint, die wohl für das System eine Selektionsofferte, nicht aber die Selektion selbst schon ist, bedarf der eigentliche Lernprozess im System – wie jeder evolutive Prozess – der Zeit. <u>Durch die Wiederholung der Selektionsofferte wird die Selektion wahrscheinlicher</u>.

So gesehen gibt es auf beiden Seiten ein »re-entry«: Im Raum wird der Raum noch einmal durch ein Mem begrenzt (z. B. wird in einem Schulraum ein bestimmtes Thema im Schulbuch oder an der Wandtafel behandelt); die räumliche Differenzierung (hier: Schulraum/nicht Schulraum) wird in sich selbst noch einmal differenziert (im Schulraum gibt es z. B. ein Schulbuch, eine Schultafel, einen Lehrer, andere Schüler usw.). In der Zeitdimension wird die kommunikative Behandlung eines Themas bzw. die Übung von Fertigkeiten zu verschiedenen Zeiten wiederholt. Die Unwahrscheinlichkeit der Erziehung einer »exogenen Vermittlung endogener Entwicklung« (so die paradoxe Formulierung der dabei aktivierten spezifischen System-Umwelt-Beziehung) wird also durch eine mehrfache räumliche Verengung (qua Isolation) und eine mehrfache zeitliche Differenzierung (qua Wiederholung) wahrscheinlich gemacht.

Man kann, wie das gelegentlich versucht wurde, diesen Vorgang als geistige Zeugung interpretieren und damit mit der biologischen Zeugung analogisieren. So können wir z. B. in einem Handbuch der Erziehungswissenschaft aus dem Jahre 1828 folgende Sätze lesen: »Die Erziehung ist eine geistige Zeugung zur Fortpflanzung der Menschenbildung . . .« [7]. In unserer heutigen Sprache müsste man sagen: <u>So wie bestimmte Gene durch die körperliche Zeugung, so werden auch bestimmte Meme durch die Erziehung fortgepflanzt.</u> Beide Male geht es um Fortpflanzung durch eine Art »Zeugung«, wenngleich das eine Mal auf biologische und das andere Mal auf geistige Weise. Der Autor grenzt sich mit dieser Analogisierung von einem einseitigen, asymmetrischen Verständnis von Erziehung als »Mitteilung« oder »Eintrichterung« (die immer vom Erzieher in Richtung des zu Erziehenden zu denken wäre) ab: »Von einer eigentlichen Mitteilung, d. h. von einem Eintrichtern kann bei der Erziehung bekanntlich auf keine Weise die Rede sein. Die Erziehung teilt genau ebenso mit, als jede Art von Zeugung; diese Mitteilung ist aber: Erregung der Anlage (des Keims) zur Selbstentwicklung« (S. 7). Blasche fährt fort: »Daraus ersieht man, dass das Wort Zeugung in obiger Definition ganz eigentlich, gar nicht metaphorisch (figürlich) zu verstehen ist. Die Erziehung ist nur Zeugung auf einer höheren Stufe, als die natürliche Zeugung zur Fortpflanzung der organischen Wesen, übrigens von derselben Natur« (dito).

Das ist eine der frühesten Spuren eines kühnen evolutionstheoretischen Denkens in der Pädagogik des 19. Jahrhunderts, das sich

---

[7] B. Blasche: Handbuch der Erziehungswissenschaft oder Ideen und Materialien zum Beruf einer neuen, durchgängig wissenschaftlichen Erziehungs- und Unterrichtslehre. Gießen 1828, S. 6.

nicht mit bloßer Metaphorik zufrieden gibt, sondern – zu einer Zeit, in der es noch keine darwinistische Evolutionstheorie gab – ein allgemeines Muster der biologischen und der geistigen Replikation qua »Zeugung« behauptet. <u>Raumverengung und Wiederholung scheinen auf beiden Ebenen zu diesem Replikationsmuster zu ge-hören</u>. Beide Male wird durch eine Raumverengung eine unwahr-scheinliche Ordnung dadurch wahrscheinlich gemacht, dass eine Differenzerfahrung wiederholt und damit etwas angeregt wird, was sich – in den Grenzen seines als Keim Angelegtem – nur selbst entwickeln kann.

15 Die nichtzufällige Bezwingung des Zufalls durch Erziehung

Menschen lernen von ihrer Umwelt trotz der operativen Geschlos-senheit ihres zentralen Nervensystems durch räumliche Eingren-zung und zeitliche Entgrenzung ihrer Autopoiesis, also durch Ver-räumlichung und Verzeitlichung ihrer Umwelterfahrungen. Was die Umwelt dazu beisteuert, ist Zweierlei; einmal die für die Eigenar-beit notwendigen (energetischen) *Ressourcen* – das braucht uns hier nicht weiter zu interessieren – und zum anderen *Informationen* – das muss uns im Folgenden weiter interessieren.

Diese Informationen werden in der Sprache der Systemtheorie Luhmanns meistens als »Irritationen« oder gar »Störungen« be-zeichnet[1], und zwar mit dem Argument: weil sie die Normalitätser-wartungen der autopoietischen Systemstruktur enttäuschen. Aber im Lichte der empirischen Lernforschung – und vieler pädagogi-scher Erfahrungen – scheint diese etwas abwertende Metaphorik

---

[1] Vgl. z. B. N. Luhmann: Die Religion der Gesellschaft. Frankfurt a.M. 2002, S. 25: »Wir setzen den Fortgang bei der Überlegung an, dass Ope-rationen im Allgemeinen und Beobachtungen im Besonderen nicht als Einzelereignisse möglich sind, sondern rekursive Netzwerke vorausset-zen, mit deren Hilfe sie sich reproduzieren und damit zugleich diesen Reproduktionszusammenhang gegen eine Umwelt abgrenzen, die keine Operationen, sondern nur Ressourcen und Störungen beisteuert«. W. Herzog (2002, a.a.O., S. 389 ff.) greift dies in seiner systemtheoretischen Didaktik mehrfach auf und kommt so zu seiner »Konstruktion pädagogi-scher Wirklichkeit«.

des »Störens« unangemessen, wenn nicht gar falsch zu sein. Die Evolution hat vielmehr lernende Systeme so ausgestattet, dass es zu ihrer Normalitätserwartung gehört, Informationen, die aus der Umwelt kommen, geradezu gierig auf ihre Relevanz hin abzustasten, aufzunehmen und selbstständig auf der Grundlage des Gedächtnisses in systemisches Wissen zu überführen. Die Metaphorik des Störens ist hier deshalb fehl am Platze. Informationen »stören« nicht – zumindest nicht a priori – die Autopoiesis des lernenden Systems, sondern – im Gegenteil – sie befriedigen ihr Bedürfnis nach inhaltlicher Anregung und Ausgestaltung eines zunächst nur formalen Lernbedürfnisses, so dass im Falle des Ausbleibens eines Informationsangebots das lernende System retardieren und im Extremfalle gar elendlich zugrunde gehen müsste. Informationen sind, um eine andere Metapher zu benützen, »Futter« für die Arbeit der menschlichen Autopoiesis. Oder noch drastischer ausgedrückt : Die autopoietisch arbeitende und operativ geschlossene Systemstruktur hungert – ja ist geradezu süchtig – nach Informationen als Rohstoff für ihre Arbeit. Informationen sind der immaterielle Rohstoff, mit dem unsere Gehirne arbeiten, so wie Energie der materielle Rohstoff ist, der ihren Motor antreibt.

Gerade am menschlichen Gehirn lässt sich das veranschaulichen. Das Gehirn lässt sich nicht abschalten; seine über hundert Milliarden Nervenzellen sind ständig aktiv und bedürfen der Anreize aus seiner Umwelt – Hirnforscher sprechen hier von einem »fragenden Dialog« (des Systems mit seiner Umwelt)[2]. Es bildet auf der Basis seines Vorwissens ständig Hypothesen, entwirft Modelle, stellt Fragen und wartet auf die eingehenden Impulse, um sie zu verifizieren oder zu falsifizieren. Wie ein Schwamm saugt es Informationen auf, bewertet sie, unterwirft sie einer Kompatibilitätsprüfung und lagert das Brauchbare im Gedächtnis ab, wo es als systemeigenes Wissen für die weitere Verwendung zur Verfügung steht. Dabei stehen die Meme in einem harten Konkurrenzkampf um Resonanz auf mehreren Ebenen – dem Arbeits-, dem Kurzzeit- und dem Langzeitgedächtnis –, und nur ein Bruchteil davon dringt in das Bewusstsein. Die zugrunde liegenden biochemischen Prozesse laufen unbewusst ab und können nicht willentlich beeinflusst werden.

---

[2] W. Singer: Hirnentwicklung und Umwelt. In: Gehirn und Kognition. Spektrum der Wissenschaft. Heidelberg 1992, S. 50–65.

Wir haben schon gesehen, dass lernende Systeme ihre Umwelt nicht neutral abtasten, sondern phylogenetisch mitgebrachte und erworbene Neigungsstrukturen aktiv sind, die ihre Umwelt selektiv behandeln und nicht jede sich ihnen aufdrängende Information gleich bewerten. Ganz im Gegenteil, Systeme suchen sich ihre Umwelt, für die sie prädisponiert, präadaptiert sind, und holen sich »ihre« Informationen aktiv (und nicht passiv) aus ihrer Umwelt. Es gibt dabei, wie wir schon gesehen haben, »angeborene Lehrmeister«, also angeborene Neigungsstrukturen, und es gibt »erworbene Lehrmeister«, also in einer Kultur gelernte Neigungsstrukturen, die uns vorschlagen, wie wir die eingehenden Informationen bewerten sollen, ob sie »interessant«, »relevant« oder »uninteressant«, »irrelevant« sind. Das ist für Pädagogen sicher keine Neuigkeit, sondern eine alltägliche Erfahrung, die das pädagogische Geschäft immer dann schwierig macht, wenn es darum geht, Informationen entgegen den Neigungsstrukturen zu vermitteln.

Bislang standen die basalen räumlichen und zeitlichen Strukturen im Vordergrund, die Lernen durch (individuelle) Erfahrungen möglich und wahrscheinlich machen, und zwar deshalb, weil sie durch ihre strukturellen Aus- und Einschließungen *prägend* wirken. Schon bei Tieren findet Prägung primär in der Raumdimension statt: Das erste Wesen, das sich über das Nest beugt, wird vom Graugansküken als »Mutter« definiert (auch wenn es in Wirklichkeit vielleicht Konrad Lorenz ist). Die zeitliche Wiederholung spielt hier noch keine (große) Rolle, denn die Prägung findet schon bei der ersten Begegnung im Raume statt. Aber schon die Prägung des für eine Vogelart typischen Gesangs bedarf neben der Erstmaligkeit der spezifischen Erfahrung noch zusätzlich deren mehrfache Wiederholung, weil das Erlernen der oft komplizierten Melodiebögen Zeit benötigt.

Der entscheidende Schritt in der Evolution von der Prägung zur Erziehung läuft über die soziale Konstruktion der Umweltbedingungen, in denen Lebewesen ihre Autopoiesis aktiv entfalten. Vermutlich beginnt dies mit der Ermunterung zu imitieren und mit leichten Korrekturen während der Imitation. Bei Adlern konnte man z. B. beobachten, dass sie ihren Nachwuchs zu deren erstem Flug regelrecht dadurch auffordern und ermuntern, dass sie nicht nur ein kleines Stück immer wieder vorfliegen, sondern auch in einer gewissen Entfernung, aber für den Jungvogel deutlich sichtbar, ein Stück Fressen ablegen. Nichts anderes macht die Menschenmutter, wenn sie ihren Sprössling zum Selbergehen dadurch ermuntert, dass sie diesen kurz vor dem rettenden Tisch, auf dem eine Belohnung abgelegt ist, auf die eigenen Beine stellt und vorsichtig frei lässt. Hier wird etwas sichtbar, was für Erziehung charakteristisch ist, nämlich dass ein Educator die Umwelt des Educandus absichtlich verändert, um damit bei diesem ein bestimmtes Verhalten anzuregen. Was aber heißt hier »Absicht« und was heißt hier »Handlung«? Können wir schon beim Adlerweibchen eine »Absicht« unterstellen, ihre Jungen zu einer »Handlung« zu motivieren? Oder müssen wir die Begriffe nicht für Menschen reservieren, und zwar vor allem deshalb, weil wir Tiere nicht nach ihren Absichten befragen können? Ich will mich auf Menschen beschränken, zumal die Probleme hier schon groß genug sind, denn auch hier sind die einschlägigen Fachleute alles andere als einig über die Frage, was »Handlungen« sind und wie sie mit »Absichten« zusammenhängen. Obwohl Pädagogik häufig als Handlungstheorie bezeichnet wird, kann man nicht davon ausgehen, dass allen, die diese These vertreten, klar ist, was Handlungen überhaupt sind. Die Diskussion um eine philosophische und pädagogische Handlungstheorie ist mindestens seit über 2000 Jahren zugange und von einem konsensualen Ergebnis nach wie vor weit entfernt[3]. Ich will mich im Folgenden auf eine evolutionstheoretische Deutung von (pädagogischen) Handlungen beschränken. Obwohl damit eine erhebliche Einschränkung vorgenommen wird, ist das damit angeschnittene Problemfeld groß und verwirrend genug, so dass es sinnvoll ist, sich dabei auf einige grundlegende Problemknoten zu konzentrieren.

Im Grunde geht es dabei um die Frage, ob und wie Pädagogik als Handlungstheorie evolutionstheoretisch reformuliert werden kann. Evolution, so wurde hier mehrfach betont, arbeitet hochgradig zufällig – genauer gesagt: in Form *teleonomer* Prozesse. Handlungen aber haben, wie es scheint, eine *teleologische* Struktur, sie sind zielbezogen, weil sie auf Absichten von Akteuren zurückführbar sind und insofern – zumindest großteils – nichtzufällig. Wenn dem so ist, dann scheint das ein deutlicher Widerspruch zu sein, der ausgeräumt oder erklärt werden muss.

---

[3] Eine einheitliche Handlungstheorie fehlt bis heute, und zwar sowohl in der Philosophie als auch in der Pädagogik. Vgl. R. Stoecker (Hg.): Handlungen und Handlungsgründe. Paderborn 2002. L. Wigger: Handlungstheorie und Pädagogik. St. Augustin 1983.

Wir benützen im alltäglichen Sprachgebrauch den Begriff der Handlung dann, wenn wir ein menschliches Verhalten nichtzufällig auf eine in ihm vorausgehende *Absicht* zurückführen und grenzen es dadurch deutlich von einem bloßen Geschehen ab[4]. Das wird vor allem deutlich, wenn wir ein und dasselbe Ereignis dementsprechend unterschiedlich prädikatieren: Wenn ein Schüler die Schultreppe hinunterspringt, ist das eine Handlung, wenn er sie hinunterfällt nicht. Warum? Weil wir unterstellen, dass er das eine absichtlich, das andere unabsichtlich getan hat. Aber was ist eine Absicht? Schon die wörtliche Bedeutung sollte stutzig machen: Absicht setzt voraus, dass man von etwas »ab-sieht«; Absicht ist also: Selektion aus einem (antizipierten) Möglichkeitsraum. Weil dieser Möglichkeitsraum aber nur geistig antizipiert wird, sind Absichten im Gegensatz zu Handlungen nicht beobachtbar. Wenn aber Handlungen nur über die damit verfolgten Absichten bestimmt werden können, diese aber selbst nicht beobachtbar sind, stellt sich die Frage, ob überhaupt Handlungen erkennbar sind? Wenn einem Lehrer, wie zu früheren Zeiten alltäglich, die Hand ausrutscht und er einen Schüler ohrfeigt, dann würden alle Beobachter vermutlich dies als eine Handlung – und zwar im wörtlichen Sinne – bezeichnen. Ihr zugrunde liegend wird eine Absicht und ein darauf zurückführbarer Entschluss vermutet. Aber ist dem tatsächlich so? Hat der Lehrer damit eine Absicht verfolgt, hat er sich wirklich vorher entschlossen zu handeln, oder hat er möglicherweise nur seinen spontanen Ärger abgelassen (ohne sich dabei etwas, auch keine Absicht, zu denken und ohne sich vorher zu entschließen)? Eine Vielzahl von Verhaltensweisen in erzieherischen Situationen dürfte vermutlich mehr oder weniger unbewusst ablaufen, so dass keine, zumindest keine deutliche Absicht, unterstellt werden kann. Wenn der Vater beim Anblick der neuesten Tätowierung seines Sohnes die Augenbrauen hochzieht, die Mutter beim Anblick des nichtaufgeräumten Zimmers ihrer Tochter ihre Augen verdreht, der Lehrer während des Unterrichts seine Hand in die Hosentasche steckt, ein Schüler sich am Kopf kratzt, die Schülerin ein heruntergefallenes Papier vom Boden aufhebt usw., werden sie normalerweise keine

---

[4] Der Handlungsbegriff unterscheidet sich deshalb vom Begriff des »Geschehens« durch das, was die Griechen »Prohairesis« nannten: Vorhabe, Antizipation und eine Absicht, die nie ohne Voraussicht ist.

Entscheidung vorher getroffen haben, der eine Absicht zugrunde liegt. Selbst dort, wo eindeutig eine Absicht vorzuliegen scheint, ist die Sache keineswegs eindeutig. Nehmen wir einmal an, ein Lehramtsreferendar bringt bei der Lehrprobe ein selbst fabriziertes Arbeitsblatt in den Ethikunterricht mit, mit dessen Hilfe er anhand eines Textes von Kant den Unterschied von Gesinnungs- und Folgenethik erklären will. Hier ist die Absicht – in Form des Arbeitsblattes – geradezu mit Händen zu greifen. Aber die Handlung, um die es hier geht, besteht ja nicht im technischen Herstellen des Arbeitsblattes, sondern in seinem Gebrauch im Unterricht und der damit verfolgten Absicht. Nehmen wir weiter an, dass sich bei der späteren Klassenarbeit herausstellt, dass zwei Drittel der Schüler tatsächlich den Unterschied von Gesinnungs- und Folgenethik verstanden haben: Kann man dann sagen, dass dieses Ergebnis nicht nur auf die Handlungen des Lehrers, die er mit Hilfe des Arbeitsblattes vollzogen hat, sondern auch auf dessen Absicht, dieses Ergebnis herzustellen, zurückführbar ist?

Man kann diese Frage nur mit »ja« beantworten, wenn man zwischen der (abfragbaren) Absicht des Lehrers, seinen (danach ausgeführten) Handlungen und den (in der schriftlichen Klassenarbeit verdinglichten) Handlungen der Schüler eine kausale Verbindung unterstellt. Diese verbindende Kausalität ist aber weder in der Absicht, noch in den verschiedenen Handlungsebenen enthalten, sondern eine Art sie verbindende Kraft, die man nicht selbst, sondern nur indirekt über ihr Ergebnis erschließen kann. Wenn man so denkt, muss man Erziehung als kausale Einflussnahme bestimmter Menschen auf das Lernvermögen anderer Menschen definieren und an deren Absicht festmachen, über Handlungen das Ziel einer Verbesserung dieses Lernvermögens zu erreichen[5].

Diese handlungstheoretische Begründung von Erziehung ist in mehrfacher Hinsicht unzufriedenstellend.

---

[5] Vgl. W. Brezinka, der Erziehung in diesem Sinne handlungstheoretisch definiert und auf der Seite des Erziehers als Absicht verankert, nämlich als »soziale Handlungen … durch die Menschen versuchen, das Gefüge der psychischen Dispositionen andrer Menschen in irgendeiner Hinsicht dauerhaft zu verbessern oder seine als wertvoll beurteilten Komponenten zu erhalten« (Grundbegriffe der Erziehungswissenschaft. München 1974, S. 95).

- Es bleibt unklar, was »Absicht« und was »Entschluss« ist und wie wir diese Dinge beobachten oder gar nachweisen können. Das gilt nicht nur für Fremdbeobachtungen, sondern auch für Eigenbeobachtungen, von denen wir gewöhnlich ausgehen, denn es ist sehr zweifelhaft, ob uns (alle) unsere eigenen Handlungsgründe bewusst sind.
- Es bleibt unklar, was Handlungen sind und wie sie sich von bloßem Geschehen oder unbewussten Handlungen abgrenzen lassen. Es ist darüber hinaus völlig ungeklärt, wo Handlungen anfangen und enden oder wie sie sich von anderen Handlungen unterscheiden lassen.
- Es bleibt unklar, was Kausalität ist, wie sie im konkreten Fall nachweisbar ist und ob und wie sie prognostizistisch (und damit technologisch) bei Erziehungsprozessen eingesetzt werden kann.
- Es bleibt ungeklärt, wie die ultimaten Handlungsgründe, also die angestrebte Zwecke (»causa finalis«), mit den kausalen Ursachen (»causa efficiens«), die durch die Handlung proximat in Anspruch genommen werden, zusammenhängen – zumal wir gewöhnlich unterstellen, bei unseren Handlungsgründen »frei« zu sein, nicht aber bei den in Anspruch genommenen Kausalitäten[6].
- Es bleibt weiterhin undeutlich, wie wir (erkenntnis)theoretisch und praktisch (moralisch) mit den Nebenfolgen unserer Handlungen umgehen können bzw. sollen, also jenen Folgen, die wir wohl den eigenen Handlungen als Effekte, aber nicht deren zugrunde liegenden Absichten zuschreiben müssen[7].
- In Anbetracht der offenen und unbestimmten (und unbestimmbaren) Zukunft kann Handeln, auch pädagogisches Handeln, prinzipiell nicht auf vollständiges Wissen warten, sondern muss das damit verbundene Risiko in Kauf nehmen. Intentionale Erziehung blendet systematisch dieses Risiko aus, indem sie sich auf das antizipierte Ziel kontrafaktisch fokussiert. Wie aber geht sie mit dem faktischen Scheitern um?

---

[6] Das hat vor allem Kant beschäftigt und in unlösbare theorietechnische Probleme geführt, denn er unterstellte, dass Handlungen »zugleich vollständig kausal verursacht und doch allein aus Freiheit erfolgen sollen« (I. Kant KpV B 585).

[7] Vgl. dazu die nach wie vor grundlegenden Überlegungen bei R. Spaemann: Nebenwirkungen als moralisches Problem, in: Philosophisches Jahrbuch 82, 1975, 2. Halbband, S. 323–335.

Diese wenigen kritischen Anfragen müssen hier genügen, um deutlich zu machen, dass vieles ungeklärt ist, wenn wir Erziehung handlungstheoretisch begreifen wollen. Ich denke, dass diese Aufzählung ausreichend den Versuch legitimiert, Erziehung stattdessen einmal evolutionstheoretisch zu reformulieren. Wie könnten pädagogische Handlungen evolutionstheoretisch begriffen werden? Ich will im Folgenden diese Probleme, die aus der Tatsache resultieren, dass Menschen andere Menschen absichtlich und planvoll erziehen wollen, entfalten und die Unwahrscheinlichkeit, dass dies klappt – wenn es klappt – evolutionstheoretisch interpretieren.

So viel haben wir bisher herausgearbeitet, und das ist wenig genug, denn eine wichtige Frage ist immer noch unbeantwortet – die nach der Möglichkeit von Erziehung selbst. Bislang stand die Frage im Mittelpunkt, wie ein System in einer Umwelt lernen kann, wenn es operativ geschlossen ist. Dabei wurden nicht nur immer wieder Beispiele aus der Erziehung herangezogen, sondern schließlich auch die Frage nach der Möglichkeit von Erziehung trotz operativer Geschlossenheit der psychischen und physischen Systeme beantwortet. Allerdings wurde ein entscheidendes Problem noch nicht ausreichend beleuchtet, das zumindest auf den ersten Blick ein bedeutendes Hemmnis auf dem Weg zu einem evolutionären Denken in der Pädagogik ist. Es ist das Problem, das auf die Frage zurückgeführt werden kann: Wie ist Erziehung – als nichtzufällige Einflussnahme auf zufällige Lernprozesse – möglich? Mit anderen Worten: Wie kann man sich den Einfluss von normativen Vorstellungen, die in einem pädagogischen Planungshandeln zum Ausdruck kommen können, das man als »Belehren« bezeichnen kann, auf die avisierten Lernprozesse im Rahmen einer evolutionären Deutung vorstellen? Auf der Metaebene kann man die Frage formulieren: Wie geht eine Evolutionäre Pädagogik mit der Handlungstheorie um?

Um die evolutionäre Funktion von (pädagogischen) Handlungen zu verstehen, ist es notwendig, sich noch einmal an eine unwahrscheinliche evolutionäre Erfindung zu erinnern – an die Raum- und Zeitrepräsentationskompetenz (RZRK). Die Evolution wiederholt sich in dieser Erfindung insofern, als sie Variations- und Selektionsprozesse in einem anderen, neu entwickelten Raum – dem Vorstellungsraum (»Welt 2«) – ermöglicht. Das hat mehrere Vorteile. Der wichtigste Vorteil ist vermutlich darin zu sehen, dass damit die Evolution (in der »Welt 1«) im sog. Vorstellungsraum

(»Welt 2«) simuliert werden kann, und zwar mit herabgesetztem
Risiko des Scheiterns. Das setzt voraus, dass das System zwischen
beiden Ebenen der Evolution unterscheiden kann (und diese deshalb topologisch im Gehirn unterschiedlich behandelt), also Gedanken (in der Vorstellungswelt) von Handlungen (in der Handlungswelt) zu trennen – und das eine dem System und das andere
der Umwelt zuzurechnen – weiß, denn nur dann kann der Vorteil
der Simulation ausgespielt werden und z. B. das Scheitern eines
Gedankenexperimentes zum Unterlassen einer Handlung führen.
Diese Unterscheidung wird vom System selbst vorgenommen und
zwar als Zuschreibung. Der descartsche Satz »Ich denke, also bin
ich«, wie auch der – von Goethe vorgenommene – Einwand »Ich
habe schon oft an nichts gedacht, und bin trotzdem gewesen«[8]
setzen beide gleichermaßen dieses basale Unterscheidungsvermögen (von Ich und Welt) voraus, wenngleich Descartes dabei als
Rationalist, Goethe dagegen als Naturalist argumentiert. Nur durch
diese Unterscheidung zweier Emergenzebenen, nämlich die der
Verdoppelung der Welt in einer »Welt 2« und die dadurch möglich
gewordene simulierte Erprobung potentieller Handlungsverläufe
auf der Basis der eigenen Lerngeschichte, kann der Selektionsvorteil des menschlichen Geistes ausgespielt werden. Das bedarf, wie
wir schon gesehen haben, eines Halts im »Vorher«, also ein Gedächtnis, aber es bedarf auch eines Ankers im »Nachher«, denn
schließlich bedarf Simulation auch der experimentellen Erprobung
neuer Entwicklungen. Diese »Verengung« simulierter Weltbewäl-
tigung ist das, was in der Dilthey-Schule gelegentlich als »die
teleologische Struktur unseres Seelenlebens« bezeichnet wird. Das
heißt, dass wir uns in Gedanken Ziele setzen und deren Erreichung
durch Handlungen uns selbst zuschreiben. Absichten und ihre
Verknüpfung mit erreichten Umweltveränderungen durch Handeln
sind Zuschreibungen des Systems. Ziele sind in der Pädagogik als
Erziehungs-, Lehr- oder Lernziele vertraut und dementsprechend
versteht sie sich überwiegend als »Handlungswissenschaft«, denn
die avisierten Ziele werden durch (pädagogische) Handlungen als
erreichbar unterstellt.

---

[8] Wörtlich heißt es bei Goethe und Schiller – in den »Xenien«: »Denk' ich,
   so bin ich. Wohl! Doch wer wird immer auch denken? Oft schon war ich
   und hab' wirklich an gar nichts gedacht« (J. W. von Goethe, a.a.O., Bd. 1,
   S. 219).

Die Logik, die dabei in Anspruch genommen wird, kann als eine evolutionäre reformuliert werden, denn Handeln setzt ein gedankliches Durchspielen von Varianten und die Selektion qua Entscheidung voraus. Weil das entscheidende Kriterium, das Handeln von einem bloßen Geschehen abzugrenzen erlaubt, die Absichtlichkeit ist und diese sich im Bewusstsein eines Akteurs abspielt, muss man sich diesen gedanklichen Akt als Antizipation und Entscheidung vorstellen (zurechnen). Antizipation meint dabei Zweierlei – einmal die Voraussicht möglicher Ereignisse in Form eines gedanklichen Durchspielens und zum andern die Selektion einer dieser Folgen und ihre damit vollzogene Auszeichnung als Zweck. Wir müssen, wenn wir Handeln attribuieren, von dieser finalen Selektion eines Akteurs ausgehen[9]. Genau betrachtet setzt jedes Handeln Selektionsprozesse auf verschiedenen Ebenen voraus: Zum einen kann kein Akteur alle möglichen Varianten, die ihm zur Verfügung stehen, kennen; er muss also vorlieb nehmen mit dem Wissen, das er hat. Schon auf der Ebene der Variation findet also ein (erster) Selektionsprozess statt. Der zweite Selektionsprozess ereignet sich dort, wo der Akteur aus den ihm bekannten Varianten gedanklich eine Variante auswählt und diese als Zweck nobilitiert. Schließlich muss er aus dem ihm zur Verfügung stehenden Wissen über die Methoden eine Methode auswählen und sie als Entschluss auszeichnen – um dann endlich handeln zu können.

Die menschliche Fähigkeit, sich Zwecke setzen zu können, in Gedanken zwischen verschiedenen Wegen jene auswählen zu können, die sie wahrscheinlich erreichen, und das Handeln danach auszurichten, wird in der alteuropäischen Tradition des pädagogischen Nachdenkens darüber als eine besondere Auszeichnung des Menschen immer wieder hervorgehoben und damit seine besondere Würde begründet. Der freie Wille scheint hier den menschlichen Akteur aus einer Evolution, in der bloß »wirkende Ursachen« gelten, weit herauszuheben und auch dem pädagogischen Handeln seine besondere Dignität zu geben. So meinte Wilhelm Dilthey, einer der wichtigsten Vordenker einer geisteswissenschaftlichen Pädagogik: »... und demgemäß wird in dieser Welt das Spiel der bloßen wirkenden Ursachen abgelöst durch das Spiel der Motive oder Zwecke! Wir verhalten uns also zu dem Menschen und der Gesellschaft nicht bloß erkennend, auch nicht nur von außen gemäß

---

[9] In Anlehnung an eine Formulierung bei Spaemann 1975, a.a.O., S. 322.

unseren Bedürfnissen vermöge der in der Erkenntnis gegebenen Mittel umbildend, sondern von innen eine Ordnung ihrer Zwecke in freier Willenstätigkeit erstrebend, dieses Streben als unser Ideal, als den Zweck dieses Ganges, dessen Triebfedern in uns walten, anschauend«[10]. Und dann folgt ein Satz – kursiv hervorgehoben, der viel (und kontrovers) zitiert wird[11]: »Das System dieser Wissenschaften verknüpft die Erkenntnis dessen, was ist, mit der dessen, was sein soll«.

Aus evolutionstheoretischer Sicht und unter Berücksichtigung dessen, was wir inzwischen aus den empirischen Wissenschaften vom Menschen wissen können, ist diese weit verbreitete Interpretation des menschlichen Handlungsvermögens – ich will es vorsichtig ausdrücken – nicht unproblematisch. Von »abgelöst« kann nämlich wirklich nicht die Rede sein, schließlich ist die Fähigkeit des gedanklichen Antizipierens und Durchspielens von Handlungsmöglichkeiten, die Auszeichnung einer Möglichkeit als Handlungszweck und der Entschluss, ihn durch bestimmte Handlungen zu erreichen, selbst das Ergebnis einer evolutiven Entwicklung, die sich in sich selbst wiederholt – und gerade dadurch einen Selektionsvorteil gewinnt. Nur aus dieser Perspektive wird der letzte Satz Diltheys verständlich und plausibel, denn er bedeutet dann schlicht: Auch das, was Zweck sein »soll«, ist auf dem Boden der Evolution dessen, was »ist«, gewachsen und überschreitet nicht seine Grenzen.

Die sogenannte »freie Willenstätigkeit« wird seit Alters häufig als das zentrale Abgrenzungskriterium zum Tier benützt. Insofern steht Dilthey hier selbst in der langen Tradition eines anthropologischen Denkens, das die Würde des Menschen in der Überzeugung findet, »Herr seiner Handlung durch freie Entscheidung« (Thomas von Aquin) zu sein. Es scheint auf den ersten Blick paradox zu sein,

---

[10] W. Dilthey: Gesammelte Schriften Band XVIII: Die Wissenschaften vom Menschen, der Gesellschaft und der Geschichte. Hg. v. H. Johach und F. Rodi. Göttingen 1977, S. 65.

[11] Unter anderem bei O. Fr. Bollnow, der allerdings die Formulierung aus Diltheys »Über die Möglichkeit einer allgemeingültigen pädagogischen Wissenschaft« in: Gesammelte Schriften Bd. VI, S. 62, zugrunde legt (vgl. O. F. Bollnow: Über einen Satz Diltheys. In: K. J. Grundner, P. Krausser, H. Weise (Hg.): Der Mensch als geschichtliches Wesen. Anthropologie und Historie, Festschrift für Michael Landmann zum 60. Geburtstag. Stuttgart 1974, S. 118–138.

dass diese These gerade zu einer Zeit, in der die Macht des Menschen ins Unermessliche gestiegen ist, zunehmend an Überzeugungskraft verloren hat. Sie wird immer deutlicher von dem Wissen abgelöst, dass unser sog. »freier Willen« in mehrfacher Weise durch Beschränkungen gebrochen und deshalb eher unwahrscheinlich ist. Da ist zunächst einmal die unhintergehbare Beschränktheit unseres Wissens. Es ist begrenzt, sowohl was die möglichen Zwecke als auch was die dazugehörigen möglichen Mittel betrifft; es ist begrenzt bezüglich der weiteren möglichen Handlungsmotive, die vielleicht in unserem Unbewussten schlummern, aber nichtsdestotrotz wirken, und es ist schließlich begrenzt, was die konkreten situativen Randbedingungen betrifft, in denen gehandelt werden soll. Von diesen Constraints ist aber die »Freiheit der Wahl« durchaus abhängig und kann deshalb zumindest nicht in einem absoluten, also nicht eingeschränkten Sinne »frei« sein. Erstaunlicherweise hängt unsere Entscheidungs- und Handlungssicherheit von der Begrenztheit unseres Wissens ab. Wer zu viel weiß, wird handlungsunsicherer; nur wer wenig weiß, ist handlungssicher. Der Tausendfüßler, der *weiß*, wie er mit seinen tausend Füßen gehen kann, wird ins Stolpern kommen.

Offenbar geht es bei dieser evolutionären Einmalerfindung einer teleologischen inneren Zwecksetzung (die dem Handeln vorausgeht) nicht um Rationalität im Sinne einer Deduktion aus vollständigem Wissen, sondern ganz im Gegenteil, um den Umgang mit unvollständigem Wissen über die Komplexität mittels einer spezifischen – sinnhaften – Form ihrer Reduktion. Es wiederholt sich hier auf einer spezifischen Emergenzebene das Problem jedes evolutionären Überlebens von Lebewesen, nämlich grundsätzlich immer zu wenig zu wissen und Entscheidungen immer unter hohem Risiko des Scheiterns treffen zu müssen. Die Fähigkeit, Handlungen (auch pädagogische Handlungen) über bewusste Zwecksetzungen Dauer und Einheit zu verleihen, löst ein Problem, das mit der evolutionären Entstehung der Raum- und Zeitrepräsentationskompetenz entstanden ist und das darin besteht, dass das Handeln sich von seiner ausschließlichen Determinierung durch Umweltreize streckenweise zu emanzipieren in der Lage ist und es auf einer neuen Systemebene zunächst probehalber antizipiert bzw. simuliert werden kann. Die Selektionsvorteile sind offenkundig: Man kann nach anderen Auswegen suchen, neue Probleme durchspielen und ihre Lösung vorbereiten, nach Alternativen und neuartigen Kombinationen

Ausschau halten, und dadurch wird ein schnelleres und variableres Anpassungsverhalten möglich. Kurz gesagt: Die Anpassung an Wirkliches wird durch das Vorschalten eines Operierens im Möglichen optimiert.

Diese Fähigkeit, unser Handeln an selbst gesetzten Zwecken auszurichten – ich nenne es »Zweckorientierung« – darf aber nicht überschätzt werden, denn viel häufiger ist die »Konditionalorientierung« des Handelns[12]. Während Zweckorientierung das Verhalten am antizipierten Ergebnis festmacht und damit sein Ende fixiert, orientiert sich ein Handeln bei der Konditionalorientierung an den Bedingungen des Anfangs, die als Auslöser dienen. Konditionalorientierung ist viel näher den auslösenden Mechanismen des Verhaltens von Tieren, wenngleich es auch meist gelernte Verhaltensschemata sein dürften, die zu unbewussten Gewohnheiten abgesunken sind – und nur dadurch ihre Funktion erfüllen, vor Überlastung durch übergroße Komplexität zu schützen. Diese Funktion der Komplexitätsreduzierung erfüllen beide Handlungsorientierungsweisen auf unterschiedliche Weise: Während die Zweckorientierung von der unübersehbaren Vielzahl der *Mittel* abstrahiert (nach dem Motto: »Der Zweck heiligt die Mittel, aber welche?«), erlaubt es die Konditionalorientierung, von der unübersehbaren Vielzahl der *Folgen* (und Nebenfolgen) abzusehen. Handeln wird so und nur so möglich, dass es sich von einem Wissen über alle möglichen Ursachen und Folgen entlastet. Handeln setzt so gesehen Nichtwissen voraus – und die Möglichkeit, die prekären Folgen des damit eingegangenen Risikos durch Temporalisierung abzuarbeiten und so in Evolution zu überführen. Ein »ganzheitliches« Handeln, das sich in einem vollständigen Wissen (darüber, weil alles mit allem zusammenhänge) kann es auch in der Pädagogik nicht geben.

Auch die Zweckorientierung des Handelns erfüllt diese Funktion des Überlastungsschutzes, wenngleich in umgekehrter Richtung: Der Anlass des Handelns liegt bei der Zweckorientierung in der *zukünftigen*, der bei der Konditionalorientierung in der *vergange-*

---

[12] N. Luhmann, der vom juristischen Verwaltungshandeln her denkt, spricht hier von »Zweckprogrammen« bzw. »Zwecktechnik« und »Konditionalprogrammen« bzw. »konditionaler Technik« (Zweckbegriff und Sytemrationalität. Tübingen 1968, S. 101 f., 242 f.) – eine, wie ich meine, etwas unglückliche Wortwahl, die sich eher für die Programmierung von Maschinen eignet.

nen Gegenwart. Immer aber geht es um evolutive Prozesse des Verrechnens von Variations- und Selektionsprozessen. Diese komplizierten Selektionsprozesse, die sich hier auf verschiedenen Ebenen abspielen, sind nur im Ausnahmefalle dem Handelnden selbst bewusst. Wenn der Erzieher bei jeder Handlung zunächst diese verschiedenen Selektionen bewusst ausführen wollte, würde er – wie der Tausendfüßler, der dann nicht mehr laufen könnte – vermutlich gar nicht mehr zur Handlungsausführung kommen, weil die Situation sich in der Zwischenzeit schon wieder verändert hat. Dass einem Akteur diese Logik nicht in der Situation bewusst ist, muss aber nicht heißen, dass er sie sich nicht in einer anderen (späteren) Situation vor Augen führen kann – genau dies versuchen wir im Augenblick.

Diese Beschreibung ist natürlich eine Simplifizierung eines viel komplizierteren Sachverhaltes, eine fiktive Als-ob-Annahme und – nicht zuletzt – (ebenfalls) eine Zurechnung, eine Attribution, denn schließlich pflegt sich die (Um)Welt in aller Regel nicht um unsere Vorstellungen zu kümmern, sondern ist, wie sie ist. Aber erst durch diese Attribution steht schließlich das, was wir in unserem alteuropäischen Denken emphatisch als »Ich«, »Subjekt« oder »Person« zu bezeichnen pflegen.

Es ist eine Vereinfachung sowohl was die Umwelt als auch was das System betrifft, denn weder haben wir einen poietischen (also herstellenden) Zugriff auf die ebenfalls autopoietisch strukturierten Bewusstseine anderer Akteure, noch besitzen wir einen rekonstruktiven (also wiederherstellenden) Zugriff auf die eigenen Motive und Handlungsantriebe. Weder die Umwelt noch das System sind sich selbst vollständig transparent, und zwar einfach deshalb, weil die Evolution hier so komplexe neue emergente System-Umwelt-Beziehungen möglich gemacht hat, dass sie nicht mehr durchschaut, geschweige denn kontrolliert werden können. Menschliches Handeln ist notwendigerweise opak, und zwar sowohl in Richtung System (also was seine Intentionen, Motive und Zwecke betrifft) als auch in Richtung Umwelt (also was seine Randbedingungen, seine Folgen und Nebenfolgen, Wirkungen und Nebenwirkungen betrifft). »Intentionen und Zwecke sind nur noch Selbstsimplifikationen der Systeme«, schreibt Luhmann[13] und erinnert durch seine Formulierung an die Attributionsleistung des

---

[13] N. Luhmann 1991, a.a.O., S. 138.

Systems. Eine für uns Pädagogen dabei abfallende wichtige Erkenntnis lautet: Man kann weder den anderen, also z. B. den Schüler, noch sich selbst ganz verstehen; aber gleichwohl müssen wir
(z. B. als Lehrer) so tun, *als ob* dies – zumindest teilweise – soweit
gelingt, dass Kommunikation fortgesetzt und soziale Systeme damit erhalten werden können.

Begriffe wie »Ich«, »Subjekt«, »Person«, »Handlung«, »Intention« usw. sind aus dieser (evolutionären) Sicht begriffliche Simpli-
fikationen, die die komplizierten Beziehungen zwischen sinnhaft
und geschlossen operierenden Systemen und ihrer Umwelt, in denen ebenfalls solche psychischen und sozialen Systeme vorkommen, so weit zu ordnen erlauben, dass Ereignisse entweder dem
System (»Ich«, »Subjekt«, »Handlung«) oder der Umwelt (»Du«,
»Objekt«, »Erleben« usw.) zugeschrieben und im Wechsel der Umwelten als Einheit weiterbehandelt werden können. Es ist eine Zuschreibung, die Konstruktion eines Beobachters, der dadurch jene
basale Differenz erzeugt, dass er seine System-Umwelt-Differenz
evoluieren kann, also anschlussfähig an weitere Variations- und
Selektionsprozesse bleibt.

Weil der Handlungsbegriff eine Attribution impliziert, ist es z. B.
nicht möglich, die Behauptung des Kleinen Prinzen (aus Saint-
Exuperys berühmtem gleichnamigen Märchen), er könne der Sonne
befehlen unterzugehen[14], zu widerlegen. Gleichfalls ist es nicht
möglich, den Glauben eines Lehrers zu widerlegen, er hätte es
»geschafft«, dass der Schüler nun endlich kapiert habe, wie man
Wurzeln mit zwei Unbekannten zieht. Die vielen hier möglicherweise – ja wahrscheinlicherweise – ebenfalls mit hereinspielender
Variablen werden hier notwendigerweise augeblendet und – ceteris
paribus – unterstellt, also zugeschrieben, dass des Lehrers Handlung die »Ursache« (wie auch immer definiert) für den Lernerfolg
des Schülers ist. Gleichzeitig entlastet dies aber auch den Lehrer,
denn er braucht dadurch Misserfolge nicht sich selbst zurechnen,
sondern kann sie durch Attributierung auf Randbedingungen
schieben.

Es bedarf nicht unbedingt der Evolutionstheorie, um diese handlungstheoretische Attributierung als vielleicht notwendige, funk-

---

[14] ... man brauchte nur zu warten, bis er wollte, und er wollte es heute abend
um 19.40 Uhr (vgl. A. Saint-Exupery: Der kleine Prinz. Düsseldorf 1987
(42), S. 31 f.

tionale, aber gleichwohl falsche Als-ob-Fiktion zu durchschauen[15]. Aber mit ihrer Hilfe kann man deutlicher die evolutionäre Logik und Funktion dieser Fiktion erkennen und zwar sowohl in der Raum- als auch in der Zeitdimension. Handlungen erlauben uns, die Vielfalt der im Raum vorkommenden Änderungen auf eine gleich bleibende Einheit zu beziehen und gleichzeitig die ständigen Veränderungen (in der Umwelt und im System) durch eine Konstanzfiktion für das System so erträglich zu halten, dass es seine Autopoiesis fortsetzen kann.

Dass im Begriff der Handlung die Metaphorik der »Hand« gebraucht wird, ist evolutionstheoretisch plausibel, denn damit wird an die eine besonders erfolgreiche evolutive Mutation erinnert: die menschliche Hand[16]. Die Hand gehört unzweifelhaft noch zu uns selbst, ist also ein Teil des Systems, so dass die Zurechnung »zu mir« plausibel ist; gleichwohl ist sie die Brücke zur Umwelt, denn mit ihr berühre ich sie und kann sie so verändern, so dass auch die Veränderungen meiner unmittelbaren Umwelt über die Hand zurückzurechnen sind auf das ausführende Organ. Gleichwohl ist es natürlich hier, wo es um die Überbrückung von System und Umwelt geht, eine metaphorisch nur verdeckte Fiktion – oder besser gesagt: eine Attribution, die gleichwohl nützlich ist, weil sie unbegreifliche Komplexität in begreifliche (!) Komplexität zu überführen hilft und trotz einer Vielzahl ständig wechselnder Umwelteinwirkungen konstant zu halten erlaubt.

Das ist für Erziehung ganz besonders wichtig, weil sie neben vielen anderen Ressourcen vor allem Zeit kostet – Zeit, in der sich vieles gleichzeitig und unvorhersehbar ändern kann. Deshalb hat sich eine Mischung von Zweckorientierung und Konditionalorientierung in pädagogischen Kontexten bewährt. Betrachten wir z. B. eine normale Unterrichtsstunde: Sie ist durch den Stundenplan konditional orientiert (ja hier könnte man sogar von »konditional programmiert« sprechen), denn sie macht den Anfang einer Lehrerhandlung deutlich sinnlich wahrnehmbar (solange es noch Schulklingeln gab, sogar akustisch hörbar); gleichwohl liegt dem

---

[15] Schon Th. Litt spricht davon, dass jede Handlung eine Als-ob-Annahme verlangt, eine »Abblendung« von Komplexität, »denn ohne sie würde er im Netz der Überlegungen Zweifel und Bedenken hängen bleiben . . .« (Th. Litt: Führen oder Wachsenlassen. Eine Erörterung des pädagogischen Grundproblems. Stuttgart 1965(12), S. 24).

[16] Vgl. Wilson 2000, a.a.O.

Unterricht auch eine Zweckorientierung zugrunde, die durch den
Lehrplan vorgegeben ist und bei Bedarf (etwa bei der Unterrichts-
vorbereitung des Lehrers) reformuliert werden kann. Auch in einfachen alltäglichen Erziehungssituationen finden wir in der Regel
eine undurchsichtige Mischung von zweck- und konditional-
orientierten Handlungen: Das Kind schreit, die Mutter wendet sich
ihm zu (konditionalorientiert); es stampft zornig mit dem Fuss auf,
der Vater ignoriert es absichtlich (zweckorientiert) usw.

Zweckorientierung und Konditionalorientierung sind also nicht
einfach systeminterne Verhaltensmotive, sondern lösen gleichermaßen ein Problem in der Beziehung von System und Umwelt.
Dieses Problem heißt: Bestandserhaltung (einer System-Umwelt-
Differenz) durch Handeln eines Akteurs in einer unruhigen und sich
ständig verändernden Umwelt. Die Orientierung an konditionalen
Auslösern hat den Vorzug, ohne Bewusstsein des Akteurs auskommen zu können (das kann unter Umständen eine erhebliche Leis-
tungssteigerung zur Folge haben, weil das System von besonders
aufwändigen Leistungen entlastet wird). Die Orientierung an Zwecken hat dagegen den Vorzug, von einem direkten Umweltdruck
und den ständigen Fluktuationen einer bestimmten Umwelt zu entlasten und Entscheidungssituationen zu vereinfachen (und zwar je
unbestimmter die Zwecke formuliert werden)[17]. Beide Vorzüge
komplementär miteinander zu verbinden, wäre die Kunst, die Erziehung für Erzieher trotz ständiger Enttäuschungswahrscheinlich-
keit erleichtern könnte.

16 Erziehung als Interaktion

Wir haben bisher den Handlungsbegriff evolutionstheoretisch reformuliert und dabei festgestellt, dass er eine Simplifizierung darstellt, die nützlich ist, in komplexen und stets veränderbaren Umwelten Erwartungen auf Dauer zu stellen – und bei Bedarf zu
korrigieren. Allerdings täuscht er gleichzeitig über die evolutionäre

---

[17] Präziser formuliert: »Durch Zwecksetzung macht sich ein System mithin
von zahllosen Aspekten seiner Umwelt frei, setzt Grenzen, gewinnt Autonomie, setzt sich eben dadurch aber auch der Gefahr aus, bestands-
wichtige Fakten oder Veränderungen in der Umwelt zu verkennen« (N.
Luhmann 1973, a.a.O., S. 199).

Logik sozialer Interaktionen hinweg. Erziehung ist ja keine Handlung, auch wenn Erzieher durchaus handeln und Pädagogik sich überwiegend als Handlungswissenschaft versteht. Handeln ist ein Prädikat, das wir einzelnen Menschen (Phänen) zuschreiben; zur Erziehung gehören aber mindestens zwei Menschen – einer der erzieht und ein anderer, der erzogen wird. Aber das ist eine seltene Ausnahme, von der – vermutlich aus Gründen der Vereinfachung – in pädagogischen Diskursen oft abstrahiert und die zum »pädagogischen Verhältnis« stilisiert wird. Meistens ereignet sich Erziehung, wie auch ihre spezifischen Ausprägungsformen des Belehrens (und des Unterrichtens), in Gruppen, wie z. B. in Familien, in Peer-Gruppen und in Schulen – also in sozialen Systemen. Damit wird das schon ausreichend komplizierte Ineineinanderwirken von verschiedenen Variations- und Selektionsebenen noch einmal, und zwar bedeutend komplizierter, denn die System-Umwelt-Differenzen und -Referenzen vervielfachen sich. Zunahme von Komplexität erzwingt eine kompensatorische Zunahme von (Selbst-)Simplifikationen – oder seine Auslagerung bzw. Ausdifferenzierung in andere Systemebenen.

Die Schwierigkeiten, denen sich ein Erzieher gegenüber sieht, der erziehen »will«, der also über bewusste Absichten und mehr oder weniger planvolle Handlungen einen erzieherischen Einfluss auf andere Menschen auszuüben versucht, sind so groß, dass man einerseits versucht ist, darüber erstaunt zu sein, dass es trotzdem (hin und wieder) klappt, und andererseits alles andere als erstaunt darüber ist, dass wir in der Wissenschaft von der Erziehung, also in der Erziehungwissenschaft, immer noch über keine theorietechnisch ausreichend tiefenscharfen und hochauflösenden Beschreibungen verfügen. Ich will nur an eine Schwierigkeit erinnern, die sowohl dann entsteht, wenn man handlungstheoretisch an die Sache herangeht, als auch, wenn man evolutionstheoretisch denkt: Derjenige, der handlungstheoretisch an Erziehung herangeht, führt, wie wir gesehen haben, Handlungen auf Absichten und Entscheidungen zurück, die, weil sie einer freien Willensäußerung bedürfen, so oder auch anders ausfallen können – sie sind also kontingent. Auch derjenige, der evolutionstheoretisch denkt, kommt zu dem gleichen Ergebnis, wenngleich er hier nicht von »freier Willensäußerung«, sondern von mehr oder weniger »zufälligen Selektionen als Systemleistungen« spricht. Auch sie müssen von einem Beobachter (und das kann auch ein Selbstbeobachter sein) als kontingent eingeschätzt werden, als zufällig. Wenn aber in erzieherischen Verhältnissen mehrere Personen interagieren, dann verdoppelt, ja vervielfacht sich die Kontingenz, und wir müssen von einer »doppelten Kontingenz« oder noch besser von einem »Gemengelage vielfacher Kontingenzen« (Luhmann) sprechen.

Nehmen wir ein Beispiel: Als Lehrer könnte ich auf eine freche Schülerantwort humorvoll oder ermahnend reagieren (kontingent), und ich weiß gleichzeitig, dass die Schüler das wissen (d. h. damit rechnen müssen, dass mir mehrere Möglichkeiten der Reaktion zur Verfügung stehen); ich muss sogar unterstellen, dass auch die Schüler wissen, dass ich weiß, dass sie das wissen, und sie können dementsprechend reagieren (oder auch nicht). Auch der betreffende Schüler kann kontingent darauf reagieren und weiß, dass der Lehrer das weiß und dementsprechend wieder kontingent darauf reagieren kann usf.

Eine auf Handlungen zurückführbare Erziehung ist bei der Anzahl der möglichen Systemreferenzen in einer Schulklasse nicht mehr überschaubar (ganz zu schweigen davon, dass, wie wir schon gesehen haben, auch meine eigenen Handlungen nur durch rigide Selbstsimplifikation als solche überhaupt zugänglich sind), denn jedes handelnde System kann zu sich selbst wie zu einem der vielen anderen personalen Systeme wie auch zur gesamten Klasse eine Beziehung haben – sprich: eine spezifische System-Umwelt-Differenz erhalten oder verändern. Nur durch scharfe Vorselektionen in Form von Strukturen, die die Beteiligten schon vorfinden, kann diese Komplexität der Systemreferenzen soweit reduziert werden, dass Handeln in Gruppen (wie etwa der Familie) überhaupt möglich und wahrscheinlich wird. Solche Strukturentscheidungen scheinen als Vorselektionen Bedingung der Möglichkeit von Erziehung zu sein.

Eine wichtige Vorentscheidung, die sich erstaunlicherweise zäh und unausrottbar bis heute gehalten hat und die keineswegs selbstverständlich ist, realisiert Erziehung und Lehre (bis auf ganz wenige Ausnahmen abgesehen) in Form von *Interaktionen*, also unter Bedingungen der persönlichen (körperlichen) Anwesenheit konkreter Personen am gleichen Ort zur gleichen Zeit. Dass Erziehung sich auch im Zeitalter der Massenmedien und der technischen Medienkultur nach wie vor und überwiegend als Interaktion unter Anwesenden ereignet, wird gelegentlich als »archaisch« bezeichnet. Ist Erziehung qua Interaktion tatsächlich eine »archaische Sozialform«, ein evolutionäres Relikt, das seine proximaten Entstehungsbedingungen bis heute mitschleift? Oder verbirgt sich dahinter eine evolutionäre Funktion, die wir leicht übersehen, weil sie so alt ist? Ich vermute in der Tat, dass sich dahinter ein funktionaler Selektionsvorteil verbirgt, der nach wie vor unverzichtbar ist. Aber welcher? *Welcher Selektionsvorteil hat Erziehung?*

Zunächst einmal muss man sich bei dem Versuch, diese Frage zu beantworten, noch einmal an die biologischen Entstehungsbedingungen von Erziehung aus der Brutpflege K-strategisch vorgehender Tiere erinnern. Hier ist die Interaktion geradezu biologisch bedingt, denn ohne körperliche Penetration kann es (bei zweigeschlechtlichen) Lebewesen keine Fortpflanzung geben, und ohne körpernahe Wartung (Hilfe, Schutz, Fütterung ...) und eine Interaktion unter gleichzeitig Anwesenden kann es keine Brutpflege geben. Eine Erziehung, die darauf aufbaut und sie ausbaut in Richtung lehrbaren Lernens, wird diese auf körperlicher Anwesenheit und individuellem Wiedererkennen beruhende Sozialform mitschleifen. Aber diese Erinnerung ist natürlich nur eine proximate Erklärung. Gibt es auch eine ultimate Erklärung für diesen Sachverhalt?

Man muss davon ausgehen, dass es eine solche ultimate Erklärung gibt, denn Interaktion ist unter Umständen – nämlich dann, wenn das verwandtschaftliche Prinzip der sozialen und räumlichen Nähe aufgegeben wird und (wie etwa in Schulen) überschritten werden muss – aufwändig und muss folglich gegen das ökonomische Sparprinzip der Evolution durchgesetzt und durchgehalten werden. Das ist der Grund, warum eine auf Dauer gestellte Interaktion, die speziell mit der Absicht der Erziehung bzw. der Belehrung eingerichtet wird, früher oder später organisiert werden muss. Organisation aber kostet Ressourcen. Sachliche Kompetenzen, die es durch Lehre zu vermitteln gilt, sind nicht überall vorhanden. Schüler müssen deshalb zu Lehrern (oder – seltener – Lehrer zu Schülern) kommen. Hier spart die räumliche Zentrierung um einen Lehrer (der als »Meister« seiner »Kunst« früher im Alten Ägypten meistens in der Mitte eines Kreises saß) den Aufwand der individuellen Wiederholung der Belehrung. Der Lehrer muss etwas nur einmal vor mehreren Schülern darstellen und wenn er es wiederholt, dann wird es für alle Schüler wiederholt. Der ökonomische Spareffekt einer solchen Gruppenbelehrung wird vermutlich größer sein als der zusätzliche Aufwand, der dadurch anfällt, dass alle gleichzeitig am gleichen Ort körperlich anwesend sein müssen. Aber das kann noch nicht alles gewesen sein. *Ökonomisches Sparprinzip*
↓
Gruppenbelehrung (Schule)

Ich vermute, dass ein wichtiges und bis heute unverzichtbares Element der Interaktion von Erziehung darin liegt, dass nur in der direkten körperlichen Anwesenheit die Unwahrscheinlichkeit von Erziehung wahrscheinlich gemacht werden kann, und zwar deshalb, weil nur sie es erlaubt, die abstrakte evolutionäre Logik von Lernen mit der konkreten Form von Lehre so zu verbinden, dass die Selektionsangebote, die vom Lehrer ausgehen, von den Schülern angenommen werden. Nur durch körperliche Anwesenheit können auch die körpersprachlichen Signale der Vermittlung und der Aneigung von Informationen situativ, und das heißt: flexibel und ständig veränderbar, eingesetzt und sinnlich – insb. über das höchst entwickelte Sinnesorgan: das Auge – wahrgenommen werden. Nur in Form von Interaktion können ohne Zeitverlust kontingente Selektionsentscheidungen von Ego (bzw. von Alter) an den kontingenten Selektionsenscheidungen von Alter (bzw. von Ego) überprüft und dann ggf. in andere überführt, also verändert werden.

Gleichzeitig wird damit »Gegenwart« konstituiert: Soziale Systeme erzwingen durch den Zwang zur Koordination ihrer Kommunikationsprozesse – und nur über sie können sie sich bilden und erhalten bleiben – das, was wir als Gegenwart zu bezeichnen pflegen. Es kann immer nur einer sprechen, die andern müssen zuhören; dieses Sagen zerfällt aber im Augenblick seines Auftauchens wieder, wird also zur Vergangenheit, und kann nach Beendigung von einem anderen kommunikativ fortgesetzt werden. Diese komplizierte Konstituierung sozialer Systembildung durch Kommunikation kann offenbar am besten in Form von Interaktion (unter Anwesenden) erreicht werden, denn nur so kann schnell, viel und genau beobachtet und reagiert werden. Soziale Systeme, wie dies etwa Familien oder Schulklassen sind, setzen so gesehen durch Interaktion Gegenwart (und damit auch Vergangenheit und Zukunft) nicht voraus, sondern bringen sie – und damit auch Evolution – erst hervor.

Dazu kommt die latente Funktion der Signalselektion, die – wie wir schon wissen – der direkten Anschauung bedarf, denn nur durch direkte sinnliche Anschauung können die Ehrlichkeit von Signalen und die feinen Unterschiede zwischen ihnen erkannt und bewertet werden. »An-schauung« ist und bleibt also nicht nur deshalb, weil sie die phylogenetisch wohl älteste Form der Erkenntnis von Welt ist, sondern auch weil sie die adäquate Form für Signalselektion ist, bis heute eine wichtige didaktische Kategorie, allerdings im Allgemeinen beschränkt auf die Anschauung des Bildungsgutes, das durch Kontrastverschärfung, Übertreibung, Vergrößerung und Wiederholung deutlicher hervortritt und vergleichbar wird. Möglicherweise wird unter Umständen auch die sexuelle Selektion dort relevant, wo in der Sozialdimension entlang des Codes »besser – schlechter« beobachtet wird. All dies bedarf, um die feinen Unterschiede zu sehen, der Interaktion (z. B. Unterricht) – und zu deren Absicherung und Ermöglichung auch die Organisation (z. B. Schule).

Nur durch Interaktion kann die Komplexität der vielfach gebrochenen Kontingenzen einigermaßen reduziert werden und soweit erhalten bleiben, dass ein Lernen durch Lehren wahrscheinlich bleibt. Offenbar bedarf es – auch lange nach der Erfindung der Schrift, des Buchdrucks, ja der modernen digitalen Informationsmedien – nach wie vor der mündlichen Rede (als einer spezifischen Form der *Kommunikation*) und der sichtbaren Kontrolle von Körperverhalten und Mimik (also der sinnlichen *Wahrnehmung*), um die Übernahme von Selektionsvorschlägen (um nichts anderes geht es im Unterricht) wahrscheinlich zu machen. Offenbar können wir bei der Erziehung nicht auf die unmittelbare Reizung der Sinne (durch Wahrnehmung) verzichten – denn, wie schon Aristoteles meinte, »verlangen (alle Menschen) Wissen von Natur aus« – und darunter verstand er den Beweis durch die fünf natürlichen Sinne. Sinnliche Wahrnehmung hat ein hohes Fassungsvermögen für gleichzeitige Kommunikation und ist deshalb in pädagogischen Kontexten fast unverzichtbar.

Betrachtet man die unterschiedliche Leistungsfähigkeit der verschiedenen Sinne, dann sind es vor allem drei Sinneskanäle, die eine herausragende Bedeutung für die Informationsaufnahme von lernenden Systemen in ihren Umwelten sind:

– der optische Kanal als der leistungsfähigste schlechthin (3 Millionen bit/sec) nimmt, so schätzt man, etwa 80 % aller Informationen auf;

– der taktile Kanal (mit einer Leistungsfähigkeit von 200.000 bit/ sec) und der

– der akustische Kanal (Leistungsfähigkeit zwischen 30.000 und 50.0000 bit/sec.

Der olfaktorische Kanal mit 20–100 bit/sec und der gustative Kanal mit 10 bit/sec fallen deutlich dagegen ab und können deshalb im Folgenden unberücksichtigt gelassen werden.

Wenn meine Vermutung zutreffend ist, dass Interaktion deshalb sich auch heute noch zum überwiegenden Teil in Form von Interaktion (unter Anwesenden) abspielt, weil die unmittelbare Reizung der (wichtigsten) Sinnesorgane unverzichtbar ist, denn muss sich das in den in Anspruch genommenen didaktischen Methoden widerspiegeln. Betrachten wir deshalb einmal die pädagogisch relevanten Sinne unter diesem Gesichtspunkt etwas genauer.

Visuelle Informationsverarbeitung

Der optische Sinneskanal ist beim Menschen der höchst entwickelte. Das zeigt sich nicht nur an der hohen Auflöserate bei der Differenzwahrnehmung, zu der unsere Augen fähig sind, sondern auch bei der zerebralen Weiterverarbeitung der davon ausgehenden Impulse: Im Gehirn des Menschen beanspruchen diejenigen Bereiche, die sich mit dem Sehen befassen, den meisten Platz[1]. Wir Menschen sind also, evolutionär gesehen, primär »Sehwesen«. Es ist deshalb nicht verwunderlich, dass man bei der Erziehung auch primär diesen Sinneskanal in Anspruch nimmt, und zwar von Anfang an.

Über den optischen Kanal, also mittels unserer Augen, können wir Informationen aus der Umwelt – wie über die anderen Sinneskanäle auch – in Form von Differenzen wahrnehmen, in diesem Falle von sichtbaren Kontrasten im (dreidimensionalen) Raum[2]. Kontraste werden dabei unbewusst verstärkt, um damit besser wahrgenommen werden zu können. Eine deutlichere Wahrnehmung ergibt sich durch die Bewegung, weil dadurch eine Differenz entsteht. Um sie wahrnehmen zu können, muss sich entweder im Raum etwas bewegen, oder aber die Augen selbst müssen bewegt werden. Nur dadurch, dass sich etwas bewegt und etwas anderes gleich bleibt, entsteht ein Unterschied, der im Raume optisch wahrgenommen werden kann. Optische Wahrnehmung setzt also die System-Umwelt-Differenz voraus, denn nur wenn ich unterscheiden kann, ob sich das System oder die Umwelt verändert, kann ich die Informationen so weiterverarbeiten, dass sie für die Erhaltung dieser System-Umwelt-Differenz nützlich sind.

---

[1] Nach W. Singer 2003, a.a.O., S. 100.
[2] Zur Verarbeitungsweise visueller Information im System vgl. J. R. Anderson 2001, a.a.O., S. 39 ff.

In der Regel ist die Umwelt deutlich und vielfältig strukturiert, der Kontraste sind viele, die Bewegungen, die man in der Umwelt sehen kann, und jene, die man vielleicht gleichzeitig (als System) selbst macht, ebenso. Wir können uns vor dieser damit drohenden Überlastung (Reizüberflutung) dadurch schützen, dass wir die Augen (im Gegensatz zu den Ohren) schließen können und (im Schlaf) müssen. In der Wachphase ist die Vielzahl der optischen Eindrücke aber ein Dauerproblem und verlangt nach Reduktion ihrer Komplexität. Erziehung hat deshalb dort, wo sie als Lehre/Belehrung daherkommt, eine spezifische Operationsform entwickelt, die diese Komplexitätsreduktion steuert: das *Zeigen*.

Wie ich schon an früherer Stelle erwähnte, gibt es in der lateinischen Sprache zwei Begriffe für Zeigen, nämlich »*demonstrare*« und »*ostendere*«. Darin ist ein für Pädagogik wichtiges Wissen aufgehoben: Man kann auf etwas *hinzeigen* oder man kann etwas *vorzeigen*. Ich vermute, dass das Vorzeigen (ostendo: entgegenstrecken, darbieten, sehen lassen, vorzeigen) die phylogenetisch ältere Form der Belehrung ist, denn sie entwickelt sich nahtlos aus der mitgängigen funktionalen Erziehung heraus. Ein Kind sitzt z. B. neben der Mutter und beobachtet, wie diese in einer großen Kalebasse Maniok stampft; es nimmt einen Stock, der auf dem Boden liegt, und versucht, es nachzumachen; es glückt nicht ganz, deshalb macht die Mutter die Bewegungen noch einmal und für das Kind gut sichtbar langsam vor. Dieses Vormachen ist ein Vorzeigen, das nicht nur Selektion (aus anderen Möglichkeiten zu handeln) ist, sondern auch eine Selektion transportiert und, wenn die Belehrung glückt, als Lernprozess selektiert wird. Es ist die pädagogische Variante des Informationsvorganges: eine Differenz, die eine Differenz macht[3]. Alle körperlichen Fähigkeiten, die eine gewisse Geschicklichkeit voraussetzen, können lehrenderweise durch ein solches vormachendes Zeigen (i.S.v. ostendere) »vorgemacht« werden und damit zum Nachmachen anregen.

Komplizierter gebaut ist das hinweisende Zeigen im Sinne von »demonstrare«, denn es setzt, obwohl es meist in Form einer einfachen »Hand-lung« (dem ausgestreckten Zeigefinger) daherkommt, damit es verstanden werden kann, eine abstrakte Leistung voraus,

---

[3] So die häufig zitierte Formulierung des (informationstheoretischen) Informationsbegriffes von G. Bateson: »Informationen bestehen aus Unterschieden, die einen Unterschied machen« (G. Bateson 1984, a.a.O., 123).

die wir bislang in dieser Eindeutigkeit nur von Menschen kennen. Wer z. B. einer Katze mit ausgestreckter Hand und Zeigefinger auf ihren Fressnapf zeigt, wird sehen, dass sie auf den Finger schaut (vor allem, wenn er sich bewegt), nicht aber die nur gedachte Linie verfolgt, die sich aus der Verlängerung des Zeigefingers ergibt, und schließlich bei dem gezeigten Objekt ankommt. Eine Zeige-handlung in der »Welt 1« zu verstehen, setzt also einen Umweg über die »Welt 2« voraus und damit die Inanspruchnahme der Raum- und Zeitrepräsentationskompetenz. Wer eine Zeigehandlung versteht, der kann ihr Selektionsangebot annehmen (oder ablehnen), und eine Selektionsofferte wird hier ja gemacht, denn aus allen möglichen Objekten, auf die mein Blick fallen könnte, wird eines ausgewählt und gleichzeitig die Mitteilung gemacht: Beobachte meine Be-obachtung! Selektiere meine Selektion![4]

Mit dem Zeigen kann die Richtung »angezeigt« werden, die in jeder Lehre enthalten ist und an die der Begriff des Unterrichts noch heute erinnert. Es wird gleichzeitig damit deutlich, dass das die Richtung anzeigende Zeigen primär in der Raumdimension der menschlichen Sinneserfahrungen angesiedelt ist und eine Redukti-on räumlicher Komplexität anbietet, die eine Selektion impliziert. Zeigen ist eine Selektionsofferte, nicht schon die Annahme selbst. Auch als optische Selektionsofferte muss sie zunächst einmal mit mindestens einem Sinnesorgan wahrgenommen, in ihrem »Sinn« erkannt werden, und es muss die Mitteilung ankommen: »Das ist eine sinnhafte Selektionsofferte (die dir etwas mitteilen will)!« Man muss wahrnehmen, dass der andere seinen Finger ausstreckt, weil er damit etwas symbolisch mitteilen will; weiter muss die Selektions-offerte in ihrer nur gedachten Richtungsangabe als Zeigen erkannt werden (»Ich will Dir etwas dadurch mitteilen, dass ich es Dir zeige!«), schließlich kann der Inhalt dieser Zeigehandlung verstan-den werden (»Ich will Dir den Nordstern zeigen!«). Eine letzte Selektion findet dann statt, wenn ich den in jeder verstandenen Information enthaltenen Geltungsanspruch übernehme oder aber ablehne (»Ich akzeptiere die Behauptung, dass dies nicht der Nord-stern, sondern die Venus ist!«).

---

[4] Vgl. A. K. Treml: Das Zeigen. Funktion und Folgen der Zeigetechnik in der Kulturgeschichte aus pädagogischer Sicht. In: M. Liedtke (Hg.): Kul-turethologische Aspekte der Technikentwicklung. Wien 1995, S. 241–264.

Die allgemeine Struktur der Kommunikation

Damit haben wir vier verschiedenen Selektionsebenen schon bei diesem einfachen Akt des Zeigens herausgearbeitet, und wir werden sehen, dass sie das allgemeine Kennzeichen jeder Kommunikation sind:

1. Wahrnehmung – Sinnesreiz
2. Information – Sinnerkennung
3. Verstehen – Bedeutung
4. Akzeptieren – Bewertung

Zunächst muss, wenn wir von einem erzieherischen System-Umwelt-Verhältnis (meist in Form einer Interaktion) ausgehen, in einem ersten Schritt eine Differenzwahrnehmung *sinnlich* wahrgenommen werden. Möglicherweise beginnen hier schon die Schwierigkeiten, etwa bei Schwerhörigkeit oder dann, wenn im Unterricht der Lärmpegel so groß ist, dass man das eigene Wort, geschweige denn das des Lehrers, nicht mehr versteht. In einem zweiten Schritt kommt eine weitere Differenz hinzu, nämlich jene von Sinne und Sinn: ein sinnlich wahrgenommener Reiz muss gewissermaßen als »abgesandte Information«, und damit als eine *sinnvolle* Äußerung wahrgenommen und identifiziert werden. Damit werden andere Geräusche, wie etwa das Husten eines Schülers oder das Geräusch eines umfallenden Stuhles, ausgeschieden (es sei denn, der Schüler hustet absichtlich und will damit eine Information geben). Schließlich muss auf einer dritten Ebene der Sinn des Gesehenen oder Gehörten inhaltlich auf seine Bedeutung hin verstanden werden. Wer eine fremde Sprache, die er nicht versteht, hört, ist wohl erfolgreich die ersten beiden Schritte gegangen; es fehlt aber der entscheidende dritte Schritt, bei dem es um die Entschlüsselung des gedanklichen »Woraus« als Selektion geht. Ist diese Hürde genommen, muss in einem vierten Schritt eine weitere Entscheidung gefällt werden: Übernehme ich die impliziten Geltungsansprüche der Information (also etwa denjenigen auf Wahrheit) oder nicht? Weil Kommunikation nicht nur auf Verstehen (um des Verstehens Willen) zielt, sondern (vor allem) auf Annahme der impliziten Geltungsansprüche, sind diese auch positiv besetzt: wahr erscheint uns besser als falsch, schön besser als hässlich. Mitteilung, Information, Verstehen und Akzeptieren sind also schon auf dieser basalen Ebene des ostentativen Zeigens in didaktischen Kontexten Voraussetzung dafür, dass über ein Belehren ein Lernen angeregt werden kann[5].

Kommunikation durch *Sprache* ist ein, wenngleich auch der für uns Menschen sicher wichtigste, Sonderfall von Kommunikation, und auch Sprache arbeitet mit der Logik der Evolution. Sogar Analogien zur biologischen Evolution (des Menschen) lassen sich, wenn man nur weit genug abstrahiert, deutlich erkennen. Sexualität ist die Sprache der Natur, Sprache die Sexualität der Kultur, denn beide Male wird Varianz produziert, auf deren Grundlage die weitere Systemleistung nur durch Selektion fortgesetzt werden kann. Ist es in der biologischen Evolution die zufällige Mischung zweier Varianzpools (angereichert durch gelegentliche genetische »Kopierfehler«), so ist es bei der Sprache die Nichtidentität von Signalsendung und Signalentschlüsselung (die aufgrund der gegenseitigen System-Umwelt-Differenz unvermeidlich ist), was funktional äquivalent Evolution wahrscheinlich macht. Eine Hermeneutik des vollständigen Verstehens dürfte deshalb eine theoretisch fruchtlose Illusion sein, die in der praktischen Pädagogik geradezu blockierend sein kann.

Man kann also Kommunikation, auch pädagogische Kommunikation, auch pädagogische Sprache, als Evolution begreifen, und das heißt dann: als Kaskaden von Variations- und Selektionsprozessen. Auf jeder Ebene muss aus einem Pool von Möglichkeiten ausgewählt, also selektiert werden:
- aus den Geräuschen jene, die relevant sein können,
- aus den relevanten Geräuschen jene, die sinnvoll sind,
- aus einem sinnvollen Geräusch der spezifische Bedeutungsinhalt (unter vielen anderen auch möglichen Bedeutungen);
- schließlich muss auch die Bedeutung bewertet werden und die damit erhobenen Geltungsansprüche positiv oder negativ selektiert werden.

---

[5] Ich variiere damit die Vorschläge von N. Luhmann, der Kommunikation in der Reihenfolge von Information, Mitteilung, Verstehen beschreibt, um damit näher an den pädagogischen Problemen kommunikativen Handelns formulieren zu können. Schließlich geht es bei ihnen nicht nur um das Verstehen der Differenz von Information und Mitteilung, sondern auch um den Inhalt der Information und ihre positive Selektion in Form eigenen Wissens, also um das, was man durchaus auch als »Aneignung« einer Information bezeichnen kann, die von einem Sender mit der Intention der »Übertragung« kommt (vgl. Luhmann 1984, a.a.O., S. 193 ff.).

Diese mehrfach gestufen Selektionsprozesse erzwingen geradezu Konzentration, um Evolution wahrscheinlich zu machen, können aber auch u.U. konzentriertes Nachdenken verhindern.[6]

Wie immer in der Evolution kann auch hier die Stabilisierung nicht determiniert, sondern nur wahrscheinlich gemacht werden. Und weil auf allen vier Ebenen Selektionsprozesse ablaufen, damit sich die Kommunikation nicht über Einheiten, sondern Differenzen fortsetzt, kann sie auch auf allen vier Ebenen scheitern:

– man kann die Mitteilung als Mitteilung übersehen (z. B., wenn der Lehrer schweigt – und gerade damit etwas sagen will!),

– man kann übersehen, dass das was ich sehe, eine sinnvolle Information ist (der Lehrer will mir damit etwas mitteilen, aber worauf zeigt er?),

– man kann die Bedeutung der Information nicht verstehen (der Lehrer erklärt etwas, aber ich kapiere es nicht),

– man kann durchaus verstehen, aber den damit transportierten Geltungsanspruch nicht akzeptieren (der Lehrer behauptet etwas, aber ich glaube es nicht).

Im Übrigen bedeutet selbst das Akzeptieren eines verstandenen Geltungsanspruchs (z. B. auf Wahrheit, auf Moralität) noch keineswegs, dass man auch danach handelt. Dieser letzte Schritt bedarf einer weiteren – fünften – Selektionsebene, nämlich aus der Vielzahl von situativ gegebenen Handlungsmöglichkeiten jene auswählen und in Handlung übersetzen zu können, die aus dieser Akzeptanz des Geltungsanspruches deduktiv folgt.

Wieder sehen wir, wie unwahrscheinlich es ist, dass die Evolution über Sinn Ordnung aufbaut und es deshalb zusätzlicher Vorselektionen bedarf, um sie wahrscheinlich zu machen. Man kann eigentlich schon alle räumlichen Begrenzungen (qua geographischer Isolation), die in didaktischer Absicht vorselektiert werden, als eine Vor-Form dieses Zeigens interpretieren, leisten sie doch schon die basale Eingrenzung räumlicher Komplexität und richten den Blick auf eine didaktisch ausgewählte Information (qua Differenzerfahrung). Aber das reicht offenbar immer noch nicht aus

---

[6] Auf diesen, gerade auch für Pädagogen interessanten, Aspekt verweist A. Kieserling in seinen subtilen systemtheoretischen Analysen der Kommunikationsprozesse in Interaktionssystemen (Kommunikation unter Anwesenden. Studien über Interaktionssysteme. Frankfurt a.M. 1999, S. 135 f.). Eine Auswertung dieser Studien für die Grundlegung einer (systemtheoretischen) Unterrichtstheorie dürfte viel versprechend sein.

(wenn man nicht solche extremen Formen der räumlichen Isolation arrangieren will, wie sie bei uns z. B. in manchen Klöstern praktiziert wurden). Auf Grund dessen ist das Zeigen auch heute noch eine pädagogische Handlung von grundlegender Art und Weise. Allerdings nur, wenn man auf eine doppelte Selektion zeigt: Der Passant, den ich am Straßenrand mit meiner Stadtkarte nach einer Straße frage, »zeigt« mir die Richtung an, in der diese Straße liegt. Das würden wir nicht als ein pädagogisches Zeigen bezeichnen. Aber wenn ein Vater seinem Kind nachts den Nordstern zeigt, dann geschieht das wahrscheinlich in pädagogischer Absicht und das heißt: Der Vater zeigt auf den Nordstern und damit auf ein konkretes Objekt (1. Selektion); gleichzeitig zeigt er aber auch auf ein Wissen, auf das immer wieder und überall zurückgegriffen werden kann und transportiert damit ein allgemeines Wissen (2. Selektion). Wenn auf etwas Besonderes gezeigt wird und der Zeigende damit gleichzeitig auf ein Allgemeines zeigt, dann ist es ein pädagogisches Zeigen.

Der taktile Kanal

Kommen wir zum *taktilen Kanal*, also zu jener Sinneswahrnehmung, die über körperliche Berührung vermittelt wird. Wer an seine Schulzeit denkt, wird sich hier vielleicht fragen, ob dieser Kanal überhaupt noch eine Rolle spielt. Auf den ersten Blick scheint er in der Tat keine oder zumindest keine bedeutsame Rolle in der Erziehung mehr zu spielen, zumindest nicht in den Formen organisierter Lehre, also z. B. in unterrichtlichen Situationen. Ich lernte während meiner Lehrerausbildung noch die auf das Verhalten mit Schülern und insb. mit Schülerinnen bezogene Maxime »Drei Schritte vom Leibe!« Das aber bedeutet schlicht ein Verbot der pädagogischen Inanspruchnahme des taktilen Kanals.

Man braucht allerdings nur (anstatt an seine Schulzeit) an seine frühe Kindheit zurückdenken, und es wird einem dann einfallen, wie häufig und wichtig körperliche Berührungen waren. Die körperliche Berührung hat sich in unserem Kulturkreis zurückgezogen auf den Beginn der Ontogenese. Die erste Zeit nach der Geburt bedarf der Säugling unvermeidbar des Körperkontakts, etwa beim Stillen an der Brust der Mutter, aber auch während der Körperpflege, während der vielen Zärtlichkeiten, mit denen die Eltern gewöhnlich ihren Nachwuchs zu überschütten pflegen. Körperliche Berührung kann in dieser frühen Phase die erste einschneidende Differenzerfahrung des Neugeborenen – die Trennung von der körperlichen Einheit mit der Mutter – mildern und wird von ihm i.A. als lustvoll und beruhigend erlebt. Im Verlaufe der Ontogenese wird bei uns allerdings die körperliche Berührung (vermutlich im Zusammenhang mit der kulturellen Stigmatisierung körperlicher Gewalt) in zunehmendem Maße tabuisiert und – wie schon gesagt – in pädagogischen Organisationen wie der Schule ausdrücklich verboten.

Das war nicht immer so. Sobald man den Blick ausweitet, und zwar sowohl zeitlich als auch räumlich (und die historische und die vergleichende Pädagogik bemüht), wird man dieses Verbot als eine noch sehr junge und eng auf wenige Kulturkreise beschränkte Errungenschaft durchschauen, denn in der Kulturgeschichte der Erziehung, und zwar sowohl der Familienerziehung als auch der Schulerziehung, war die körperliche Berührung bis hinein in meine eigene Generation eher die Regel und nicht die Ausnahme. Körperliche Berührung durch andere Menschen kann lustvoll oder schmerzhaft sein und kann damit als positive oder negative Selektion pädagogisch eingesetzt werden. Beides lässt sich in der Geschichte der Erziehung seit ihren ältesten Spuren nachweisen. Schon im alten Ägypten spielten Prügelstrafen die entscheidende Rolle als disziplinarische Mittel der Erziehung und waren alltäglich. Alle Wörter für »Erziehen« wurden in der Hieroglyphenschrift des alten Ägyptens mit dem »Schlagenden Mann« oder dem »Schlagenden Arm« symbolisiert[7]. Überliefert ist uns der Satz »Das Ohr eines Jungen sitzt auf seinem Rücken, er hört, wenn man ihn schlägt«[8]. Hören, und damit der akustische Kanal, wird hier kurzgeschlossen mit dem taktilen Kanal. Das andere Extrem ist uns aus der antiken Pädagogik vertraut, der Päderastie, also der meist homoerotisch gefärbten Liebe zwischen einem älteren Lehrer und einem jüngeren Schüler.

Ein Blick in das Datenmaterial der Kultur vergleichenden Forschung lässt erkennen, dass in den verschiedenen Kulturen das Pendel unterschiedlich ausschlägt – einmal mehr in Richtung angenehme, das andere Mal mehr in Richtung unangenehm körperli-

---

[7] Nach H. Brunner 1957, a.a.O., S. 56.
[8] Nach H. Brunner 1957, a.a.O., S. 56.

che Berührung; die Inanspruchnahme des taktilen Sinneskanals
aber (fast) überall gegeben war bzw. ist. Immerhin spricht einiges
dafür, dass in segmentär-differenzierten Jäger-, Sammler-, Hirten-
und Ackerbaukulturen der Akzent auf eine straffreie Erziehungspraxis gelegt worden ist bei gleichzeitig langen Phasen des (lust-
vollen) Körperkontaktes in der frühen Kindheit (etwa durch Tragen
der Säuglinge während der Arbeit der Frauen)[9]. Dagegen beginnt
mit den Hochkulturen und der Erfindung schulischer Belehrung
(qua Unterricht) das Pendel in Richtung schwerer körperlicher
Strafen umzuschlagen[10]. Vielleicht ein Indiz dafür, dass Unterricht
eine evolutionäre Unwahrscheinlichkeit ist, die nur mühsam und
schmerzhaft stabilisiert werden konnte.

Dass körperliche Strafen heute bei uns geächtet sind und aus den
Schulen wohl nicht nur theoretisch, sondern auch praktisch weitgehend verschwunden sind, ist eine noch sehr junge und bemerkenswerte Kulturleistung. Gerade die Tatsache ihrer permanenten und
allgemeinen Ächtung und die Aufnahme dieser Norm der gewaltfreien Erziehung in den Kodex der politischen Korrektheit deutet
auf die große Kraft hin, die uns dieses Verhalten eigentlich kostet.
Dass dabei gleichzeitig auch die positive Selektion, die lustvolle
Berührung – das Streicheln, das In-den-Arm-Nehmen, das Tät-
scheln usw. – aus der offiziellen Pädagogik verloren gegangen ist,
mag damit zusammenhängen, dass es vermutlich einfacher ist, *jede*
körperliche Berührung anstatt nur bestimmte zu tabuisieren. Das
Verdrängen des Körpers, des Leibes, aus der pädagogischen Wahrnehmung ist wohl eine Nebenfolge dieses mühsamen kulturge-
schichtlichen Prozesses einer (physisch) gewaltfreien Erziehung,
die ihre Selektionen in zunehmender Weise vergeistigt – und z. B. in
die symbolischen Formen von Lob und Tadel überführt.

Auf den taktilen Kanal wird damit, vermutlich zum ersten Mal in
der Kulturgeschichte überhaupt, pädagogisch verzichtet und auf
funktionale Äquivalente (wie etwa durch gute und schlechte Noten)
ausgewichen. Dieses Ausweichen auf körperlich schmerzfreie Se-
lektionserfahrungen ist vermutlich nur auf Grund einer Verminde-

---

[9] Vgl. U. Krebs 2001, a.a.O., mit vielen Beispielen.
[10] Vgl. die von K. Rutschky herausgegebene Quellensammlung aus der
     europäischen Bildungsgeschichte (insb. des 17.–19. Jh.): Schwarze Pä-
     dagogik. Quellen zur Naturgeschichte der bürgerlichen Erziehung.
     Frankfurt a.M. u. a. 1977.

rung der Lebensrisiken durch den Sozialstaat möglich geworden, der sich erlauben kann, pädagogische Misserfolge nicht mehr mit kötperlichen Schmerzen zu bestrafen. Zusätzlich erleichtert wird diese Errungenschaft noch dadurch, dass sie in einer allgemeinen kulturellen Entwicklung der Tabuisierung direkter körperlicher Gewalt eingebettet ist[11]. Mit dem weitgehenden Verschwinden der körperlichen Berührung aus Erziehung und Bildung verzichtet pädagogisches Handeln auf den wichtigsten »Nahsinn« und beschränkt sich weitgehend auf die beiden »Fernsinne«, also den visuellen und den akustischen Kanal. Die allgemeine Aussage, dass Erziehung vor allem aus Zeigen, Schlagen und Sagen besteht, besitzt damit nur noch historische Bedeutung.

Alle drei Methoden sind Formen der Kommunikation im weiten Sinne, denn alle drei nehmen die vier Selektionsebenen von Mitteilen, Informieren, Verstehen und Akzeptieren in Anspruch. Das gilt auch für den pädagogischen Einsatz des taktilen Sinnesorgans; so kann der gleiche Schmerz durch eine unabsichtliche Verletzung oder aber durch einen absichtlichen Schlag eines Lehrers erzielt werden und nur das Zweite wird als Kommunikation bezeichnet werden können[12], wenn und weil es neben der bloßen Mitteilung (ich spüre den Schmerz als Signal) noch die Information (er will mich davor warnen, künftig diesen Fehler zu wiederholen!) und das Verstehen (z. B. das Stehlen des Butterbrotes meines Banknachbarn ist verwerflich!) erlaubt, und mich schließlich vor die Entscheidung stellt, diesen Geltungsanspruch auf Moralität anzunehmen oder zu verwerfen (ja, ich akzeptiere diese Maxime, oder nein, ich akzeptiere sie nicht). Die Einheit dieser vier Schritte ist auch in der sprachlichen Kommunikation – im Sagen – gegeben.

---

[11] Vgl. N. Elias: Der Prozess der Zivilisation. Soziogenetische und psycho-genetische Untersuchungen. Band 2. Frankfurt a. M. 1997, S. 323 ff.

[12] Sofern wir das psychische System als Referenz nehmen; nehmen wir jedoch das biologische System als Referenz, wird ein körperlicher Schmerz auch als Mitteilung interpretiert werden müssen, denn jeder körperliche Schmerz, den ich spüre, sagt mir nämlich: es liegt eine Störung (oder Bedrohung) der biologischen Systemfunktion vor.

Der akustische Kanal

»Sagen« ist zunächst einmal ein anderes Wort für »sprechen«, für die mündliche Rede, also eine spezifische Form von Kommunikation. Sie nimmt – im Gegensatz zum Zeigen, das primär die Raumdimension benötigt – vor allem die Zeitdimension in Anspruch, denn sie kann ihre Differenzen nur im zeitlichen Hintereinander erzeugen, d. h. als Serialisierung von Geräuschen. Jedes ausgesprochene Wort, jeder Satz, jede Rede, bedarf des systematischen – also regelförmigen – Hintereinanderschaltens akustischer Unterschiede. Dabei ist die Objektgliederung – in Phoneme, Wörter, Sätze – schwierig zu bilden und schwierig zu verstehen[13]. Basal ist die Ausgrenzung von Phonemen im fließenden Lautstrom, die Berücksichtigung des Kontextes und der Gebrauch von Redundanz. Nur so kann man das Muster (das verbindet) erkennen und aus den vielen akustischen Unterschieden den intendierten Sinn verstehen.

Verbale und visuelle Informationen werden in unterschiedlichen Hirnarealen und auf unterschiedliche Weise zu (systemeigenem) Wissen verarbeitet. Das ist ein Indikator dafür, dass diese beiden wichtigen Sinneskanäle in der Phylogenese vermutlich zu unterschiedlichen Zeiten entstanden und stabilisiert wurden.

Wenn alle gleichzeitig reden, kann es – wie jeder Lehrer weiß – keine Kommunikation über den akustischen Kanal geben, weil nur ein Klangbrei wahrnehmbar ist, nicht aber die regelförmige Erzeugung hörbarer Unterschiede. Sagen ist so gesehen eine von der Raum- in die Zeitdimension verlagerte Form des Zeigens, und sie nimmt dementsprechend nicht mehr primär den visuellen, sondern den akustischen Kanal in Anspruch.

Sagen ist notwendig, weil man nicht auf alles zeigen kann, nicht alles in die »Welt 1« holen kann. Zeigen setzt Anschaulichkeit voraus, Sagen nicht unbedingt. Wohl kommt uns eine bildhafte Rede – also ein Sagen, das gewissermaßen mit Worten Bilder »malt« – entgegen, denn unser bildhaftes Vorstellungsvermögen ist der evolutionär wohl älteste Teil (»Welt 2«) und das visuelle Areal des Cortex weist eine topologische Repräsentation des visuellen Stimulus auf. Anschauliche Vorstellungen werden auf die gleiche Weise repräsentiert und verarbeitet wie perzeptuelle Informationen, also diejenigen, die bei der Wahrnehmung externer Stimuli benützt

---

[13] Vgl. dazu genauer J. R. Anderson 2001, a.a.O., S. 56 ff.

werden. Visuelle Wahrnehmung (»Welt 1«) und visuelle Vorstellung (»Welt 2«) laufen analog ab.

Je abstrakter die Sprache wird, d. h. je weiter sie sich vom wortreichen »Malen« von Bildern entfernt und auf immer formalere und deshalb nicht mehr bildlich repräsentierbare Beziehungen zurückzieht, desto größer ist der »Verrechnungsaufwand« unseres zentralen (zerebralen) Nervensystems (»Welt 3«). Pädagogisches Sagen wird deshalb in der Regel erfolgreicher sein, wenn es bildlicher Natur ist und von einem anschaulichen Zeigen unterstützt wird. Abstraktes Sagen, das zu verstehen uns am schwersten fällt, wird erst darauf aufbauen und erfolgreich eingesetzt werden können – vor allem, wenn dem ein langjähriges »Training« vorausgeht, also durch ein mehrfaches Wiederholen ein Übungseffekt einsetzt.

Die erste Engstelle jedes didaktischen Sagens ist, wie schon erwähnt, die zeitliche Hintereinanderreihung regelförmig erzeugter Geräusche, also der Zwang zur Sequenzierung. Das zwingt zur Selektion und der gleichzeitigen Synchronisierung – und somit zur Aufmerksamkeit. Die zweite Engstelle besteht darin, dass Sagen komplementär das »gehorchende Hören« voraussetzt – also Reden und gleichzeitig Schweigen produziert. Der Anteil des Schweigens wird dabei um so größer, je größer die Anzahl der an der Interaktion Beteiligten ist. Gleichzeitig steigt damit auch der Anteil der zugemuteten Passivität (durch Schweigen) – oder, wenn man so will, der Phasen, in denen man sich von der Zumutung des Redens erholen kann. Je kleiner die Schulklassen, um so größer ist die Chance oder die Gefahr für den einzelnen Schüler, dass er mal »dran« kommt.

Schließlich gibt es eine dritte Engstelle, die wir schon erwähnt haben, und die im Gelingen oder Misslingen der Kommunikation (auf allen ihren Selektionsebenen) gesehen werden muss. Ob Kommunikation gelingt oder misslingt, kann alleine an der Fortsetzung von Kommunikation durch Kommunikation (und durch nichts anderes kann sie fortgesetzt werden) gemessen werden. Erleichtert wird diese Fortsetzbarkeit, wenn die gegenseitigen Erwartungen der Beteiligten – wohl nicht identisch, aber doch grob – synchronisiert werden können. Weil Erziehung in der Regel in Form einer sozialen Interaktion stattfindet – also eine System-Umwelt-Beziehung realisiert –, bedarf es der sozialen Synchronisierung der gegenseitigen Erwartungshaltungen, und nur so kann sich das soziale System bilden und (eine Zeit lang) erhalten bleiben. Man lernt sie in der Regel funktional; intentional thematisiert werden sie normalerwei-

se nur bei Störungen (»Lass mich ausreden!«, »Redet doch nicht
alle gleichzeitig!« usw.). Lehre durch ein Sagen – also durch ein
sprachliches Belehren – ist damit abhängig von Bedingungen, die es
selbst nicht oder nur unter erheblich zusätzlichem Aufwand herstellen kann. Diese Bedingungen können standardisiert und zur
festen Struktur werden und schließlich die Form von *Organisation*
annehmen, die die Akzeptanz von Teilnahmebedingungen über Ein-
und Austrittsregeln steuern[14].

Wenn man weiß, dass – absichtlich oder unabsichtlich (intentional oder funktional) produzierte – Differenzerfahrungen in einem
evolutionären Prozess dadurch erziehen, dass sie durch räumliche
Verengung und zeitliche Wiederholung wahrscheinlich werden,
dann kann man an dieser Stelle – mit Luhmann und Schorr – sagen:
Nicht der Lehrer erzieht, sondern die Strukturen der Interaktion:
»Nicht der Lehrer erzieht, sondern das Interaktionssystem Unterricht. Das soziale System realisiert sich, anders gesagt, über Strukturen, die festlegen, wie das genutzt wird, was an Selbstselektion der
Personen möglich ist«.[15]

Es sind pädagogische Organisationen wie die Schule, die bestimmte Strukturen produzieren und erhalten, so dass alle Beteiligten im Interaktionssystem Unterricht sie als nicht begründungs-
bedürftig, sondern als selbstverständliche Voraussetzung behandeln
können. Der Vorteil ist offenkundig, denn man kann die entlastende
Funktion solcher Strukturen abschöpfen und bei Bedarf, etwa bei
Störungen, auf die Geschäftsgrundlage pochen. Man muss also
nicht immer wieder bei »Adam und Eva« beginnen, sondern kann
auf den kollektiven Erfahrungen einer Geschichte und ihrer kollektiven selektiven Erinnerung aufbauen: »Die Organisation produziert Prämissen, die in der Interaktion nicht oder nur noch durch

---

[14] Vgl. zu den Standardisierungsformen der Unterrichtssituation W. Herzog
     2002, a.a.O., S. 445 ff. u.a. mit der Zwischenbilanz: »Die Normierung
     von Raum, Zeit und Adressaten macht aus dem Unterricht ›a game of
     show and tell‹ (Jackson 1986). Es genügt, wenn die Lehrkraft den Unter-
     richtsstoff zeigend und redend präsentiert; sehend und hörend wird er von
     den Schülerinnen und Schülern aufgenommen« (S. 448).
[15] N. Luhmann, K.-E. Schorr: Wie ist Erziehung möglich? Eine wissen-
     schaftssoziologische Analyse der Erziehungswissenschaft. In: Zeit-
     schrift für Sozialisationsforschung und Erziehungssoziologie 1/1981,
     S. 37–54, hier S. 50. Vgl. dazu auch D. Dreeben: Was wir in der Schule
     lernen. Frankfurt a.M. 1980, in dem die »strukturellen Eigenschaften der
     Schule« in Form eines »spekulativen Essays« rekonstruiert werden.

paradoxe Kommunikation dementiert werden können. Die Motive für Anwesenheit liegen unabhängig von der Interaktion fest, und der Versuch, dies zu bestreiten, wirkt gegen die Absicht«[16]. Organisation, auch pädagogische Organisation, produziert also Constraints, auf die Pädagogik als Interaktion nur zu ihrem eigenen Schaden verzichten kann.

Allerdings muss dieser Selektionsvorteil, wie üblich in der Evolution, mit Nachteilen erkauft werden. Der größte Nachteil einer organisierten Lehre ist sicher der Bedarf *sekundärer Motivation*, der dadurch entsteht, dass die Absicht der Pädagogen durchschaut und die Ablehnungsmöglichkeit verdoppelt wird. Schon Rousseau wusste: Ein Schüler »lernt um so besser, als er nirgends die Absicht sieht, ihn zu belehren«[17]. Dort wo er die Absicht sieht, kann er das Lernangebot schon deshalb ablehnen, weil er die Absicht ablehnt – man merkt die Absicht und ist verstimmt. Dieser Sekundäreffekt organisierten Lehrens kann wohl durch zusätzliche didaktische Arrangements aufgefangen werden[18], aber er bedeutet immer einen zusätzlichen Aufwand, der nur in Kauf genommen wird, weil und insofern die Vorteile der organisierten intentionalen Belehrung überwiegen.

Mit der Erfindung der Schrift wird das Sagen ergänzt durch ein weiteres Medium der Kommunikation, ein Medium, das wiederum des visuellen Kanals bedarf. Die Differenzwahrnehmung bedarf jetzt beim Lesen der Eigenbewegung der Augen, beim Schreiben der Eigenbewegung der Hände. Erst mit der Schrift entsteht auch die Schule, also die organisierte Form des Klassenunterrichts: Schrift macht Schule![19] Schließlich kann die Schrift nicht wie die Sprache funktional gelernt werden, sondern bedarf intentionaler Erziehungsmaßnahmen. Wir müssen wohl von einer evolutionär Präadaption für Sprache – und zwar der sog. »Muttersprache« – ausgehen, die in Form einer Prägung in der frühen Kindheit erlernt wird. Die Schrift ist aber evolutionär eine viel zu junge »Erfindung«, als dass sie genetisch transportiert werden könnte; sie muss deshalb

---

[16] A. Kieserling 1999, a.a.O., S. 361.
[17] J. J. Rousseau 1963, a.a.O., S. 104.
[18] Etwa durch Zeitbegrenzung, durch die eine künstliche, d. h. sekundäre Relevanz (die sog. »Vordringlichkeit des Befristeten«) erzeugt werden kann (vgl. A. K. Treml 2000, a.a.O., S. 85 f.).
[19] Vgl. L. Kriss-Rettenbeck/M. Liedtke: Schulgeschichte im Zusammenhang der Kulturgeschichte. Bad Heilbronn 1983, S. 61 ff.

kulturell vermittelt werden und bedarf dazu einer kulturellen Organisation – der Schule.

Man kann Schule als Organisation von Unterricht definieren und zunächst die Strukturen des Unterrichts betrachten, denn schließlich ist es der Unterricht, der die Primärfunktion intentionaler Erziehung erfüllt, während Schule als Organisation nur eine sekundäre Funktion bedient, nämlich für den Unterricht gesellschaftliche Vorselektionen bereitzustellen, damit dieser seine ultimaten Zwecke mit einer gewissen Wahrscheinlichkeit (die mindestens größer als 0,5 ist) erreichen kann. Insofern vermittelt Organisation zwischen Gesellschaft und Interaktion[20].

Betrachtet man die Struktur des Unterrichts, dann ist auffällig, dass er sie cum grano salis seit seiner evolutionären Erfindung vor über 5000 Jahren erhalten hat:

– in der *Zeitdimension* setzt er nicht nur Organisation (als Schule) voraus, sondern ist auch selbst organisiert, denn für alle Beteiligten ist sein Anfang (Beginn) und sein Ende ersichtlich. Auch wenn es kaum noch Schulklingeln gibt, Stundenpläne sind nach wie vor Usus und diese werden nur zu besonderen Anlässen, wie etwa dem Projektunterricht, durchbrochen.

– in der *Raumdimension* spielt sich Unterricht in überschaubaren Räumen ab, also durch räumliche Begrenzungen, die meist durch Schulräume gegeben sind. Damit wird auch räumlich deutlich, was zum Unterricht und was nicht zum Unterricht (zum sogenannten »Leben draußen«) gehört. Unterricht benötigt bis heute wie selbstverständlich seine »geographische Isolation« und kann offenbar nur so jene »Pseudospeziation« erzeugen, also jenes künstliche Binnenklima, in dem die seltene Pflanze der Erziehung blühen und gedeihen kann.

– in der *Sachdimension*[21] bedarf es, damit es Unterricht geben kann, der *Themen* für die darin ablaufende Kommunikation (in Form von Zeigen und Sagen). Themen ordnen die Kommunikation und machen ihre begonnene Fortsetzung wahrscheinlich.

---

[20] Das ist eine zentrale These bei A. Kieserling 1999, a.a.O., z. B. S. 57, aber auch passim.

[21] Die Sachdimension entsteht durch ein re-entry in der Raumdimension, denn »Sachen« sind Unterschiede im Raum, die »Sinn« machen, d. h. die zusätzlich zu ihrer bloßen räumlichen Differenz (in der »Welt 1«) noch eine symbolische Bedeutung (in der »Welt 2« oder »Welt 3«) haben, sprich: die Themen für Kommunikation werden können.

Themen sind selektive »Kommunikationsanker« und Lehrpläne, in denen sie formuliert werden, das Ergebnis einer kulturellen bzw. bildungspolitischen Evolution[22]. Im Lehrplan finden sich deshalb nur Meme, die in der Gesellschaft auf mehr oder weniger dauerhafte Resonanz gestoßen sind und sich dadurch in einem darwinistischen Kampf um ein »Weiterleben« durchgesetzt haben.

– in der *Sozialdimension* sind vor allem[23] zwei eigentümliche Merkmale erwähnenswert: die *Gruppe*, die *Gemeinschaft*, das *soziale System*, in dem sich Unterricht (z. B. als Schulklasse) ereignet, und die soziale *Asymmetrie* zwischen einem Lehrer und vielen Schülern. Das soziale System, z. B. der Familie oder der Schulklasse, macht Wiederholung der Kontakte wahrscheinlich und damit auch kleine Unterschiede und Veränderungen beobachtbar und individuell zurechnungsfähig. Erreicht wird dies durch »eine Dichte und Ausweglosigkeit des Beobachtetwerdens . . . , zu der es in anderen sozialen Systemen keine Entsprechung gibt«[24]. Weil dieser hohe Grad gegenseitiger Beobachtung asymmetrisch gebrochen wird und in pädagogischen Interaktionen durch Hierarchisierung und Rangdifferenzierung (zwischen Eltern und Kindern, Lehrer und Schülern) gekennzeichnet ist, wird er häufig als soziale Kontrolle kritisiert und als »Entfremdung« abgewertet, ohne ihre systemische und evolutive Funktion (der Abarbeitung des Problems der doppelten Kontingenz) zu durchschauen.

Die pädagogische Gruppe darf nicht zu klein und nicht zu groß sein, sie ist weder ein »pädagogisches Verhältnis« von nur zwei Menschen, noch wird sie ein soziales System mit über zweihundert Menschen sein. Offenbar hat sich im Verlaufe der Jahrtausende ein Erfahrungswert herausgebildet, der sich annähernd bei einer Grö-

---

[22] In der alteuropäischen Sprache der geisteswissenschaftlichen Bildungstheoretiker: »Der Lehrplan ist . . . ein Kampf geistiger Mächte« (E. Weniger: Didaktik als Bildungslehre. Teil 1: Theorie der Bildungsinhalte und des Lehrplans. Weinheim 1952, S. 22.). Dieser »Kampf« scheint darwinistischer Art zu sein, denn es geht um Macht und Einfluss und jeder, der sich daran beteiligt, ist nur Partei; es gibt keinen »Gott« mehr und keine »Vorherbestimmung«, sondern »mächtig« ist der, der sich durchsetzt.

[23] Es gibt sicher auch weitere interessante Variablen, so das Geschlechterverhältnis und die Sozialstruktur.

[24] A. Kieserling 1999, a.a.O., S. 51.

ßenordnung bewegt, die etwa der der steinzeitlichen Horden entsprechen dürfte, in denen unsere Vorfahren (teilweise als »Höhlenmenschen«) gelebt haben. Die Schulklasse simuliert die überschaubare Interaktionsgemeinschaft urzeitlicher Horden.

Das zentrale Stichwort dabei ist nicht »Verwandtschaft«, sondern »gegenseitige Beobachtbarkeit«. Nur unter Bedingungen der gegenseitigen Beobachtung kann Signalselektion, insb. sexuelle und kulturelle Selektion, wirken. Die Schulklasse bietet deshalb den für alle Teilnehmer wahrnehmbaren Vergleichshorizont für unterschiedliche Leistungen. Damit die im Unterricht produzierten Leistungen als Selektion wahrnehmbar werden, bedarf es, da er unter Schonraumbedingungen künstlicher Simulationen stattfindet, der sozialen Asymmetrie: Der Lehrer muss – auf der Basis von künstlich hergestellter Gleichheit – Ungleichheiten selektieren dürfen. Kurzum, der Lehrer muss lehren, die Schüler müssen lernen. Nur durch diese asymmetrische Rollenverteilung können die Erwartungen der am Unterricht Beteiligten so synchronisiert werden, dass ein soziales System unter diesen künstlichen Bedingungen (eine Zeit lang) erhalten bleiben kann.

Allerdings kann es selbstverständlich dabei seine diversen Umwelten – auch die psychischen Systeme der Schüler – hoch selektiv und nur nach Maßgabe der Operationsform seiner Autopoiese wahrnehmen. Das heißt: Nur was (im weitesten Sinne) kommuniziert wird, »gibt es« im Unterricht. Was z. B. der Lehrer (oder der Schüler) im Augenblick denkt, »gibt es nicht«. Um sich zu erhalten, muss sich das Unterrichtssystem, wie jedes soziale System auch, auf die selektive Wahrnehmung seiner Umwelten begrenzen. Deshalb wird jeder Beteiligte sich nie vollständig als »ganzer« Mensch dort aufgehoben fühlen. Der Schüler wird quasi als »Trivialmaschine« behandelt, also nur durch kommunikative Impulse, auf die dieser wiederum nur mit kommunikativen Impulsen reagieren kann[25]. Was dazwischen ist, ist »black box« – oder, etwas emphatisch formuliert, die Freiheit der unverfügbaren Person. Dass dies häufig kritisiert wird und stattdessen die Wärmemetapher der

---

[25] Dieser Begriff der »Trivialmaschine« ist häufig missverstanden worden. Dabei soll damit nur eine ziemlich unspektakuläre Aussage über die Alsob-Annahme gemacht werden: Weil das Gegenüber als Person intransparent ist, können wir in sozialen Interkationen nur Inputs geben und die Outputs beobachten; was dazwischen ist, ist »black box« oder »Trivialmaschine« – oder »Person« oder »Subjekt«.

»Ganzheitlichkeit« benützt wird, ist nachvollziehbar, weil es die Kompensation einer damit unweigerlich einhergehenden Kränkung ist. Gleichwohl ist diese Beschränkung auf eine immer nur selektive Wahrnehmung auch der sozialen Umwelten für jede Erziehung unvermeidbar, weil die beteiligten sozialen und psychischen Systeme operativ geschlossen arbeiten. Freiheit ist so gesehen weniger ein heroisches Ziel der Pädagogik, sondern seine problematische Voraussetzung.

Diese Erhaltung des Unterrichts als soziales System ist alleine durch Kommunikation selbst dann unwahrscheinlich, wenn alle der hier behandelten drei Sinne angesprochen und kommunikativ gereizt werden, denn auch hier gilt, und zwar auf jeder Ebene, das Primat der Negativität: Es wird immer mehr *nicht* gezeigt und nicht gesagt als gezeigt und gesagt werden kann, und das meiste dieser Selektionsofferte wird *nicht* verstanden oder aber verstanden und *nicht* behalten, sondern schnell wieder vergessen. Auch der Akt des Verstehens, des Einordnens in einen vorhandenen geistigen Zusammenhang, ereignet sich als Evolution, denn dieser selektiert aus einer Variation nach Maßgabe der autopoietischen Möglichkeiten. Obwohl Information nur in der Umwelt vorkommen, wird es vom System sich selbst zugerechnet, ist also eine Leistung des Systems, für das seine Umwelt immer komplexer ist und deshalb zur kontingenten selektiven Wahrnehmung zwingt.

Wir besitzen seit der Erfindung der Schrift einen kollektiven Informationspool, ein Depot für Kommunikation, eine Art riesiges Menschheitsgedächtnis, das immer nur von Fall zu Fall und selektiv bewusst aufgegriffen und kommuniziert werden kann. Auch im Unterricht kann dieser Themenvorrat immer nur selektiv erschlossen und autopoitisch in (systemisches) Wissen überführt werden. Folglich kann nicht »Verstehen« die Klammer sein, die Unterricht als soziales System zusammenhält, sondern die Fortsetzung der ihr von den Beteiligten zugerechneten Kommunikation. Unterricht setzt sich so lange fort, wie er evoluieren kann, d. h. solange Selektionsangebote selektiv aufgegriffen und kommunikativ fortgesetzt werden.

17 Was ist pädagogische Fitness?

Eine schon mehrfach formulierte These lautet: Schulischer Unterricht simuliert Evolution – und bereitet damit auf ein Leben vor, das nicht mehr als Schöpfung, sondern nur noch als Evolution bewältigt werden kann. Simulation von Evolution bedeutet, Variationsangebote zu organisieren und durch räumliche Verengung und zeitliche Erweiterung bestimmte Selektionen wahrscheinlich zu machen. Das ereignet sich schon in der Familienerziehung, ja in der Erziehung schlechthin, wenngleich hier auch unter Umständen eine pädagogische Absichtlichkeit fehlt. Durch Bestätigung werden die erhofften oder erwünschten Verhaltensweisen positiv, durch Negationen und Sanktionen die unerwünschten Darstellungen negativ selektiert. Das aber bedarf selbst eines Selektionskriteriums, eines Maßstabes, an Hand dessen der Erzieher bzw. der Lehrer zwischen positiver und negativer Selektion unterscheiden und bewerten kann. Man hat diese Frage in der Pädagogik gewöhnlich normativ zu beantworten versucht und je nach zeitlichem und kulturellem Kontext sehr unterschiedliche Ziele (und Normen) formuliert und wortreich für sie geworben.

   Lässt sich aus Sicht einer (Allgemeinen) Evolutionstheorie mehr zu dieser Frage sagen? Es liegt nahe, an dieser Stelle sich an das Fitnesskriterium der Evolution zu erinnern und dann anschließend zu fragen, ob und was das für Pädagogik bedeutet. Der Fitnessindikator der Evolution, so sagen die darwinistischen Evolutionstheoretiker übereinstimmend, ist das Maß des Überlebenserfolgs. Er lässt sich im Idealfalle für alle drei Selektionseinheiten quantifizieren:

- auf der Ebene der Gene durch eine möglichst hohe Anzahl von Genen, die auch nach dem eigenen Tod in den Kindern, Enkeln und sonstigen (jüngeren) Verwandtschaft weiterleben;
- auf der Ebene der Phäne durch die Anzahl der Lebensjahre, in denen man gesund und glücklich lebt und
- auf der Ebene der Meme durch die Anzahl der Meme, die man produziert und die langfristig auf Resonanz stoßen.

Damit lassen sich drei Fitnessindikatoren relativ präzise angeben. Sie lassen sich letzten Endes auf ein Kriterium der Gesamtfitness zurückführen, denn auf allen drei Selektionsebenen geht es darum, eine dem (im 2. Hauptsatz der Thermodynamik formulierten) Entropiesog entgegengesetzte Kraft zu aktivieren und diesen Sog eine

Weile dadurch aufzuhalten, dass man Ordnung – im Sinne von Negentropie – schafft. Das Prinzip der evolutionären Gesamtfitness ist es, möglichst viel unwahrscheinliche Ordnung (Negentropie) aufzubauen und so wenigstens ein kleines Stück weit dem Entropiesog entgegengesetzt (der alles in Richtung Unordnung zieht) das Leben reicher und differenzierter zu machen. Eine Evolutionäre Pädagogik wird aus dieser Sicht nichts anderes tun können, als daran zu erinnern, so dass eine bewusste Erziehung (oder deren Reflexion) an diesem Maßstab angelegt und beobachtet werden kann.

Natürlich hat die traditionelle, alteuropäische Pädagogik ihre Zielvorstellungen in einer anderen Sprache und meistens normativ eingeführt. So spricht sie z. B. von Begabungsentfaltung oder von Hilfe zu Selbstbestimmung. Ich bin der Überzeugung, dass diese (und andere) normativen Formulierungen letzten Endes auf das evolutionäre Fitnessprinzip zurückgerechnet werden können; in der uns vertrauten alteuropäischen Sprache formuliert: Wozu soll man sonst Begabungen entfalten oder zur Selbstbestimmung verhelfen, wozu soll man Kenntnisse und Fertigkeiten entwickeln helfen, wenn nicht dazu, dem Educanden ein möglichst reiches und glückliches Leben zu ermöglichen, das vielleicht sogar nach dessen Tod Spuren hinterlässt, die – wenngleich vielleicht auch nur in einem kleinen, winzigen Bereich – auch die Welt »besser machten«, anreicherten und beglückten?

Allerdings ist eine bloß quantifizierte Bestimmung der evolutionären Gesamtfitness nicht unproblematisch. So muss etwa eine bloß numerische Dominanz zu einem bestimmten Zeitpunkt nicht unbedingt eine evolutionären Erfolg bedeuten, sondern kann unter Umständen als Folge eines exponentiellen Wachstums auch nur eine Momentaufnahme einer Entwicklung sein, die kurz vor dem evolutionären Scheitern steht (»Strohfeuerresonanz«). Das ist z. B. bei allen Parasiten der Fall (wie etwa Krebszellen in einem menschlichen Körper), die sich ungebremst auf Kosten ihres Wirtes vermehren und deshalb gerade dann kurz vor ihrem Ende stehen, wenn sie vor dem größten Vermehrungserfolg stehen, denn mit dem Tod ihres Wirtes sind auch sie zum Sterben verurteilt.

Wie aber kann man temporale Persistenz messen? Voraussetzung dafür ist, dass man in der Raumdimension weiß, was man überhaupt beobachten muss (also die Frage nach der Selektionseinheit), und in der Zeitdimension, dass eine längere Zeit schon vergangen ist, die es überhaupt nur erlaubt, von einem relativ dauerhaften Überlebenserfolg zu sprechen. Man kann deshalb temporale Persistenz bestenfalls immer erst nachträglich feststellen, z. B. in dem man bemerkt: Krokodile gibt es seit über 16 Millionen Jahren, Menschen erst seit etwa 2 Millionen Jahren. Kann man daraus schließen, dass Krokodile dem Menschen evolutionär überlegen bzw. evolutionär »fitter« sind? Ein nichttautologischer Fitnessbegriff müsste Anhaltspunkte geben, anhand derer es uns möglich ist, schon vorher, und nicht erst nachher, die höhere Wahrscheinlichkeit eines Überlebenserfolgs feststellen zu können.

Genau dies tut Schule, genau dies wird tagtäglich im Unterricht versucht, wenn die Leistungen der Schüler individuell benotet und damit vergleichbar gemacht werden. Auch hier wird ein knappes Gut, nämlich gute Noten, in Form eines darwinistischen Wettbewerbs selektiv verteilt[1]. Damit simuliert Unterricht Evolution in einem für alle Lebewesen zentralen Erfahrungsbereich: Es geht um das Einüben in den Wettbewerb um bessere (Über)Lebenschancen. Bis dahin gibt es keinen Widerspruch der simulierten zur realen Evolution, denn auf beiden Ebenen werden knappe Ressourcen nach Maßgabe individueller Leistung verteilt. Der Widerspruch entsteht an einer anderen Stelle, nämlich dort, wo im Unterricht das Fitnesskriterium teleologisch – anstatt teleonom – bestimmt wird. Wer alle Aufgaben in der Klassenarbeit richtig hat, der bekommt ein »sehr gut«. Das Kriterium, nach dem die knappen guten Noten zugeteilt werden, ist also schon vorher – vor dem Wettbewerb – (zumindest dem Lehrer) bekannt. Am Ende des Schulhalbjahres wird eine Note für die Leistungen im Fach ausgerechnet und attributiert, die sich aus den so entstandenen Einzelleistungen ergibt. Gibt die Endnote darüber Auskunft, wie »fit« ein Schüler in seinem weiteren – als Evolution begriffenen – Leben sein wird? Ist ein Schüler, der in allen Fächern ein »sehr gut« hat, tatsächlicher »lebensfitter« als einer, der – nehmen wir einmal an – durchschnittlich bloß auf ein »befriedigend« kommt?

---

[1] Wenn gute Noten inflationieren, sind sie nicht mehr »gut«, d. h. sie sind, weil nicht mehr knapp, keine teuren, ehrlichen Signale mehr und verlieren dadurch ihre Signalfunktion. Solche Inflationstendenzen gründen im Bestreben, »teure Signale« billig herstellen. In dem Maße, wie das gelingt – und das gleichgültig auf welcher Ebene der Evolution –, verlieren sie aber ihre Funktion und werden wertlos.

wenn man alles vergöttert, gibt es keinen Gott mehr

Einen direkten, unmittelbaren Zusammenhang von Schulerfolg und Lebenserfolg gibt es nicht, zumindest nicht im Sinne einer harten kausalen Prognose: Sehr gute Schulnoten determinieren keineswegs einen sehr guten Lebenserfolg (im Sinne der natürlichen Selektion), aber sie machen ihn wahrscheinlicher. Für den Einzelfall kann man mit solchen Wahrscheinlichkeitsaussagen über Mittelwerte natürlich nichts mit Sicherheit prognostizieren. Mit guten Schulnoten und guten Schulabschlüssen kann man allerdings die Eingangsbedingungen für eine weitere Schulkarriere determinieren, und warum? Weil das Schulsystem hier als Organisation seine Ein- und Ausgangsbedingungen autonom bestimmen kann. Aber am Ende der Schulzeit steht der Schüler mit seinem Zeugnis vor der Tür anderer Systeme, die ebenfalls autonom ihre Eingangsbedingungen bestimmen. Darunter können unter anderem auch die Schulnoten fallen; das ist nicht ausgeschlossen, aber »zufällig« in dem Sinne, dass es nicht von der Umwelt für das System determiniert werden kann.

Spätestens beim Verlassen des Schulsystems werden die der schulischen Auslese zugrunde gelegten Selektionskriterien, die teleologisch produziert werden, der zufälligen Bewährung einer gesellschaftlichen Evolution überführt, die ihre Selektionen teleonom organisiert. Die vorher festgelegten Kriterien für Schulerfolg können deshalb keinen Erfolg in einer Ontogenese garantieren, die nur noch als Evolution begriffen werden kann. Teleologisches Denken und Handeln im Rahmen pädagogischer Organisationen ist deshalb nicht unmöglich, im Gegenteil, vermutlich sogar unvermeidbar, aber relativiert durch die langfristige Einbettung in einen letztlich immer teleonomen Prozess, in dem sich erst im Verlauf der zeitlichen Bewährung die »Fitness« herausstellt.

Auch in der biologischen Evolution ist die kurzfristige numerische Dominanz – und nichts anderes ist analog dazu, wenn ein Schüler in einer Klassenarbeit die höchste Punktzahl errungen hat – nur Ausdruck einer situativen Fitness für einen erfolgreichen Anpassungsprozess und ist streng genommen immer nur eine Anpassungsleistung an ein (situatives) »Milieu von gestern«. Wenn sich aber die Umwelt (das Milieu) kurzfristig und unvorhersehbar ändert, kann diese Anpassungsleistung nutzlos, ja unter Umständen sogar schädlich sein (weil sie unter Verzicht auf den Erwerb anderer Kompetenzen erkauft worden ist). Was kann man daraus schließen?

Es gibt offenbar kein *positives* Erfolgskriterium für System-Umwelt-Kompatibilität in unruhigen Umwelten, das man situationsunabhängig (re)formulieren könnte. Bestenfalls gibt es ein *negatives* Kriterium: Negation der Negation (wie z. B. Krankheit, Nichtwissen, Dummheit, extreme Abweichung usw.). Nur durch Temporalisierung und Situierung lässt sich Negation positiv umformulieren. Nur mit Hilfe der Zeit lassen sich evolutionäre Änderungschancen abtasten und Evolutionschancen ergreifen. Sicher gehört Warten auf nutzbare Zufälle dazu und das Vermögen, in Alternativen zu denken, aber auch die Fähigkeit, schnell auf neue Situationen auf der Basis des Vorwissens reagieren zu können. Erziehung als Evolution kombiniert Möglichkeiten, Zufälle und Zeit[2]. Dabei geht es darum, statt Anpasung an *eine* Umwelt, Anpassungsformen an *viele* Umwelten zu lernen – und es dann letzten Endes der Evolution selbst zu überlassen, welche sich als besser herausstellt. Weil Stabilität in komplexen Systemen nur durch die Steigerung der Möglichkeit von Änderungen optimiert werden kann, ist – paradoxerweise – Variabilität zur Stabilitätsbedingung geworden. Evolution kommt nicht mehr zu Ruhe – auch nicht in einem Ideal (der Erziehung), einem letzten Wert oder einem übergreifenden Erziehungsziel (es sei denn um den Preis seiner völligen leerformelhaften Formulierung).

Es sollte uns nachdenklich stimmen, dass eigentlich bei allen Schwarmtieren, also bei allen sozial lebenden Tieren (wie etwa vielen Fisch- und Vogelarten), normalerweise nicht dasjenige Tier die besten Überlebenschancen hat, das am schnellsten ist, am höchsten fliegt, am weitesten springen kann oder am größten, dicksten oder stärksten ist, sondern dasjenige, das sich »in der Mitte« des Schwarmes bzw. des Rudels hält, denn es ist hier am besten vor Fressfeinden und vor Orientierungslosigkeit geschützt, gewissermaßen am sichersten im Schoß seiner Gruppe aufgehoben – es kann hier am besten von den Leistungen des sozialen Systems profitieren, in dem es lebt. Einzelgänger, randständige, auffällige Exoten leben

---

[2] P. Sloterdijk weist deshalb zu Recht darauf hin, dass ein evolutionäres Vernunftskriterium nicht in der immer erfolgreicherern Anpassung an eine vorgeblich objektive Realität bestehen kann, sondern eher im »Austausch eines unlebbaren Realitätskonstruktes gegen ein weniger unerträgliches« gesucht werden muss (P. Sloterdijk: Der Anwalt des Teufels. Niklas Luhmann und der Egoismus der Systeme. In: Soziale Welt. Zeitschrift für soziologische Theorie 6, 2000, Nr. 1, S. 35 f.).

gefährlich. Kann man das verallgemeinern? Ist Mittelmäßigkeit gar
ein evolutionärer Fitnessindikator? Für diesen verblüffenden Verdacht sprechen einschlägige Forschungsergebnisse der Evolutionären Psychologie hinsichtlich der »Schönheit« als Selektionskriterium bei der sexuellen Selektion: »Durchschnittlichkeit« – also
wenn man so will: Mittelmäßigkeit – ist neben »Symmetrie« und
»Hormonmarker« (sie geben einem Beobachter Auskunft über die
Gesundheit und körperliche Fitness) der wichtigste ästhetische Fitnessindikator, der uns ein Gesicht als »schön« erscheinen lässt. Er
ist der stärkste Effekt bei »Gesichtsschönheit«[3].

Ist also gar nicht der Beste der Fitteste? Die Antwort findet sich
schon bei Darwin. Er schreibt: »Die natürliche Zuchtwahl sucht
jedes organische Wesen ebenso vollkommen oder gar noch etwas
vollkommener zu machen als die übrigen Bewohner desselben Ge-
bietes, mit denen es im Wettbewerb tritt«[4]. Fitness wird hier relativiert auf: gleiche Zeit, gleicher Raum, gleiche Ressourcen, um die
man mit anderen in einen Wettbewerb tritt (also gleiche Konkurrenten). Genau das aber wird in jeder Klassenarbeit in jedem beliebigen Unterricht einer jeden beliebigen Schule ständig realisiert –
oder besser gesagt: simuliert. Die dafür gegebene Note sagt also nur
etwas aus über den Erfolg dieser ganz speziellen Anpassungsleistung auf der Basis eines durch Interaktion und Situation bestimmten
situativen Vergleichshorizontes. Das ist eben der Preis der Simulation. Weil man nicht weiß, nicht wissen kann, auf welche konkreten
Situationen Erziehung und Bildung vorbereitet, muss man an beliebigen Situationen eine allgemeine, abstrakte und unspezifische
Fitness erproben und erwerben. Eine »absolute Vollkommenheit«,
ein »absolutes Fitnesskriterium« kann es deshalb gar nicht geben.

---

[3] Schon Aristoteles hat in seiner »Theorie der Mitte« die Mittelmäßigkeit
    als Tugend gelobt; er antizipierte damit schon sehr früh – über 2000 Jahre
    vor der Evolutionstheorie – ihre evolutionäre Logik, sprich: ihren evolu-
    tiven Selektionsvorteil (vgl. Aristoteles 1969, a.a.O., insb. Buch II). Al-
    lerdings bedeutet Mittelmäßigkeit nach Aristoteles kein faules Mit-
    schwimmen im Strom des Gewöhnlichen, sondern schließt das
    experimentelle Auspendeln der Extreme ein, weil man nur die Mitte
    finden kann: »Soviel also ist klar geworden, dass die mittlere Grundhal-
    tung in allen Lagen unser Lob verdient, dass es jedoch unvermeidlich ist,
    gelegentlich nach der Seite des Zuviel, dann nach der des Zuwenig aus-
    zubiegen, denn so werden wir am leichtesten die Mitte und das Richtige zu
    treffen« (dito S. 53).
[4] Ch. Darwin 1963, a.a.O., S. 275, vgl. S. 280.

Es geht immer nur um das »noch etwas vollkommener machen« (Darwin), also die Verbesserung einer relativen Anpassungslei-stung (entlang der Unterscheidung »besser-schlechter«), um die damit erreichbare Steigerung des Auflöse- und Rekombinations-vermögens in unvorhersehbaren Umwelten. Sie ist relativ in Bezug auf die eigene Vorgeschichte und sie ist relativ bezogen auf die situativen (räumlichen, zeitlichen und sozialen) Bedingungen.

Ideale der Erziehung?

Der evolutionstheoretisch inspirierte Durchgang durch einige The-menbereiche der Pädagogik hat manche blinden Flecke ausge-leuchtet, aber er hat natürlich auch vieles übersehen und weggelas-sen, was man auch hätte sehen können, was vielleicht sogar traditionellerweise im Mittelpunkt pädagogischer Kommunikation steht. So wurde bisher das Thema Werte oder Ideale der Erziehung (fast) vollständig ausgeblendet und damit möglicherweise Erwar-tungen enttäuscht, denn mit dem Wort »Pädagogik« assoziieren nicht wenige eine penetrante Verbesserungsattitüde. Wenigstens abschließend will ich, wenngleich auch nur negativ, das Thema aufgreifen – nicht um ein Desiderat aufzufüllen, sondern um die evolutionstheoretische Sichtweise auch an diesem pädagogischen Lieblingsthema zu erproben.

  Werte, Normen, Ideale – all das sind Bündel von kontrafaktischen – als gegen (= kontra) das Faktische bzw. die Realität gerichtete – Erwartungen. Aus naturalistischer Sicht sind auch sie – wie alles Übrige – selbst ein Produkt der Evolution, und man kann deshalb vermuten, dass es einen Selektionsvorteil haben muss, in bestimm-ten Situationen normativ zu erwarten. Die Differenz von kontra-faktischen Erwartungshaltungen eines Systems und faktischer Um-weltlagen kennen wir schon von den Tieren als Bedürfnisse, die als Appetenzverhaltens zum Ausdruck kommen können. Allerdings gilt dies nur, wenn man den Begriff der Erwartung unabhängig von Bewusstsein definiert – als ein Synonym für ein situativ nicht er-fülltes Bedürfnis. Alle lebenden Systeme streben in solchen Situa-tionen danach, bestimmte Bedürfnisse zu befriedigen (und das ist es, was der Begriff der Appetenz zum Ausdruck bringt), weil sonst Weiter- bzw. Überleben nicht wahrscheinlich wäre. In Situationen, in denen das Überleben bedroht ist, hat ein normatives Erwarten ganz offensichtlich einen Selektionsvorteil. So gesehen gründet auch die spezifisch menschliche Fähigkeit, kontrafaktisch zu erwarten und dies kommunikativ mit den Begriffen »Norm«, »Wert«, »Ideal« und »Ziel« zu beschreiben, in der evolutionär entstandenen Fähigkeit, zwischen einem Ist- und einem Sollzustand unterscheiden zu können, und dem Streben, diesen Unterschied ausgleichen zu wollen. Die Erhaltung einer Differenz wird dabei als Unruhe, als Spannung erlebt und der Drang, sie auszugleichen, als Spannungslösung erlebt.

Diese proximate Erklärung von Werten und Normen beschränkt sich auf die Befriedigung von Grundbedürfnissen, also von Bedürfnissen, die zur Aufrechterhaltung der Systemleistung notwendig sind. Wir Menschen können eine Vielzahl weiterer Bedürfnisse haben, ausprägen, erwerben oder auch nur uns solche einbilden und sie zu befriedigen suchen. Neben dieser Funktion, deren Mechanismus proximat erklärt werden kann, gibt es eine weitere, die wohl nur einer ultimaten Erklärung zugänglich ist und die für Pädagogik weitaus wichtiger ist: Normen regulieren Kontingenzen – und lösen damit ein Selektionsproblem, das wir Menschen bei der Koordination der verschiedenen Evolutionsebenen (und Selektionseinheiten) haben. Um das besser zu verstehen, müssen wir uns noch einmal kurz an diese verschiedenen Ebenen erinnern.

Mit der RZRK ausgestattet, sind wir fähig, auf einer weiteren, ausschließlich geistigen Ebene evolutive Prozesse zu simulieren – und das heißt u. a. auch: Angenehmes zu wünschen und seine Herstellung zu erwarten. Wir können uns Handlungsabläufe vor unser geistiges Auge stellen – sie uns »vorstellen« – und werden dabei nicht gebremst von den harten Falsifikatoren dessen, was wir mit dem Begriff der »Realität« auszuzeichnen pflegen. Mit der RZRK ist die Differenz von »Welt 1« und »Welt 2« mitgegeben und damit auch die Vergleichsmöglichkeit. Offenkundige Widersprüche bleiben dabei nicht aus, wenn die Welt nicht so ist, wie sie sein sollte. Die Überwindung dieser Widersprüche bzw. der als störend empfundenen Differenz von Vorstellung und Erfahrung kann als Anpassung beschrieben werden – als Adaption, Adaptation oder als Adjustierung. Schon an dieser Stelle entsteht ein Kontingenzproblem: Soll ein Erzieher in einer konkreten Situation Maßnahmen der Adaption, der Adaptation oder der Adjustierung ergreifen? Schon hier entsteht das Problem einer Wahl, das es zu lösen gilt. Es lässt sich letzten Endes in die Frage bringen: Soll man die *Umwelt* zu ändern versuchen – und damit normativ erwarten – oder soll sich das *System* selbst verändern und damit kognitiv erwarten)? Anders gesagt: Soll ich (z. B. mich als Lehrer) – sprich: meine Erwartungen – oder aber meine Schüler ändern?

Fast immer hat ein Erzieher bei der Erziehung mehrere Möglichkeiten des Handelns, und er ist gezwungen, eine und nur eine davon auszuwählen. Auch der Educandus hat im Allgemeinen immer mehrere Möglichkeiten zur Verfügung, auf erzieherisches Handeln durch eigenes Handelns zu reagieren, und steht vor dem analogen Kontingenzproblem. Es sind Normen, die diese Kontingenzprobleme dadurch überwinden helfen, dass sie eine Möglichkeit a priori auszeichnen, und es ist Erziehung (Sozialisation, Enkulturation), die die Übernahme des Geltungsanspruches von Normen (und Werten) wahrscheinlich macht. So gesehen sind Normen geistige Vorselektionen, also im Geiste vorweggenommene Selektionen und dienen der notwendigen Kontingenzregulierung in Handlungssituationen, die dadurch gekennzeichnet sind, dass mehrere Möglichkeiten theoretisch zur Verfügung stehen, praktisch aber nur eine verwirklicht werden kann. Normen müssen, um diese Funktion erfüllen zu können, Selektionen kontrafaktisch erwartbar machen und auch in Fällen, wenn diese Erwartung enttäuscht wird, müssen sie aufrecht erhalten bleiben.

Wir sehen daran, dass wir Menschen uns mit der evolutionären Einmalerfindung der RZRK nicht nur Vorteile, sondern auch Nachteile eingehandelt haben, denn die damit möglich gewordene Fähigkeit des inneren (geistigen) Durchspielens von Lösungen erspart uns wohl unter Umständen ein ungeplantes und langwieriges Herumprobieren, zwingt uns aber zu einer selektiven Vorentscheidung, zu eine Auswahl aus mehreren Möglichkeiten. Weil solche Vorentscheidungen immer auf der Grundlage eines unvollständigen Wissens (über Voraussetzungen, Folgen und Nebenfolgen) gemacht werden müssen, sind sie riskant und werden häufig als Kontingenzproblem erlebt. Welche Möglichkeiten soll man den anderen vorziehen? Welche ergreifen, welche unterlassen?

Entscheidungsunsicherheit in Anbetracht dieser Kontingenzsituationen kann mit Hilfe von Normen verkleinert werden und soziale Systembildung durch Angleichung gemeinsamer normativer Erwartungsstrukturen fördern. Individuen unterscheiden sich darin, dass sie auf der Grundlage ihrer bisherigen, je unterschiedlichen

Lerngeschichte, ihrer spezifischen Bedürfnisse und Neigungen zu unterschiedlichen normativen Erwartungshaltungen neigen. Das ist auf Grund der autopoietisch geschlossenen Operationsform der lernenden Systeme auch unvermeidlich. Immer gibt es ein kontingentes Ausgangsproblem, denn es stehen immer mehrere Möglichkeiten zur Verfügung. Dieses Kontingenzproblem ergibt sich schon, wenn einzelne Menschen handeln, und es potenziert sich, wenn es Kontakt mit sozialen Systemen aufnimmt. Eine situative und individuelle Lösung dieses Bezugsproblems ist unwahrscheinlich. Weder psychische noch soziale Systeme – also jene Systeme, die sich über Sinngrenzen stabiliseren – könnten sich in Anbetracht der Flut an Kontingenzen erhalten. Deshalb gibt es phylogenetisch angeborene, kulturell und individuell erworbene Vorselektionen, die als AAM und EAM wirken und das zugrunde liegende Kontingenzproblem gar nicht ins Bewusstsein kommen lassen. Sitten, Gebräuche und Gewohnheiten entlasten so vor Überforderung durch Kontingenzerfahrungen, ohne sie allerdings je vollständig vertreiben zu können.

Es bleibt immer noch genug an Kontingenzen übrig, die bewältigt werden müssen. Um dieses Problem zu lösen, gibt es zu allen Zeiten Werte, Normen, Ideale, also Vorstellungen des guten Lebens, die in Anbetracht des schlechten Lebens als Orientierungsmarker dienen. Wie soll man Kinder und Jugendliche am besten erziehen? Soll man mehr auf die Entfaltung ihrer Bedürfnisse oder mehr auf die Ansprüche der Gesellschaft setzen? Soll man dieses oder jenes lehren? Und was ist dabei wichtiger, was darf mehr Zeit und Aufwand kosten? Alle Antworten auf diese Frage bringen (entlang des Bewertungscodes von »gut/schlecht«) Präferenzen zum Ausdruck, die Selektionsvorschläge machen bzw. fordern, und sie sind – was schon ein flüchtiger Blick in die Kulturgeschichte beweist – in hohem Maße zeitlich (historisch) und räumlich (kulturell) kontingent. Phasen, in denen sich die vorgeschlagenen Präferenzen mehr der sozialen Umwelt (Stichwort »autoritäre Erziehung«) zuneigen, wechseln sich ab mit Phasen, in denen sie mehr beim psychischen System (Stichwort »antiautoritäre Erziehung«) angesiedelt werden, von den vielen Zwischenstufen ganz zu schweigen. Zeiten, in denen die Vorstellungen des guten Lebens vor der bloßen Anpassung an die Realität verblassen, werden von Phasen abgelöst, in denen die Realität permanent ins Unrecht gesetzt wird, weil man sich in den herrschenden Idealen häuslich eingerichtet hat. Die Extreme sind bekannt, und dementsprechend normativ wird der Erziehungsbegriff verengt: Es gibt Zeiten, in denen wird Erziehung als »Aufforderung zur Unterwerfung« (z. B. F. E. v. Rochow 1772) verstanden, und es gibt wiederum Zeiten, da versteht man darunter geradezu das Gegenteil, nämlich »Aufforderung zur Selbsttätigkeit« (z. B. D. Benner 1984). Änderungsbedarf wird über Krisensemantik signalisiert und mündet regelmäßig im Ruf nach Reformen – im »Dauerappell zur Änderung« (N. Luhmann/K. E. Schorr) –, der auf jeden Fall eines produziert: den weiteren Bedarf nach Reformen der Reformen.

Es kann in diesem Buch nicht darum gehen, diese Vielfalt und Widersprüchlichkeit der diversen Erziehungsprogramme in ihrer historischen Kontingenz durch solche sich gegenseitig ablösenden Reformprozesse vorzustellen und ihre Entwicklung als Evolution zu beschreiben[5]. Hier kann es nur darum gehen, ihre evolutionäre Funktion anzudeuten und zu erklären, warum die idealen Vorstellungen von Erziehung historisch kontingent sind. Man kann dabei ja schon einmal von der Vermutung ausgehen, dass, wenn – wie es den Anschein hat – das einzig Gleichbleibende der Wechsel (innerhalb einer gewissen Bandbreite von Schwankungen) ist, dies eine evolutionäre Logik haben muss. Wahrscheinlich gibt es evolutionäre Lagen, in denen Stabilität nur durch Zulassung von Änderungen möglich ist. Auch die sozio-kulturelle Evolution experimentiert dabei mit räumlichen und zeitlichen Varianzen und – ganz im Sinne von Aristoteles' »Theorie der Mitte« – mit dem Auspendeln von Extremen[6]. Deshalb scheinen sich die pädagogisch korrekten Meinungen und Ideen wie Moden willkürlich und wellenförmig durch die Geschichte zu ziehen und das Fehlen jeglicher pädagogischer Technologie zum Ausdruck zu bringen. Aber vielleicht ist das eine evolutionäre Technologie, ein raffiniertes Austesten von Möglichkeiten durch Versuch und Erfolg bzw. Misserfolg in einer Geschichte, die nicht mehr als Schöpfung geplant, sondern als Evolution begriffen werden kann.

---

[5] Das versuche ich in »Pädagogische Ideengeschichte« (Treml 2004/5).
[6] Zu einer solchen historischen Verlaufsform am Beispiel des Naturbezugs der pädagogischen Ideengeschichte vgl. A. K. Treml: Über die beiden Formen der Naturrezeption in der pädagogischen Ideengeschichte. In: M. Liedtke (Hg.): Naturrezeption. Graz 2003, S. 168–187.

Vorstellungen einer idealen Erziehung werden dann unvermeidbar historisch kontingent sein – und wahrscheinlich dies (in Anbetracht ihrer kontingenzregulierenden Funktion) durch eine Semantik zunehmender Abstraktion (bis hin zur völligen Leerformelhaftigkeit) oder durch hypertrophe Moralisierung zu verbergen versuchen. Dabei ist kein Mangel an pädagogischen Normen, denn ihre Herstellung ist billig – oder in den Worten von Dietrich Dörner: »Das Hegen guter Absichten ist eine äußerst anspruchslose Geistestätigkeit«[7]. Gibt es dazu eine Alternative? Ja, die Alternative heißt: theoriegeleitete Aufklärung über ihre proximaten und ultimaten Funktionen.

Solche Vorstellungen einer idealen Erziehung kann man als spezifische Meme interpretieren, die miteinander um Einfluss bei möglichst vielen Menschen ringen, weil nur durch Homogenisierung das Kontingenzproblem entschärft und soziale Systeme stabilisiert werden können. Wie alle Meme kämpfen auch solche werthaften Überzeugungen, die für das (psychische und/oder soziale) System überlebenswichtige Selektionen erbringen müssen, verzweifelt um Einfluss und Verbreitung – und (was in diesem Zusammenhang besonders bedeutsam ist) benützen dabei Erziehung schamlos als Medium ihrer Verbreitung. Aus Sicht der memetischen Evolution ist es nicht so, wie wir üblicherweise meinen, dass wir durch Erziehung versuchen, Werte zu vermitteln (Werteerziehung), sondern umgekehrt: Werte (qua Meme) versuchen sich mit Hilfe der Erziehung auszubreiten. Dabei gehen sie ziemlich rücksichtslos vor, denn ihr Kampf geht häufig auf Kosten ihrer Träger, also auf Kosten der Phäne und der Dene. Wie viele Menschen sind nicht schon an ihren oder anderer Überzeugungen verzweifelt, wie viele nicht schon gestorben um einer Ideologie, eines Menschenbildes oder eines Glaubens Willen?[8] Weil solche Überzeugungen, Ideologien oder Glaubensprogramme aber historisch wechseln und diesbezüglich funktional äquivalent (also austauschbar) sind, müssen wir annehmen, dass sie durch Erziehung vermittelt worden sind.

Aus dieser Sicht spricht vieles dafür, nicht umstandslos in den großen Chor derjenigen mit einzustimmen, die das Loblied einer

---

[7] D. Dörner: Die Logik des Misslingens. Strategisches Denken in komplexen Situationen. Reinbek 1989.

[8] Vgl. N. Luhmann: Evolution – kein Menschenbild. In: R. Riedl, Fr. Kruezer (Hg.): Evolution und Menschenbildung. Hamburg 1983, S. 193–205.

normativ verantworteten Wert- und Moralerziehung singen, sondern vielmehr als *Beobachter* sich über die Voraussetzungen und
Folgen aufzuklären bemühen, die eine normative Pädagogik hat.
Wenn man schon normativ erwarten und sich einmischen will, dann
jedoch eher dadurch, dass man vor Werten warnt, und das vor allem
dort, wo sie in ihrer hybriden Form, der Moral, daherkommen – und
das heißt: mit dem Anspruch universeller und allgemein gültiger
Geltung ausgestattet sind. Moralisierungen neigen, weil sie durch
nichts mehr korrigiert werden können, nicht nur zu polemogenen
Folgen, sondern auch zum Ende jeder evolutiven Weiterentwick-
lung[9]. Ich halte es deshalb mit Goethe, der – in einem Brief an den
böhmischen Grafen Sternberg – einmal schrieb:»Mit dem Positiven
muss man es nicht zu ernsthaft nehmen, sondern sich mit Ironie
darüber erheben und ihm dadurch die Eigenschaft des Problems
erhalten«.

Allerdings darf man eines dabei nicht übersehen: Auch die War-
nung vor Werten kommt als Wert daher und ist auch nur ein Mem
unter anderen, das um Verbreitung kämpft. Aus evolutionstheoretischer Sicht gibt es keine exterritoriale Position, von der aus
man alles beobachten und den künftigen Kurs der Pädagogik normativ festzurren könnte. Evolution kennt keinen Schöpfer mehr, der
allmächtig, allwissend und allgütig ist, der also auch weiß, welche
Überzeugung der anderen überlegen wäre, sondern nur ein ständiges hochriskantes Operieren von Systemen, die ihre Umwelten nur
indirekt über bordeigene Instrumente wahrnehmen können – Umwelten, die deshalb nicht annähernd vollständig durchschaut oder
gar beherrscht werden können. Deshalb ist auch jede Moral, die von
absoluten, d. h. nichtkontingenten Selektionen ausgeht, aus evolutionstheoretischer Sicht – als Mem – ein Relikt aus einer Zeit, in der
man noch nicht wusste, was man heute weiß, nämlich dass man fast
nichts weiß. Eine inhaltliche, also ontologisch operierende Moral-
pädagogik ist aus dieser Sicht überholt, weil sie in Anbetracht
unseres fast grenzenlosen Nichtwissens eine ganz bestimmte System-Umwelt-Differenz als handlungsleitende Vorstellung in einer
Umwelt starr erhalten will, während diese sich ständig sprunghaft

---

[9] In Anlehnung an eine Formulierung von N. Luhmann in: N. Luhmann:
     Ethik als Reflexionstheorie der Moral. In: N. Luhmann: Gesellschafts-
     struktur und Semantik. Studien zur Wissenssoziologie der modernen Ge-
     sellschaft. Band 3. Frankfurt a. M. 1989, S. 338 ff., hier S. 370.

und unvorhersehbar verändert. Als Differenzbegriff – etwa zu »Recht« – ist Moral allerdings durchaus funktional, denn er erinnert daran, dass jede auf den ersten Blick noch so überzeugend daherkommende normative oder wertende Selektion unter dem Vorbehalt diskutiert und kritisiert werden kann, ja muss, dass sie möglicherweise falsch ist.

Statt Erziehung mit Moral aufzuladen (was man billig genug haben kann), wäre schon viel erreicht, wenn es gelänge, die Möglichkeit von Erziehung wenigstens ein Stück weit zu verstehen und wissenschaftlich zu erklären – was schwer genug zu haben ist, und die normative Kontingenzregulierung der Evolution selbst zu überlassen – einer Evolution, in der wir keine exterritorialen Beobachter, sondern aktive Mitgestalter sind. Mehr kann man dazu nicht sagen. Selbst der »Weltgeist« müsste warten bis zum Ende: »Nur wenn man ans Ende käme und alles wüsste, was ist, könnte es sein, dass sich die Bemühung als eine grandiose Tautologie erweisen und man in der Ferne ein höhnisches Gelächter hören würde. Für die aktuelle Situation trägt es aber weder positiv noch negativ bei, dies zu antizipieren«[10].

---

[10] N. Luhmann 1978, a.a.O., S. 27.

Namensregister

Sachregister